BYŁAM KOCHANKĄ
ARABSKICH SZEJKÓW

Laila
SHUKRI

BYŁAM KOCHANKĄ ARABSKICH SZEJKÓW

Prószyński i S-ka

Projekt okładki
Agencja Interaktywna Studio Kreacji
(www.studio-kreacji.pl)

Zdjęcie na okładce
Daniel Jędzura/Fotolia.com

Redaktor prowadzący
Michał Nalewski

Redakcja
Maria Talar

Korekta
Mirosława Kostrzyńska
Bożena Hulewicz

Łamanie
Ewa Wójcik

ISBN 978-83-8097-234-6

Warszawa 2017

Wydawca
Prószyński Media Sp. z o.o.
02-697 Warszawa, ul. Gintrowskiego 28
www.proszynski.pl

Druk i oprawa
Drukarnia POZKAL Spółka z o.o.
88-100 Inowrocław, ul. Cegielna 10-12

Rozdział I

Egzotyczny wielbiciel

Ciepły letni wieczór sprawił, że miasto tętniło życiem beztroskiego weekendowego wypoczynku. Przy zajętych prawie do ostatniego miejsca stolikach goście restauracyjnych i kawiarnianych ogródków raczyli się wybornymi daniami i doskonałymi deserami, popijali kawę, sączyli wino i inne alkohole oraz prowadzili ożywione rozmowy. Z niektórych lokali płynęła nastrojowa muzyka, a na ulicach można było spotkać grajków, przyciągających uwagę przechodniów popularnymi utworami. Grupki przyjaciół i znajomych w doskonałych humorach snuły się po mieście w poszukiwaniu najbardziej odpowiedniego dla nich miejsca do zabawy. Każdy chciał jak najlepiej wykorzystać wolny sobotni czas.

Ja też się cieszyłam, że to już koniec tygodnia. W pracy miałam nawał obowiązków, a poza tym przyszła nowa szefowa, która wyraźnie nie darzyła mnie sympatią, więc zawsze znalazła jakiś pretekst, żeby nie szczędzić mi wymówek. Starałam się jak mogłam, żeby wszystkie sprawozdania i rozliczenia przygotowywać w terminie, ale zwierzchniczka obarczyła mnie dodatkowo ściąganiem należności, co już było znacznie trudniejsze, bo pozytywny rezultat nie do końca zależał od moich wysiłków. Ostatnio firma miała wielu dłużników, więc szefowa zdecydowała, żebym pomogła w egzekwowaniu należnych nam pieniędzy Karolinie, która do tej pory się tym zajmowała.

– Nic nie wskórasz – od razu ostrzegła mnie Karolina. – Większość dłużników ma poważne problemy z płynnością finansową, więc możesz wydzwaniać, wysyłać mejle i napomnienia, a to i tak nic nie da.

Karolina się nie myliła co do spłacających, a szefowa ciągle się mnie czepiała, że nie daję z siebie wszystkiego. Prawda była też taka, że nie wykonywałam swojego zawodu ze szczególnym entuzjazmem. Wprawdzie przykładałam się sumiennie do wszystkich obowiązków służbowych, ale księgowość nigdy nie była moją pasją. To rodzice namówili mnie na studium z kierunkiem rachunkowości, bo uważali, że z takim zawodem nawet na trudnym rynku pracy zawsze znajdę dobrą posadę. Rzeczywiście zatrudniłam się bardzo szybko, ale to nie był szczyt moich marzeń. Od kiedy pamiętam, zawsze chciałam być przedszkolanką i pracować z dziećmi. Miałam nadzieję, że gdy odłożę trochę pieniędzy, to uda mi się jeszcze skończyć studium pedagogiczne.

Zadzwonił telefon.

– Cześć, Julko.

– Cześć, Karolino.

– Co robisz?

– Nic szczególnego, tak wyszłam trochę na miasto. Nie chciało mi się siedzieć w domu.

– Bo wiesz, zadzwoniła do mnie Marta i spytała, czy poszłabym z nią do klubu.

– I co?

– Nie wiem… I dlatego dzwonię… Jeśli ty byś się z nami wybrała, to ja też pójdę. Nie chcę iść sama z Martą… Wiesz, jaka ona jest…

– No tak…

Marta pracowała z nami i była nawet sympatyczna, ale miewała różne humory i czasem potrafiła pokłócić się o byle drobiazg.

– To pójdziesz? – zapytała Karolina.

– A gdzie chcecie iść?

– Marta zaproponowała jakiś orientalny klub Sahara.

– Nigdy tam nie byłam.

– Ja też nie, ale Marta zapewnia, że jest świetny. To co robimy?

– A ty jak myślisz?

– Trochę oddechu nam się przyda… Dzisiaj ta zołza znowu mnie zrugała za to, że ci z Poznania nie zapłacili.

– Ja też dostałam o to reprymendę. A oni już nawet nie odbierają ode mnie telefonów.

– Ode mnie też nie. – Karolina westchnęła. – Chodź Julka, zabawimy się trochę i zapomnimy o tej strasznej babie.

– No dobrze, ale w takim razie muszę wrócić do domu, żeby się przebrać. To gdzie się spotkamy?

– A za ile możesz być gotowa?

– Może za jakieś dwie godziny…

– W takim razie skontaktuję się z Martą, powiem jej, że ty też idziesz, ustalimy wszystko gdzie i kiedy, a później oddzwonię.

– Dobrze, do usłyszenia.

– Do usłyszenia.

Telefon odezwał się dopiero po kilku minutach.

– Marta znowu robi problemy – oświadczyła Karolina.

– A co się stało? – spytałam.

– Chce, żebyśmy za pół godziny spotkały się przed wejściem do klubu.

– Nierealne.

– Też jej tak powiedziałam.

– I co ona na to?

– Mówi, że to bardzo popularny klub, a dzisiaj sobota, więc im później tam dotrzemy, to tym mniejsza szansa, żebyśmy się dostały do środka.

– Trudno, ja nie dam rady. Jeśli chcesz, to idź z nią sama.

– Nie chcę. – Karolina była stanowcza. – Oznajmiłam jej, że albo spotykamy się najwcześniej za dwie godziny, albo w ogóle nie idziemy.

– I zgodziła się?

– Musiała. O ile nie chce bawić się sama…

– To gdzie jest ten klub?

– Niedaleko tego dużego parku. Wyślę ci adres.

– Dobrze, za dwie godziny będę.

– Świetnie, to do zobaczenia.

– Do zobaczenia.

Wróciłam szybko do domu, weszłam do swojego pokoju i otworzyłam szafę, żeby znaleźć odpowiednie ciuchy. Za chwilę pojawiła się mama.

– Wychodzisz?

– Tak.

– A gdzie?

– Do klubu.

– Z kim?

– Z koleżankami.

– Którymi koleżankami?

– Karoliną i Martą.

– One z tobą pracują, tak?

– Tak, mamo! – Ogarnęła mnie lekka irytacja.

– A do którego klubu idziesz?

– Sahara.

– Sahara? A co to za…

– Mamo! Przestań już, dorosła jestem. Przepraszam cię, ale muszę się ubrać.

– Bo ta nazwa... – gderała jeszcze mama, wychodząc z pokoju.

Tego też miałam dość. Nie było mnie stać na to, żeby wyprowadzić się od rodziców, więc musiałam znosić ich ciągłą ingerencję w moje życie. To mnie bardzo denerwowało, zwłaszcza że coraz częściej czułam do nich żal z powodu wybrania mi przez nich zawodu. Mimo wielu rozmów na ten temat w zasadzie nie miałam wyboru, bo zagrozili, że nie zapłacą za żadne inne studium. I nie będą mnie utrzymywali.

– To dla twojego dobra, Julcia – argumentował ojciec. – Sprawna księgowa zawsze znajdzie pracę.

Tylko tę pracę jeszcze trzeba lubić. Tego rodzice w ogóle nie brali pod uwagę.

Wyjęłam z szafy czarną spódniczkę mini, znalazłam do niej dopasowany, ciemnoczerwony, lekko błyszczący top, a na nogi włożyłam wysokie czarne szpilki. Poprawiłam makijaż, uczesałam włosy, wyszłam z mojego pokoju i skierowałam się do wyjścia.

– Kiedy wrócisz? – zapytała mama.

– Nie wiem.

– Tylko nie wracaj późno, bo...

– Dobra, dobra... – Szybko zamknęłam drzwi.

Kiedy dotarłam na miejsce, Karolina i Marta już stały w długiej kolejce do wejścia.

– No nareszcie! – powitała mnie Marta. – Przyszła nasza księżniczka!

Puściłam złośliwą uwagę koleżanki mimo uszu, bo nie chciałam zaczynać wspólnego wieczoru od sprzeczki.

Urządzony we wschodnim stylu klub Sahara cieszył się dużą popularnością, zarówno wśród mieszkańców miasta, jak i przyjezdnych gości. Obowiązywała do niego selekcja i co chwilę widziałam, jak kilka nie wpuszczonych do środka osób odchodzi z zawiedzionymi minami, narzekając na bramkarzy.

– Mówiłam, że trzeba przyjść wcześniej, ale nie słuchałyście – powiedziała z pretensją w głosie Marta.

– Zabawa i tak pewnie rozkręca się dopiero około dziesiątej – zauważyłam.

– Julka ma rację – poparła mnie Karolina. – Bez sensu jest siedzieć długo w prawie pustej sali.

– Tylko że teraz możemy w ogóle nie wejść, bo pewnie w środku jest już pełno – Marta upierała się przy swoim.

– To spędzimy wieczór gdzie indziej – lekko rzuciła Karolina.

– Nawet tak nie mów! – Marta z wyrzutem spojrzała na koleżankę. – Umówiłyśmy się, że pójdziemy do Sahary i nie mam zamiaru tego zmieniać!

– Nic się nie stanie, jeśli jednak coś zmienimy – stwierdziła Karolina.

– Ja nigdzie indziej nie idę – upierała się Marta. – Ale jeśli ty wolisz inne kluby, to nie musisz…

– No wiesz… – Karolina przerwała jej z oburzeniem.

– Dziewczyny, przesuńcie się, bo kolejka się ruszyła – wtrąciłam, gdyż wyglądało na to, że moje koleżanki za chwilę ostro się pokłócą.

Następne dość duże towarzystwo odeszło od drzwi z kwitkiem, głośno złorzecząc na obowiązującą selekcję i jej niejasne zasady.

– Wpuszczają kogo chcą i tyle! – zauważyła Karolina.

– Gdyby niektórzy nie potrzebowali tak dużo czasu, żeby zrobić się na bóstwo… – Marta nie mogła sobie darować uszczypliwego komentarza.

Kolejka posuwała się dosyć szybko, bo większości amatorów zabawy w egzotycznym klubie nie kwalifikowano do wejścia. Kiedy podeszłam z koleżankami do drzwi, muskularny selekcjoner zmierzył nas od stóp do głów, na moment zatrzymując wzrok na naszych wysokich szpilkach, odkrytych nogach i rysujących się pod obcisłymi bluzeczkami biustach. Spojrzał jeszcze pytająco na stojącą w drzwiach wysoką kobietę z zaczesanymi do góry włosami, która też dokonywała wyboru gości, a kiedy ta nieznacznie kiwnęła głową, wpuścił nas do środka.

– Uff, udało się! – Marta wykrzyknęła z zadowoleniem.

Kelnerka zaprowadziła nas do jednego z niewielu już wolnych stolików i po chwili przyniosła karty.

– Drogo tu – zauważyłam.

– Tanio nie jest – przyznała Marta.

– To może razem zamówimy butelkę wina? – zaproponowała Karolina.

– Dobry pomysł – przytaknęłam.

– Czerwone czy białe? – zapytała Karolina.

– Czerwone – wybrała Marta.

– Ja też czerwone – zgodziłam się, bo takie preferowałam.

– Dobrze, dziewczyny, niech będzie czerwone, chociaż ja osobiście wolę białe. – Karolina nie chciała wywoływać niepotrzebnych sprzeczek. – A co bierzemy do jedzenia?

– Ja wezmę tylko jakąś sałatkę… – stwierdziłam, bo nie byłam głodna.

– To ja też… A ty Marto? – Karolina zwróciła się do koleżanki.

– Ja na razie dziękuję. Wino mi wystarczy – zdecydowała Marta.

– A może szampana za tysiąc sześćset złotych? – zażartowała Karolina, nadal patrząc w kartę.

– Świetnie, bierzemy! – Marta odpowiedziała równie żartobliwie.

Przyszła kelnerka, zapaliła stojącą na stoliku nastrojową świeczkę i przyjęła zamówienie na wino i sałatki.

– I jak wam się tu podoba? – chciała wiedzieć Marta.

– Fajnie jest – wyraziła swoje zdanie Karolina.

Powiodłam wzrokiem po tłumnie już zapełnionym klubie, którego specyficzną orientalną atmosferę tworzyły zawieszone nad barem kolorowe lampiony, ustawione gdzieniegdzie drewniane ażurowe przepierzenia, kinkiety ze wschodnimi ornamentami oraz duże dzbany z charakterystycznym, wygiętym cienkim dziobkiem. Niedaleko parkietu była dość spora loża otoczona z trzech stron ścianami pokrytymi czerwoną pikowaną skórą, wzdłuż których znajdowały się siedzenia przykryte barwnymi poduszkami. W loży siedziało kilku cudzoziemców, którzy paląc ustawione przed nimi na stolikach fajki wodne, bacznie obserwowali całą salę. Sądząc po uwijających się wokół nich kelnerkach, byli to stali bywalcy albo inni ważni goście.

Kelnerka przyniosła nasze zamówienie, otworzyła butelkę i nalała wino do kieliszków.

– To za co pijemy? – Karolina podniosła kieliszek do góry.

– Za dzisiejszy wieczór! – Marta wzniosła toast.

– I żeby nasza szefowa nie zagrzała długo u nas miejsca – dodałam.

– Błagam, tylko nie o pracy! – Karolina aż jęknęła.

– No dobrze, to za dzisiejszą zabawę. – Stuknęłam się z koleżankami kieliszkiem.

Wypiłam kilka łyków wina i wtedy mój wzrok padł na bukiet przepięknych białych lilii, które w szklanym wazonie ozdabiały klub. Część z nich była już całkowicie rozwinięta i aksamitne płatki zachwycały nieskazitelną bielą, inne kwiaty były jeszcze zamknięte i czekały na swoją chwilę królewskiego rozkwitu, a pozostałe, otwarte w połowie, zastygły w tym krótkim, ledwie zauważalnym momencie w drodze do pełnego majestatu. Zapatrzyłam się na cudną kompozycję piękna, wdzięku i wstydliwości, nie wiedząc o tym, że obraz tych świetlistych lilii będzie mi się później pojawiał przed oczami w okresach mojego największego bólu i upodlenia. Ten wieczór, pełen porywającej arabskiej muzyki, mieszanki egzotycznych aromatów potraw i fajek wodnych oraz szaleństwa do białego rana, miał zmienić całkowicie moje życie, spychając mnie w czeluść odrażającego piekła. Ale o tym jeszcze wtedy nie wiedziałam.

– Idziemy potańczyć? – zapytała Marta.

– Może za chwilę. – Karolina zabrała się do swojej sałatki.

– A ty, Julio? – zwróciła się do mnie Marta.

– Poczekam na Karolinę. – Z trudem oderwałam oczy od białych lilii.

– Z wami to tak zawsze! – Marta burknęła niezadowolona. – Przecież nie przyszłyśmy tu, żeby siedzieć! – Wstała i ruszyła na jeszcze prawie pusty parkiet.

Na środku dwie wyjątkowo ponętne dziewczyny ubrane w skąpe czarne sukienki, które eksponowały ich jędrne biusty, gołe plecy, długie nogi i zgrabne pośladki, poruszały się zmysłowo w rytm dudniącej miarowo muzyki, rozkręcając zabawę. Trochę dalej mężczyzna o śniadej karnacji i jego partnerka, nieco pulchna blondynka, całkowicie zatracili się w tańcu, promieniście się przy tym do siebie uśmiechając.

– Sporo tu cudzoziemców – zauważyła Karolina.

– Rzeczywiście – przyznałam jej rację.

Przy stoliku obok nas siedziała zapatrzona w siebie mieszana para, która z ożywieniem o czymś rozmawiała, przekrzykując dość głośną muzykę. Za nimi pięciu mężczyzn o wschodnich rysach ucztowało przy długim stole bogato zastawionym daniami orientalnej kuchni. W loży mistrz sztuki przygotowywania fajek wodnych z wielką celebracją rozpalił następną z nich, po czym podał długiego węża zakończonego ustnikiem siedzącemu pośrodku przystojnemu mężczyźnie z krótko przystrzyżoną brodą i dużymi ciemnymi, przenikliwymi oczami.

– Fantastycznie jest! – Przybiegła do nas zdyszana Marta. – Czas na następny toast. – Napełniła trzy kieliszki. – To za co teraz?

– Za przyszłość! – Karolina podniosła kieliszek.

– Świetnie, za przyszłość! – podchwyciła Marta.

– Za przyszłość! – przyłączyłam się do koleżanek, nie wiedząc, że ta przyszłość już powoli formuje się w półmroku klubu, jak wydobywające się z loży gęste kłęby dymu wypuszczane przez gości rozkoszujących się odurzającymi nargilami.

Didżej włączył następny arabski przebój i Marta od razu poderwała się z miejsca.

– Tańczycie? – Zwróciła się w naszą stronę.

– Ja tak. – Karolina też się podniosła. – A ty, Julio?

– Ja też. – Poszłam śladem koleżanek.

Gorące rytmy zachęciły też innych klubowiczów, którzy wkrótce zapełnili cały parkiet. Rytmiczna muzyka pulsująca egzotyką i podróżami w dalekie strony porwała mnie na całego. Chciałam tańczyć i śmiać się, i bawić do upadłego, aby choć na moment zapomnieć o szarej monotonnej codzienności. Goście innych narodowości, znakomicie odnajdując się w dobrze sobie znanych rytmach, podnosili do góry ręce i klaskali entuzjastycznie.

– Mówiłam, że będzie super! – zawołała Marta, seksownie kręcąc biodrami.

Jeden z mężczyzn zbliżył się do niej i z szerokim uśmiechem zaczął krążyć wokół, głośno przy tym klaszcząc. Za chwilę przyłączyli się jego koledzy i następne trzy melodie bawiliśmy się razem.

– Ja na razie mam dość! – krzyknęła mi do ucha Karolina, z trudem łapiąc oddech. – Muszę na chwilę usiąść.

– Pójdę z tobą. – Z trudem przeciskając się przez tańczących klubowiczów, podążyłam za koleżanką.

Nie zdążyłyśmy dojść do naszego stolika, kiedy stanął przed nami jeden z mężczyzn, z którymi przed chwilą tańczyłyśmy.

– Zapraszam do nas – powiedział po angielsku, gestem wskazując na lożę.

– Nie, dziękujemy – od razu odmówiłam.

– Zapraszam piękne panie na szampana. – Mężczyzna szarmancko ponowił swoją prośbę.

– Dziękujemy, z przyjemnością. – Ku mojemu zdziwieniu Karolina przyjęła zaproszenie i pociągnęła mnie za rękę w stronę loży.

– Karolino! – syknęłam. – Przecież go w ogóle nie znamy!

– Jak zabawa to zabawa! – odpowiedziała beztrosko Karolina. – Szampana możemy się napić.

Znalazłyśmy się w loży, ale zanim jeszcze usiadłyśmy na wygodnych kanapach, mężczyzna zdążył się przedstawić.

– Tarek.

– Karolina. – Koleżanka szeroko się uśmiechnęła.

– Miło mi. – Tarek odwzajemnił uśmiech.

Zauważyłam, że ma głęboki, męski głos.

– Julia.

– Dżulia – powtórzył, lekko przedłużając literę „u", co sprawiło, że moje imię zabrzmiało wyjątkowo. Później uwielbiałam, gdy szeptał w uniesieniu zachrypniętym głosem „Dżuulia...". A jeszcze później zaczęłam to Dżuulia nienawidzić. I przeklinać los za to, że pierwszy raz zabrzmiało tak szczególnie.

– Ach, tu jesteście! – Pojawiła się rozchichotana Marta w towarzystwie trzech kolegów Tarka. – Widzę, że klub przypadł wam do gustu. – Mrugnęła do nas znacząco.

– Samir, Fajsal, Malik. – Tarek wskazał kolejno na swoich towarzyszy. – A to Karolina i Dżulia.

Uśmiechnęliśmy się do siebie przyjaźnie i zajęliśmy miejsca w loży, opierając się o miękkie poduszki. Tarek zawołał obsługę i zamówił trzy szampany. Karolina spojrzała w moją stronę i przewróciła oczy do góry, przypominając tym samym, że jedna butelka kosztuje tysiąc sześćset złotych. Po kilku minutach kelnerki przyniosły ekskluzywne ciemne butelki ze złotymi etykietami z napisem Dom Perignon, po czym z wprawą je otworzyły. Wystrzeliły korki i kieliszki ozdobiła w połowie biała piana, która prędko zamieniła się w jasnozłoty trunek z szybko uciekającymi do góry licznymi bąbelkami.

– Za wspaniałe spotkanie! – Tarek pierwszy podniósł swój kieliszek, zerkając przy tym na mnie.

Zbliżyłam kieliszek do ust i poczułam subtelny zapach migdałów. Następnie pociągnęłam łyk szampana, który miał bardzo wyrazisty smak z lekką grejpfrutową goryczką.

– Wyborny! – Zachwyciła się Marta.

Luksusowy szampan jeszcze bardziej podkreślił wyjątkowość naszej sobotniej zabawy. Piłyśmy z koleżankami kosztowne alkohole, próbowałyśmy orientalnych dań, które zamawiali nowo poznani znajomi, zaciągałyśmy się nargilą z dodatkiem whisky i tańczyłyśmy... Tańczyłyśmy wibrującym szaleństwem spragnionych życia i przygody ciał.

– Wiesz, Julio, wspaniały wieczór, ale ja już powoli będę się zbierać – stwierdziła Karolina około drugiej w nocy.

– To ja też pójdę. – Poczułam, że to najlepszy moment na zakończenie tej żywiołowej nocy. – Możemy wziąć jedną taksówkę, będzie taniej.

– Dobry pomysł. – Zgodziła się ze mną Karolina.

– Marta też może z nami jechać.

– Jasne, tylko musimy ją znaleźć. – Karolina rozejrzała się po klubie. – I jeszcze zapłacić za nasze wino i sałatki – przypomniała.

– To ja zajmę się rachunkiem, a ty poszukaj Marty.

– Dobrze, idę się za nią rozejrzeć, a ty złap kelnerkę.

Karolina odeszła, a ja zawołałam kelnerkę i poprosiłam o nasz rachunek. Kiedy go przyniosła i wyjęłam z torebki portfel, żeby zapłacić, koło mnie pojawił się Tarek.

– Ja się tym zajmę. – Tarek zapytał kelnerki, ile wynosi należność, i od razu ją uregulował, dołączając duży napiwek.

– Ale... – chciałam zaoponować, jednak Tarek nie pozwolił mi dokończyć.

– To drobiazg, nie ma o czym mówić. – Mężczyzna przyglądał mi się badawczo.

– Dziękuję... – powiedziałam półgłosem trochę zmieszana.

– Dżuulia... – Tarek z przejęciem wymówił moje imię.

Ja w tym przedłużonym „u" usłyszałam jakąś nutkę czułości.

– Marta nie jedzie z nami – oznajmiła Karolina, która w tym momencie do nas podeszła.

– To dzwonię po taksówkę. – Sięgnęłam po telefon.

– Wychodzicie już? – W głosie Tarka słychać było żal.

– Czas już na nas. – Zamówiłam taksówkę. – I bardzo dziękuję... to znaczy dziękujemy... – Spojrzałam na Karolinę. – ... za zaproszenie na szampana i uroczy wieczór.

– Tak, było cudownie, bardzo dziękujemy – dodała koleżanka.

– Cała przyjemność po mojej stronie. – Tarek był niezwykle uprzejmy.

– Przyszliśmy się pożegnać. – Marta, lekko się chwiejąc, wspierała się na ramieniu Fajsala i wyraźnie było po niej widać wpływ dodatkowych drinków wypitych razem z towarzyszem przy barze.

– To nie jedziesz z nami? – Chciałam się upewnić.

– Nie, jadę z Fajsalem. – Marta pocałowała w policzek nad wyraz zadowolonego mężczyznę.

– Jeśli tak chcesz... – Nigdy nie byłam zwolenniczką tego, żeby od razu lądować w łóżku z dopiero co poznanym mężczyzną. – To my idziemy, taksówka pewnie już czeka.

– Dżulio… – Tarek ujął mnie delikatnie za rękę. – Dasz mi swój numer telefonu? – Popatrzył mi głęboko w oczy. – Bardzo proszę…

Zawahałam się przez sekundę, ale zaraz pomyślałam, że przecież podanie komuś numeru telefonu jeszcze do niczego nie zobowiązuje. I ta sekunda zaważyła na moim życiu.

– Jasne.

– Zadzwoń do mnie, to będę miał twój numer. – Tarek podyktował mi ciąg cyferek.

Wstukałam je w klawiaturę, pożegnałam się ze wszystkimi i razem z Karoliną opuściłam klub, przed którym stała już nasza taksówka. Wsiadłyśmy do niej i podałyśmy nasze adresy.

– To nasza Martunia nieźle zaszalała. – Karolina skomentowała zachowanie koleżanki.

– Nie pierwszy raz… – przypomniałam.

– Masz na myśli Marka z tej imprezy u mnie? – zapytała Karolina.

– Tak – przytaknęłam.

– Pamiętam… Marta wyszła z nim chyba po zaledwie dwóch godzinach. – Karolina skrzywiła się z niesmakiem. – Ona lubi takie zabawy…

Takie zabawy, jak to określiła Karolina, to na pewno nie była moja bajka.

– Ale trzeba przyznać, że ten Fajsal był wyjątkowo przystojny. – Karolina wyraziła swoją opinię.

– To jeszcze niczego nie tłumaczy – stwierdziłam.

– A Tarek też świetnie wygląda… I jaki dżentelmeński… – W tonie Karoliny zabrzmiało lekkie rozmarzenie.

– Podoba ci się?

– Tak… To znaczy nie… – Karolina szybko się poprawiła. – To twój numer telefonu wziął. Ciekawe czy zadzwoni.

– Ciekawe…

„Dżuulia" – zabrzmiało w mojej głowie i poczułam jakieś miłe ciepło w środku.

Taksówka zatrzymała się pod moim blokiem.

– Dziękuję, że zadzwoniłaś, żebym z tobą poszła. – Otworzyłam drzwi taksówki. – Ubawiłam się jak nigdy.

– Ja też, fajnie było.

– Dobranoc, Karolino.

– Dobranoc, Julio.

Pojechałam windą na górę. Już w drzwiach przywitała mnie mama.

– Gdzie ty byłaś tyle czasu, martwiłam się o ciebie, czy ty wiesz, która godzina? – Zasypała mnie wymówkami.

– To ty nie śpisz? – Męczyło mnie to ciągłe wtrącanie się do moich spraw.

– Jak mam spać, kiedy ciebie nie ma całą noc w domu?! – wykrzyczała rozdrażniona mama.

– Mamo, ciszej! – Trudno mi było ukryć irytację. – Jeszcze ojca obudzisz!

– A niech się obudzi! – Mama nie zniżyła głosu. – I zobaczy, o której jego córeczka wraca! I do tego jeszcze dobrze wstawiona!

– Mamo, przestań, wszyscy sąsiedzi cię usłyszą! – Zdjęłam szpilki, bo nogi bolały mnie po kilku godzinach obłędnego tańca.

– I co to za obrzydliwy odór?! – Mama ostentacyjnie złapała się za nos, mając zapewne na myśli zmieszane mocne zapachy fajek wodnych.

– Oj, mamo, daj już spokój! – Zamknęłam drzwi do mojego pokoju.

Zdjęłam ciuchy, włożyłam nocną koszulkę i z przyjemnością weszłam pod kołdrę. Kręciło mi się trochę w głowie, ale musiałam przyznać, że to był świetny wieczór. Dżuulia… – ukołysało mnie do snu.

Następnego dnia spałam do południa, a kiedy wstałam i po długiej kąpieli poszłam do kuchni zaparzyć kawę, obrażona mina mamy wyraźnie świadczyła o tym, co myśli o moich nocnych eskapadach. Wzięłam filiżankę z parującą kawą i zamknęłam się w swoim pokoju ze stertą kolorowych czasopism.

Tarek zadzwonił po południu.

– Cześć.

– Cześć.

– Zmęczona po zabawie?

– Nie bardzo.

– To może dasz się zaprosić na kawę – zaproponował Tarek.

Nie wiedziałam, co odpowiedzieć.

– Dżulio…

– Tak?

– Chciałbym cię lepiej poznać – powiedział Tarek poważnym tonem. – Czuję, że jesteś wyjątkową kobietą, a wczoraj muzyka była tak głośna, że nawet nie można było normalnie porozmawiać.

Milczałam, bo zaskoczył mnie zarówno szybkim telefonem, niespodziewanym zaproszeniem, jak i swoim wyznaniem.

– Dżulio… Byłbym niezwykle zaszczycony, gdybyś zechciała się ze mną spotkać na kawę. – Tarek wyrażał się wyjątkowo kwieciście.

– Dobrze… – Nowy znajomy zaczął mnie intrygować. – To gdzie i kiedy? – zapytałam.

– Może dzisiaj o szóstej w tej kawiarni niedaleko klubu. Odpowiada ci?

– Tak, będę o szóstej.

– To do zobaczenia.

– Do zobaczenia.

Kiedy ubrana i umalowana wkładałam w przedpokoju buty, mama nie omieszkała wtrącić swoich trzech groszy.

– A dzisiaj gdzie znowu wychodzisz?

– Umówiłam się na kawę.

– Z kim?

– Z koleżanką. – Nie miałam zamiaru wtajemniczać mamy w swoje sprawy.

– Którą koleżanką? – Mama musiała zadać obowiązkowy zestaw pytań przed każdym moim wyjściem.

– Z Karoliną.

– Tylko nie wracaj późno, bo jutro praca, a pracy trzeba pilnować, bo teraz tak trudno….

Zbiegłam po schodach, ponieważ nie chciałam czekać na windę i słuchać pouczeń mamy, która stanęła w otwartych drzwiach i nie zamierzała przerywać swoich wywodów. Pomyślałam, że telefon Tarka wyrwał mnie z ciasnego mieszkania rodziców, w którym ich kontrola i uzurpowanie sobie prawa do śledzenia mojego życia w najdrobniejszych szczegółach sprawiały, że często miałam wrażenie, iż się w tym wszystkim duszę.

W eleganckiej i stylowej kawiarni, którą wybrał Tarek, byłam po raz pierwszy.

– Cieszę się, naprawdę bardzo się cieszę. – Tarek wstał z krzesła, gdy tylko mnie zobaczył, a z jego twarzy biła nieskrywana radość.

– Mnie też jest bardzo miło. – Usiadłam naprzeciw niego przy niewielkim okrągłym stoliku z marmurowym blatem.

– Masz przepiękne włosy – powiedział Tarek, przesuwając wzrokiem po moich gęstych włosach sięgających połowy pleców.

Moje naturalne włosy, w różnych odcieniach blondu – od bardzo jasnego poprzez złocisty, aż do miodowego – zawsze były moją chlubą, więc przyjęłam komplement Tarka jako coś zupełnie normalnego.

– Dziękuję. – Uśmiechnęłam się do niego życzliwie.

Kilka miesięcy później wyrzucałam sobie, wyjąc z bólu i pohańbienia, że wtedy, w tej uroczej kawiarni, nie zauważyłam żadnego niepokojącego sygnału, który ostrzegłby mnie, że od samego początku byłam traktowana jak towar. Czy na naszej drodze pojawiają się znaki, które w porę odczytane, pozwoliłyby nam uniknąć życiowych tragedii? Czy uświadamiamy sobie, że je widzieliśmy, dopiero później, mądrzejsi o dramatyczne doświadczenia, które odzierają nas z godności i spychają w odmęty koszmaru. Wówczas, kiedy wracamy myślą do początku zdarzeń, poraża nas świadomość, że te znaki były, tak niby już oczywiste, a jednak wtedy nieczytelne. Wtedy, kiedy zauważone w porę mogłyby nie dopuścić do straszliwych, osobistych katastrof?

– Dżulio… – Głos Tarka był kojąco ciepły. – Jakie jest twoje największe marzenie?

To pytanie, zadane tak od razu, na początku, naprędce, dotknęło moich najważniejszych, a jednocześnie skrzętnie gdzieś głęboko skrywanych pragnień, o których zazwyczaj mało z kim rozmawiałam. Chciałam pracować z dziećmi, które każdego dnia z niewyczerpaną ciekawością eksplorują krok po kroku otaczającą je rzeczywistość, pokładając w nas niezachwianą ufność, że potrafimy im odpowiedzieć na każde pytanie. Poznają taki świat, jaki go im dorośli opiszą, i wchodzą w niego z takim bagażem wiedzy, w jaki ich dorośli wyposażyli.

– Wiesz, gdybym mogła, to…

Tak naprawdę to do dzisiaj nie wiem, co sprawiło, że z miejsca otworzyłam się przed Tarkiem. Może przyczyniła się do tego kameralna atmosfera kawiarni, może za długo tłumiłam w sobie swoje autentyczne tęsknoty, czy może bezkrytycznie wpatrzony we mnie Tarek potrafił wzbudzić odpowiednią dozę zaufania. A może po prostu nikt do tej pory mnie z taką uwagą i zainteresowaniem nie słuchał.

– Bardzo dobrze cię rozumiem – powiedział Tarek, kiedy opowiedziałam mu o tym, jak rodzice zdecydowali o wyborze mojej zawodowej kariery. I o tym, jak z dnia na dzień coraz bardziej męczę się w pracy, którą muszę teraz wykonywać. – U nas w rodzinie była podobna sytuacja – wyznał Tarek.

– Naprawdę? – Zdziwiłam się. – To ciebie też rodzice zmusili do studiowania tego, co oni wybrali?

– Nie, nie chodziło o mnie, tylko o moją siostrę – wyjaśnił.

– Masz siostrę? – spytałam.

– Tak, siostrę i brata – odpowiedział Tarek. – Brat mieszka w Stanach, a siostra z rodzicami w Dubaju.

– A ty mieszkasz w Polsce?

– Nie, w Dubaju.

– A czym się zajmujesz? – Niedawno poznany mężczyzna coraz bardziej mnie intrygował.

– Jestem informatykiem.

– A w Polsce co robisz?

– Sprawy zawodowe – krótko stwierdził Tarek.

– Długo tu będziesz? – Pomyślałam, że bardzo dobrze mi się z Tarkiem rozmawia i szkoda by było, gdyby szybko wyjechał.

– Nie wiem jeszcze, to zależy… – Mężczyzna spojrzał na mnie znacząco.

– Od czego? –Serce zabiło mi szybciej.

– A jak myślisz? – Tarek uniósł lekko jedną brew do góry.

– Nie wiem… – Uśmiechnęłam się zalotnie.

– To zgadnij… – Ton, jakim to powiedział, był lekko przekorny.

– Może… – udałam, że się zastanawiam – … sprawy zawodowe?

– Tak, z pewnością, sprawy zawodowe.

I Tarek, z kilkusekundowym opóźnieniem, wybuchnął szczerym śmiechem. To znaczy wtedy wydał mi się szczery. Później zorientowałam się, że był diaboliczny.

– A jak ma na imię twoja siostra?

– Amira.

– Ładnie. I co z nią było?

– Od zawsze marzyła, żeby zostać nauczycielką języka angielskiego.

– To piękny zawód – powiedziałam z przekonaniem. – Dlaczego rodzice nie chcieli, żeby go wykonywała?

– Bo zawsze marzyli o tym, żeby Amira była lekarzem. Kiedy wyjechali z Syrii…

– Z Syrii?

– Tak, jesteśmy Syryjczykami.

– Teraz tam taka straszna wojna… – Przypomniałam sobie ziejące czarnymi czeluściami okien ruiny zbombardowanych budynków, które niedawno widziałam na opublikowanych w prasie zdjęciach.

– Tak, rzeczywiście, ale ja prawie nie znam Syrii.

– To znaczy? – Nie rozumiałam.

– Moi rodzice opuścili Damaszek, kiedy byliśmy jeszcze małymi dziećmi. Myśleli o nas… Pragnęli dla nas lepszej przyszłości.

– To chyba im się to udało?

– Tak, oczywiście. Mój brat, Ahmed, jest inżynierem, a ja informatykiem.

– A Amira? – Poczułam więź z tą syryjską dziewczyną, która też musiała walczyć o swoje pragnienia.

– Amira… – Tarek zawiesił głos.

– Została nauczycielką angielskiego? – Bardzo chciałam poznać jej historię.

– Tak! – z triumfem odpowiedział Tarek. – Ja i Ahmed się za nią ujęliśmy. I przekonaliśmy rodziców, że to jest jej prawo, aby szła taką drogą, jaką sobie wymarzyła.

– Pięknie powiedziane… – Bardzo żałowałam, że moi rodzice tak nie myśleli. I że nie mam braci, którzy by się za mną ujęli.

– A ty masz rodzeństwo?

– Tak, dużo starszą siostrę, ale założyła już swoją rodzinę i mieszka w innym mieście.

– Jak ma na imię?

– Alicja.

– I jest taka ładna jak ty? – W oczach Tarka pojawił się nieukrywany zachwyt.

– Ładniejsza...

– Nie wierzę...

Kiedy po kilku godzinach Tarek odprowadzał mnie do domu, miałam wrażenie, że znamy się już od bardzo dawna. Przed blokiem pocałował mnie w policzek na pożegnanie i zalała mnie fala gorąca. Gdy Tarek zaproponował spotkanie następnego dnia, z radością przyjęłam zaproszenie.

Niestety, w domu czekała mnie karczemna awantura.

– To jest ta twoja Karolina! – Mama wrzeszczała już od progu. – Wysoka, ciemna i z bródką!

Po pełnym zwierzeń wieczorze nie miałam ochoty na nieprzyjemną, do niczego nie prowadzącą konwersację z mamą, więc od razu poszłam do swojego pokoju. Jednak mama nie dała za wygraną i zaraz tam za mną wtargnęła.

– Julka! Natychmiast mi powiedz, kto to był?!

– Kolega.

– Jaki kolega?

– Normalnie, kolega.

– A skąd on jest?

– Z Syrii.

– To pewnie jakiś uchodźca?! – Mama aż trzęsła się ze złości.

– Mamo, jaki uchodźca! Czy my w Polsce mamy uchodźców?! – Teraz mama wyprowadziła mnie z równowagi. – Tarek jest informatykiem i mieszka w Dubaju.

Mama wyglądała na zdumioną i przez chwilę nie mogła wykrztusić ani słowa.

– Mamo, proszę cię, jutro rano idę do pracy i chcę odpocząć – powiedziałam pojednawczo. – Sama mówiłaś, jak ważna jest praca. Pozwól, proszę, porządnie mi się wyspać. Czeka mnie długi, ciężki tydzień.

– A kiedy wracasz pijana nad ranem, to wtedy nie pamiętasz o tym, że musisz się wyspać! – Mama odzyskała swój normalny wigor. – Dobrze, że ojca teraz w domu nie ma, bo gdyby on zobaczył...

– Przepraszam, mamo, ale muszę iść do łazienki. – Uznałam, że to jedyny sposób, aby uwolnić się od dalszej tyrady.

W łazience zostałam tak długo, aż mama poszła oglądać swój ulubiony serial. Wtedy chyłkiem przemknęłam do pokoju i położyłam się do łóżka. Długo nie mogłam zasnąć, bo wciąż byłam pod dużym wrażeniem spotkania z Tarkiem. Wydał mi się niezwykle odpowiedzialnym i zrównoważonym mężczyzną, który doskonale wie, jak zatroszczyć się o kobietę. Przypominałam sobie jego dżentelmeńskie gesty w klubie i wyszukany język. Ale najbardziej ujęła mnie jego empatia w stosunku do swojej siostry i to, że potrafił z bratem zawalczyć o jej los. Tarek... Cieszyłam się niezmiernie, że już następnego dnia znowu go zobaczę.

Nazajutrz w pracy szefowa jak zwykle zawaliła nas robotą i rano nie miałyśmy czasu, żeby porozmawiać o zabawie w klubie i nowych znajomych. Dopiero około południa udało nam się odejść od naszych biurek i pójść do małego aneksu kuchennego.

– I jak było z Fajsalem? – Karolina prosto z mostu zapytała Martę, czekając na swoją kolejkę do ekspresu do kawy.

– Hmm... – Marta zamruczała jak kotka. – Super! Zna się facet na rzeczy.

– Spotkasz się z nim jeszcze? – Drążyła Karolina.

– Nie wiem, może kiedyś…

– Nie umówiliście się? – Karolina się zdziwiła.

– On już jutro wyjeżdża. – Marta trochę spochmurniała. – Ale może za jakiś czas przyjedzie do Polski – dodała z nadzieją.

– A co tam z Tarkiem? – Karolina zwróciła się do mnie. – Zadzwonił?

Nie byłam do końca przekonana co do tego, czy powinnam podzielić się z koleżankami swoimi wrażeniami po spotkaniu z Tarkiem. Dla mnie było ono zupełnie wyjątkowe, ale nie miałam pewności, czy koleżanki zinterpretują je odpowiednio.

– Nie martw się, Julio, może jeszcze zadzwoni. – Karolina opacznie przyjęła moje milczenie. – A może też zaraz wyjeżdża tak jak Fajsal i nie ma czasu?

– Może… – Pomyślałam, że już za kilka godzin znowu zobaczę Tarka i była to bardzo obiecująca wizja.

A wy co sobie tu pogaduszki ucinacie?! – Do pomieszczenia wpadła szefowa. – Za mało pracy macie?!

Nie pozostało nam nic innego, jak tylko wziąć kubki z kawą i wrócić do swoich obowiązków.

***

Przez następne dwa tygodnie prawie codziennie spotykałam się z Tarkiem. Zwiedzaliśmy różne zakątki miasta, bywaliśmy w kameralnych knajpkach, chodziliśmy na długie spacery, jedliśmy kolacje w ekskluzywnych restauracjach, na które nigdy wcześniej nie mogłam sobie pozwolić. Z każdym dniem czułam, że coraz bardziej zależy mi na Tarku i na każde spotkanie z nim biegłam jak na skrzydłach. Zupełnie ignorowałam narzekania mamy na to, że ciągle nie ma mnie w domu.

– Mamo, mam prawo do własnego życia i przestań mnie w końcu ciągle kontrolować! – wykrzyczałam jej w złości, kiedy po raz kolejny próbowała dowiedzieć się, dokąd idę.

Pewnego późnego wieczoru Tarek zaprosił mnie do położonego na czterdziestym piętrze baru w pięciogwiazdkowym hotelu, gdzie za przeszklonymi ścianami rozciągała się panorama migającego nocnymi światłami miasta.

– Wspaniały widok! – zachwyciłam się, gdy tylko usiedliśmy przy stoliku.

– Naprawdę tak bardzo ci się tu podoba? – Tarek przyglądał mi się z uwagą.

– Naprawdę! – zapewniłam z przejęciem.

– To ogromnie się cieszę! – Twarz Tarka rozjaśnił szeroki uśmiech.

Podeszła kelnerka i podała nam menu.

– Na co masz ochotę? – Tarek przeglądał kartę.

– Nie wiem, ale na pewno nie jestem głodna.

Przedtem byliśmy w jednej z najdroższych restauracji w mieście, gdzie zjedliśmy wykwitną kolację przy świecach.

– To może jakiś deser? – zaproponował Tarek.

– Chętnie.

– Owoce, lody, pudding czy może czekoladowe fondue ze świeżymi truskawkami? – Tarek wymienił oferowane desery.

– Czekoladowe fondue brzmi świetnie.

– Dobry wybór – pochwalił Tarek. – To poprosimy founde z truskawkami i szampana Dom Perignon.

Kelnerka przyjęła zamówienie i odeszła, a Tarek obdarzył mnie wnikliwym, męskim spojrzeniem. W karcie było kilka marek szampanów, ale Tarek wybrał akurat tę, przy której się poznaliśmy i ogarnęło mnie z tego powodu szczególne wzruszenie.

– Dżulio… – Tarek nie spuszczał ze mnie oczu, a jego wzrok był hipnotyzujący. – Dżulio…

Odniosłam wrażenie, że chce powiedzieć mi coś ważnego. Coś bardzo ważnego.

– Dżulio, czy zechciałabyś... – zaczął, ale w tym momencie zjawiła się kelnerka ze lśniącą ciemną butelką, na której umieszczona była czarna etykietka z różowym napisem Champagne Dom Perignon Rose Vintage.

Strzelił korek i różowy musujący płyn wypełnił kieliszki.

– Za to, żebyś była szczęśliwa! – Tarek wzniósł toast.

– I ty też! – Podniosłam w górę swój kieliszek.

Stuknęliśmy się kieliszkami i wypiliśmy po kilka łyków szampana, który tym razem miał łagodny, delikatny smak z nutami malin, słodkich ziół i czerwonych winogron.

– Doskonały! – Szampan był prawdziwą ambrozją dla podniebienia.

Kelnerka przyniosła czekoladowe fondue ze świeżymi truskawkami i z gracją postawiła je na stole. Tarek wziął jedną truskawkę i wrzucił ją do mojego kieliszka.

– Spróbuj. – Zachęcił mnie z uśmiechem. – Truskawki podkreślają smak szampana.

– Mmm... Teraz jest jeszcze lepszy! – Musiałam przyznać Tarkowi rację.

Piliśmy szampana, jedliśmy truskawki zanurzane w gorącej czekoladzie, a Tarek opowiadał mi o mieście, w którym się wychował.

– Wiesz, że w Dubaju znajduje się najwyższy budynek świata Burdż

Chalifa?

– Tak, oczywiście. – Nie wiedziałam za dużo o Dubaju, ale o tym akurat słyszałam.

– To absolutnie wyjątkowe miasto i wiem, że czułabyś się w nim znakomicie. Takie widoki... – Tarek kiwnął głową w stronę szklanej szyby – ...a mówiąc szczerze dużo bardziej oszałamiające, mogłabyś, Dżulio, podziwiać codziennie – zachwalał Tarek. – Restauracji czy barów, z których widać cudowną panoramę Dubaju, jest mnóstwo. Dubaj to absolutny cud architektoniczny, który trzeba zobaczyć – kontynuował.

Potem z jego ust popłynęła interesująca opowieść o egzotycznym Dubaju, przeplatana zabawnymi rodzinnymi wspomnieniami z dzieciństwa. Ten wieczór, jak każde poprzednie spotkanie z Tarkiem, był dla mnie niesamowicie ekscytujący i kiedy kelnerka przyniosła rachunek, z żalem pomyślałam, że już musimy się rozstać. Wyszliśmy z baru i chciałam iść w stronę windy, ale ku mojemu zdziwieniu Tarek wziął mnie za rękę, po czym skierował się do jednego z hotelowych korytarzy. Dotarliśmy do drzwi, które Tarek otworzył kartą magnetyczną i weszliśmy do środka apartamentu.

– Dżulio...

Tarek mocno przygarnął mnie do siebie i obsypał namiętnymi pocałunkami. A później... A później przeżyłam pełną miłosnych uniesień i erotycznych ekstaz najpiękniejszą noc w swoim życiu. Kochaliśmy się długo, intensywnie i na wiele najbardziej wyszukanych sposobów. Tarek, z wyrafinowaniem pieszcząc moje spragnione czułości i sensualnego upojenia ciało, rozpalał do nieprzytomności wszystkie moje zmysły.

– Dżulio... – szeptał mi do ucha. – Jesteś piękną kobietą... Wyjątkową... Jedyną... Nie wyobrażam sobie tego, że mogę cię już nigdy więcej nie zobaczyć... – Całował zmysłowo moją szyję. – Twoje piersi... – muskał po nich ustami – ...są cudne... jak bogini... – Jego pocałunki stały się jeszcze bardziej żarliwe. – Jesteś moją boginią nocy... boginią życia... – Wpił się gorączkowo w moje usta i złączył się ze mną swą wzwiedzioną, twardą męskością. Było to dla mnie tak euforyczne doznanie, że nie mogłam powstrzymać jęku rozkoszy, który najlepiej oddał siłę ekstatycznej przyjemności mojego ogarniętego namiętnością ciała.

– Aaaahhh….

– Dżuulia…

Moje spontaniczne, głośne westchnienie jeszcze bardziej pobudziło Tarka, który w szalonym rytmie mocnych ruchów przyprawiających mnie o kolejne dreszcze obłędnych miłosnych wzlotów, porwał nas w przestworza bezmiernego, upajającego, wspólnego uniesienia.

– Love you! – wychrypiał Tarek w chwili orgiastycznego spełnienia.

Przesycone erotyzmem gwałtowne wyznanie Tarka doprowadziło mnie na szczyty zmysłowej błogości.

– Tarek…

Zjednoczyliśmy się w fascynująco czarownym momencie niezwykłej bliskości.

Wschodziło słońce, kiedy Tarek powiedział cicho, gładząc moje długie włosy.

– Dżulio, zapraszam cię na dwa tygodnie do Dubaju. Pokryję wszystkie koszty, łącznie z biletem. Pojedziesz, kochana?

– Pojadę – odpowiedziałam bez zastanowienia.

Kiedy przytuliłam się do Tarka i zamknęłam oczy, musiałam przyznać sama przed sobą, że pojechałabym wszędzie, gdziekolwiek mój mężczyzna by mnie zaprosił. Bo tak naprawdę ważny w tej podróży był tylko Tarek.

Rozdział II
Koszmarne przebudzenie

Namiętna noc z Tarkiem i nieoczekiwane zaproszenie do Dubaju spowodowały, że wszystko nagle nabrało zupełnie innego wymiaru. Poczułam się tak, jakbym raptem wydostała się z małego, ciasnego pokoiku, w którym ciągle brakowało powietrza. Tarek swoimi niezwykle interesującymi opowieściami oraz niegasnącym zainteresowaniem moim życiem sprawił, że w ciągu krótkiego czasu stał mi się bardzo bliski. Dużo mówił o swojej rodzinie i wydał mi się wyjątkowo ciepłym człowiekiem. Kiedy zgodziłam się na wyjazd z nim, nie ukrywał radości i wciąż roztaczał przede mną wspaniałe wizje wspólnie spędzonych dwóch tygodni w Zjednoczonych Emiratach Arabskich.

Dubaj na oglądanych przeze mnie zdjęciach oszałamiał wspaniałą, unikalną architekturą i lazurowymi wodami Zatoki Perskiej. Na fotografiach szczyty wieżowców wyłaniały się z białej pierzynki chmur, a słoneczne plaże kusiły spokojnymi falami obmywającymi czysty, drobny, złoty piasek. Złote Miasto, jak je niektórzy nazywali, wabiło największymi centrami handlowymi, które oferowały najbardziej ekskluzywne towary światowych marek, tradycyjnymi arabskimi sukami, których witryny lśniły ciężką, misternie wyrabianą złotą biżuterią, windami wyłożonymi złotem oraz kapiącymi od drogocennego kruszcu zdobieniami w najdroższych hotelach i restauracjach. Liczne zdjęcia przedstawiały pokryte złotem samochody, automaty ze sztabkami złota oraz pozłacane elementy przystanków i stacji metra. Dowiedziałam się, że w słynącym z niewyobrażalnego bogactwa Dubaju można zamówić aparat na zęby wykonany ze złota i stu pięćdziesięciu sześciu małych diamentów, wart ponad sto pięćdziesiąt tysięcy dolarów. To w tym mieście chętni raczyli się ogromnym hamburgerem The Burj Khalifa pokrytym płatkami dwudziestoczterokaratowego jadalnego złota – dokładnie takim samym, jakiego całkiem niedawno próbował sam następca tronu emira, książę dubajski, szejk Hamdan ibn Muhammad al-Maktum – oraz kosztowali najdroższych deserów świata. Podniebienie rozpieszczały Black Diamond, deser wykonany z irańskiego szafranu, włoskich trufli i złota, którego cena przekraczała osiemset dolarów, oraz najdroższa babeczka na świecie Golden Phoenix przyrządzana z organicznej mąki, włoskiej czekolady, najlepszego masła, wanilii z Ugandy i zatopionych w dwudziestotrzykaratowym złocie truskawek, warta ponad tysiąc dolarów. Wyglądało na to, że Złote Miasto potrafiło zadowolić najbardziej wyrafinowane gusta i nasycić najbardziej wymagające zmysły bogaczy z całego świata.

Wyszukane przeze mnie ciekawostki na temat Dubaju niewątpliwie przyczyniały się do tego, że jeszcze bardziej chciałam zwiedzić to baśniowe miasto, jednak z pewnością nie przysłaniały one prawdziwego sensu tej nagłej egzotycznej wyprawy. Tarek swoim niezwykle ekspresyjnym wyznaniem „Love you" wymówionym w najbardziej intymnym momencie poruszył najczulsze struny mojego serca. Ta upojna noc, wypełniona rozpalającymi pieszczotami, które zaprowadziły mnie na sam szczyt zupełnie dla mnie nowych erotycznych doznań, ukwiecona ekspresyjnym wybuchem uczuć Tarka, wyzwoliła we mnie przenikający żar tkliwego oddania się mężczyźnie, który zdołał zawładnąć moimi myślami i duszą.

– Dżulio, wyjeżdżamy za dziesięć dni. – Tarek bawił się moimi blond włosami. – Kupiłem już bilety.

– Tak szybko? – Zdziwiłam się. – Myślałam, że masz tu jeszcze jakieś interesy do załatwienia.

– Nie, kochana, wszystko, co miałem tu załatwić, już załatwiłem.

– I jak ci poszło? – spytałam zupełnie nieświadoma tego, że jestem integralną częścią jego przedsięwzięcia.

– Wspaniale. – Tarek owinął długie kosmyki moich włosów wokół swojej dłoni.

– To bardzo się cieszę. – Za kilka tygodni wiedziałam już, że powinnam raczej z tego powodu płakać.

– Ja tym bardziej – z przekonaniem powiedział Tarek.

– Chętnie poznam twoją rodzinę – stwierdziłam z czułością. – A szczególnie twoją siostrę Amirę.

Pogrążony w myślach Tarek nic nie odpowiedział.

– Słyszałeś? – Spojrzałam na niego. – Powiedziałam, że chętnie odwiedzę twoją rodzinę.

– Hmm – mruknął tylko.

Poczułam się trochę niezręcznie, jakbym popełniła jakiś nietakt. Pomyślałam, że może za bardzo się pospieszyłam i taka propozycja powinna wyjść od Tarka. Namiętnie go pocałowałam, żeby zatrzeć złe wrażenie.

– Dżuulia... – Tarek obdarzył mnie licznymi pieszczotami, którym z rozkoszą się poddałam.

***

Następnego dnia w pracy poprosiłam o urlop, ale szefowa nie chciała nawet o tym słyszeć.

– Pani Julio, chyba pani żartuje! – naskoczyła na mnie. – To jest absolutnie niemożliwe! Skąd pani to w ogóle przyszło do głowy! Przypominam, że nie sfinalizowała pani jeszcze tej sprawy z Poznaniem! I pani śmie ubiegać się o urlop i to natychmiast?! – Szefowa groźnie ściągnęła brwi. – Przyznam szczerze, pani Julio, że dla mnie jest to szczyt bezczelności! A teraz proszę wrócić do swoich obowiązków! – zakończyła zimno.

Przełykając łzy, jak niepyszna wróciłam do swojego biura i nie zważając na obecność Marty i Karoliny, od razu zadzwoniłam do Tarka.

– Tarku! – Łzy spływały mi po policzkach. – Nie pojadę... – ledwie z siebie wykrztusiłam.

– Co?!!! Przecież obiecałaś! – krzyknął ze złością Tarek. – I kupiłem już bilety!

Jego dość ostra reakcja spowodowała, że rozpłakałam się na dobre.

– Tarku, to nie moja wina... – łkałam. – Szefowa nie dała mi urlopu.

Po drugiej stronie słuchawki zapadła długa cisza i przestraszyłam się, że Tarek się rozłączył.

– Tarku! – zawołałam. – Jesteś tam?

– Jestem. – Tarek wziął głęboki oddech, po czym zaczął mówić już zwykłym dla niego serdecznym tonem. – Dżulio, kochana, ale ty musisz pojechać ze mną, po prostu musisz...

– To może później... – Otarłam mokre policzki. – Może za kilka miesięcy uda mi się...

– Ale ty musisz jechać ze mną już teraz! – powtórzył, tym razem znowu prawie krzycząc.

To była trudna rozmowa, bo mnie też zależało na tej podróży, przede wszystkim dlatego, że nie chciałam tak szybko rozstawać się z Tarkiem.

– Tarku, to później…

– Nie ma później! Pojedziesz ze mną, tak jak ustaliliśmy! – powiedział Tarek głosem nieznoszącym sprzeciwu.

To był jedyny moment przed moim wyjazdem do Dubaju, kiedy coś zgrzytnęło, a Tarek, w przebłysku nagłego niepokoju, wydał mi się daleki i obcy.

– Tarku, przepraszam cię, ale muszę już kończyć. – Dopiero w tym momencie zauważyłam, że Marta i Karolina oderwały się od swojej pracy i ze zdumieniem się we mnie wpatrują. – W końcu jestem w biurze, nie mogę już dłużej rozmawiać.

– Dżulio, poczekaj, Dżulio, moja kochana. – Tarek nagle znowu stał się przymilny. – Nie rozłączaj się, proszę, zaraz wytłumaczę ci, dlaczego musimy pojechać do Dubaju jak najszybciej.

– Jak najszybciej? – Nie rozumiałam tej presji czasu.

– Tak, bo chodzi o to… – Tarek przerwał, jakby zastanawiał się, co dalej powiedzieć.

– O co? – Chciałam wiedzieć.

– O to, że… – Tarek znowu zamilkł.

– Tarku, spotkamy się po pracy, to mi wszystko powiesz, bo teraz… – Obawiałam się, że zaraz do pokoju wpadnie szefowa i przyłapie mnie na prywatnej rozmowie telefonicznej.

– Poczekaj, Dżulio, jeszcze minutę, bardzo proszę – Tarek szybko mi przerwał. – Chodzi o… – zrobił pauzę – … o moich rodziców.

– Twoich rodziców? – spytałam zdumiona.

– Tak, opowiadałem im o tobie i koniecznie chcą cię poznać.

– Naprawdę? – Te słowa poruszyły we mnie jakąś czułą strunę. Już sam fakt, że Tarek rozmawiał na mój temat ze swoimi krewnymi, był dla mnie bardzo znaczący. – To jest mi bardzo miło z tego powodu. Gdy tylko kiedyś dostanę urlop i wyjadę, to na pewno ich odwiedzę – zapewniłam.

– Dżulio, kochana, ale później nie będzie to możliwe.

– Dlaczego? – Zdziwiłam się.

– Rodzice wyjeżdżają do mojego brata, Ahmeda, do Stanów i nie wiadomo kiedy wrócą do Dubaju. Dżulio… – Tarek na chwilę zawiesił głos. – Moi najbliżsi na ciebie czekają – dokończył ciepło.

– Tarku… – Wzruszenie przepełniło moje serce. – W takim razie spróbuję coś wymyślić…

– Tak, kochana, spróbuj, bardzo cię proszę – szybko podchwycił Tarek.

– Dobrze… To może… – zastanowiłam się. – Może pójdę do generalnego menedżera. To on mnie przyjmował do pracy…

– Świetny pomysł! – pochwalił Tarek. – Najlepiej porozmawiaj z nim jeszcze dziś – zachęcił mnie. – Dżulio… To jest takie dla mnie ważne, żebyś poznała moich rodziców! – podkreślił z emfazą.

– Ja też bardzo chciałabym poznać twoją rodzinę – przyznałam. – Zrobię wszystko, co w mojej mocy, żeby z tobą pojechać.

– I love you, Dżulia. – Słowa Tarka owinęły mnie szczelnie miękkim kokonem czułości.

Prawie już powiedziałam „Ja też cię kocham”, kiedy spostrzegłam szeroko otwarte oczy moich koleżanek.

– Tarku, przepraszam cię, ale teraz naprawdę już muszę kończyć. – I tak ta rozmowa trwała za długo.

– Dobrze, kochana, ale załatw ten urlop koniecznie. Dubaj…

– Porozmawiamy o tym po pracy – przerwałam mu, bo wydawało mi się, że usłyszałam na korytarzu kroki szefowej.

– To do zobaczenia, kochana. Będę czekał w naszej kawiarni.

– Dobrze, do zobaczenia.

Rozłączyłam się i dosłownie nie zdążyłam złapać jeszcze następnego oddechu, kiedy Marta i Karolina zasypały mnie pytaniami.

– Spotykasz się z Tarkiem?!!! – zawołała ze zdziwieniem Karolina.

– I nic nam nie powiedziałaś?! – wyrzuciła mi Marta.

– I chcesz z nim wyjechać?

– Poznasz jego rodzinę?

– To coś poważnego?

– A gdzie wyjedziecie?

– Jaki on jest?

– Ale dlaczego nic nam nie powiedziałaś?! – Marta wbiła we mnie oskarżycielski wzrok. – To dzięki mnie go poznałaś!

Zupełnie nie wiedziałam, jak odpowiedzieć na te wszystkie pytania, a w mojej głowie echo powtarzało „Moi najbliżsi na ciebie czekają". Czekają…

– Idę do menedżera. – Zdecydowałam i wyszłam z pokoju, zostawiając osłupiałe koleżanki.

Sekretarka menedżera nie pozostawiła mi jednak złudzeń co do tego, abym mogła spotkać się z nim w najbliższym czasie.

– Pani Julio, kalendarz jest już zapełniony. Proszę skontaktować się w przyszłym tygodniu i wtedy ustalimy datę spotkania.

– Ja nie mogę tak długo czekać. – Cała ta sytuacja była dla mnie ogromnie stresująca.

– Przykro mi, pani Julio, ale nic na to nie poradzę.

Wyobraziłam sobie pożegnanie z Tarkiem na lotnisku, a później jego samego, jak tłumaczy swojej rodzinie, że nie mogłam przyjechać, i łzy znowu napłynęły mi do oczu.

– Pani Julio, proszę nie… – zaczęła sekretarka, ale nie zdążyła dokończyć, bo otworzyły się drzwi gabinetu i pojawił się w nich generalny menedżer.

– Wychodzę, już mnie dzisiaj nie będzie. – Menedżer rzucił w stronę sekretarki. – O, pani Julia. – Zatrzymał wzrok na moich zapłakanych oczach. – Coś się stało?

„Dżuulia…" – usłyszałam miękki głos Tarka.

– Pani Julia przyszła prosić o spotkanie, ale wyjaśniłam jej, że pan jest bardzo zajęty i nie ma teraz żadnych wolnych terminów – wyjaśniła za mnie sekretarka.

– To coś ważnego? – zapytał mnie menedżer.

– Tak.

– Co konkretnie?

– Coś bardzo osobistego.

Menedżer spojrzał na zegarek.

– Pięć minut, pani Julio. – Otworzył drzwi swojego gabinetu. – Zapraszam.

Weszłam do środka cała roztrzęsiona.

– O co chodzi, pani Julio? – Patrzył na mnie wyczekująco.

– O urlop.

– Pani Julio! Z takimi sprawami proszę się zwracać do pani Edyty. – Menedżer miał na myśli moją szefową.

– Byłam u niej, ale kategorycznie mi odmówiła.

– A przedstawiła jej pani swoją sytuację?

– Nawet nie pytała…

– No tak… – Menedżer zrobił taką minę, jakby jemu też nie zawsze podobało się postępowanie mojej nowej szefowej.

– Ile pani chce tego urlopu i od kiedy?

– Od następnego poniedziałku dwa tygodnie.

– Dobrze, pani Julio, proszę złożyć podanie bezpośrednio do mojej sekretarki, a ja wyrażę zgodę.

– Dziękuję, bardzo dziękuję! – Cieszyłam się, że nie zawiodę Tarka i jego rodziny. – To jest dla mnie bardzo ważne, bo…

– Pani Julio! – Menedżer już kierował się w stronę drzwi. – Jeżeli pani przyszła z tym do mnie, to znaczy, że to jest ważne. Nie ma potrzeby tłumaczenia się, to są pani osobiste sprawy.

– Jeszcze raz bardzo dziękuję. – Przepełniła mnie wdzięczność do człowieka, który potrafił zrozumieć moją szczególną sytuację.

– Nie ma za co. – Mężczyzna opuścił swój gabinet. – Do widzenia, pani Julio.

– Do widzenia. I jeszcze raz bardzo dziękuję.

– Do widzenia, pani Aniu. – Menedżer pożegnał się z sekretarką i wyszedł z biura.

Stanęłam na chwilę, aby nieco opanować buzujące we mnie emocje.

– Może wody, pani Julio? – spytała mnie sekretarka.

– Chętnie, poproszę. – Chciałam się trochę uspokoić, zanim wrócę do swojego pokoju i znów zostanę zarzucona pytaniami od dociekliwych koleżanek.

Pani Ania nalała wody i podała mi szklankę.

– Proszę.

– Dziękuję. – Duszkiem wypiłam prawie całą wodę.

– Udało się coś załatwić? – Chciała wiedzieć sekretarka.

– Tak, tak... – W wyobraźni już leciałam z Tarkiem do Dubaju. – Nasz menedżer to nadzwyczajny człowiek.

– Całkowicie się z panią zgadzam, pani Julio – potwierdziła pani Ania.

Rozległ się dźwięk stojącego na biurku telefonu.

– To ja już pójdę – szepnęłam do sekretarki, która właśnie podnosiła słuchawkę.

Kiedy wróciłam do swojego pokoju, moje koleżanki od razu na mnie naskoczyły.

– Byłaś u samego menedżera? – Nie dowierzała Karolina. – Czego od niego chciałaś?

– Pewnie poprosiła o urlop. – Domyśliła się Marta. – Jeżeli szefowa jej nie dała...

– A gdzie chcesz wyjechać? – Twarzy Karoliny nie opuszczał wyraz zdziwienia. – To znaczy... chcecie... – poprawiła się Karolina. – Bo wyjeżdżasz z Tarkiem, prawda? – bardziej stwierdziła niż zapytała.

– Tak, z Tarkiem. I właśnie dostałam urlop! – Nie mogłam powstrzymać okrzyku radości.

– To szefowa się wścieknie – sucho zauważyła Marta. – A gdzie jedziecie?

– Do Dubaju.

– Naprawdę?! – W tonie Marty zabrzmiała wyraźna zazdrość.

– Tak! Tam mieszka rodzina Tarka, która bardzo chce mnie poznać…

– To znaczy, że Tarek myśli o tobie poważnie – stwierdziła Karolina.

– Niekoniecznie… – wtrąciła Marta z przekąsem.

– Dlaczego nie? – zaoponowała Karolina. – Już sam fakt, że Tarek chce przedstawić Julię swojej rodzinie, na to wskazuje.

– Ale tak szybko? – wyraziła wątpliwość Marta.

– To tym bardziej dobrze o nim świadczy! – z mocą powiedziała Karolina. – A ten twój Fajsal kontaktował się z tobą?

Marta zamilkła na chwilę.

– Nie… – odpowiedziała w końcu.

Nie skomentowałyśmy tego z Karoliną, ale zapewne pomyślałyśmy o tym samym – Fajsal potraktował Martę jak jednorazowy numerek.

W tym momencie pojawiła się szefowa i ostentacyjnie położyła na moim biurku gruby plik papierów.

– Proszę się tym wszystkim jak najszybciej zająć, pani Julio – oznajmiła lodowato. – A jak sprawa z Poznaniem? Dzisiaj się pani z nimi kontaktowała?

– Nie, jeszcze nie… – Ciekawa byłam, czy szefowa wiedziała już o mojej wizycie w biurze głównego menedżera.

– To proszę natychmiast to zrobić! – z naciskiem poleciła szefowa, po czym wyszła z pokoju z bardzo niezadowoloną miną.

– Tylko dlatego, że śmiałam prosić o urlop, którego nie brałam od dwóch lat, będzie mnie jeszcze bardziej dręczyć – poskarżyłam się głośno. Nie chciałam sobie nawet wyobrażać tego, co mnie czeka w pracy, kiedy wrócę z wyproszonego u generalnego menedżera urlopu.

– Nie przejmuj się tym, poradzimy sobie – pocieszyła mnie Karolina. – Ja już zaraz dzwonię do tego Poznania, chociaż wątpię, czy odbiorą. A ty ciesz się wakacjami, Julio! I Tarkiem! – Karolina uśmiechnęła się do mnie szeroko. – Taka wyprawa!

Moje koleżanki nie mogły ukryć wrażenia, jakie zrobił na nich mój nagle ujawniony związek z Tarkiem i wyjazd z nim do Dubaju. Karolina ciągle powtarzała, że muszę jej o wszystkim dokładnie opowiedzieć, a Marta zaciskała usta i zajmowała się swoją pracą z nadmiernym zaangażowaniem, którym chciała chyba ukryć fakt, że nie miałaby nic przeciwko temu, gdyby jej znajomość z Fajsalem przybrała podobny obrót.

– Julio... – Marta zwróciła się do mnie tuż przed końcem pracy.

– Słucham. – Oderwałam wzrok od komputera.

– Czy Tarek... Czy Tarek wspomniał coś o Fajsalu? – Wyglądało na to, że Marta przez cały dzień biła się z myślami, czy w ogóle zadać mi to pytanie.

– Nie, Tarek nic nie mówił na jego temat.

Marta zaczęła nerwowo przekładać papiery na swoim biurku z miejsca na miejsce.

– Tak tylko pytam... – wyglądało na to, że Marta intensywnie się nad czymś zastanawia. – Bo Fajsal mówił, że niedługo przyjedzie do Polski, więc myślałam, że może coś o tym wiesz.

– Niestety, nic nie wiem.

– Trudno... – Marta westchnęła.

Co minutę spoglądałam na zegarek, bo ten dzień wlókł mi się niemiłosiernie, a ja nie mogłam się doczekać, kiedy podzielę się z Tarkiem dobrą wiadomością. Chciałam mu ją przekazać osobiście, a nie przez telefon. Wreszcie nadszedł koniec pracy i pospiesznie opuściłam biuro, żeby jak najszybciej znaleźć się w kawiarni, gdzie Tarek na mnie czekał. Nie odeszłam daleko od budynku, kiedy dogoniła mnie Karolina.

– A ty dokąd tak pędzisz? – zapytała zdyszana. – Chodź na jakąś kawę i opowiedz mi o wszystkim. Niesamowite, jak ci się świetnie ułożyło z Tarkiem!

– Karolino, naprawdę teraz nie mogę. – Przyspieszyłam kroku. – Umówiłam się z Tarkiem i nie chcę się spóźnić.

– To odprowadzę cię kawałek. – Karolina zrównała się ze mną. – Od kiedy się z nim spotykasz?

– Od początku... To znaczy od tego naszego wieczoru w klubie Sahara.

– Czyli od razu do ciebie zadzwonił, a ty się nie pochwaliłaś?

– No wiesz, dla mnie to też było duże zaskoczenie... A potem to się tak szybko potoczyło...

– Miłość od pierwszego wejrzenia... – podsumowała Karolina z rozmarzeniem.

– Nie wiem... – powiedziałam, ale gorące rumieńce, które pojawiły się na moich policzkach, mówiły same za siebie.

– Przecież gołym okiem widać, że ci na nim bardzo zależy. – Karolina wprost powiedziała, co o tym myśli.

– On jest... – Chciałam powiedzieć „taki czuły i empatyczny", ale przerwałam, gdyż nagły przypływ gorących uczuć dosłownie odebrał mi głos.

– Jaki jest? – spytała Karolina z zainteresowaniem.

– Absolutnie wyjątkowy – odpowiedziałam ze ściśniętym z rozczulenia gardłem i w tym stwierdzeniu zawarła się wrażliwość Tarka na moje problemy i jego czułość i zrozumienie, i szaleńczo płomienne noce, które zaprowadziły mnie na wyżyny erotycznych doznań.

– Szczęściara... – szepnęła Karolina z rozrzewnieniem.

– Karolino, pogadamy później, bo teraz naprawdę już muszę pędzić.

– To leć, ale obiecaj mi, że spotkamy się przed twoim wyjazdem do Dubaju. Taka historia...

– Dobrze, ale nie wracaj do tego tematu w pracy – poprosiłam. – Nie mam zamiaru wysłuchiwać niewybrednych komentarzy Marty.

– Jasne, będzie tak, jak chcesz. – Karolina zgodziła się ze mną. – Tylko daj mi znać, jeśli znajdziesz wolny czas na kawę.

– Z pewnością tak zrobię. – Skoro już tajemnica wyszła na jaw, też miałam ochotę na rozmowę z koleżanką o moim niespodziewanym wyjeździe.

– To miłej randki – Karolina pożegnała mnie przyjaźnie.

– Dziękuję, do zobaczenia jutro.

– Do jutra.

Karolina odeszła, a ja pobiegłam na spotkanie z Tarkiem.

– Dżulio, kochana. – Tarek mocno mnie przytulił na powitanie. – Tak się stęskniłem! – wyznał żarliwie, chociaż widzieliśmy się zaledwie dzień wcześniej. – Byłaś u menedżera? Dostałaś urlop? – Od razu chciał wiedzieć.

– Tak, dostałam! – wykrzyknęłam entuzjastycznie.

– Naprawdę?! – Tarek wyraźnie się ucieszył. – To cudownie! Zobaczysz, będziesz zachwycona Dubajem. Piękne plaże, świetne kluby, imprezy... – wymieniał szybko.

– I rodzice...

– Rodzice?

– No, twoi rodzice, chcą mnie poznać...

– Ach, tak, oczywiście... – rzucił prędko. – Już nie mogą się doczekać, kiedy cię poznają!

– Ja też z niecierpliwością czekam na to spotkanie – przyznałam otwarcie.

– Oh, Dżulio, będzie cudownie! – Jego twarz promieniała szczęściem. – Fantastycznie, że jedziesz! Fantastycznie!

To było niezwykle udane popołudnie. Tarek jeszcze bardziej przekonał mnie do wyjazdu, dlatego byłam ogromnie zadowolona z tego, że zawalczyłam o swój urlop u generalnego menedżera. Pozostało mi tylko poinformowanie rodziców o moim wyjeździe i dokupienie kilku niezbędnych kosmetyków i ubrań.

***

Na zakupy wybrałam się z Karoliną trzy dni przed wylotem do Dubaju. Po kilku godzinach buszowania po sklepach w dużej galerii handlowej zmęczone usiadłyśmy w jednej z kawiarni.

– Padnę, jeżeli zaraz nie napiję się dobrej kawy. – Karolina rozglądała się za kelnerką.

– Ja też! – Mocna kawa to było dokładnie to, czego w tym momencie potrzebowałam.

– Ale zakupy zrobiłaś świetne! – Karolina przesunęła wzrok po mniejszych i większych torbach. – Majątek na nie wydałaś!

– Wszystkie moje oszczędności – przyznałam się.

– Julka!!! – Karolina otworzyła szeroko oczy. – Zupełnie straciłaś głowę!

– No wiesz, chcę się dobrze prezentować – tłumaczyłam się. – Tarek powiedział, żebym wzięła trochę fajnych ciuchów, bo będziemy chodzić na przyjęcia w ekskluzywnych hotelach i party na jachtach.

– Wielki świat… – tęsknie skomentowała Karolina.

Do naszego stolika podeszła kelnerka.

– Podwójne espresso i wodę mineralną, proszę.

– Gazowaną czy nie? – spytała kelnerka.

– Gazowaną. A ty, Karolino, co chcesz? – Zwróciłam się do koleżanki.

– To samo co ty.

– Czyli dwa razy podwójne espresso i dwie wody gazowane – powtórzyła kelnerka. – Woda z lodem?

– Ja bez – odpowiedziałam.

– A ja z lodem – poprosiła Karolina.

– Dobrze. – Zanotowała kelnerka. – Jeszcze coś sobie panie życzą? Może jakiś deser do kawy?

– Nie, dziękuję. – Nie miałam ochoty na żadne słodkości.

– Ja też poprzestanę na napojach. – Karolina dołączyła do mnie.

– Dobrze, dziękuję. – Kelnerka po przyjęciu zamówienia oddaliła się od stolika.

– Te twoje nowe ciuchy są naprawdę super! – Karolina po raz kolejny pochwaliła moje zakupy. – I zabójczo w nich wyglądasz!

– Dziękuję! – Miałam nadzieję, że Tarkowi będę się w nich również podobała.

– Tylko…

– Tylko co? – Nie zrozumiałam zawahania Karoliny.

– Tak się zastanawiam…

– Nad czym?

– Czy one nie są…

– Nie są jakie? – Patrzyłam na Karolinę z wyczekiwaniem.

– No, nie obraź się, ale zbyt wyzywające… To znaczy jak na Dubaj oczywiście – szybko dodała Karolina.

Wybuchnęłam gromkim, szczerym śmiechem.

– Karolino! Ty myślisz, że Tarek owinie mnie tam w jakieś czarne szmaty?! – Nie mogłam przestać się śmiać.

– Nie wiem, co cię, Julio, tak bawi. – Karolina lekko się obruszyła. – Przecież wszyscy wiedzą, że kobiety w krajach arabskich chodzą całe zakryte. A ty czego nakupowałaś? Jakieś minisukienki i spódniczki, szorty, topy na ramiączkach, niebotycznie wysokie szpilki, bikini…

– Tarek tak mi doradził. – Opanowałam już śmiech. – On mi dużo opowiadał o Dubaju i mówił, że turystki właśnie tak się tam ubierają.

– Naprawdę? – Karolina się zdziwiła.

– Tak, szczególnie w różnego rodzaju klubach i na jachtach.

– Jeżeli Tarek tak mówi... – Koleżanka już nie oponowała.

Kelnerka przyniosła nasze zamówienie, po czym postawiła je na stoliku. Karolina od razu sięgnęła po filiżankę i pociągnęła łyk gorącego napoju.

– Pyszna! – Delektowała się kawą.

Wzięłam butelkę z wodą i zapełniłam dwie szklanki, a następnie z przyjemnością orzeźwiłam się gazowaną wodą mineralną.

– A wracając do ubrań... – Czekałam, aż moja kawa ostygnie. – To jedną sukienkę kupiłam specjalnie na spotkanie z rodzicami Tarka.

– Pewnie tę białą w kwiatki? – domyśliła się Karolina.

– Tak. Myślisz, że jest odpowiednia na taką okazję?

– Jak najbardziej. Rozkloszowana, do kolan, bez głębokiego dekoltu... Bardzo słodka – Karolina wyraziła swoją opinię.

– Cieszę się, że ci się podoba, bo bardzo chciałabym dobrze wypaść na spotkaniu z rodziną Tarka. A wiesz? On ma siostrę, Amirę. Z jego opowieści wygląda na bardzo sympatyczną dziewczynę. Jest nauczycielką języka angielskiego – zwierzałam się koleżance.

– To wspaniale, że Amira świetnie zna angielski – stwierdziła Karolina. – Będziecie mogły dobrze się poznać.

– Też się cieszę i mam nadzieję, że spotkam w niej bratnią duszę. – Pomyślałam o tych wszystkich fascynujących chwilach, które czekają mnie w Dubaju. – Och, Karolino, jestem taka przejęta! – Musiałam się podzielić z koleżanką rozpierającym mnie od kilku dni podekscytowaniem. – Nie mogę uwierzyć, że już za kilka dni będę się opalać na cudownej plaży nad Zatoką!

– Tak, na pewno czeka cię wspaniały urlop! – zgodziła się ze mną Karolina. – A co na to twoi rodzice? Polubili Tarka?

Podniosłam swoją filiżankę i zaczęłam powoli sączyć kawę.

– Julio! – Koleżanka nieznacznie podniosła głos. – Czemu nic nie mówisz? Tarek nie przypadł twoim rodzicom do gustu? – wysnuła przypuszczenie. – A to dziwne, bo to bardzo kulturalny mężczyzna.

– Nie o to chodzi…

– A o co?

– Oni nic nie wiedzą.

– Jak to? Nie wiedzą, że wyjeżdżasz?! – Karolina nie kryła zdumienia.

– No nie, wiedzą oczywiście, że jadę na urlop, ale powiedziałam im, że spędzę go w Chorwacji.

– Dlaczego?

– Ach, wiesz, jaka jest moja matka… – Skrzywiłam się na samą myśl o jej codziennym gderaniu. – Uważa, że ma niepodważalne prawo bez przerwy wtrącać się w moje życie.

– Czyli rodzice nic nie wiedzą o Tarku?

– Niezupełnie… Matka na samym początku naszej znajomości zauważyła, jak Tarek odprowadzał mnie do domu. Ile ja się wtedy nasłuchałam!

– To znaczy, że mama wie o waszym związku.

– Nie, nic nie wie.

– Ale przecież was widziała!

– Tak, ale to było już dawno i wtedy wyjaśniłam jej, że to tylko kolega.

– A później już o niego nie pytała?

– Pytała, ale powiedziałam jej, że Tarek wyjechał z Polski.

– I uwierzyła?

– Myślę, że tak… W końcu nigdy wcześniej ich nie oszukiwałam.

– To dlaczego teraz to robisz? – Karolina popatrzyła na mnie uważnie. – Sądzę, że jeżeli twoi rodzice poznaliby Tarka, to szybko by się do niego przekonali. Poza tym… – Karolina napiła się wody. – Gdy wrócisz z tej Chorwacji… to znaczy z tej niby--Chorwacji… to rodzice na pewno będą pytali, jak tam było… Będą chcieli obejrzeć jakieś zdjęcia… I co wtedy zrobisz?

– Wtedy pewnie powiem im prawdę.

– A teraz nie możesz?

– Myślę, że kiedy wrócę z Dubaju, to będzie już zupełnie inna sytuacja.

– Co masz na myśli?

– To, że poznam jego rodzinę, więc będę mogła coś więcej na jej temat powiedzieć. To znaczy, jacy to są ludzie, co robią… Może uda mi się nawet zaprosić do Polski siostrę Tarka, Amirę, i rodzice będą mogli ją poznać? – Ten pomysł dopiero co wpadł mi do głowy. – Wtedy będzie mi łatwiej przekonać ich do Tarka.

– Rzeczywiście jest dużo racji w tym, co mówisz – przyznała Karolina.

– Wiesz, Amira tak jak ja musiała walczyć o swoje marzenia.

– Tak jak ty?

– Mówiłam ci kiedyś, że uwielbiam pracę z dziećmi i zawsze chciałam być przedszkolanką.

– A tak, przypominam sobie.

– Ale moi rodzice się nie zgodzili i… – Fakt, że rodzice nie pozwolili mi na realizację moich marzeń, wciąż tkwił we mnie jak bolesna zadra. – …sama wiesz, jak się skończyło… Za to Amira miała więcej szczęścia… To znaczy miała braci, którzy się za nią wstawili.

– To Tarek ma jeszcze braci?

– Jednego brata, Ahmeda. Mieszka w Stanach i jego rodzice chcą go niedługo odwiedzić, ale nie wiedzą, jak długo tam zabawią i dlatego Tarek chce, żebym jak najszybciej pojechała do Dubaju.

– Rozumiem. A Amira? Co masz na myśli, mówiąc, że bracia się za nią wstawili?

– Rodzice chcieli, żeby Amira była lekarzem, a ona wolała uczyć angielskiego i dzięki temu, że Ahmed i Tarek stanęli za nią murem, Amira dopięła swego.

– To trafił ci się naprawdę fantastyczny facet! – Karolina nie kryła podziwu. – Potrafi się wstawić za kobietą, a z tego, co mówisz, to ciebie też nie zamierza ograniczać i zakryć jakąś czarną płachtą...

Za kilka miesięcy na własnej skórze przekonałam się, że na Wschodzie europejską kobietę może spotkać znacznie większy koszmar niż obleczenie jej w czarną abaję...

Następne dni upłynęły mi w dość nerwowej atmosferze – mama ciągle dopytywała mnie o szczegóły wyjazdu, a szefowa, która już dowiedziała się o moim urlopie, nie kryła swojego oburzenia faktem, że ośmieliłam się iść do generalnego menedżera. Dobitnie dawała mi na każdym kroku do zrozumienia, że kiedy tylko wrócę do pracy, to ona osobiście dopilnuje, żebym „w końcu wzięła się porządnie do roboty". Marta z kolei uważała, że jestem jej winna jakąś szczególną wdzięczność za to, że przyczyniła się do poznania Tarka, które zaowocowało tak wspaniałą wyprawą, i wymuszała na mnie obietnicę, że w Dubaju spróbuję skontaktować się z Fajsalem i mu o niej przypomnieć.

– A ty sama nie możesz tego zrobić? – Irytowała mnie natarczywość Marty. W Dubaju chciałam się cieszyć wolnym czasem z Tarkiem, a nie uganiać za jednonocnym kochankiem Marty. – Pewnie Fajsal zostawił ci jakiś telefon do siebie, więc jeżeli on się nie odzywa, to ty do niego zadzwoń.

– Próbowałam, ale numer jest nieaktywny. Myślę, że po prostu źle go zapisałam.

– To co ja mogę na to poradzić! – Dla mnie było jasne, że gdyby Fajsal chciał mieć kontakt z Martą, to by go bez problemu nawiązał.

– Julio, jeżeli już będziesz na miejscu, to chyba nie sprawi ci dużej trudności poproszenie Tarka, żebyście się spotkali z Fajsalem. – Koleżanka wciąż na mnie naciskała.

– Marto, zastanów się, co ty w ogóle mówisz! – Jej żądania wkurzyły mnie na dobre. – Jadę na krótki urlop z moim facetem i mam go w tym czasie prosić, żebyśmy spotkali się z jego kolegą?! To brzmi trochę niedorzecznie, nie sądzisz?!

– Ale gdyby nie ja…

– Przestańcie już, dziewczyny! – Karolina nie pozwoliła Marcie dokończyć. – Jeśli Julia będzie miała taką możliwość, to na pewno przypomni o tobie Fajsalowi, prawda? – Karolina zwróciła się do mnie.

– Tak, tak – potwierdziłam, żeby zakończyć już ten temat.

– Nie wiem, dlaczego Julia tak się unosi – powiedziała Marta urażonym tonem. – Chciałam tylko, żeby przy okazji swojego rewelacyjnego urlopu… – ostatnie słowa zabrzmiały nieco złośliwie – … pozdrowiła mojego znajomego.

Karolina omal nie parsknęła śmiechem przy słowie „znajomego", ale opanowała się w ostatniej chwili. Później byłyśmy tak zajęte swoimi obowiązkami, że Marta już mnie nie nagabywała.

***

Ostatnią noc przed wylotem prawie nie spałam. Przed oczami przesuwały mi się oglądane wcześniej na zdjęciach obrazy futurystycznego Dubaju z sięgającymi chmur lśniącymi wieżowcami o różnorodnych kształtach i błękitne, zielonkawe, niebieskie lub ciemnogranatowe, w zależności od pory dnia i oświetlenia, wody Zatoki Perskiej. Jednak najbardziej przeżywałam zbliżające się spotkanie z rodzicami Tarka, gdyż bardzo zależało mi na tym, żeby jak najlepiej wypaść w ich oczach. Próbowałam sobie nawet wyobrazić, jak będzie wyglądał ten pierwszy moment, kiedy Tarek mnie im przedstawi, ale im dłużej o tym myślałam, tym przychodziło mi to z większą trudnością i jeszcze bardziej się denerwowałam. Pocieszała mnie wiara, że z Amirą szybko znajdziemy wspólny język i to pozwoli mi się zbliżyć do rodziny Tarka. Byłam również bardzo szczęśliwa, że spędzę z moim ukochanym całe dwa tygodnie. W dni poprzedzające podróż nie widzieliśmy się, bo Tarkowi wypadły nagle jakieś pilne sprawy służbowe i był bardzo zajęty. Natomiast dzwonił do mnie codziennie po kilka razy, upewniając się, że nic nie zmieniło się w naszych planach.

Następnego dnia rano pożegnałam się z rodzicami i pojechałam na lotnisko, gdzie czekał już na mnie Tarek.

– Dżulio! Tak się cieszę! – Zmysłowo odgarnął dłonią moje włosy i pocałował mnie w policzek. – To cudownie, że wszystko się udało i razem lecimy!

– Ja też się bardzo cieszę! I bardzo, bardzo ci dziękuję! – Musiałam to powiedzieć Tarkowi, bo w końcu to on za wszystko płacił. – Jestem pewna, że to będzie niezapomniany urlop! – dodałam z pełnym przekonaniem.

– Z pewnością! – potwierdził Tarek z błyskiem w oku.

I był to bez wątpienia niezapomniany wyjazd. Tyle że nie urlop. I niezapomniany w zupełnie innym znaczeniu, niż miałam to na myśli na lotnisku w Polsce.

Lot do Dubaju trwał prawie sześć godzin. Z przejęcia nie mogłam nic jeść, ale wypiłam kilka drinków, żeby się trochę rozluźnić. Po głównym posiłku Tarek zapadł w drzemkę, a ja słuchałam muzyki i przeglądałam pokładowe foldery. Podróż upłynęła przyjemnie i ani się obejrzałam, kiedy samolot zaczął schodzić do lądowania. Siedziałam przy oknie i mogłam dokładnie zobaczyć błyszczące światła zbudowanego na pustyni bajkowego miasta.

– Wspaniały widok! – krzyknęłam z zachwytem.

Samolot zniżał się nad ciemnymi wodami Zatoki, w których odbijały się świetlne refleksy budowli, mostów i jachtów. Migocąca wielością kolorów panorama przesuwała się przed moimi oczami, ukazując całe piękno tego jedynego w swoim rodzaju miasta ze złotymi i srebrnymi wieżowcami oraz wybijającym się ponad nimi Burdż Chalifa – najwyższym na świecie drapaczem chmur.

– Tarku, kiedy pójdziemy zwiedzić Burdż Chalifa? – Nie mogłam się doczekać tego momentu, gdy najszybszą windą na świecie pojadę na sto dwudzieste czwarte piętro, na którym znajdował się taras widokowy At The Top.

– Nie wiem jeszcze, zależy, jak się wszystko ułoży – odpowiedział Tarek.

***

Nigdy nie pojechałam na taras widokowy najszybszą windą świata w najwyższym wieżowcu zbudowanym przez człowieka. Zostałam za to zepchnięta w gorące i lepkie jak parząca smoła czeluście piekieł. Najgłębsze czeluście piekieł. Najgłębsze i najczarniejsze czeluście piekieł stworzone przez człowieka.

Lotnisko w Dubaju było wielkie, błyszczące i luksusowe. Przewijało się przez nie tysiące ludzi ze wszystkich zakątków kuli ziemskiej. Ludzie o odmiennych karnacjach skóry, kolorze włosów i rysach twarzy, w różnorodnych ubiorach przylatywali na ten skrawek ziemi ze swych dalekich krajów w poszukiwaniu zarobku, atrakcji lub rozrywek. I wierzyli, że Złote Miasto to wszystko im zapewni. Wśród nich było też mnóstwo wyjątkowo atrakcyjnych kobiet, które swoimi wdziękami urozmaicały nocne dubajskie życie. Niekiedy z własnej woli, ale często również pod przymusem wprzęgnięte przez innych w odrażający system seksualnego niewolnictwa.

Po załatwieniu niezbędnych formalności i odebraniu bagażu pojechaliśmy do oddalonego dosyć daleko od lotniska osiedla, na którym bloki nie były bardzo wysokie, miały może po pięć czy sześć pięter, i nie robiły tak dużego wrażenia, jak oglądane przeze mnie wcześniej reprezentacyjne wysokościowce bogatego Dubaju. Długie beżowe budynki z licznymi, niczym niewyróżniającymi się oknami i balkonami, mogły zostać zbudowane w każdym miejscu, a nie tylko w słynącym z niewyobrażalnego luksusu Dubaju. Apartament studio, a raczej mała kawalerka, do której zaprowadził mnie Tarek, wydała mi się dość skromna i zimna. Kojarzyła mi się bardziej z przeciętnym pokojem hotelowym niż czyimś prywatnym mieszkaniem. Na małej powierzchni znajdował się kącik kuchenny z białą lodówką, przy nim pod ścianą, niedaleko drzwi wejściowych, stał kwadratowy stół z dwoma prostymi krzesłami, obok niego wysoki dystrybutor zapewniał zimną i gorącą wodę, a prawie całą resztę pomieszczenia zajmowało ogromne podwójne łóżko.

– Ty tu mieszkasz? – spytałam Tarka nieco zdziwiona, gdyż nie zauważyłam w pokoju żadnych jego rzeczy osobistych.

– Czasami się tu zatrzymuję – odparł wymijająco.

Pierwsza skorzystałam z prysznica w mikroskopijnej łazience i po wysuszeniu włosów weszłam do dużego łoża. Tarek udał się do łazienki zaraz po mnie, ale zamiast szumu wody usłyszałam, że rozmawia z kimś przez telefon. Konwersacja trwała dosyć długo i czekając na Tarka, z trudem utrzymywałam ciążące mi powieki. Kiedy po prawie godzinie Tarek wreszcie wsunął się do łóżka, prawie już spałam. Czując ukochanego blisko siebie, przytuliłam się do niego i zasypałam gorącymi pocałunkami, co sprawiło, że momentalnie się rozbudziłam. Tarek odpowiedział na moje pieszczoty i już po chwili złączyliśmy się w miłosnym uścisku. Kochaliśmy się dość intensywnie, ale przez cały czas miałam wrażenie, że czegoś mi w tych naszych igraszkach brakuje, czegoś niezwykle istotnego. Dopiero kiedy skończyliśmy, uzmysłowiłam sobie, że nie dostałam tej wielkiej dawki czułości, którą mnie Tarek zazwyczaj obdarzał. Wtedy zrzuciłam to na karb zmęczenia wielogodzinnym lotem.

Następnego dnia Tarek wyszedł rano do pracy, zaznaczając, że może wrócić późno. Tłumaczył się, że po powrocie z podróży służbowej ma dużo ważnych biznesowych spotkań. Przedtem przyniósł do domu drobne zakupy, które zrobił pewnie w jakimś pobliskim sklepiku.

– Tylko nigdzie nie wychodź, nie znasz miasta… – zaznaczył, wręczając mi torbę ze sprawunkami.

– Oczywiście, kochany, gdzie mogę iść bez ciebie… – pocałowałam go na pożegnanie.

Ten pierwszy dzień w Dubaju, mimo że spędzony w prostym studiu, które mogło się znajdować gdziekolwiek na świecie, minął mi na leniwym odpoczynku i planowaniu następnych dni. Spodziewałam się je spędzić, zwiedzając Dubaj i poznając rodzinę Tarka. Mój pobyt w Złotym Mieście jawił mi się wtedy jako pasmo niekończących się miłych chwil i przyjemności przeżywanych razem z ukochanym mężczyzną. Nie przypuszczałam nawet, jak bardzo się myliłam.

Tarek wrócił dopiero po północy i zmęczony od razu zasnął. Nie miałam nawet okazji zapytać go o nasze najbliższe plany. Nazajutrz obudziłam się pierwsza i już dobrze wypoczęta ubrałam się, umalowałam i przygotowałam śniadanie. Kiedy Tarek wstał, podałam wszystko na stół i zaprosiłam go na śniadanie.

– Co dzisiaj robimy? – zapytałam go przy kawie.

Tarek dziwnie milczał i tylko małymi łykami popijał swoją kawę.

– To co dzisiaj robimy? – Ponowiłam pytanie.

– Nie wiem jeszcze. – Spojrzał na mnie i z jego oczu powiało jakimś przejmującym chłodem. A może tylko tak mi się wydawało.

– Jak to nie wiesz?

– Mam dużo pracy. Ktoś przecież musi zarabiać pieniądze – oznajmił twardym głosem.

Tym stwierdzeniem Tarek przypomniał mi, że to on poniósł wszystkie koszty związane z moim przyjazdem do Dubaju.

– Dobrze, mam nadzieję, że dzisiaj uda ci się skończyć pracę wcześniej. – Nie mogłam nic więcej powiedzieć. – Będę czekała.

– Czekaj. – Zabrzmiało to jak rozkaz.

Tarek wyszedł, a ja zebrałam naczynia ze stołu, pozmywałam je i posprzątałam mieszkanie. Miałam przed sobą długi dzień i nie bardzo wiedziałam, co mogę robić sama w ciasnym mieszkaniu. Wyjrzałam przez okno, ale nie znalazłam na zewnątrz niczego ciekawego. Bloki, ulica, samochody, trochę zieleni. Zwykłe osiedle, jakich wiele w każdym innym mieście. Nie pozostało mi nic innego jak tylko czekać i mieć nadzieję, że tego dnia Tarek wróci wcześniej. Nie wrócił.

Następne dni przebiegły bardzo podobnie. Tarek wychodził rano do pracy i wracał prawie o północy, a ja siedziałam sama, nudząc się niemiłosiernie. Płynął dzień za dniem, a z nim mój wzięty z taką trudnością urlop. Tarek nie wspominał nic o swojej rodzinie, co mnie trochę dziwiło, bo to przecież z jej powodu ściągnął mnie tak szybko nad Zatokę. Prawdę mówiąc, nie tak wyobrażałam sobie moją wyprawę z ukochanym do baśniowego Dubaju i pomału zaczynałam się czuć trochę rozczarowana i sfrustrowana. Zastanawiałam się, jak ten mój pobyt będzie dalej wyglądał, ale nawet w najczarniejszych scenariuszach nie przewidziałam, że te przepełnione niekończącą się bezdenną nudą godziny będą najlepszym czasem, jaki spędziłam w Dubaju.

Po jakimś tygodniu, przełamując swój wewnętrzny opór, bo jednak czułam się gościem, który powinien dostosować się do oferowanych mu warunków, postanowiłam porozmawiać z Tarkiem na temat zaistniałej sytuacji.

– Tarku... Tak sobie pomyślałam... – zagaiłam przy śniadaniu. – Tak sobie pomyślałam, że jeżeli jesteś tak bardzo zajęty pracą...

– Praca to praca. – Tarek wpadł mi w słowo. – Sama wiesz, jak to jest... Opowiadałaś mi o swoich problemach z szefową, więc powinnaś to zrozumieć.

– Rozumiem... Jak najbardziej rozumiem... – zapewniłam żarliwie. – I właśnie dlatego... To znaczy... – zaplątałam się. – To znaczy... Tak sobie pomyślałam, że jeżeli ty nie masz czasu, co rozumiem, oczywiście, to może... to może zawieź mnie rano do jakiegoś centrum handlowego i tam mogę spędzić dzień...

Na twarzy Tarka odmalował się wyraz kompletnego zaskoczenia.

– Jak ty to sobie wyobrażasz?

– No... Normalnie... Pochodzę trochę po sklepach, może coś zjem... – przez cały tydzień żywiłam się jedynie kanapkami, bo Tarek przynosił tylko po kilka bułek dziennie, trochę sera i kilka jajek. Słoik dżemu kupił pierwszego dnia.

– I masz zamiar przebywać tam do północy? – W jego tonie wyczułam coś w rodzaju ironii.

– Nie, pewnie, że nie! – zaprzeczyłam.

– To jak wrócisz do domu?

– No... taksówką. Napiszesz mi nasz adres i wezmę taksówkę.

– A masz pieniądze?

– Tak, tak – odpowiedziałam szybko, chociaż to pytanie jakoś mnie dotknęło.

– A ile masz pieniędzy? – od razu zapytał Tarek.

– Trochę...

– Ale ile dokładnie?

– Trzysta dolarów. – To były resztki moich oszczędności. – Możemy je wymienić, na taksówkę na pewno wystarczy.

– Wystarczy... – powtórzył Tarek, mocno się nad czymś zastanawiając.

– To świetnie! – Ucieszyłam się, że wreszcie będę mogła się ruszyć z domu. – Wiesz, to w takim razie pojadę do The Dubai Mall, czytałam, że tuż obok znajduje się Burdż Chalifa, więc zobaczę najwyższy budynek świata, może nawet uda mi się wjechać na taras widokowy At The Top. Nie wiem tylko, ile kosztują bilety, i czy mi wystarczy pieniędzy, musisz mi koniecznie powiedzieć, ile mniej więcej wyjdzie za taksówkę stamtąd do domu, i nie wiem, czy w ogóle uda mi się dostać na taras, czytałam, że bilety trzeba rezerwować wcześniej, ale może akurat się uda... – ożywiona czekającymi mnie atrakcjami gadałam jak najęta.

– Nigdzie nie pojedziesz! – przerwał mi nagle Tarek.

– Co?!!!

– Nie możesz jechać sama.

– Jak to?

– Za ładna jesteś, żeby sama chodzić po Dubaju.

– Ale ja będę tylko w galerii handlowej i zobaczę najwyższy wieżowiec, przecież tam będą tłumy ludzi, obiecuję ci, że nigdzie indziej nie pójdę... – próbowałam przekonać Tarka.

– Nie... – Głos Tarka był stanowczy.

– Dlaczego, Tarku? – Ogarnęła mnie bardzo nieprzyjemna mieszanka uczuć od niedowierzania poprzez rozgoryczenie aż po narastającą złość.

– Przyjechałaś tu ze mną i nie będziesz nigdzie sama chodzić. – Wyglądało na to, że dla Tarka to zdanie wszystko wyjaśniało.

– To może... – Próbowałam jakoś wybrnąć z tej niefortunnej sytuacji. – To może wrócisz dzisiaj wcześniej i odwiedzimy twoich rodziców, w końcu ze względu na nich poszłam do samego generalnego menedżera, żeby prosić o urlop, a czasu mamy coraz mniej, więc...

Zamilkłam zmrożona surowym wzrokiem Tarka. Zapadła grobowa cisza.

– Zrozum, ja muszę pracować. – Pierwszy odezwał się Tarek. O rodzicach nawet nie wspomniał.

– Ale przecież ja nie mogę ciągle siedzieć sama w domu – powiedziałam to prawie szeptem. – To może Amira... Zawsze bardzo chciałam ją poznać... Mogę przecież gdzieś wyjść z twoją siostrą Amirą...

Tarek się skrzywił, jakbym powiedziała coś bardzo niestosownego.

– Wyjdziemy razem, ale najpierw muszę coś załatwić, zorganizować...

I wtedy pierwszy raz przeleciało mi przez głowę, że to wszystko jest trochę dziwne. Nie wiedziałam zupełnie, co Tarek ma na myśli, mówiąc ostatnie słowa.

– W jakim sensie „zorganizować"? – zapytałam wprost.

– No... Umówić nas z rodzicami, Amirą...

Przykre, drażniące wątpliwości położyły się cieniem na wyjaśnienia Tarka. On musiał to chyba zauważyć, bo wziął moją dłoń i mocno ją ścisnął. Pod wpływem jego dotyku przeszedł mnie prąd przyjemnego ciepła.

– Dżulio... – Tarek zaczął gładzić moją dłoń. – Jeżeli chcesz jechać na taras widokowy w Burdż Chalifa, to ja cię tam zabiorę. Ale sama wiesz, że trudno o bilety tak od razu, szczególnie teraz, w sezonie letnim, bo rezerwacje robi się dużo wcześniej, ale ja dla ciebie postaram się je zorganizować. Daj mi trochę czasu i tam pojedziemy, dobrze?

– Dobrze. – Uwierzyłam mu.

Za trzy dni Tarek wrócił do domu wczesnym wieczorem i przyniósł dwie butelki czerwonego wina oraz całego pieczonego kurczaka z frytkami i sałatką.

– A co to za okazja? – Przygotowywałam stół do kolacji.

– Dopiąłem bardzo dobrą transakcję… – Tarek otworzył butelkę i nalał rubinowe wino do kieliszków. – Twoje zdrowie, Dżulio. – Wzniósł toast.

– Nasze zdrowie, Tarku. – Poprawiłam go, stukając się z nim kieliszkiem. – I gratuluję sukcesu.

– Dziękuję. – Tarek nie krył satysfakcji. – A dla ciebie mam niespodziankę…

– Jaką? – Byłam ciekawa, co takiego dla mnie przygotował.

– Jutro gdzieś cię zabieram.

– A gdzie?

– Jeśli ci powiem, to nie będzie niespodzianka… – Tarek dolał wina do kieliszków.

– Powiedz…

– Nie powiem…

– Idziemy do twoich rodziców?

– Nie wiem…

– Spotkam Amirę?

– Nie wiem…

– Zdobyłeś bilety do Burdż Chalifa?!!!

– Nie wiem…

– No powiedz…

– Nie powiem… Twoje zdrowie! – Tarek z szerokim uśmiechem ponownie wzniósł toast.

– Nasze zdrowie! – Podniosłam kieliszek wysoko w górę.

Przekomarzaliśmy się, piliśmy wino, rozmawialiśmy, żartowaliśmy, śmialiśmy się i całowali. Całowaliśmy się mocno, namiętnie, żarliwie, zachłannie. A później tak samo się kochaliśmy. Mocno, namiętnie, żarliwie, zachłannie. Do nasycenia, nienasycenia, zatracenia, do białego rana, rozkochania, zakochania.

– Dżuulia… – Kolejny silny orgazm wstrząsnął ciałem mojego mężczyzny. – Dżuulia… – Tarek długo trzymał mnie w objęciach.

Następnego dnia obudziłam się dopiero około południa. Byłam w doskonałym humorze i z niecierpliwością czekałam na zapowiedzianą przez Tarka poprzedniego wieczoru niespodziankę. Nadal nie wiedziałam, gdzie pójdziemy i co będziemy robić. Tarek powiedział mi tylko, żebym była gotowa przed wieczorem.

– Tarku, proszę cię, powiedz mi, dokąd idziemy, bo muszę wiedzieć, jak się ubrać – zwróciłam się do Tarka po godzinach spędzonych na zabiegach pielęgnacyjnych. Gdziekolwiek wychodziliśmy, chciałam dobrze wyglądać.

Tarek tego dnia został w domu, bo powiedział, że po ciężkiej pracy należy mu się odpoczynek.

– Idziemy na przyjęcie – oznajmił wyraźnie zadowolony.

– Na przyjęcie! Naprawdę! To superwiadomość! – Nie posiadałam się z radości. – W takim razie włożę tę długą, lejącą się wieczorową sukienkę – zdecydowałam. Karolina miała rację, że na zakupy wydałam majątek, ale dzięki temu byłam przygotowana na każdą okazję.

– Lepiej wybierz coś bardziej luźnego i wygodnego – zasugerował Tarek.

– Dlaczego? Przecież powiedziałeś, że idziemy na przyjęcie. – Nie rozumiałam.

– To będzie party na prywatnej wyspie – wyjaśnił Tarek. – Wiesz, basen, plaża, te klimaty. Bardziej w stylu beach party.

– Na prywatnej wyspie? – Nigdy jeszcze nie byłam na prywatnej wyspie.

– Tak.

– A czyja to wyspa?

– Znajomego.

– Fajnych masz znajomych… A jak się tam dostaniemy?

– Popłyniemy jachtem.

– Jachtem? – Jachtem też nigdy jeszcze nie płynęłam.

– Tak, jachtem. Włóż bikini pod ubranie, tak będzie najlepiej, bo w każdej chwili możesz łatwo zostać w samym kostiumie – poradził mi Tarek. – A teraz już się ubieraj, bo zaraz musimy wychodzić.

– Dobrze, niedługo będę gotowa.

Wzięłam potrzebne ciuchy i poszłam do łazienki, żeby się przebrać. Włożyłam nowe bikini i zaczęłam się oglądać ze wszystkich stron w lustrze. Jaskrawożółty stanik znakomicie uwypuklał biust, a skąpe majteczki w biało-granatowe paski z żółtymi wstawkami po bokach ledwie zakrywały część moich krągłych pośladków. Nagle w łazience pojawił się Tarek i badawczym wzrokiem zmierzył mnie kilka razy od góry do dołu.

– Dobrze, Dżulio, bardzo dobrze… – skomentował z uznaniem.

– Cieszę się, że ci się podoba. – Czule go pocałowałam. – Zaraz będę gotowa.

Włożyłam krótkie białe spodenki i różową bluzkę z krótkimi rękawami, po czym spięłam do góry włosy, bo uznałam, że tak będzie mi najwygodniej. Zauważyłam, że po twarzy Tarka przebiegł lekki wyraz niezadowolenia.

– Coś nie tak? – zapytałam.

– Rozpuść włosy – polecił mi. – I zmień bluzkę.

Stałam niezdecydowana, ponieważ nie do końca rozumiałam, dlaczego chce, żebym zmieniła strój i uczesanie.

– Rozpuść włosy – Tarek twardo powtórzył polecenie. – I włóż inną bluzkę.

– Jaką bluzkę mam włożyć? – Nie chciałam się z nim spierać na temat mojego ubioru, bo zostało nam mało czasu do wyjścia.

– Bardziej odkrytą, musisz pokazać swoje piękne piersi. – Tarek ścisnął mój sutek tak nieoczekiwanie i mocno, że aż syknęłam z bólu.

– Aaauuu!

– Pospiesz się! – powiedział sucho i wyszedł z łazienki.

Zgodnie z jego wolą rozpuściłam włosy i włożyłam kusy top na ramiączkach z dużym dekoltem.

– Teraz jest świetnie – pochwalił Tarek, zobaczywszy mnie.

Byliśmy już przy drzwiach, kiedy on raptem odwrócił się w moją stronę.

– Dżulio, daj mi te swoje trzysta dolarów, mogą się przydać.

Zaskoczona spojrzałam na niego pytająco.

– Byłem dziś cały czas w domu, a już nie zdążymy podjechać do bankomatu. Później ci je oddam.

Wyjęłam z torebki jedyne pieniądze, jakie miałam, i wręczyłam Tarkowi.

Pojechaliśmy na przystań, gdzie liczne zaproszone na party towarzystwo właśnie wchodziło na pokład białego jachtu. Otwarta cudowna przestrzeń, w której niebieskie z lekko szmaragdowym odcieniem wody Zatoki stykały się z błękitnym niebem przełamanym tuż przy horyzoncie różowawym połyskiem, oraz widoczna z drugiej strony strzelista błyszcząca panorama unikalnych dubajskich wysokościowców momentalnie mnie olśniły. Na powitanie dostałam kieliszek szampana, co jeszcze spotęgowało moje lekkie oszołomienie. Pomyślałam, że mój urlop dopiero teraz tak naprawdę się zaczyna.

Wśród gości przeważały kobiety i musiałam przyznać, że aczkolwiek reprezentowały różne typy urody, wszystkie były niezwykle piękne i ponętne. Poczułam się tak, jakbym się nagle znalazła wśród topowych modelek różnej narodowości. Kobiety zachwycały nienagannymi figurami, ślicznymi buziami, zadbanymi lśniącymi włosami, białymi zębami i pełnymi, mocno umalowanymi ustami. Sącząc zmysłowo perlistego szampana, bujały się seksownie w rytm najnowszych hitów głośno puszczanych przez didżeja, rozdając wkoło zachęcające uśmiechy. Uroku dodawały im najmodniejsze modele okularów przeciwsłonecznych światowych marek, z których jedna para musiała kosztować minimum kilkaset dolarów.

– Świetne okulary – podzieliłam się z Tarkiem swoim spostrzeżeniem. Przymierzałam podobne, kiedy byłam z Karoliną w galerii handlowej, ale ich zakup leżał absolutnie poza moimi możliwościami finansowymi.

– Które? – zapytał.

– No... – Rozejrzałam się wkoło, bo chodziło mi generalnie o szyk, który dają kobiecie wysokiej klasy okulary przeciwsłoneczne. – Te na przykład... – Wskazałam na niezwykle oryginalne okulary Dolce&Gabbana, których stylizowane na czarną koronkę ramki w kształcie kociego oka ozdobione były różnej wielkości czerwonymi różyczkami i błyszczącymi kamyczkami takiego samego koloru. Nosiła je kobieta z imponującym biustem, który wyłaniał się kusząco z czarnego stanika bogato przystrojonego białymi perełkami. Jej zgrabną nogę zdobił tatuaż w kształcie niewielkiej czerwonej róży otoczonej ornamentem z zielonych listków.

– Te okulary to ostatni hit tego sezonu. – Tarek doskonale orientował się w najnowszych trendach. – Kosztują prawie pięć tysięcy dolarów.

– Woow! Niezła suma! – Zastanowiłam się, jakie to uczucie, kiedy można sobie pozwolić na to, żeby lekką ręką wydać pięć tysięcy dolarów na okulary przeciwsłoneczne.

– Też możesz takie mieć.

– Co?!

– Jeśli się dobrze postarasz, to niedługo też takie możesz mieć – powiedział Tarek pewnym głosem.

Zupełnie nie wiedziałam, o co mu chodzi, ale nie zdążyłam zapytać, bo jacht właśnie odbijał od brzegu, rozległy się krzyki i piski rozbawionego towarzystwa, wystrzeliły w górę następne szampany, didżej tak głośno podkręcił muzykę, że aż zadudniło mi w uszach i goście rzucili się w wir szalonego tańca. Kobiety, uwodzicielsko poruszając swoimi powabnymi ciałami, wyraźnie robiły wszystko, żeby tylko zwrócić na siebie uwagę mężczyzn, którzy siedzieli rozparci, uważnie je obserwując, lub dołączali do nich, pozwalając im tańczyć wokół siebie. Mężczyźni byli różnej urody, postury i wieku, ale łączyła ich jedna bardzo charakterystyczna cecha – od wszystkich emanowała niezwykła pewność siebie. To byli mężczyźni, którzy jeżeli chcieli coś mieć, to z pewnością to zdobywali. Bez względu na cenę.

Prywatna wyspa wyłoniła się po blisko godzinie rejsu i nęciła widocznymi już z daleka złotymi piaskami plaż i odcinającymi się na tle nieba zielonymi palmami powiewającymi na wietrze. Jacht zacumował i rozochoceni goście mogli go opuścić, kierując się w stronę wypukłego mostku przerzuconego między drewnianym pomostem a ułożonym na brzegu wyspy wzgórkiem z dużych kamieni, który pozwalał bezpiecznie zejść na ląd. Zachodzące słońce romantycznie odbijało się jasną poświatą w lekko pomarszczonych wodach Zatoki, dodając uroku niezwykłej atmosferze tego już i tak wyjątkowego wieczoru.

– Cudnie tu jest, Tarku. – Szczęśliwa, przytuliłam się do ukochanego.

– Cieszę się, że ci się podoba. – Tarek bezceremonialnie klepnął mnie w pośladek.

Party odbywało się wokół dużego basenu wypełnionego błękitną wodą oraz otoczonego gustownymi kompozycjami soczystej zieleni i wielobarwnych kwiatów. Po jednej jego stronie rozstawione były wygodne leżaki przypominające jednoosobowe łóżka, na których położono białe materace i granatowe ręczniki z żółtym wzorem. Na drugim brzegu obsługa z bogato zaopatrzonego baru serwowała wykwintne przystawki, dania i desery, a barmani w efektownych pokazach przygotowywali najróżniejszego rodzaju kolorowe drinki. Nieco w oddali widać było kwadratowe białe domki rozmieszczone tuż przy plaży, nad którą wznosiły się rozłożone parasole. Na podwyższeniu ulokował się didżej, który z zapałem miksował zachodnie i arabskie muzyczne przeboje, podrywając gości do obłędnego tańca. Impreza, która w dynamicznym tempie zaczęła się na pokładzie jachtu, teraz rozkręcała się na dobre.

– Dżulio, zdejmij ubranie, wszyscy są w kostiumach. – Słowa Tarka zabrzmiały jak nie znoszące sprzeciwu polecenie.

Rozejrzałam się wkoło i zobaczyłam kobiety w bikini, które przy aplauzie mężczyzn skakały do basenu, rozpryskując na wszystkie strony bryzgi wody. Inne zapamiętale tańczyły, potrząsając przy tym seksownie biustami i kusicielsko kręcąc biodrami, aby tylko jak najbardziej wyeksponować atuty swoich prawie nagich ciał. Zauważyłam, że kobiety prześcigały się w wyuzdanych gestach, stosując najróżniejsze sztuczki, które miały na celu zatrzymanie na dłużej zainteresowania mężczyzn. Jedna ze ślicznotek trzymała u nasady wyjątkowo długi ustnik fajki wodnej, którego końcówkę wkładała sobie powoli do prowokacyjnie wydętych, nabrzmiałych ust, po czym zaciągała się z lubością głęboko, a następnie wydmuchiwała gęste obłoki dymu, jednocześnie mrużąc uwodzicielsko ozdobione gęstymi rzęsami oczy. Inna lubieżnie szeroko otwierała usta do każdego przechodzącego mężczyzny, dając mu jednoznacznie do zrozumienia, że jest mistrzynią głębokiego gardła.

– Hi, Dżulia. – Usłyszałam tuż obok siebie męski głos. Odwróciłam się zdziwiona.

– O, Fajsal! Miło cię widzieć.

– Ciebie też Dżulio. – Fajsal cmoknął mnie w policzek.

Tarek i Fajsal wymienili ze sobą kilka zdań po arabsku, a następnie wybuchnęli gromkim śmiechem. W oczach Tarka zobaczyłam wyraźną satysfakcję, a Fajsal uniósł do góry wystawiony kciuk.

– Fajsal… – Przypomniałam sobie prośbę mojej koleżanki z pracy. – Marta prosiła, żeby cię pozdrowić.

– Marta? – zapytał Fajsal tonem, jakby zupełnie nie wiedział, o kogo chodzi. – A kto to jest Marta?

– No, Marta… Moja koleżanka… Wtedy w Polsce, w klubie Sahara… Bawiliście się razem… Nawet razem wyszliście… – Próbowałam mu przypomnieć.

– Marta… Nie pamiętam… Mówisz, że razem wyszliśmy… – Fajsal pomyślał chwilę. – To musiała być beznadziejna w łóżku.

Fajsal i Tarek znowu wybuchnęli niepohamowanym śmiechem.

– Nie to co ty… – Fajsal poufale uszczypnął mnie w bok. – O, Ibrahim już idzie. – Fajsal wskazał mężczyznę z siwą brodą idącego w naszym kierunku od strony domków.

– Dżulio, to mój ważny kontrahent z Arabii Saudyjskiej, bądź dla niego miła. – Tarek popatrzył mi głęboko w oczy. – Bardzo mi na tym zależy.

Saudyjczyk podszedł do nas, uważnie mi się przypatrując. Mężczyźni przywitali się, a następnie Tarek mnie przedstawił.

– Dżulia…

– Ibrahim…

– Miło mi… – Uśmiechnęłam się kurtuazyjnie.

– Mnie również… Ładna jesteś. – Ibrahim pomarszczonym wierzchem dłoni przejechał po moim przedramieniu, a ja wzdrygnęłam się i odruchowo przysunęłam bliżej Tarka.

W tym momencie wystrzeliły korki z potrząsanych energicznie szampanów i strugi musującego trunku wystrzeliły w górę przy wesołych krzykach i radosnych piskach uczestników zabawy. Szampan dosłownie lał się strumieniami, a goście w szampańskim szaleństwie opryskiwali się nim nawzajem, pili go wielkimi łykami wprost z butelki lub wlewali drogocenny trunek bezpośrednio do basenu. Niektóre butelki były znacznie większe od standardowych, a umieszczone na nich etykietki wskazywały na to, że każda z nich mogła być warta nawet kilka tysięcy dolarów. Wir niepohamowanego dubajskiego szaleństwa, w którym liczyło się tylko to, co sprawiało nieokiełznaną radość i przynosiło zmysłom oszałamiającą, odurzającą przyjemność, kosztował fortunę.

– Dżulio… – Tarek wyjął mi z ręki torebkę i podał Fajsalowi, po czym w okamgnieniu ściągnął mi top i mocno pociągnął za rękę. – Dżulio… Musisz wykąpać się w szampanie… – pewnym ruchem wepchnął mnie do basenu.

Niespodziewanie znalazłam się wśród gości, na których lały się strumienie pieniącego się szampana i po chwili moje długie włosy zostały skąpane w złocistym trunku. Z trudem złapałam grunt pod nogami, aby zaczerpnąć powietrza, kiedy nagle poczułam, że ktoś wkłada mi rękę między nogi. Szarpnęłam się gwałtownie i siwa ostra broda Ibrahima znalazła się tuż przy mojej twarzy.

– Dżulio… – Saudyjczyk objął mnie w pół. – Musisz zdjąć jeszcze spodenki. Pomogę ci. – Mężczyzna złapał za moje krocze.

Wyrwałam mu się, żeby jak najszybciej dobić do brzegu. Nie będzie mnie jakiś stary dziad bezczelnie obmacywał – pomyślałam z obrzydzeniem. – Mogę się do niego grzecznościowo uśmiechać, jeżeli Tarkowi tak na tym zależy, ale nic poza tym…

Wyszłam z basenu i jeszcze czując na sobie obmierzły dotyk Ibrahima, podbiegłam do Tarka.

– Tarek, Tarek… – wyrzucałam z siebie zadyszana. – Ten Ibrahim…

– Dżulio… – Tarek podał mi pomarańczowego drinka. – Coś ty taka zdenerwowana?

– Bo nie wiesz, co ten Ibrahim zrobił… – Nadal nie mogłam dojść do siebie.

– Twoje zdrowie, Dżulio. – Tarek podniósł do góry trzymaną w ręku szklankę.

– Ale Tarku, ten Ibrahim… On… On tak nie może…

– Dobrze, Dżulio, wszystko mi opowiesz i ja z nim porozmawiam… A teraz wypij… Twoje zdrowie! – Tarek stuknął swoją szklanką o moją.

– Nasze zdrowie! – powiedziałam i wypiłam kilka łyków.

– Nasze zdrowie! – powtórzył Tarek. – Do dna!

Wypiłam drinka do dna. Wokół mnie szał wariackiej zabawy na prywatnej wyspie trwał nadal i rozhukane towarzystwo zaczęło tańczyć tuż obok nas, zachowując się tak głośno, że nie byłam w stanie dokończyć rozmowy z Tarkiem. Po kilku minutach dołączył do nas Ibrahim, ale niedawny incydent z nim wydał mi się już mało znaczący.

– Bądź dla Ibrahima miła! – wrzasnął mi Tarek prosto do ucha. – Bądź dla niego bardzo miła, Dżulio!

Uśmiechnęłam się słodko do Ibrahima, a ten wziął mnie za rękę i poprowadził w stronę domków przy plaży.

Obudziłam się naga w nieznanym mi łóżku, czując czyjąś ciężką nogę na moim udzie. Odwróciłam głowę i zobaczyłam leżącego obok mnie nagiego mężczyznę. I to nie był Tarek.

Rozdział III

Wyspa rozpusty

Spanikowana zerwałam się z łóżka, uwalniając od ciężkiej nogi mężczyzny tak gwałtownie, że zakręciło mi się w głowie i poczułam podchodzące do gardła wymioty. Walcząc z narastającymi nudnościami, rozejrzałam się wkoło, aby znaleźć ubranie i jak najszybciej uciec z tego zupełnie mi obcego miejsca. Od razu zobaczyłam jaskrawożółty stanik, wyraźnie odcinający się od czerwonego tła wykładziny. Leżał tuż przy drzwiach, a jego oddarte ramiączko nie pozostawiało złudzeń co do tego, że został ze mnie zerwany. Schyliłam się, aby go podnieść, i nagle przed oczami pojawiły mi się mroczki, a silny ból przeszył moją głowę na wskroś jak prąd. Zrobiło mi się niedobrze. Tak szybko, na ile było to w moim stanie możliwe, poszłam do łazienki. Wstrząsana skurczami żołądka pochyliłam się nad umywalką, ale oprócz niewielkiej ilości zmąconego pomarańczowego płynu nic więcej nie zwymiotowałam. Opłukałam usta i zobaczyłam wiszący na wieszaku biały puszysty szlafrok. Zdjęłam go i okryłam nim swoje nagie, zbolałe ciało.

Wyszłam z łazienki i spojrzałam w stronę łóżka. Mężczyzna zmienił pozycję i gdzieś między jego łydkami dostrzegłam wywinięte na drugą stronę moje krótkie spodenki i majtki od bikini.

Ponieważ miałam już na sobie szlafrok, poruszając się jak mogłam najciszej, skierowałam się w stronę drzwi wejściowych.

– Hmmm... – Mężczyzna wydał chrapliwy dźwięk, więc obróciłam głowę w jego stronę przestraszona, że się obudził.

– Hmmm...

Wstrzymując oddech, zamarłam w bezruchu.

– Hmmm...

Od drzwi dzieliła mnie jeszcze spora odległość.

– Hmmm...

Nie oddychałam. Mężczyzna obrócił się na bok i za chwilę rozległo się głośne, przeciągłe chrapanie. Odczekałam minutę, upewniając się, że mężczyzna ponownie zapadł w głębszy sen, i znowu zaczęłam się cicho skradać. Byłam bliżej i bliżej, patrzyłam na błyszczącą klamkę jak na zbawienie. Dotarłam do drzwi. Skierowałam wzrok na mężczyznę. Spał w tej samej pozycji, mocno pochrapując, więc nacisnęłam klamkę, modląc się w duchu, żeby tylko drzwi nie zaskrzypiały. Pchnęłam drzwi i drzwi nie zaskrzypiały. Były zamknięte.

Oblał mnie zimny pot. Jak się tu znalazłam? Gdzie jest Tarek? I co się tak naprawdę stało? Pytania przebiegały przez moją głowę. Nie pamiętałam, żebym przychodziła do tego pokoju, ale zmięta pościel i widoczne na niej plamy mówiły same za siebie. Starałam się skoncentrować i odtworzyć sobie, jak mogło dojść do tak koszmarnej sytuacji. Wytężyłam pamięć, próbując poskładać w całość wcześniejsze wydarzenia. Pojawiły mi się migawki z rozbuchanej zabawy na ekskluzywnym jachcie, którym płynęłam razem z Tarkiem i innymi gośćmi na prywatną wyspę. Hucząca muzyka, roztańczone, kipiące seksapilem kobiety i huk korków od szampana. Prujący lazurowe wody Zatoki jacht i błyszcząca panorama Dubaju. Przepiękna wyspa i kontynuacja na niej wariackiego szaleństwa przez spragnionych nowych podniet i wrażeń rozpasanych gości. Strzelające do góry strumienie pieniącego się szampana. Strugi złocistego trunku lejące się na moje długie włosy w basenie. I... Aż wzdrygnęłam się z obrzydzenia. Ohydny dotyk ręki starego Saudyjczyka, dopiero co przedstawionego mi przez Tarka, między moimi nogami i mocne złapanie mnie za krocze. Spojrzałam na siwą brodę leżącego na łóżku mężczyzny. Ibrahim nadal spał, wydając świszczące dźwięki.

Potworny ból głowy rozsadzał mi czaszkę, a ja nadal zadawałam sobie mnóstwo przykrych pytań. Jak do tego doszło, że zostałam sama z Ibrahimem? Przecież dobrze pamiętałam, że wyszłam z basenu i pobiegłam do Tarka. Powiedziałam mu o odrażającym zdarzeniu. Poskarżyłam się. A dalej... Co było dalej?! Tarek obiecał, że porozmawia z Saudyjczykiem. Podał mi drinka i wypiliśmy nasze zdrowie. Uczestnicy imprezy szaleńczo bawili się wokół nas w ekstatycznym tańcu, obściskując się i całując zapamiętale. A później... Jak przez mgłę zobaczyłam, jak Ibrahim bierze mnie za rękę i prowadzi w stronę domków na plaży. Ale dlaczego zgodziłam się na to, żeby z nim iść? A Tarek... dlaczego nie zareagował? I czy to zdarzyło się naprawdę, czy tylko się przywidziało? Czy to tylko mój umysł podsuwa mi wytłumaczenie faktu, że to się rzeczywiście dzieje, że oto jestem zamknięta z obcym mężczyzną i on... Gardło ścisnął mi piekący skurcz, a do oczu napłynęły gorzkie łzy. Wyobraźnia podsunęła przerażające wizje obrazujące to, co mogło się wydarzyć na skotłowanym, wielkim łóżku. Ostry jak cięcie miecza ból przeszył mi podbrzusze, a kolejna fala narastających mdłości sprawiła, że natychmiast musiałam znaleźć się w łazience, nie zważając na hałas, który przy tym robię.

Mimo silnych spazmów targających moim żołądkiem i tym razem nie wydobyłam z siebie więcej niż odrobinę spienionego pomarańczowego płynu. Opłukałam dobrze usta i przemyłam twarz zimną wodą. Wciąż czułam się brudna i zbrukana, więc odsunęłam drzwi kabiny z zamiarem wzięcia prysznica. Zanim jednak zdjęłam szlafrok, podeszłam do drzwi łazienki, aby je dokładnie zamknąć na wewnętrzny zamek. Kiedy to zrobiłam, usłyszałam głos wołającego mnie Ibrahima.

– Dżulia…

Przeszył mnie zimny dreszcz strachu.

– Dżulia! – krzyknął Ibrahim. – Chodź tu natychmiast! Jeszcze nie skończyliśmy!

Skuliłam się w sobie i osunęłam na podłogę. Serce waliło mi jak oszalałe. Wcisnęłam się w kąt przy muszli toaletowej, jakby to miejsce mogło mi dać bezpieczne schronienie. Czułam twarde ściany za plecami i wierzyłam irracjonalnie, że mnie obronią. Przez moment panowała cisza. Gdy Ibrahim ponownie wrzasnął, skuliłam się jeszcze bardziej, objęłam rękoma kolana i wcisnęłam głowę w ramiona.

– Dżulia!!! – Głos był pełen wściekłości. – Masz tu zaraz do mnie przyjść! Czekam!!!

Moim ciałem zaczęły wstrząsać niekontrolowane drgawki. Bałam się. Przeraźliwie się bałam.

– Dżulia, ty pieprzona dziwko, otwieraj w tej chwili! – ryczał Ibrahim, waląc mocno pięściami w drzwi łazienki. – Wiem dobrze, że tam jesteś! Widziałem cię, jak wchodziłaś! – Dudniące walenie w drzwi nie ustawało.

Wciśnięta w kąt trzęsłam się ze strachu jak osaczone zwierzę. Serce o mało nie wyskoczyło mi z piersi, a łzy ciurkiem płynęły po policzkach. Czy te drzwi wytrzymają? Czy te drzwi wytrzymają? – Tłukło mi się po głowie.

– Otwieraj, kurwo, natychmiast, bo jak mnie nie posłuchasz i cię dopadnę, to cię zajebię na śmierć!!! – Rozsierdzony Ibrahim zaczął ze złością kopać w drzwi.

Skuliłam się, skurczyłam. Chciałam zniknąć. Rozpłynąć się. Nie istnieć.

– Muszę wejść do łazienki, słyszysz! – Ibrahim szarpał klamkę. – Muszę, rozumiesz, Dżulia?! – Mocne kopnięcie odbiło się głuchym echem. – Słyszysz, suko, muszę!!! – Ibrahim próbował wyważyć drzwi.

Jeszcze przez następne kilka minut Ibrahim usiłował sforsować drzwi, ale bezskutecznie. Później, zapewne przymuszony fizjologiczną potrzebą, odszedł, donośnie złorzecząc i przeklinając. Po czym zapadła mrożąca krew w żyłach cisza. Cisza nabrzmiała niepamięcią, napuchła krzywdą, nabita zranieniem. Cisza, która bolała amnezją, niezrozumieniem i upokorzeniem. Cisza, która mogła mnie zabić.

Nie wiem, ile czasu siedziałam skulona w rogu łazienki. Chyba długo, bo jedna noga mi zupełnie zdrętwiała i czułam w niej dotkliwe mrowienie. Zaschło mi w gardle i spierzchły mi usta. Bardzo mi się chciało pić. Ale bałam się, że mój najmniejszy ruch sprawi, że Ibrahim wróci i znów potraktuje mnie jak należący do niego przedmiot. Odurzony, bezwolny żywy przedmiot.

W końcu, opierając się dłońmi o ściany, wstałam powoli, z trudem prostując sztywne członki. Pochyliłam się nad zlewem i prosto z kranu, łapczywie, napiłam się wody. Potem kilka razy opłukałam twarz. Spojrzałam w lustro. Zamknęłam oczy. Nie chciałam patrzeć.

Podeszłam do drzwi i przystawiłam do nich ucho. Nasłuchiwałam. Z zewnątrz nie dochodził najcichszy nawet dźwięk. Mnie jednak wciąż paraliżował strach, że po drugiej stronie czyha mój prześladowca. Przysłuchiwałam się przez dłuższą chwilę, po czym przekręciłam zamek i bezszelestnie uchyliłam drzwi. Ostrożnie wyjrzałam przez małą szparę. Wyglądało na to, że nikogo nie było. Wystawiłam głowę i wzrokiem omiotłam cały pokój. Był pusty.

Wyszłam z łazienki jak ścigana zwierzyna, która opuszcza kryjówkę. Podeszłam do wejściowych drzwi i pociągnęłam za klamkę, ale, tak jak mogłam przypuszczać, były zamknięte. Później spróbowałam otworzyć jedyne znajdujące się w pomieszczeniu okno, lecz bez powodzenia – miało prawdopodobnie jakieś specjalne blokady. Zrezygnowana usiadłam na fotelu, podkurczając nogi i wbijając wzrok w szybę szczelnie zasłoniętą czarnymi zewnętrznymi żaluzjami. Nie tak miał wyglądać mój wymarzony, wyproszony urlop w Dubaju. Wpadłam w przygnębiające odrętwienie.

Z letargu wyrwał mnie świdrujący zgrzyt otwieranego zamka. Zerwałam się jak oparzona, pobiegłam do łazienki i zamknęłam dokładnie za sobą drzwi. Usłyszałam mocne kroki i oblał mnie zimny, zatrważający pot. Znowu zaczęłam się cała trząść.

– Dżuulio... – To był Tarek. – Dżulio, jesteś tu? – Tarek poruszył klamką drzwi od łazienki. – Dżulio, otwórz, proszę cię. – Głos Tarka był niezwykle przymilny.

Miałam mętlik w głowie. Myśli pędziły jedna za drugą, przyprawiając mnie o jeszcze większą panikę. Byłam na wyspie, zamknięta, a Tarek był jedyną osobą, którą tu znałam. Ale dlaczego mój ukochany pozwolił, żebym została potraktowana jak zwykła dziwka? Moją pamięcią wstrząsnęły strzępki rozmowy na pokładzie jachtu.. „Jeśli się dobrze postarasz, to niedługo też możesz takie mieć" – powiedział Tarek o kosztujących pięć tysięcy dolarów okularach. Jeśli się dobrze postarasz... – Lodowaty podmuch przywiał wypowiedziane przez mojego ukochanego słowa. I poruszył bolesne wspomnienie tego, że to Tarek dał mi drinka, po wypiciu którego nic nie pamiętałam. Czyżby... Serce ścisnęło mi się w przeszywającym bólu.

– Dżulio, skarbie, otwórz... – prosił Tarek.

Powoli do mnie docierało, że nie mam wyjścia. Jeżeli nie otworzę Tarkowi, to może się tu zjawić Ibrahim. Albo jeszcze ktoś inny. Albo nikt i wtedy nie będzie już dla mnie żadnego ratunku. Nie miałam wyboru. Drżącymi dłońmi otworzyłam drzwi i stanęłam twarzą w twarz z Tarkiem.

– Dżulio... – Tarek zrobił gest, jakby chciał mnie objąć, ale wyminęłam go i usiadłam na fotelu, mocno wbijając się w jego oparcie. Byłam za bardzo obolała i rozbita, żeby utrzymać się na nogach.

Tarek zajął stojący naprzeciwko, przy podłużnym stoliku, drugi fotel.

– Dżulio, skarbie...

Ponownie moim ciałem wstrząsnęły mimowolne drgawki.

– Zimno ci, skarbie?

Nie mogłam wydusić z siebie ani jednego słowa.

– Zimno ci? – powtórzył pytanie Tarek.

Paraliżujący strach nie pozwalał mi na żadną reakcję.

– Dżulio... – Tarek wpatrywał się we mnie uważnie. – Dżulio... – ściągnięta twarz Tarka zdradzała, że głęboko nad czymś myśli.

Zapadło milczenie. Po kilku minutach Tarek wstał i zbliżył się do mnie, wyciągając do mnie ramiona.

– Dżulio...

Wyślizgnęłam mu się, podbiegłam do drzwi wejściowych i chciałam je otworzyć, ale po raz kolejny nie mogłam tego zrobić. Odwróciłam się w stronę Tarka i posłałam mu pełne boleści, żalu i wyrzutów spojrzenie.

– To dla twojego dobra, Dżulio – powiedział Tarek. – Dla twojego bezpieczeństwa...

Oblała mnie fala przejmującej udręki.

– Chcę do domu... – wyszeptałam.

– Co mówisz, skarbie?

– Chcę do domu. – Miałam na myśli dom w Polsce.

– Dżulio... – Zaczął iść w moją stronę, ale uciekłam na drugi koniec pokoju. Tarek się zatrzymał. – Dżulio, skarbie, nie denerwuj się tak. Wiesz co? Wyjdę i przyniosę ci coś do jedzenia... Może kawę... Masz ochotę na kawę?

Pokręciłam przecząco głową. Nie będę już nic jadła ani piła – postanowiłam w duchu. Nie chciałam jeszcze raz zostać odurzona.

– Jednak coś ci przyniosę – postanowił Tarek. – To postawi cię na nogi.

Albo wręcz przeciwnie – przemknęło mi przez głowę. Tarek otworzył drzwi, a ja desperacko rzuciłam się w ich stronę, aby uciec z mojego więzienia. Tarek odepchnął mnie zdecydowanym ruchem tak mocno, że upadłam na podłogę. Trzask zamykanej zasuwki rwał na strzępy moją czarowną, ufną miłość.

Podniosłam się z podłogi, czując dojmujący ból w biodrze. Dokuśtykałam do fotela i znękana próbowałam przybrać jak najmniej uciążliwą pozycję. Znowu bardzo mi się zachciało pić, ale obawiając się trudnego do zniesienia cierpienia, nie ruszyłam się z fotela. Kręciło mi się w głowie i nadal miałam lekkie mdłości. Nie pozostawało jednak nic innego, jak tylko czekać na Tarka i mieć nadzieję, że potrafię go przekonać, żeby wyciągnął mnie z tego horroru.

Po prawie godzinie moją uwagę przykuła dość głośna rozmowa po angielsku prowadzona na zewnątrz przez kilku mężczyzn. Wydawało mi się, że słyszę Tarka i Fajsala oraz jeszcze jednego rozmówcę z charakterystycznym hinduskim akcentem. Mężczyźni byli wyraźnie podminowani i nie próbowali nawet ściszać głosów.

– Jeszcze nigdy nie widziałem Ibrahima tak rozwścieczonego – mówił Fajsal zirytowanym tonem. – Przyszedł do mnie, kiedy byłeś u niej, i zażądał zwrotu swoich pieniędzy.

– O co mu chodzi?! – Tarek prawie krzyczał. – Przecież miał ją, tak jak chciał.

– Ale ona rano odpieprzyła jakiś numer! – Fajsal nie krył wzburzenia. – Zamknęła się w łazience czy coś takiego.

– Wiem, Ibrahim dzwonił do mnie – Tarek poinformował kolegę.

– Jak wiesz, to czemu się dziwisz?! – Fajsal naskoczył na Tarka. – Teraz lepiej główkuj, co tu zrobić, żeby nie oddawać kasy Ibrahimowi! Sam wiesz, jaki on jest wymagający!

– Ale dobrze płaci – wtrącił się Hindus.

– No właśnie! – potwierdził Fajsal. – To co robimy?

– Kasy Ibrahimowi na pewno nie oddam – stwierdził Tarek. – Za dużo mnie ta lala kosztowała.

– To co w takim razie? – dopytywał się Fajsal.

– Nie wiem… – Tarek zastanawiał się głośno. – Ramisz, a ty nie masz kogoś, żeby mu podrzucić?

– On chce jakiś świeży towar. – Hindus dołączył do rozmowy. – Przecież dlatego tu ją przywiozłeś z Europy.

– No tak… – przyznał Tarek. – A ty, Fajsal, też mogłeś się lepiej zakręcić koło tej drugiej i ją tu ściągnąć. – Tarek z pretensją zwrócił się do kolegi. – Zawsze mielibyśmy kogoś w zapasie.

– Mówiłem ci przecież, że nic a nic by z niej później nie było. Bardzo kiepska w łóżku… Jestem pewien, że nic byśmy z niej w przyszłości nie wycisnęli – tłumaczył Fajsal.

– Ale gdyby tu teraz była, to… – Tarek nie dawał za wygraną.

– Szkoda było na nią pieniędzy, ile razy mam ci to powtarzać! – Fajsal wrzasnął zdenerwowany. – To ty powinieneś dać Dżulii większą dawkę! Od początku ci to mówiłem! A tak za szybko oprzytomniała i teraz mamy problem! – Fajsal przerzucił winę za niepowodzenie na Tarka.

– A wolałbyś, żeby się przekręciła, jak ostatnio ta z Ukrainy?! – Odbił piłeczkę Tarek. – Ledwie się z tego wywinęliśmy! I to jakim kosztem! Musimy się teraz jak najszybciej odkuć, bo z torbami pójdziemy.

– Mówicie o Oldze? – wtrącił Ramisz.

– Tak – potwierdził Fajsal.

– Olga za bardzo się na początku stawiała... A później za dużo wódki wypiła... Pomieszało się i tak wyszło... – wyraził swoje zdanie Ramisz.

– Ale gdyby teraz drugi raz coś podobnego się zdarzyło, to nie wiem, jak byśmy się z tego wykpili... – Tarek podzielił się z kolegami swoimi obawami.

– Jak to jak? Tak jak zawsze! Tu zawsze ze wszystkiego można się wykpić! – Fajsal zarechotał obleśnie.

Z każdym kolejnym usłyszanym słowem coraz bardziej cierpła mi skóra. Zaczynało do mnie dochodzić, że znalazłam się w zupełnie nieznanym mi świecie, świecie przerażającym, który rządzi się własnymi mefistofelicznymi prawami, których nie tylko do końca nie rozumiem, ale które również wywołują u mnie paniczny lęk. Nie wiedziałam, czy mężczyźni nie zdawali sobie sprawy z tego, że ja ich słyszałam, czy specjalnie rozmawiali pod drzwiami, aby mnie jeszcze bardziej nastraszyć, czy po prostu omawiali swoje interesy i w ogóle się mną nie przejmowali, bo i tak mój los leżał całkowicie w ich rękach. Przeraźliwy strach, który opanował mnie, gdy tylko naga otworzyłam oczy przy boku starego Saudyjczyka, spotęgował się do obłędnych rozmiarów, powodując szaleńczą gonitwę zwichrowanych moją opłakaną sytuacją myśli.

– To co dalej z nią robimy? – Fajsal zadał konkretne pytanie.

– Z kim? – zapytał Ramisz.

– Jak to z kim?! – żachnął się Fajsal. – A o kim rozmawiamy?

– Przed chwilą mówiliśmy o Oldze – stwierdził Ramisz.

– Olga dawno pływa w wodach Zatoki – przypomniał Fajsal. – Nie ma więc o czym mówić.

Zapadła złowroga cisza.

– Co masz taką minę, Ramisz? – To znowu był głos Fajsala. – Morze ją wyrzuciło?

– Nie... – odpowiedział Hindus.

– To nie ma o czym mówić! – powtórzył Fajsal. – Zajmijmy się lepiej Dżulią. Tarek, Ibrahim ją chce i musi ją dostać. Tu chodzi nie tylko o zwrot pieniędzy, ale o naszą reputację. Możemy stracić najbogatszych klientów – przekonywał Fajsal.

– Masz rację – zgodził się Tarek. – Zajmę się tym. – Usłyszałam odgłos wkładanego do zamka klucza.

– Tylko załatw to szybko, bo dziś wieczorem jest następne party. – Fajsal ponaglił Tarka. – A ja pójdę udobruchać jakoś Ibrahima i obiecać mu Dżulię.

Tarek wszedł do domku jak gdyby nigdy nic.

– Dżulio, skarbie, coś ty taka blada? – zapytał od progu. – Musisz koniecznie coś zjeść, bo zupełnie z sił opadłaś. – Tarek postawił na stoliku kubek z kawą i plastikowy pojemnik z jedzeniem.

Nie mogę tego tknąć, nie mogę tego tknąć – powtarzałam sobie w duchu.

– Dżulio, musisz coś zjeść – zachęcał mnie Tarek. – Powinnaś odzyskać siły.

Nie chcę, nie zjem, nie będę... Każdy centymetr mojego ciała opierał się dramatycznie przed skonsumowaniem czegokolwiek.

– To chociaż kawy się napij. – Tarek podniósł kubek ze stolika i wyciągnął rękę w moją stronę, aby mi go podać.

Momentalnie na ten gest nałożył się obraz wzniesionej przez niego szklaneczki z pomarańczowym drinkiem i lubieżny dotyk starczej dłoni Saudyjczyka, który poraził mnie w basenie. Nie będę bezwolną lalką dla zwyrodnialców! – zawołało rozpaczliwie moje wnętrze i gwałtownym ruchem w desperackim akcie obrony wytrąciłam kubek z ręki Tarka. Wylana kawa opryskała twarz, koszulę i spodnie mężczyzny.

– Co ty, kurwa... – Tarek ze złością wymierzył mi siarczysty policzek.

– Auaaa! – zawyłam z nagłego upokorzenia i bólu, po czym automatycznie zakryłam głowę rękoma, aby uniknąć dalszych bezlitosnych ciosów.

– Dżulio, jeśli będziesz grzeczna, to nic ci się nie stanie. – Tarek cynicznie pogłaskał moje włosy.

Wzdrygnęłam się ze wstrętem, jak po okaleczeniu przez brutalnego oprawcę.

– Słuchaj mnie, Dżulio, a dobrze na tym wyjdziesz. – Tarek usiadł naprzeciwko mnie. – Tu są pieniądze... Ogromne pieniądze, Dżulio.

Przypomniałam sobie głośną aferę sprzed kilku lat, kiedy to polskie modelki podobno były gotowe na wyuzdane orgie z arabskimi szejkami, włączając koprofilię i urofilię, za kilkanaście czy więcej tysięcy euro za kilka dni. Nie! Nigdy! – Zadźwięczało mi w głowie. – Nigdy tego nie będę robić! Za żadne pieniądze! Nigdy!

– Trochę się rozerwiesz, zabawisz innych i wyjedziesz z ogromną kasą – namawiał mnie Tarek. – Bądź rozsądna, Dżulio.

Wydostać się stąd... Uciec... I nigdy więcej nie wracać... Brzęczące myśli rozsadzały mi czaszkę.

– Dżulio, zrób to dla mnie, proszę cię, skarbie. – Tarek próbował grać na moich uczuciach.

– Tarku... – Ociężale podniosłam głowę. – To ja cię proszę... Opuśćmy już tę koszmarną wyspę i wróćmy do Dubaju... Mogę siedzieć sama w domu przez te kilka następnych dni, zanim wylecę do Polski. Ale zabierz mnie stąd, proszę – błagałam ze łzami w oczach.

– A pieniądze? – zapytał Tarek.

– Nie chcę pieniędzy... Nie chcę żadnych pieniędzy... – zachlipałam żałośnie.

– Nie o te pieniądze chodzi.

– Słucham?! – Nie zrozumiałam.

– Nie chodzi o te pieniądze, o których teraz myślisz.

– A o jakie?

– Te, które jesteś mi winna.

– Co?!!! – krzyknęłam przerażona.

– Jesteś mi winna duże pieniądze, Dżulio. – Świdrujący wzrok Tarka był bezwzględny.

– Jakie pieniądze, o czym ty mówisz?! – Było gorzej niż przypuszczałam.

– Te, które na ciebie wydałem.

– Ale przecież...

Przecież wszędzie sam mnie zapraszałeś, sam zaoferowałeś pokrycie przelotu i kosztów pobytu w Dubaju, sam... mówiłeś, że mnie kochasz... Łkało moje rozbite na drobne kawałeczki serce.

– Najdroższe restauracje, ekskluzywne szampany, noce w luksusowym hotelu... – wyliczał bez skrupułów Tarek. – To w Polsce... Bilet do Dubaju, wynajęcie mieszkania, twoje utrzymanie plus mnóstwo dodatkowych kosztów... Musisz mi to wszystko oddać, Dżulio – stanowczo powiedział Tarek.

Jak można być tak podłym? Jak można być tak skurwysyńsko podłym? – huczało mi bez przerwy w głowie, kiedy Tarek mówił.

– To ile według ciebie jestem ci winna? – spytałam, chociaż dobrze wiedziałam, że w tym momencie nie jestem w stanie oddać Tarkowi żadnych pieniędzy. W Polsce przed wyjazdem wydałam prawie wszystkie oszczędności, a resztę już Tarek ode mnie wyciągnął.

– Dziesięć tysięcy – odpowiedział Tarek.

– Dziesięć tysięcy... – Pomyślałam, że muszę zdobyć tę sumę, żeby tylko się wykupić i wydostać z tego piekła. – Dobrze, oddam ci dziesięć tysięcy złotych. Wrócę do Polski, wezmę pożyczkę i wszystko ci oddam – zapewniłam. – A teraz zabierz mnie stąd wreszcie, proszę cię. – Chciałam się w końcu porządnie wykąpać, ubrać i jak najszybciej o wszystkim zapomnieć. O ile w ogóle to było możliwe.

– Jesteś mi winna dziesięć tysięcy dolarów, Dżulio – zimno poprawił mnie Tarek.

– Jak to?! – Kwota, którą wymienił, była dla mnie absolutnie nie do zdobycia.

– Ponad dziesięć tysięcy złotych to kosztowały mnie same twoje szampany – obcesowo podkreślił Tarek.

To po co mi je stawiałeś? – cisnęło mi się na usta, ale się nie odezwałam, bo każde kolejne słowo Tarka tylko jeszcze boleśniej mnie raniło. Nie wiedziałam, czy oskarżać samą siebie za moją naiwność, czy Tarka za to, że potrafił w tak obrzydliwy sposób mnie omamić, czy świat, który nie miał żadnych skrupułów i nie znał litości. Miałam wrażenie, że cokolwiek powiem lub zrobię, to i tak obróci się przeciwko mnie.

– Dżulio, ty się naprawdę dobrze nad tym wszystkim zastanów. – Tarek nie odpuszczał. – Pamiętasz, jak płynęliśmy na jachcie i podobały ci się okulary Dolce&Gabbana? Powiedziałem ci wtedy, że też takie możesz mieć. I to jest prawda, skarbie... – Tarek znowu stał się przymilny, jak zawsze wtedy, kiedy mu na czymś zależało. – Wystarczy tylko odrobina dobrej woli z twojej strony. Wystarczy być miłą...

Ostatnie zdanie smagnęło mnie jak ostry bicz. Puszczanie się za pieniądze z kimkolwiek popadnie on nazywał „bycie miłą”?! Jego potworne słowa sprawiły, że odebrało mi mowę. Tarek moje milczenie wziął za dobrą monetę i naciskał dalej, roztaczając przede mną wizje luksusowego życia.

– Dolce&Gabbana, Dior, Chanel, Prada... – pragnąc mi zaimponować, wymieniał najdroższe marki. – To wszystko może być twoje, skarbie... Okulary, kosmetyki, perfumy, ciuchy, torebki... Co tylko zechcesz... Kolorowe, beztroskie życie na jachtach, prywatnych wyspach, w luksusowych restauracjach, hotelach i klubach. Zbytkowne życie pełne zabawy i radości. Naprawdę tego nie chcesz, Dżulio? – Tarek zawiesił głos, sprawdzając, jakie wrażenie wywarły na mnie jego słowa.

Nie! Nie! I jeszcze raz nie! – krzyczała moja dusza. – Nie będę się sprzedawać, upadlać i kurwić dla żadnej marki, żadnych luksusów i żadnych pieniędzy!

– Dżulio, na własne oczy widziałaś te roześmiane kobiety na jachcie i wyspie. – Tarek ciągnął z uporem, myśląc zapewne, że mnie powoli przekonuje do zostania ekskluzywną prostytutką szejków. – Im niczego nie brakuje... Mają wszystko i mogą się cieszyć pełnią życia. A jeśli są miłe...

Zaczynałam nienawidzić słów „miłe", „miła...".

– A jeśli są miłe... – powtórzył Tarek, a mną wstrząsnął dreszcz – ... to mogą podróżować po całej Europie... Lazurowe Wybrzeże w tym Saint-Tropez, Monako ze słynnym Monte Carlo... Ociekające bogactwem jachty, kasyna i kluby tylko dla VIP-ów... Tak żyje elita tego świata, Dżulio. A ty, jeżeli tylko zechcesz, możesz być częścią tego życia.

Tarek skończył wreszcie, dając mi pewnie czas do namysłu. Ja zastanawiałam się tylko nad tym, jakich użyć argumentów, żeby Tarek porzucił myśl zrobienia ze mnie dziwki. Luksusowa czy nie, prostytutka to prostytutka i żadne najdroższe światowe marki tego nie przykryją.

– Tarku... – zaczęłam, a on spojrzał na mnie z nadzieję, że zdołał mnie przekonać. – Posłuchaj, ja... ja nie mogłabym tak żyć... To nie jest dla mnie... Nie mogłabym...

Przez twarz Tarka przebiegł grymas niezadowolenia. Nie to spodziewał się usłyszeć.

– Ja przyjechałam tu... – Słowa z trudem przechodziły mi przez wyschnięte na wiór gardło. – ... Dla ciebie. Bo ja ciebie... – Nie wiedziałam, czy powiedzieć kocham czy kochałam. To wszystko było trudne. Piekielnie trudne. – Bo stałeś się dla mnie ważny... Bardzo ważny... – Próbowałam odnaleźć nić naszego wspólnego zrozumienia, które tak ujęło mnie w Polsce. – I dlatego tu przyjechałam. Dla ciebie, Tarku.

Tarek siedział bez ruchu, niewzruszony.

– Mówiłeś o tych kobietach na jachcie. One wszystkie są piękne, bardzo piękne... – Rzeczywiście kobiety biorące udział w party na prywatnej wyspie były wyjątkowo atrakcyjne. Wręcz idealne. – Ja tu nie jestem nikomu do niczego potrzebna. One są chętne i...

– No właśnie, są chętne! – Tarek nagle wybuchnął. – Chętne sztuczne, silikonowe kurwy, które rozkładają nogi przed każdym, kto zapłaci! – Tarek rozdrażniony wstał z fotela i zaczął nerwowo chodzić po pokoju. – A oni chcą ciągle czegoś nowego, świeżego!

Domyśliłam się, że mówiąc „oni”, Tarek miał na myśli arabskich szejków.

– Szybko się wszystkim nudzą i ciągle potrzebują nowych, ekscytujących podniet. – Nie wiedziałam, czy silne wzburzenie Tarka wynika z tego, że nie chciałam mu się podporządkować, czy z tego, że jako mały trybik zaspokajający nienasycone chucie szejków wciąż musi szukać dla nich wyjątkowych wrażeń, których jest mu coraz trudniej im dostarczać. – Oni chcą czegoś unikalnego, czegoś, czego jeszcze nikt przed nimi tu nie miał.

Towar... – pomyślałam. – Od samego początku, kiedy Tarek zobaczył mnie w klubie Sahara, byłam dla niego tylko towarem. Towarem, który mógł wystawić na sprzedaż.

– Dżulio, skoro już cię tu przywiozłem, to wykonaj dobrze swoje zadanie, a później rób, co chcesz. – Tarek nie owijał w bawełnę szokującej prawdy. – To jest łatwiejsze niż myślisz, skarbie. – Tarek znowu pogłaskał mnie po włosach, sprawiając mi niesamowite cierpienie. To nie był ten sam człowiek, którego w Polsce obdarzyłam miłością.

– Dobrze się postarasz, Dżulio, i wszyscy będą zadowoleni. – Wciąż gładził mnie po włosach.

Karuzela miotających mną uczuć gwałtownie przyspieszyła. Znowu zaczęłam się panicznie bać. Brutalna rzeczywistość była taka, że znajdowałam się w dalekim kraju, na prywatnej wyspie i nie miałam pojęcia, jak mogłabym się stąd sama wydostać, bez grosza przy duszy, nie znając tu zupełnie nikogo, będąc skazana na łaskę i niełaskę mężczyzny, który mnie w perfidny sposób oszukał. Co ja mam robić?! Co ja mam robić?! Co ja mam w tej koszmarnej sytuacji robić?!!!

Tarek ponownie usiadł naprzeciwko mnie. Przez ułamek sekundy zobaczyłam w nim tego mężczyznę, który swoją empatią i czułym zrozumieniem podbił moje serce. Przed oczami przemknęły mi wspomnienia naszych długich rozmów, podczas których zwierzałam się mu z najskrytszych marzeń, a on słuchał uważnie i z wielką dozą serdeczności. Amira – wpadło mi raptem do głowy. Przecież on ma siostrę Amirę, za którą się wstawił razem z bratem, aby ta mogła zrealizować swoje pragnienia. Amira – uczepiłam się tego imienia jak ostatniej deski ratunku.

– A co u Amiry? – zapytałam, mając nadzieję, że tym zdołam poruszyć jakieś czulsze struny Tarka.

– U kogo? – zdziwił się, jakbym pytała o kogoś z zupełnie innego świata.

– U Amiry, twojej siostry. Bardzo chcę ją poznać. Tyle o niej opowiadałeś i wydaje mi się niezwykle interesującą osobą. Gdybyśmy mogli ją odwiedzić… – Przygryzłam spierzchnięte wargi.

– Dżulio, o kim ty mówisz? – Tarek spojrzał na mnie jak na wariatkę.

– O Amirze, twojej siostrze…

– Ja nie mam żadnej siostry.

Zapadła głucha cisza, a wstrząsająca prawda przygniotła mnie ciężkimi głazami nikczemnego wyrachowania i podstępnej obłudy, odbierając mi zdolność logicznego myślenia.

– Do domu, chcę do domu… – Zdołałam tylko wykrztusić, nie mogąc powstrzymać łez płynących ciurkiem po moich policzkach.

Tarka to zupełnie nie wzruszyło.

– Dżulio, musisz to dobrze zrozumieć – powiedział zimno. – Ty masz u mnie dług. Dziesięć tysięcy dolarów. Nie wyjedziesz stąd, zanim mi go nie spłacisz.

Nie wyjedziesz stąd, nie wyjedziesz stąd, nie wyjedziesz stąd… – Brzmiało jak echo. Nagły desperacki przypływ energii spowodował, że rzuciłam się na Tarka z pięściami.

– Jak mogłeś, jak mogłeś mi to zrobić! – wrzeszczałam jak opętana. – Jak mogłeś!!! – Okładałam go ze wszystkich sił.

Tarek z impetem odepchnął mnie od siebie, po czym zaczął mnie ze złością policzkować.

– Nigdy więcej, szmato, tego nie rób! – zagrzmiał. – Zrozumiałaś?!!! Nigdy więcej!!!

Zrobiłam unik od następnego uderzenia, podbiegłam do drzwi i zaczęłam wściekle szarpać klamką.

– Otwórz natychmiast te drzwi! Otwórz te drzwi!!! – krzyczałam zrozpaczona.

Drzwi nieubłaganie pozostały zamknięte, więc rzuciłam się w stronę okien, próbując je równie bezskutecznie otworzyć.

– Wypuść mnie stąd!!! Wypuść mnie stąd teraz, już, w tej chwili!!! – Mocne blokady nie ustępowały, więc zrezygnowana osunęłam się na podłogę, łkając spazmatycznie.

Tarek obserwował tylko moje szaleńcze próby odzyskania wolności, po czym wyjął z kieszeni telefon i do kogoś zadzwonił. Rozmawiał po arabsku, więc nic nie rozumiałam, oprócz przewijającego się mojego imienia. Po chwili Tarek zmienił rozmówcę i przeszedł na angielski.

– Tak, Ramisz, mówiłem już to przed chwilą Fajsalowi. Coś jej odbiło i nie daję sobie sam z nią rady. Musicie tu przyjść. – Przez moment słuchał Ramisza. – Tak, masz rację, Ibrahim jest najważniejszy, więc trzeba działać. – Tarek ponownie oddał głos Hindusowi, który tym razem mówił dłużej. W końcu powiedział:

– Zgadzam się, bo nie widzę innego wyjścia. Starałem się ją przekonać, ale to nic nie dało. Musimy zrobić tak, jak radzi Fajsal. Czekam na was. – I się rozłączył.

Czekam na was... Nie wyjedziesz stąd... Czekam na was... Nie wyjedziesz stąd... – Kolejne ciosy ostrego sztyletu wyrafinowanej perfidii wbijały się po rękojeść w moje serce.

Leżałam zwinięta na podłodze sparaliżowana wszechogarniającym strachem, zraniona po wielekroć. Minuty wlokły się w nieskończoność, wzmagając moje przerażenie co do przyszłego losu. Co oni ze mną zrobią? Co ci bestialscy nikczemnicy ze mną zrobią?! Chciałam błagać Tarka o litość, ale obezwładniający lęk nie pozwalał mi już na żadną reakcję. Nie mogłam się poruszyć, nie mogłam mówić, nie mogłam myśleć. Mogłam tylko trwać w niewyobrażalnej trwodze, czekając na...

Kiedy przyszli, miałam wrażenie, że jestem już martwa. Wzięli mnie za nogi i ręce, podnieśli z podłogi i, nie zważając na to, że poły szlafroka się odchyliły i odsłoniły moją bezbronną kobiecość, położyli na łóżku. Później Fajsal przytrzymał moje rozstawione nogi za kostki i wpatrując się pożądliwie w moją obnażoną intymność, wulgarnie ze mnie kpił.

– Zobacz, Ramisz, jak ma fikuśnie wygoloną… – Fajsal śmiał się lubieżnie. – Nic dziwnego, że Ibrahim tak się napalił! Całkiem podniecająca jest… Taka mała…

– Zamknij się! – Tarkowi nie przypadły do gustu uwagi Fajsala. – Lepiej byś dobrze trzymał Dżulię, a nie bez przerwy mielił jęzorem!

Ramisz wyciągnął moje ręce do góry i chwycił za nadgarstki, a Tarek, podtrzymując mi głowę, przytknął do moich ust butelkę z wodą.

– Pij! – rozkazał.

Mocno zacisnęłam wargi.

– Pij, Dżulio, bo stracę cierpliwość i… – Tarek przechylił nieco butelkę i kilka kropli pociekło mi po twarzy.

Nie chciałam pić.

– Uważaj, Tarek, bo wszystko się wyleje i znowu będą kłopoty. – Ramisz ostrzegł kolegę.

– Weź to na chwilę. – Tarek podał butelkę Ramiszowi, który aby uwolnić jedną rękę pomógł sobie kolanem, silnie przyciskając nim moje dłonie do łóżka.

Zaczęłam się rzucać jak wyrzucona na brzeg ryba, jednak żelazne uściski mężczyzn nie pozwoliły mi na oswobodzenie się.

– Dżulio, nie wariuj, bo to się tragicznie skończy! – zagroził Tarek.

– Przestańcie już, przestańcie! – mimowolnie wyrwał mi się z piersi krzyk ogromnej boleści.

Tarek korzystając z faktu, że otworzyłam usta, umiejętnie palcami przytrzymał je tak, aby pozostały otwarte, odebrał butelkę Ramiszowi i zaczął mi na siłę wlewać do gardła chłodny płyn. Zakrztusiłam się, złapał mnie duszący kaszel i dopiero po dłuższej chwili odzyskałam oddech.

– Dżulia, kurwa, nie stawiaj się, bo całkiem się zakrztusisz i będzie po tobie! – zawołał podenerwowany Tarek. – Pij po dobroci, lepiej dla ciebie!

Tarek podniósł mi wyżej głowę i nie zważając na mój opór, przechylił butelkę. Spragnione gardło mimowolnie przyjmowało odurzający płyn i wkrótce butelka była pusta.

– Ufff! – odetchnął Tarek. – Poszło!

Mężczyźni potrzymali mnie jeszcze przez kilka minut, po czym Fajsal i Ramisz usiedli na fotelach, a Tarek został przy mnie na łóżku. Kiedy tylko oswobodzono mi dłonie i nogi, od razu przykryłam szlafrokiem obnażone części intymne i przyjęłam pozycję embrionalną. Mężczyźni przez cały czas uważnie mi się przyglądali.

– Mam nadzieję, że już nic więcej nie wykręci. – Pierwszy odezwał się Fajsal. – Ledwie zdołałem przekonać Ibrahima, żeby nie żądał teraz od nas zwrotu pieniędzy. Zapewniłem go, że dziś wieczorem Dżulia będzie do jego dyspozycji.

– Bo będzie – potwierdził Tarek. – Za chwilę zrobi wszystko, co jej powiemy.

– Trzeba ją wstawić pod prysznic – zauważył Fajsal.

– Ja się tym zajmę. – Tarek posłał Fajsalowi niechętne spojrzenie. – I nawet o niej nie myśl – zaznaczył. – Ona jest dla Ibrahima.

– Ty sobie nie żałowałeś – wytknął koledze Fajsal.

– Ale dzięki temu tu jest – przypomniał Tarek. – Przydałyby się jej jakieś czyste ciuchy. – Z niesmakiem przeciągnął wzrokiem po walających się na łóżku wywiniętych na drugą stronę krótkich spodenkach i majtkach od bikini. – Macie coś dla niej?

– Zostały ciuchy po Oldze – powiedział Ramisz. – Rozmiar pewnie ten sam.

– Świetnie! To wy idźcie po ubranie, a ja ją doprowadzę do porządku. – Tarek spojrzał na moją bladą, wycieńczoną twarz. – A są jakieś kosmetyki po Oldze?

– Wszystko po niej zostało… kosmetyki, perfumy, okulary, buty, kostiumy kąpielowe, bielizna… też ta specjalna… – wymienił Ramisz.

– Super! – ucieszył się Tarek. – Przynieście wszystko i coś dobierzemy.

– Zbierajcie się! – Ponaglił kolegów. – Dżulia zaraz odpłynie, to jej powiem, żeby wzięła prysznic.

Fajsal i Ramisz podnieśli się z foteli.

– Tylko nie zostawiaj jej samej! – rzucił już od drzwi Fajsal w stronę Tarka. – To impreza parodniowa, goście się kręcą…

– Wiem, wiem… Będę jej pilnował – zapewnił Tarek.

– To na razie. Niedługo wrócimy.

– Na razie.

Kiedy mężczyźni wyszli, Tarek jeszcze przez kwadrans posiedział przy mnie, nic nie mówiąc. Później przysunął się i wziął mnie za rękę.

– Dżulio, skarbie… – zaczął łagodnym tonem. – Chodź, weźmiemy prysznic.

Mgliście przypominam sobie, że posłusznie wstałam i poszłam z Tarkiem do łazienki.

***

Z tego, co się działo w ciągu następnych kilku dni niewiele pamiętam. Wyrywkowe, zamazane obrazki przedstawiają szalejące w wyuzdanej zabawie towarzystwo, które pije bez umiaru perlistego szampana, tańczy dynamicznie w prowokujących, sprośnych pozach, obnaża się bez żenady w rozpustnych żartach i pozwala sobie na ostry seks na oczach wszystkich. Kiedy tylko strzępy obscenicznej rzeczywistości zaczynały do mnie po trochu docierać, zaraz pojawiał się Tarek z kolorowym drinkiem, którego jeszcze na wpół przytomna musiałam wypić. Kojarzę jak przez mgłę, że bardzo się dziwiłam temu, że za każdym razem mam na sobie inne ubranie, które w dodatku nie było moje. Chyba nawet prosiłam Tarka, żeby mi to wyjaśnił, ale teraz już zupełnie nie pamiętam, co mi odpowiedział.

***

Kiedy pomału zaczęłam wracać do rzeczywistości, leżałam na skotłowanym łóżku w podartej czerwonej erotycznej bieliźnie, a moją pierś przykrywała ręka mężczyzny. Odsunęłam się przerażona, obawiając się, że znowu zobaczę obok siebie Ibrahima albo innego zupełnie obcego mi faceta. Ze strachem odwróciłam się w jego stronę, ale tym razem był to Tarek. Pierwsza myśl, która wtedy przyszła mi do głowy była taka, żeby znaleźć pasek od szlafroka, owinąć wokół szyi Tarka i dusić go, dusić, dusić...

– Dżulia! – Aż podskoczyłam, gdy znienacka otworzył oczy i wypowiedział moje imię. Poczułam się tak, jakby czytał w moich myślach.

Rozejrzałam się wkoło i zorientowałam się, że nadal jesteśmy w domku na wyspie. I z pewnością potrzebowałam Tarka, żeby się z niej wydostać. W tym momencie zależało mi już tylko na jednym: chciałam jak najszybciej znaleźć się w Polsce bez względu na to, co zdarzyło się na wyspie.

– Mój samolot... – powiedziałam prosto z mostu. – Kiedy jest mój samolot? – zapytałam, bo zupełnie straciłam rachubę czasu.

– Za kilka godzin – odpowiedział Tarek zachrypniętym głosem. Wyglądało na to, że ma potwornego kaca.

– Chcę do domu... – odezwałam się błagalnie.

– Dobrze, dobrze... – Ku mojemu zdumieniu nie oponował.

– Ale musimy stąd odpłynąć. I dojechać na lotnisko. Zdążymy? – Zaniepokoiłam się.

– Zdążymy. – Tarek poszedł do łazienki.

Długo nie wychodził, a ja nagle uświadomiłam sobie, że nie mam przy sobie swojego paszportu.

– Tarek, mój paszport! – wykrzyknęłam, gdy tylko pojawił się z powrotem. – Nie mam paszportu! Jest w mieszkaniu w Dubaju.

– Wiem, Fajsal już odpłynął z wyspy, żeby pojechać po twój paszport i twoje rzeczy. O nic się nie martw, Dżulio, wszystkim już się zająłem – przyjaźnie stwierdził Tarek.

Przez moment zastanowiła mnie ta nagła zmiana w jego zachowaniu, ale pomyślałam, że jeżeli impreza trwała kilka dni, to zdołał chociaż w jakiejś części odzyskać to, co na mnie wydał, a ponieważ ja stanowczo nie zgadzałam się na bycie luksusową prostytutką szejków, to może zrezygnował z tego pomysłu. Przecież nie mógł ciągle ładować we mnie oszałamiających pigułek, a już wiedział, że bez nich jestem gotowa przysporzyć mu kłopotów. Wstąpiła we mnie nadzieja, że już niedługo znajdę się w Polsce.

– Kiedy odpływamy? – spytałam.

– Niedługo – odpowiedział Tarek. – Możesz już się ubierać. W tej torbie... – wskazał na dość duży sakwojaż stojący przy oknie – ...są ubrania. Wybierz sobie z nich, co chcesz.

– Dobrze, ale przedtem wezmę prysznic. – Wstałam z łóżka i udałam się do łazienki.

Weszłam pod strugi gorącej wody i chciałam tam stać godzinami. Czy kiedykolwiek będę w stanie zmyć z siebie to plugastwo, które mnie oblepiło? Czy kiedykolwiek...

– Dżulio, pospiesz się! – Tarek pukał do drzwi. – Zaraz odpływa następny jacht!

Szybko się wytarłam i owinięta ręcznikiem opuściłam łazienkę. Podeszłam do torby i ją otworzyłam. Chociaż były w niej jedynie kolorowe fatałaszki, niektóre błyszczące, to nagle owiał mnie zimny trupi powiew. Dziwne uczucie.

– Tarek, czyje to rzeczy? – Byłam ciekawa.

– Dżulio, nie zadawaj głupich pytań, tylko szybko się ubieraj, bo nie zdążymy na jacht. – Tarek był już znacznie mniej przyjacielski.

– Dobrze, zaraz będę gotowa. – Bałam się, że może zostawić mnie na wyspie.

Szperałam w ciuchach i znalazłam dwuczęściowy biały kostium Chanel z przyczepionymi do niego metkami. Stanik kosztował ponad sześćset dolarów, a majtki prawie pięćset. Ponieważ nie miałam bielizny, pomyślałam, że to bikini może ją zastąpić.

– Tarek, mogę wziąć ten kostium?

– Już ci mówiłem, że możesz wziąć, co chcesz! – wrzasnął Tarek.

Wyraźnie każde moje pytanie coraz bardziej go irytowało, postanowiłam więc bez szemrania jak najszybciej się ubrać i wydostać się z wyspy. Przerzucałam krótkie sukienki, spodenki, spódniczki i kuse bluzki, nie znajdując nic stosownego. Cała garderoba była bardzo wyzywająca, z lśniącymi cekinami i przezroczystymi wstawkami, i wyglądało na to, że bardziej odsłaniała ciało niż zasłaniała.

– Za pięć minut wychodzimy – oznajmił Tarek.

Wzięłam do ręki kostium Chanel i jaskraworóżową, lśniącą, króciutką sukienkę z głębokim dekoltem. To na pewno nie był odpowiedni strój na podróż samolotem, ale pomyślałam, że kiedy dostanę swoje ubrania od Fajsala, to przebiorę się w coś bardziej skromnego. Pobiegłam do łazienki i szybko włożyłam na siebie wyjęte z torby ciuchy.

– Bardzo dobrze – ocenił Tarek, kiedy mnie zobaczył. – Świetnie wyglądasz, skarbie.

Wyszliśmy na zewnątrz i ujrzałam pozostałości po parodniowej libacji, która z pewnością zamieniła się w końcowej fazie w seksualną orgię. Wokół basenu zalegały dziesiątki, o ile nie setki butelek po szampanie, odpadki jedzenia, szkło z rozbitych kieliszków, niedopałki papierosów i cygar oraz zużyte różnokolorowe prezerwatywy. Ominęliśmy ten śmietnik i przez mostek dotarliśmy do podestu, przy którym czekał na nas zacumowany jacht. Odbił od brzegu natychmiast, kiedy tylko grupka opuszczających wyspę gości znalazła się na jego pokładzie, a po chwili nabrał prędkości na lekko falujących wodach Zatoki.

Ponownie zobaczyłam strzelistą błyszczącą panoramę Dubaju. Panoramę baśniowego miasta, którego nie dane mi było ani zwiedzić, ani tak naprawdę zobaczyć. Ale wtedy już było mi wszystko jedno i marzyłam tylko o tym, żeby bezpiecznie dotrzeć do swojego domu w Polsce.

Z portu Tarek wziął taksówkę i pojechaliśmy ulicami Dubaju. Była już głęboka noc i wydawało mi się, że jedziemy bardzo długo. Po drodze zatrzymaliśmy się przed jakimś budynkiem, gdzie stał Fajsal z moją walizką. Tarek wysiadł z taksówki, chwilę porozmawiał z kolegą, a później z pomocą taksówkarza włożył walizkę do bagażnika. Cieszyłam się, że nareszcie pojedziemy na lotnisko.

A później wszystko potoczyło się błyskawicznie. Taksówka nagle stanęła w ciemnej wąskiej uliczce, w której czekał już zaparkowany inny samochód. Opierał się o niego krępej budowy mężczyzna.

– Dżulio, wysiądź, to jest kierowca, który zawiezie cię na lotnisko – wyjaśnił Tarek.

Wyszłam z taksówki, a czekający mężczyzna zmierzył mnie uważnie wzrokiem od góry do dołu, po czym skinął potakująco głową w kierunku Tarka. Później wspólnie przenieśli mój bagaż z jednego pojazdu do drugiego.

– Żegnaj, Dżuulio – powiedział Tarek, muskając dłonią moje długie blond włosy.

Usiadłam na siedzeniu z tyłu, a obcy mężczyzna za kierownicą. Zamknął automatycznie od wewnątrz wszystkie drzwi samochodu. Dopiero wtedy przez otwarte okno podał Tarkowi dużą paczkę pieniędzy. Tarek w zamian wręczył mu mój paszport. Zrozumiałam, że zostałam sprzedana.

Rozdział IV

Arabski burdel

Nie zdążyłam jeszcze ochłonąć po tym, jak na moich oczach rozegrała się szokująca transakcja, kiedy Tarek szybko się ulotnił, a do samochodu wsiadło dwóch mężczyzn, którzy zajęli miejsca po obu moich stronach. Pojazd ruszył z piskiem opon. Nieznajomy z mojej prawej strony wyjął nóż z długim, wąskim, błyszczącym ostrzem i przystawił je do mojego obnażonego w krótkiej sukience uda. Najmniejszy mój ruch groził zranieniem, a nawet trwałym okaleczeniem. Tarek pewnie ostrzegł moich nabywców, że jestem nieprzewidywalna i mogę się buntować, więc od razu podjęli działania zapobiegawcze. Nie chcieli jakichkolwiek kłopotów z mojej strony. Od czasu do czasu mężczyzna dźgał mnie lekko ostrym końcem noża w nogę, aby wyraźnie dać do zrozumienia, że nie mam najmniejszych szans na opór.

Poczułam się tak, jakby mnie porwano. Sprzedano, pozbawiono ludzkich praw i jakiejkolwiek możliwości decydowania o sobie. Zdałam sobie sprawę z tego, że znalazłam się w mackach bezwzględnej ośmiornicy, która nie zna litości i nie ma nawet odrobiny empatii dla swoich udręczonych ofiar. Wydarzenia na wyspie pokazały mi z okrutną surowością, że trafiłam w szpony gangów handlującymi ludźmi, dla których liczył się w pierwszej kolejności zysk, a człowiek był tylko nic nie znaczącym, sprowadzonym do roli przedmiotu, towarem. Teraz tym towarem byłam ja.

W samochodzie, mimo włączonej klimatyzacji, było dosyć duszno. Mężczyźni siedzieli blisko mnie, dotykając mojego ciała. Króciutka sukienka podwinęła się tak wysoko, że widać było białe majtki Chanel. Mężczyzna z mojej lewej strony naciskał na mnie całym swoim bokiem i wyraźnie nie radził sobie z bezpośrednią bliskością odkrytego kobiecego ciała. Kręcił się i wiercił, podnosząc się co trochę i poprawiając przy tym spodnie. Moje rozpuszczone długie blond włosy dotykały jego ramienia, co wyraźnie go podniecało. Nie wiedział, co zrobić z rękoma, którymi bez przerwy poruszał. Zaplatał dłonie, ściskał je rytmicznymi ruchami, kładł je na swoich szeroko rozstawionych nogach lub grzebał przy rozporku. W końcu położył otwartą dłoń wysoko na moim udzie i zaczął przesuwać ją z góry na dół, dotykając przy tym moją intymność. Odsunęłam się nerwowo i od razu krzyknęłam z bólu, bo ostrze wbiło się w moją nogę, po której popłynęła strużka krwi.

– Nie warto się rzucać – beznamiętnie oznajmił ten z nożem. – Okaleczona nic nie zarobisz.

Molestujący mnie mężczyzna wdarł się drapieżnie palcami w moje ciało, sprawiając mi tym wielką mękę. Cierpiałam psychicznie i fizycznie, nie mogąc się obronić przed moim oprawcą, który już ogromnie pobudzony zaczął się bez żenady onanizować, pocierając dynamicznie swoje krocze. Po chwili, która dla mnie była wiekiem katuszy, z jego ust wyrwał się przeciągły jęk, a na spodniach pojawiła mokra plama. Powitano mnie w świecie brutalnego, obscenicznego seksu.

A za oknem świecił księżyc. Odcinał się błyszczącym sierpem na tle ciemnego nieba za daleki, żeby pomóc. Rozłożyste palmy przystrojone ozdobnymi iluminacjami też nie mogły nic zrobić. Bezradna była oryginalna świetlna instalacja w formie dużego pierścionka z brylantem. I nawet widoczny z daleka imponujący, rzęsiście oświetlony, potężny budynek w kształcie piramidy... Świat milczał.

Po kilkudziesięciu minutach jazdy podjechaliśmy do dużej willi, przed którą stało sporo samochodów. Pierwszy wysiadł mężczyzna, który siedział po mojej lewej stronie.

– Wyłaź! – Poczułam ukłucie ostrza noża w swoim boku.

Zrezygnowana opuściłam pojazd.

– Zaprowadź ją tam, gdzie trzeba! – rozkazał kierowca.

– Idź! – Trzeci z oprawców znalazł się tuż za mną, wciąż trzymając w ręku skierowany w moją stronę nóż.

Poszłam ku willi, w której najwyraźniej trwało już nocne party. Słychać było rytmiczną muzykę i głośne pokrzykiwania rozbawionego towarzystwa. Podążający za mną mężczyzna ostrymi ukłuciami noża kierował mnie w stronę bocznego wejścia. Zadzwonił do drzwi jakimś umówionym kodem i po kilku minutach otworzyła nam wulgarnie umalowana Arabka z dużym biustem.

– Daj jej pokój! – polecił mężczyzna.

– Chodź za mną! – Arabka niechętnie spojrzała na moje jasne włosy.

Nie miałam innego wyjścia, jak tylko udać się za nią. Przecięłyśmy niewielki prostokątny przedpokój i schodami z jasnego granitu zeszłyśmy na dół. Długi korytarz na dolnej kondygnacji wyłożony był bordowym dywanem, a przydymione kolorowe lampy tworzyły czerwonawy półmrok. Po obu stronach korytarza znajdowały się liczne drzwi, a jego koniec rozwidlał się na dwie strony.

– Tam nie wolno ci nigdy wchodzić – poinformowała mnie Arabka, wskazując na odchodzące na boki korytarzyki. – Im mniej wiesz, tym lepiej dla ciebie i dla nas wszystkich – dodała, widząc mój zdziwiony wzrok. – I nie pytaj dlaczego! – zakończyła twardo.

To brzmiało podobnie do wypowiedzianego niedawno przez niezadowolonego Tarka zdania: „Nie zadawaj głupich pytań". Wyglądało na to, że poznałam podstawową regułę mojego nowego świata. Nie pytać. I następną. Jak najmniej wiedzieć.

– To jest twój pokój. – Arabka otworzyła kluczem jedne z drzwi. – Zaczynasz od jutra. Rano dziewczyny będą wolne, to któraś przyjdzie i ci wszystko wyjaśni.

Kobieta poczekała, aż wejdę do środka, po czym zamknęła drzwi i przekręciła klucz. Zgrzyt zamka. Częsty dźwięk w moim nowym życiu.

Rozejrzałam się wkoło. Pokój był mały, a większość jego przestrzeni zajmowało duże łóżko przykryte narzutą w kolorze brudnego różu. Na jednej ścianie wisiały aksamitne ciemnobordowe zasłony. Odsunęłam je, ale za nimi znajdowała się tylko dość obskurna ściana. Okna nie było.

Drzwi w przeciwległej ścianie prowadziły do niepokaźnej łazienki z toaletą, umywalką i kabiną prysznicową. Wciąż czułam na sobie brudną dłoń nieznajomego mężczyzny z samochodu, lepką i raniąca. Zobaczyłam płyn do kąpieli i czysty ręcznik. Bez namysłu zrzuciłam z siebie ubranie, weszłam pod prysznic i odkręciłam ciepłą wodę, która gęstymi strumieniami zaczęła spływać po moim obolałym ciele. Nabrałam na dłoń płynu do kąpieli i zaczęłam się myć, obmywać, omywać, przemywać, podmywać. Natrętne mycie, które nic nie zmywało.

Opłukiwałam pianę, kiedy usłyszałam, że ktoś otworzył drzwi i wszedł do pokoju. Struchlałam. Czy znowu ktoś chce dopuścić się w stosunku do mnie ohydnych czynów, tak jak to się zdarzyło na wyspie?

– Dżulia, jesteś tam? – zawołał przez drzwi mężczyzna z nożem, jak go w myślach nazwałam.

– Tak – spojrzałam na nieco rozjątrzoną po prysznicu świeżą ranę na udzie.

– Przyniosłem ci twoją walizkę i jedzenie. I nie próbuj żadnych sztuczek. To i tak nic nie da.

Mężczyzna opuścił pokój, przekręcając klucz w zamku. Wyszłam z łazienki, usiadłam na wielkim burdelowym łóżku i histerycznie zawyłam.

Jedzenia nie tknęłam. Garstka ryżu z kleistym sosem wydała mi się nafaszerowana tabletkami gwałtu. Butelka wody, chociaż była fabrycznie zamknięta, też wydała mi się podejrzana. Dla zaspokojenia pragnienia piłam tylko wodę z kranu. Czasami przemykało mi przez głowę, że też jest skażona i ją wypluwałam. Spałam, nie spałam, rzucałam się, miałam koszmary, dusiłam się, wstawałam, chodziłam, płakałam, jęczałam. Zapadałam się i wracałam. I walczyłam z nieopisaną boleścią zawiedzionej miłości, rozpaczą i rozgoryczeniem, powracającym „love you" tak okrutnie hańbiącym, miażdżącym. Przeżyłam, ale nie wiem jak.

Następnego dnia po południu – straciłam rachubę czasu, ale pory domyśliłam się po przyniesionym mi skromnym śniadaniu i obiedzie, których zresztą nie tknęłam – przyszła do mnie jedna z prostytutek. Nie była wysoka, ale miała ładną, choć mocno zmęczoną twarz, duże niebieskie, podkrążone oczy i półdługie lekko kręcone blond włosy. Bezpośrednio na bieliznę narzuciła różowy szlafrok wykończony czarnymi koronkami.

– Oksana – przestawiła się i usiadła na łóżku.

Powinnam się przedstawić? Wydawało mi się, że wypowiedzenie swojego imienia oznacza jednocześnie akceptację tego, że przynależę do tego miejsca.

– Jak masz na imię? – zapytała Oksana.

– Dżulia – jednak, chcąc nie chcąc, odpowiedziałam.

– Dżulia... – powtórzyła. – Ładnie... Miałam kiedyś koleżankę o takim imieniu. – Oksana spojrzała na nie ruszone jedzenie. – Nawet nie próbuj. – Następna reguła, którą muszę zapamiętać, bo to samo powiedział mężczyzna z nożem. – Głodówka nic nie da.

– To nie chodzi o głodówkę. Ja boję się, że... – Głos uwiązł mi w gardle, gdyż wyobraźnia od razu podsunęła mi odrażające akty seksualne, których dopuszczał się ze mną Ibrahim, kiedy byłam odurzona.

– Tabletki gwałtu? – domyśliła się Oksana. – Tego się nie bój, oni jej tu nie stosują.

Nie wiedziałam, czy mogę jej wierzyć. Wczoraj Arabka uprzedziła mnie o tym, że przyjdzie do mnie jedna z pracujących tu kobiet, więc mogłam się spodziewać, że powie wszystko, co jej każą właściciele burdelu, aby tylko mnie złamać.

– Oni tu mają inne metody – ciągnęła Oksana.

– Jakie? – zapytałam automatycznie, chociaż tak naprawdę bałam się usłyszeć odpowiedzi.

Oksana odchyliła połę szlafroka.

– O matko! – Brzuch Oksany szpeciła sina, zagłębiona w kilku miejscach, wyraźnie źle zrośnięta blizna. – Sama widzisz... Też się na początku buntowałam, odmawiałam jedzenia, zarzekałam się, że nigdy, przenigdy... Ale z nimi nie wygrasz. Nie ma takiej możliwości.

Przypomniałam sobie śmiertelnie zimny powiew, jaki przeniknął mnie, kiedy otworzyłam torbę w domku na wyspie. Te rzeczy musiały przecież do kogoś kiedyś należeć. Spojrzałam na jaskraworóżową lśniącą sukienkę i biały kostium Chanel, które rzuciłam na wierzch walizki. Wzdrygnęłam się. „Olga dawno pływa w wodach Zatoki". – Zabrzmiały mi w głowie słowa Fajsala.

I dopiero teraz dotarło do mnie rozmyte wcześniej w oparach odchodzącej świadomości stwierdzenie Ramisza: „Zostały ciuchy po Oldze".

– Nie wygrasz z nimi – powtórzyła Oksana, a po moich plecach przeszedł zimny dreszcz.

– A ty długo tu jesteś? – zapytałam.

– Długo, niedługo, któż to wie… Masz papierosy? – Oksana zakryła okropnie okaleczony brzuch.

– Nie palę.

– Poczekaj, zaraz wrócę. – Oksana wstała z łóżka i wyszła.

Jakbym mogła gdzieś odejść, nie poczekać – przemknęła mi przez głowę posępna myśl.

Zostałam więc, kompletnie rozbita niemożnością zrobienia czegokolwiek, co pozwoliłoby mi wydostać się z tego potwornego miejsca. Po chwili wróciła Oksana, trzymając w ręku zapalonego papierosa. W drugiej ręce miała małą popielniczkę i czekoladowy batonik.

– Powinnaś coś zjeść. – Oksana wyciągnęła w moim kierunku dłoń z czekoladką. – Wieczorem będziesz musiała zacząć robotę. Nie pozwolą sobie na stratę ani jednego dnia.

– A ty jak tu trafiłaś? – Nie chciałam myśleć ani o sobie, ani o tym, co mnie czeka.

– Zjedz chociaż tę czekoladkę – nalegała Oksana, nie odpowiadając na moje pytanie.

Nie wiedziałam, czy mogę jej ufać. Może to jakaś kolejna ich sztuczka. Oksana zauważyła moje wahanie.

– Już ci mówiłam, żebyś się nie bała.

Trudno się nie bać, będąc w rękach handlarzy ludźmi – pomyślałam.

– Oni wymagają od nas, żebyśmy zabawiały gości, naciągały ich na drogie drinki, spełniały ich najdziwniejsze życzenia…

Koprofilia, urofilia… – Od razu zadudniło mi w głowie.

– Oczekują od nas pełnego zaangażowania, więc nie możemy być odurzone – wyjaśniała Oksana. Włożyła do ust papierosa, odstawiła popielniczkę na podłogę i odpakowała batonik.

– Proszę. – Ponownie mnie nim poczęstowała.

Tym razem go wzięłam. Bombardujące mnie informacje o świecie, w którym wbrew własnej woli nagle się znalazłam i, mimo mojego zewnętrznego i wewnętrznego oporu, będę musiała funkcjonować, zupełnie mnie przytłoczyły. Może lepiej już być zamroczoną i nic nie pamiętać.

– Pytałam cię, Oksano, jak tu trafiłaś? – Odgryzłam kawałek batonika.

– Zostałam perfidnie oszukana… – Oksana mocno się zaciągnęła.

– Przez mężczyznę? – Wspomnienie Tarka sprawiło, że moje serce przeszył bolesny skurcz.

– Nawet nie… Przez koleżankę. – Oksana wypuściła gęste kłęby dymu. – Wiesz, jak jest u nas, na Ukrainie… Niepokoje, bieda… A ty skąd jesteś? – Zainteresowała się Oksana.

– Z Polski.

– Tak myślałam… Wiera… to była moja koleżanka jeszcze ze szkoły, z którą nawet nie miałam kontaktu… i nagle odnalazła mnie na forach społecznościowych. – Twarz Oksany okryła ciemna chmura udręki… – Zaczęła tak normalnie… Co u ciebie słychać, co porabiasz, jak sobie radzisz… – Oksana zamilkła na chwilę, pewnie wyrzucając sobie, że tak łatwo dała się zwabić w pułapkę. – A później… Później zaczęła przysyłać mi swoje zdjęcia z Dubaju… – Oksana głęboko westchnęła.

Bezsprzecznie teraz Dubaj kojarzył się jej już z czymś kompletnie innym niż z pełną nieopisanego bogactwa błyszczącą metropolią.

– Wiera na fotografiach była opalona, roześmiana, szczęśliwa... – ciągnęła swoją opowieść Oksana. – Zawsze świetnie ubrana, umalowana, w tle wspaniałe widoki, plaże, palmy... To robiło wrażenie, szczególnie na ogarniętej wojną i ubóstwem Ukrainie. Wiera pisała, że pracuje w butiku, świetnie zarabia, na wszystko może sobie pozwolić... I tak od słowa do słowa... – Oksana przypaliła jednego papierosa od drugiego. – Zaproponowała mi pracę w tym samym butiku, w którym ona była ekspedientką. Początkowo nawet nie brałam jej propozycji poważnie pod uwagę, bo przede wszystkim nie miałam pieniędzy na taką wyprawę. Ani na bilet, ani na nic... Ale Wiera bez przerwy mnie namawiała, dosłownie nie dawała mi spokoju... Obiecywała pożyczkę na pokrycie wszystkich kosztów podróży, zapewniała, że będę jej mogła oddawać w dogodnych ratach, gdy tylko zacznę zarabiać... Nawet mnie dziwiła ta jej hojność, przecież nie byłyśmy jakimiś bardzo bliskimi koleżankami, ale ona tłumaczyła mi, że czuje się trochę osamotniona w dalekim kraju, że chciałaby mieć przy sobie kogoś bliskiego ze swojej ojczyzny... I tak jej uwierzyłam...

Oksana się zamyśliła. Być może zastanawiała się nad tym, jak jej rodaczka mogła ją tak niegodziwie oszukać. „Dżuulia..." – czy ta przejmująca rozpacz kiedyś minie?

– Pieniądze... Dla pieniędzy człowiek jest zdolny do najpodlejszych nikczemności... – Oksana paliła nerwowo.

Dżuulia...

– W końcu Wiera przycisnęła mnie, mówiąc, że jeżeli szybko się nie zdecyduję, to ta praca przepadnie. – To zdanie Oksana wypowiedziała z ledwie wyczuwalną złością. – Kusiła niebotycznie wysokimi jak na warunki ukraińskie zarobkami. I to przeważyło, bo brałam pod uwagę przede wszystkim swoją rodzinę. Miałam nadzieję, że im finansowo pomogę i nie będą już mieć kłopotu z zakupem podstawowych towarów. A ja sama... Marzyłam o odłożeniu jakiejś gotówki, która pozwoli mi później, po powrocie do kraju, zacząć godziwe życie... Ale wszystko potoczyło się inaczej...

Oksana znowu przerwała, a jej ręka trzymająca papierosa zaczęła lekko drżeć.

– Zupełnie inaczej... Przyleciałam do Dubaju. Rozradowana Wiera w drogich ciuchach przywitała mnie na lotnisku i tak jakoś sprytnie zagadała, że ja zmęczona długą podróżą, oszołomiona wielkim lotniskiem i tysiącami przewijających się przez nie ludzi, chyba nawet za bardzo nie wiedziałam, co się dzieje. Wiera od razu wzięła ode mnie paszport, mówiąc, że jest jej potrzebny do załatwienia formalności związanych z pracą i prosto z lotniska przywiozła mnie tutaj... A potem... Już wiesz... Wiery już nigdy później nie zobaczyłam. Myślę, że zarobiła całkiem pokaźną sumkę, sprzedając mnie, i pewnie nie tylko mnie, bo nie sądzę, żebym była jedyną Ukrainką, którą zwabiła w ten czy podobny sposób do Dubaju.

Zapadła szarpiąca najbardziej wrażliwe struny cisza.

– Obarczyli mnie długiem, ogromnym długiem... – Oksana zniżyła głos. – Nie wiem, czy kiedykolwiek będę się w stanie wykupić. W zasadzie prawie nie mam gotówki. To oni pobierają opłaty od klientów i odliczają od nich koszty mieszkania, utrzymania, ciuchów, kosmetyków, papierosów, prezerwatyw, drinków... Na mój dług już prawie nic nie zostaje. Zdarzy się, że klient da jakiś napiwek, ale ta blizna... – Oksana ukryła twarz w dłoniach. – Nie wiem... Nie wiem, co będzie dalej... – skończyła głuchym głosem.

Nagle drzwi się otworzyły i do pokoju weszła Arabka, która poprzedniego dnia wprowadziła mnie do burdelu. Oksana podniosła głowę i spojrzała na nią ze strachem, który jak cień zawsze towarzyszy wszystkim ofiarom handlu ludźmi.

– Powiedziałaś jej, co ma robić? – ostrym tonem zapytała Arabka.

– Tak... – przytaknęła Oksana. – Zachęcać klientów, żeby zamawiali drogie drinki, spełniać ich wszystkie życzenia...

– Dokładnie! A teraz zostaw nas same! – Arabka rozkazała surowo.

Oksana bez szemrania opuściła pokój.

– Jestem Karima. – Głos Arabki, nawet gdy się przedstawiała, był stanowczy. – Dbam o to, żeby tu każdy był zadowolony.

Chyba, żeby każdy klient był zadowolony – poprawiłam ją w myślach. – Bo na pewno nie więzione tu kobiety.

– Te włosy są naturalne? – Karima wzięła w dłoń pasma moich jasnych włosów.

– Tak – odpowiedziałam.

– To dobrze, bardzo dobrze – z satysfakcją stwierdziła Arabka. – Jesteś nowa, świeża...

Świeży towar... – Miałam wrażenie, że gdzieś już to słyszałam.

– Możesz nieźle zarobić. Oni to lubią – dodała Karima.

Oni, czyli pewnie szejkowie – pomyślałam. – O czymś podobnym mówili mężczyźni na wyspie.

– Dżulio, coś ci pokażę. – Karima usiadła przy mnie i zaczęła szukać czegoś w swoim telefonie. – Obejrzyj to dokładnie. – Karima włączyła filmik.

Zobaczyłam siedzącą na rozłożystej kanapie wschodnią piękność z długimi czarnymi włosami i nieskazitelną białą skórą, której jedwabistość podkreślała czerwona mieniąca się sukienka na ramiączkach. Kobieta pławiła się w morzu setek banknotów szczodrze rozrzucanych przez siedzącego obok niej przystojnego Araba z wąsikiem, ubranego w granatową diszdaszę i podtrzymywaną igalem ghutrę na głowie.

– To saudyjski książę – wyjaśniła Karima.

Kobieta na filmie śpiewała, obejmując swą dłonią dość dużą główkę mikrofonu, która prawie dotykała jej seksownych karminowych ust, co przywodziło dość jednoznaczne skojarzenia. Książę, który w tym momencie upodobał sobie jej towarzystwo, co chwilę pochylał się nad nią, żeby szepnąć jej coś do ucha, po czym brał od stojącego za jego plecami asystenta paczki grubych plików pieniędzy, które następnie z widoczną przyjemnością wyrzucał wysoko w górę tak, aby te spadały na atrakcyjną piosenkarkę. Fruwające w powietrzu banknoty nie zdążyły jeszcze dotknąć włosów ani sukienki kobiety, kiedy książę już wyciągał rękę po następne paczuszki, które z lubością rozrzucał szerokim gestem, wpatrując się przy tym w jędrny biust piosenkarki.

– Książę tego wieczoru wydał milion dolarów! – Karima jak zahipnotyzowana wpatrywała się w szeleszczącą fortunę wirującą raz po raz ponad głowami pary. – Szejkowie potrafią być szczodrzy. Bardzo szczodrzy! – podkreśliła Karima. – Sama się przekonaj! – Włączyła następny film.

Tym razem arabskiego multimilionera oczarowała arabska tancerka i piosenkarka, która wraz z innymi powabnymi kobietami umilała czas mężczyznom zgromadzonym w nocnym klubie. Szejk krążył wokół tej zjawiskowej piękności ubranej w przylegającą do ponętnego ciała lśniącą złotą suknię. Obsypywał ją niezliczonymi ilościami banknotów, podziwiając jej rytmiczne, podniecające ruchy bioder. Tancerka, której urok przywoływał wyobrażenia rajskich hurys, z zachęcającym uśmiechem przyjmowała te namacalne dowody uwielbienia, gładząc od czasu do czasu nęcącym gestem swoje ciemne, lśniące, sięgające pasa włosy. Pracownicy klubu zbierali spadające pieniądze, gromadząc je na stojącym obok tancerki stoliku, na którym w błyskawicznym tempie rósł pokaźny stos żywej gotówki.

– Dwa miliony dolarów! Wyobrażasz sobie, Dżulio! – Błyszczące oczy Karimy się rozszerzyły. – Dwa miliony dolarów w jedną noc!

Milion dolarów, dwa miliony czy dziesięć milionów dolarów. Czy istnieje cena, za którą można się skurwić?

Karima, nadal nie widząc mojego entuzjazmu do tego, żebym została ekskluzywną prostytutką szejków, podniosła się z łóżka i skierowała w stronę drzwi.

– Za dwie godziny masz być gotowa do pracy! – głośno krzyknęła tonem nie znoszącym sprzeciwu. – Włóż tę samą różową sukienkę, którą miałaś na sobie wczoraj! I mocno się umaluj! – rozkazała na odchodne, trzaskając drzwiami, które po chwili zamknęła na klucz.

Szpetna blizna na brzuchu Oksany dobitnie mi uświadomiła, w jak potwornym miejscu się znajduję. „Okaleczona nic nie zarobisz" – ostrzegł mnie mężczyzna z nożem. Ale ja nie chcę nic zarabiać! Nie chcę t a k zarabiać!!! Obrazy z ostatnich dni przewijały się przed moimi oczami z niezwykłą ostrością, wpędzając mnie w coraz większe przygnębienie. Żałowałam, że przyniesiona przez Oksanę czekoladka nie była nafaszerowana prochami. Jeżeli bez względu na wszystko i tak zmuszą mnie do oddawania się obcym mężczyznom, to lepiej, bym niczego nie pamiętała. Nie pamiętała…

Nie mogłam się przemóc, żeby się ubrać i umalować. Leżałam zwinięta w kłębek na burdelowym łóżku, z zaciśniętymi powiekami, przywołując w pamięci te pierwsze kamyczki uruchamiające straszliwą lawinę, która mnie porwała i przywiodła do dubajskiego domu rozpusty. Telefon Karoliny i klub Sahara… Szalona zabawa i… Chciałam zapomnieć jego imię. A tam były takie piękne kwiaty… Aksamitne lilie o nieskazitelnej bieli… Świetliste… Dlaczego mnie nie ostrzegły, nie zabiły na trwogę, nie zabarwiły się na czerwono…

Kiedy Karima po mnie przyszła, nadal tkwiłam nieruchomo w tej samej pozie.

– Wstawaj natychmiast i się ubieraj! – wrzasnęła rozzłoszczona Arabka.

Nie reagowałam. Usłyszałam, że do kogoś dzwoni.

– Przyjdź tutaj, są problemy – powiedziała sucho.

Po kilku minutach w pokoju rozległy się męskie kroki. Poczułam lodowate ostrze noża na swoim brzuchu.

– Do pracy! – polecił mężczyzna z nożem.

Nie reagowałam. Nie pójdę. Niech mnie zabiją.

– Otwieraj oczy! – rozkazał.

Nie otworzyłam.

– Otwórz oczy!

Poczułam mocniejsze ukłucie. Otworzyłam powieki.

– Patrz! – Karima podsunęła mi pod oczy swój telefon.

Milion dolarów, dwa miliony... Za żadne pieniądze. Nie zobaczyłam jednak arabskiej piękności obsypywanej przez szejka milionami dolarów, ale siebie, z bardzo wyraźną twarzą, i Ibrahima uprawiającego ze mną dziki, zbereźny seks. Nie broniłam się, nie oponowałam, a moje usta układały się w coś w rodzaju przyzwalającego uśmiechu. Poczułam śmiertelny strach.

– Twoi rodzice to zobaczą – poinformowała mnie zimno Karima. – Niech wiedzą, jak ich córeczka się puszcza. Sąsiedzi i ich otoczenie też się dowiedzą. I twoi znajomi również. Wszyscy będą wiedzieć.

Moja mama tego nie przeżyje – pomyślałam ze ściśniętym do utraty powietrza gardłem. – Umrze. Umrze na serce.

– Pójdę – Zdecydowałam, odsuwając od siebie zimne ostrze stali. – Niedługo będę gotowa.

– Pół godziny. – Karima wzrokiem dała mężczyźnie znak, że może wyjść. – Za pół godziny przyjdzie po ciebie Oksana.

Zostałam sama. Ze swoim strachem, rozgoryczeniem i bezsilnością. I z różową, błyszczącą, króciutką sukienką trupa. Włożyłam ją i sama poczułam się jak trup. Żywy trup.

Przyszła Oksana i bez słowa mnie umalowała. Musiała to robić kilka razy, bo spływające po moich policzkach łzy ciągle rozmazywały makijaż.

– Kiedy pójdziemy na salę, to strzel sobie na odwagę kilka mocnych drinków – radziła Oksana. – Sama się przekonasz, że to jest łatwiejsze, niż ci się wydaje.

Nie było.

– Pamiętaj o prezerwatywach, powinny być tutaj. – Oksana wysunęła szufladkę małej nocnej szafki stojącej przy łóżku. – Są... Codziennie sprawdzaj, czy masz odpowiedni zapas. Masz tu też lubrykanty. Nie zapominaj o nich.

Uświadomiłam sobie to, co pośrednio dała mi do zrozumienia moja nowa koleżanka. Zrozumiałam, że będzie bolało.

– Nie rycz! – Po raz kolejny nakładała mi puder. – Mówiłam ci już, że to nic nie da. – Pociągnęła mi policzki różem, usta pomalowała na krwistoczerwono. – Gotowe! Idziemy!

Opuściłyśmy pokój i schodami udałyśmy się na górę, gdzie cały jeden poziom willi przerobiony był na nocny klub. Didżej puszczał najnowsze przeboje, barman serwował drinki, a zbierający się goście rozglądali się po sali, taksując wzrokiem oferujące swoje ciała kobiety.

Oksana od razu zaprowadziła mnie do baru, gdzie usiadłyśmy na wysokich stołkach obitych czerwoną skórą.

– Dwie podwójne wódki z sokiem ananasowym i sprite'em. – Zamówiła u barmana drinki.

Dostałam swój koktajl i z miejsca go wypiłam szybkimi łykami.

– Dobrze robisz – pochwaliła mnie Oksana ze smutkiem w oczach. – Jeszcze raz to samo – zwróciła się do barmana.

Poczułam, że ktoś się we mnie usilnie wpatruje. W pierwszym momencie myślałam, że to jakiś napalony klient, ale po chwili kątem oka spostrzegłam, że była to jedna z prostytutek.

– Kto to jest? – zapytałam Oksanę, sącząc już wolniej drugiego drinka.

– Kto?

– No ta... – Lekko kiwnęłam głową w stronę wyjątkowo ładnej i zgrabnej blondynki, która w tym momencie wychylała kieliszek czystej wódki. – Tak się na mnie gapi...

Oksana zwróciła wzrok we wskazanym przeze mnie kierunku.

– Ach, ta... To Larysa... – z przekąsem odpowiedziała Oksana. – Też Ukrainka... Ale prawie z nią nie rozmawiam...

– Dlaczego?

– To nasza gwiazda... – Oksana się skrzywiła. – Ma największe branie i strasznie się z tego powodu wywyższa.

– To co tak wlepia we mnie te swoje ślepia? – Skończyłam drugiego drinka.

– Jesteś nowa... Ocenia cię... – Oksana kiwnęła na barmana, aby podał następne koktajle. – Sądząc po jej minie i następnej kolejce czystej, to już stałaś się jej znienawidzoną rywalką. Uważaj na nią! – przestrzegła mnie Oksana.

Jeszcze nie zaczęłam pracy, a już miałam zaciętego wroga.

– W burdelu nie ma sentymentów, Dżulio. – Oksana sięgnęła po trzeciego drinka. – Tu jest tylko ciągłe pieprzenie i ostra walka o klienta.

Niesłychane jest to, jak mało znamy samych siebie. Jak w nowych, zaskakujących dla nas sytuacjach albo otoczeniu możemy się nagle odnaleźć, nawet wbrew samym sobie, a potem dostosować się do tych realiów i zacząć się zachowywać według zupełnie nam wcześniej nieznanych, a już powoli przyswajanych zasad i reguł.

– A te dwie? – Zwróciłam uwagę na siedzące niedaleko nas przy barze Filipinki. – Też wilkiem na mnie patrzą.

– Ta z pofarbowanymi na blond włosami to Jenny, a ta obok niej to Samanta. – Oksana pociągnęła duży łyk alkoholu. – Przed Larysą to one były gwiazdami, a teraz ciągle im nowa konkurencja przybywa.

– Przed Larysą?

– Tak, Larysa to też nowy nabytek Sandżaja.

– A kto to jest Sandżaj?

– To on jest niby właścicielem burdelu, więc na pewno musiałaś go widzieć. On nie kupi kobiety, zanim jej osobiście nie obejrzy.

Domyśliłam się, że Sandżaj to siedzący za kierownicą mężczyzna, który podał Tarkowi paczkę z pieniędzmi.

– Dlaczego mówisz, że „niby jest właścicielem"?

– Chyba wiesz o tym, że w Dubaju prostytucja jest nielegalna? – odpowiedziała pytaniem Oksana.

– No tak... – Tak naprawdę to tego nie wiedziałam. Czyli, nie zdając nawet sobie z tego sprawy, zostałam na dodatek kryminalistką.

– A tu wszystko się jakoś co noc kręci... I to nieźle kręci, jeżeli Sandżaj ma kasę na nowe dziewczyny, więc ja uważam... – Oksana zaczęła mówić ledwie słyszalnym szeptem. – ...Ja uważam, że za tym biznesem stoi tu jakaś ważna lokalna szycha. Bo myślę, że same łapówki dla policji by nie wystarczyły...

Chciałam jeszcze o coś zapytać, ale Oksana ledwie zauważalnym przeczącym ruchem głowy dała mi do zrozumienia, żebyśmy na tym zakończyły temat.

Tymczasem Filipinki robiły wszystko, aby tylko zwrócić na siebie uwagę klientów. Jenny ubrana była w minispódniczkę tak kusą, że widać było jej pępek, i różowe koronkowe majtki, na górze miała krótki top, który ledwie zakrywał jej jędrny biust, a na nogach wysokie białe buty za kolana na długiej szpilce. Paliła cienkiego brązowego papierosa, puszczając równe kółeczka dymu, a od czasu do czasu przekładała jedną nogę na drugą, rozkładając przy tym uda, co z miejsca przyciągało spojrzenia rozpalonych mężczyzn w stronę jej krocza. Samanta włożyła czarną sukienkę mini na ramiączkach, przystrojoną koralikami i koronkami, przypominającą frywolną koszulkę nocną. Wstała z barowego stołka i udała się na parkiet, gdzie eksponując swoje zgrabne nogi w wysokich czerwonych szpilkach, wyzywająco kręciła pośladkami w rytm muzyki, naśladując czasami ruchy kopulacyjne. Nie minęło kilka minut, kiedy obie Filipinki znalazły klientów, z którymi rozchichotane poszły do swoich pokojów.

Wypite w dość szybkim tempie drinki sprawiły, że kiedy obok usiadł zainteresowany mną Arab w średnim wieku, kręciło mi się już dość silnie w głowie. Nie wiedziałam, jak się zachować, ale Oksana od razu zdołała namówić go na drogiego szampana, mówiąc, że jest to ulubiony trunek naszej nowej, zupełnie świeżej – jak podkreśliła – Dżulii. Strzelił korek, barman rozlał musujący złocisty płyn do kieliszków i tak wypiłam drinka z moim pierwszym klientem. Mężczyzna powiedział, że ma na imię Faris i zapytał, czy naprawdę jestem nowa w zawodzie. Potwierdziłam, ale nie przyznałam się, że jest to mój pierwszy raz. Wydawało mi się, że wtedy będę bardziej bezbronna i narażona na wygórowane żądania z jego strony. Piliśmy szampana i prawie nie rozmawialiśmy, Faris tylko kilka razy pogładził mnie wysoko po udzie, wpatrując się przy tym w mój odkryty dekolt.

– Idziemy – powiedział krótko Faris, kiedy pojawiło się dno butelki.

Zeszłam z wysokiego stołka i zrobiłam kilka kroków na chwiejnych nogach. Nie wiem, czy nogi plątały mi się ze względu na ilość wypitego alkoholu, czy na moje nadal duże zdenerwowanie. Faris ochoczo mnie podtrzymał. Pamiętam, że w drodze do mojego pokoju myślałam tylko o tym, żeby to jak najszybciej się skończyło i żeby Faris za wiele ode mnie nie wymagał. Gdy znaleźliśmy się na miejscu, Faris udał się do łazienki, a ja z szuflady wyjęłam prezerwatywę.

– Rozbierz się – polecił mi Faris po wyjściu.

Mimo że alkohol szumiał mi w głowie, czułam się mocno skrępowana. Nie chciałam jednak niepotrzebnie przedłużać tego mojego pierwszego sam na sam z klientem, więc posłusznie zrzuciłam z siebie ubranie.

Faris powiódł wzrokiem po moim jasnym, zgrabnym ciele, po czym ściągnął spodnie i slipki, zostając w samej koszulce polo.

– Połóż się i rozszerz nogi. – Był bardzo konkretny.

Zanim zrobiłam to, co zażądał mężczyzna, podałam mu prezerwatywę. Sam widok mojej wygolonej cipki podniecił Farisa na tyle, że bez trudu włożył prezerwatywę, po czym bez żadnej gry wstępnej wszedł we mnie dość gwałtownie i po kilkunastu szybkich pchnięciach doszedł, głośno sapiąc. Później znowu zniknął w łazience, wyszedł z niej już ubrany, rzucił na podłogę banknot i opuścił pokój, nawet na mnie nie patrząc. Potraktował mnie jak dziwkę, którą... byłam.

Nie zdołałam jeszcze ochłonąć, kiedy do pokoju bez pukania wparowała Oksana. Zaskoczona, naciągnęłam na siebie narzutę.

– A coś ty taka wstydliwa?! – Ukrainka zaśmiała się z własnego żartu. Była już nieźle wstawiona. – Widziałam, jak wychodził, więc z tego wniosek, że poszło błyskawicznie. Czasem tak jest... – stwierdziła. – Napatrzą się na dziewczyny na sali i wiele im nie potrzeba... I jak było? – zapytała.

– Nijak – odpowiedziałam automatycznie.

– To się z tego ciesz.

– Co?! – Nie zrozumiałam.

– Ciesz się, że było nijak.

– Co masz na myśli?

– Czasem tu takie zboki przychodzą, że aż skóra cierpnie. – Oksana zaciągnęła się trzymanym w ręku papierosem. – Jeśliby ci się trafił taki pierwszy raz... – Oksana wzdrygnęła się z obrzydzeniem.

– To znaczy?

– Nieważne... Idź pod prysznic, ubierz się i wracamy na salę.

Nie miałam ochoty znowu tam iść. Chciałam zapaść w twardy sen pełen zapomnienia.

– No coś tak zamarła? – Oksana mnie lekko szturchnęła. – Noc dopiero się zaczęła, a widać, że jako nowa będziesz miała niezłe branie. Pospiesz się, szkoda czasu.

Zebrałam się tylko dlatego, że na górze był alkohol. Coś musiało mnie jak najszybciej zamroczyć. Po pół godzinie znowu siedziałam przy barze, zamawiając już sama następne drinki. Wkrótce napatoczył się następny klient i następny... Piłam, a oni brali mnie tak, jak chcieli, rzucając później na łóżko lub na podłogę jakieś pieniądze. Kiedy już pijana wpadałam w drzemkę po następnym kliencie, Oksana budziła mnie, obcesowo ściągając z łóżka, i wlekła z powrotem na salę. Podobno tej nocy przyjęłam sześciu czy siedmiu klientów, ja pamiętałam tylko trzech. Rano potwornie skacowana chciałam pozbierać rzucone mi napiwki, ale nie znalazłam ani jednego banknotu. Przypuszczałam, że przywłaszczyła je sobie Oksana. „W burdelu nie ma sentymentów" – przypomniałam sobie jej słowa.

I tak minęły mi te pierwsze tygodnie w arabskim burdelu. W oparach alkoholu, prawie ciągłym zamroczeniu, na obsługiwaniu dziesiątków klientów, czystych i brudnych, miłych i chamskich, łagodnych i wymagających, cierpliwych i porywczych. Najczęściej w towarzystwie Oksany, która mnie pewnie po kryjomu okradała.

Pod obstrzałem nienawistnego wzroku Larysy oraz zazdrosnych spojrzeń Jenny i Samanty. Pod groźnym okiem wymagającej Karimy i błyskiem ostrej stali mężczyzny z nożem.

A później odnalazł mnie Ibrahim. Siedziałam na swoim stołku, ten barowy stołek, który zajęłam zupełnie przypadkowo pierwszej nocy mojej pracy w burdelu, stał się „moim stołkiem", kiedy zobaczyłam charakterystyczną siwą brodę Ibrahima. Pewnym krokiem wszedł na salę, rozglądając się uważnie na wszystkie strony.

– Nie, tylko nie on! – Odwróciłam głowę, marząc o tym, żeby tylko mnie nie poznał. Później się dowiedziałam, że zapłacił Tarkowi za to, żeby mu powiedział, gdzie może mnie znaleźć.

– Kto? – spytała siedząca jak zwykle obok mnie Oksana.

– Ten wstrętny Saudyjczyk!

– Ahmed?! Już ten zbok był u ciebie?!!! I nic mi nie powiedziałaś?!!! – Oksana nie ukrywała zdziwienia.

– Jaki Ahmed?! – Teraz ja się zdziwiłam. – Nie znam żadnego Ahmeda! – Wtedy jeszcze nie wiedziałam, że miałam wielkie szczęście. – Ibrahim! To ten… – Przed oczami, do których nagle napłynęły łzy, przewinął mi się mały fragment filmiku w telefonie Karimy.

– Co on ci zrobił, Dżulio? – zapytała Oksana.

Wykorzystał mnie, zeszmacił, poniżył, zhańbił… On i Tarek… O tym ostatnim starałam się zapomnieć, nie pamiętać słodkich wspólnych chwil czułości i tkliwości, które pozwoliły mu mnie nieludzko zwieść, a później sprzedać. Widok Ibrahima przywołał tę miłość, tak splugawioną przez Tarka. Jej maleńkie skrawki zalegały gdzieś na samym dnie mojego poharatanego serca.

– Dżulia! – Ibrahim już był przy mnie i pewnym gestem złapał mnie za pierś, jakby w końcu odnalazł swoją własność.

Po moim całym ciele zaczął pełzać gruby oślizgły wąż. Takie odniosłam wrażenie. Wiedziałam, że jeżeli Ibrahim mnie wybierze i zapłaci Sandżajowi, to muszę z nim iść, czy będę tego chciała, czy nie. To klienci nas wybierali, a nie my klientów.

– Ibrahimie, miło cię widzieć. – Skłamałam, mając nadzieję, że tym sposobem namówię go na kilka drinków. Chciałam pić, jak najwięcej pić. – Warto to uczcić butelką szampana! – Uśmiechnęłam się przymilnie przez łzy.

Ibrahim chyba chciał zaprotestować, bo wymamrotał coś w rodzaju „Już mnie za dużo kosztowałaś, Dżulio", ale barman w tej chwili otwierał właśnie butelkę. To był trik, którego nauczyła mnie Oksana. Polegał na tym, że prosiłam klienta o zamówienie drogiego trunku, czarująco go przy tym zabawiając, i zanim on zdążył zaoponować, barman już podawał alkohol. Oczywiście klient mógł powiedzieć, że tego nie zamawiał, ale w rzeczywistości zdarzało się to bardzo rzadko, bo mając perspektywę przyjemnej zabawy i pójścia ze mną do łóżka, nie zwracał uwagi na takie drobiazgi. Poza tym dla bogatych mieszkańców krajów Zatoki to nie były bardzo wysokie sumy.

– Świetnie wyglądasz, Dżulio. – Uradowany Ibrahim wpatrywał się we mnie, obmacując mnie od czasu do czasu. – Dobrze, że wreszcie cię odnalazłem. Twoje zdrowie! – Podniósł do góry kieliszek szampana.

– Twoje zdrowie, Ibrahimie! – Nie pozostało mi nic innego, jak się dołączyć.

– To będziesz miała stałego klienta – szepnęła mi do ucha Oksana.

Pomyślałam, że dla mnie to oznacza horror. Wtedy jeszcze nie zdawałam sobie sprawy z tego, jak wielki horror.

– Stały klient – nadal szeptała mi do ucha Oksana. – Powinnaś się cieszyć, Dżulio.

Nie cieszyłam się, mimo że Karima ostatnio zarzucała mi brak stałych klientów. Powinnam się według niej bardziej starać. Ale ja nie chciałam się starać. Żeby się starać, musiałabym być aktywna. Nie chciałam być aktywna, bo to oznaczało pełną akceptację siebie jako prostytutki. Byłam bierna, bo to oznaczało, że jestem seksualną niewolnicą.

Prostytutki, które miały stałych klientów, otaczał większy prestiż – potwierdzały bowiem swój kunszt w zawodzie. Dla nich był to ponadto czysty zysk, gdyż po pewnym czasie nawiązywała się między nimi a mężczyznami pewnego rodzaju relacja, z której czerpały bardzo wymierne korzyści. Klienci byli bardziej skłonni do dawania im wysokich napiwków albo drogich prezentów. Zdarzało się, że zabierali je na ekskluzywne zakupy lub na jakieś przyjęcia. Prostytutki wracały wtedy szczęśliwe i z ogniem w oczach opowiadały o luksusowych sklepach, restauracjach i jachtach. Ciemną stroną tej sytuacji był fakt, że często usługi te wiązały się z zaspokajaniem potrzeb związanych z najbardziej wymyślnymi perwersjami lub dewiacjami seksualnymi klientów. Ale o tym prostytutki mówiły już znacznie mniej.

– Zaraz wracam, Dżulio – powiedział Ibrahim, kiedy dopiliśmy ostatnie krople szampana.

Ibrahim oddalił się w stronę siedzącego w ciemnym zakątku Sandżaja, a ja zamówiłam już na swój koszt następnego drinka. Oksana zwróciła mi uwagę, że za dużo piję i w ten sposób nigdy nie spłacę swojego długu. Zaśmiałam jej się w twarz, bo sama nie była lepsza.

Wrócił Ibrahim, wziął mnie za rękę i zabrał do mojego pokoju. To było tak jak na wyspie, tylko że tym razem miałam pełną świadomość sytuacji. Całą sobą nie chciałam, żeby ten mężczyzna mnie wykorzystał. To w ten sposób Ibrahim przeprowadził mnie z jednego, mojego dotychczasowego, świata do tego drugiego, innego świata, gdzie już nic nigdy nie było takie samo. Czułam się tak, jakby prowadzono mnie na gilotynę.

W pokoju zachowywałam się tak jak z każdym innym klientem. Podałam Ibrahimowi prezerwatywę i czekałam, aż zrobi swoje. Miałam wrażenie, że Ibrahim jest trochę rozczarowany, jakby oczekiwał z mojej strony wybuchu żarliwej namiętności, jak przy spotkaniu z dawno wyczekiwanym kochankiem. Pieścił mnie natarczywie, boleśnie miętosząc moje piersi i miejsca intymne. Chciał nawet pocałować mnie w usta, ale ze wstrętem odwróciłam głowę. Wyczuł chyba moją odrazę, bo krzyknął „ty kurwo" i jego pożądliwy dotyk stał się jeszcze bardziej nachalny. Wszedł we mnie gwałtownie, sprawiając mi przy tym ogromne cierpienie. Zabrało mu trochę czasu, zanim doszedł, a ja byłam zadowolona, kiedy nareszcie było już po wszystkim.

Czekałam z niecierpliwością na to, żeby Ibrahim się ubrał i wyszedł. Już nawet nie zależało mi na napiwku, chciałam tylko, aby opuścił mój pokój, moje życie, a wraz z nim żeby odeszły lub chociaż zbladły gryzące wspomnienia. Jednak on wciąż leżał przy mnie, ciężko oddychając.

– Teraz twoja kolej, Dżulio – powiedział mniej więcej po kwadransie.

– Ale czas… – Chwyciłam się jak tonący brzytwy. – Czas już się skończył.

– Zapłaciłem Sandżajowi tyle, ile trzeba. – Ibrahim dobił mnie tą wiadomością. – Zaczynaj…

– To co mam robić? – zapytałam, aby tylko odwlec tę przykrą czynność. Ibrahim po stosunku nawet nie poszedł do łazienki, żeby się odświeżyć.

– To ty jesteś dziwką, więc powinnaś wiedzieć! – Zauważyłam, że poniżanie mnie sprawiało Ibrahimowi widoczną przyjemność. – Pokaż, co potrafisz!

Z ogromną niechęcią wzięłam do ręki jego zwiotczałego brudnego penisa i zaczęłam go stymulować, ale nie przynosiło to oczekiwanych rezultatów.

– Weź go do ust! – rozkazał Ibrahim, a ja poczułam odruch wymiotny.

Nie wykonałam polecenia, więc Ibrahim złapał mnie za włosy i siłą zmusił do tego, żebym wzięła jego penisa do buzi. Od razu urósł, a ja się odruchowo szarpnęłam, żeby wyswobodzić się z narzuconej pozycji. Nie udało mi się. Ibrahim, traktując mnie jak żywy przedmiot, poruszał moją głową. Chwilami brakowało mi powietrza, a po policzkach leciały łzy. Saudyjczyka niezwykle podniecała ta sprośna sytuacja, wydawał pełne satysfakcji chrapliwe jęki i coraz szybciej posuwał mnie w usta. Zamknął oczy, zatracił się na chwilę, skorzystałam z okazji i wysunęłam członka ze swoich ust. W tym momencie silny wytrysk spermy zalał mi twarz i włosy.

Zerwałam się z łóżka, pobiegłam do łazienki, zmywałam lepką maź, moim żołądkiem targnął silny skurcz, zwymiotowałam, weszłam pod prysznic, odkręciłam wodę i myłam się, myłam, myłam…

Ibrahim zaczął się energicznie dobijać do łazienki, tak samo jak wcześniej na wyspie. Teraz musiałam otworzyć, byłam w pracy.

– Następnym razem, dziwko, mi nie uciekniesz! Spuszczę się w twoich…

Zakryłam dłońmi uszy, żeby nie słuchać. Wizyta Ibrahima uświadomiła mi z całym okrucieństwem, jak bardzo jestem zniewolona. Każdy, dosłownie każdy mógł przyjść i mnie poniżyć, upokorzyć i sponiewierać. Co mnie jeszcze czeka w tym arabskim burdelu? Co mnie jeszcze czeka?!!!

Ibrahim wrócił po tygodniu, aby wynająć od Sandżaja kilka prostytutek, w tym również mnie, na seksparty na jachcie. Jak można się było spodziewać, Sandżaj zaproponował Larysę, Jenny oraz Samantę i Ibrahim zaaprobował ten wybór. Poprosiłam Sandżaja, żeby pojechała z nami również Oksana.

– Nie będę puszczał wybrakowanego towaru na szerszy rynek – powiedział Sandżaj, mając na myśli szpecącą bliznę na brzuchu Ukrainki. I na tym zamknął dyskusję.

Kiedy z Ibrahimem, dziewczętami oraz Sandżajem i mężczyzną z nożem, który też nam towarzyszył, dotarłyśmy na jacht, orgia trwała już w najlepsze. Każdy pieprzył się z każdym, ostro, rozpustnie i wyuzdanie. Atrakcyjna blondynka siedziała na brzegu jacuzzi z rozkraczonymi nogami, a seksowna Arabka wsadzała w jej kobiecość rozedrgany wibrator. Dwie drobne Filipinki zajmowały się niskim, brzuchatym, wyglądającym na Amerykanina, mężczyzną. Jedna całowała go namiętnie w usta, a druga pieściła bez żenady jego intymne narządy. Jedna z kobiet obnażyła swój obfity biust i jęczała z rozkoszy, kiedy ktoś, mężczyzna albo kobieta, obmacywał go, ściskał albo lizał sterczące sutki.

– Dżulio, zaraz pokażesz nam, co umiesz! – Ibrahim w doskonałym humorze przywitał się z jakimś mężczyzną. – Będziesz ssała dwa penisy naraz!

Niedaleko nas dwóch Emiratczyków, którzy wkładali swoje członki do ust kolejnych kobiet, wytrysnęło jednocześnie obficie, i rozległ się ich pełen triumfu okrzyk, bo na tym pewnie polegała zabawa. Sperma rozprysła się wkoło, a kobiety podbiegały, piszcząc i prześcigając się, która złapie jej więcej do ust.

Nagle zobaczyłam Europejkę, do której ktoś podszedł od tyłu, szybko podwinął jej sukienkę, ściągnął majtki i, przyciągając jej pośladki do siebie, próbował z nią kopulować.

– Cholera! – krzyknęła kobieta po polsku, wyrywając się błyskawicznie napastnikowi.

Podciągnęła bieliznę i zaczęła szybko biec w stronę pomostu. Bez namysłu chwyciłam ją mocno za rękę.

– Jesteś Polką? – zapytałam rozpaczliwie. – To pomóż mi, błagam cię, ja tu nie chcę być, oni mnie tu uwięzili, błagam cię, ja nie chcę tego robić!!![1].

[1] Laila Shukri, *Jestem żoną szejka*, Prószyński i S-ka, Warszawa 2016, str. 387.

Rozdział V
Nieletnie prostytutki

To był dla mnie bardzo trudny rok. Salim głównie zajmował się swoimi interesami, co wiązało się z jego prawie ciągłą nieobecnością w domu i częstymi, długimi wyjazdami. Ja przebywałam sama z liczną służbą w ogromnym pałacu, który stał się moim luksusowym azylem, ale też twierdzą mojej wielkiej samotności i smutku. Zgłębianie poruszanych przeze mnie w powieściach trudnych, drażliwych tematów obnażyło najdelikatniejsze struny mojej wewnętrznej wrażliwości. Stałam się bardziej niż dotychczas czuła na najmniejszy przejaw rażącej niesprawiedliwości i ludzkiej krzywdy. Wielokrotnie było mi ciężko samej mierzyć się z niewyobrażalnym oceanem cierpienia, które, odzwierciedlając rzeczywistość, opisywałam w książkach. Jednymi z najbardziej poruszających krzywd, które mogły dotknąć człowieka, były seksualne niewolnictwo i handel ludźmi. Wobec tych tematów trudno mi było zachować obojętność.

Liczby, które pojawiają się w różnego rodzaju międzynarodowych raportach, porażają, szczególnie kiedy uświadamiam sobie, że obrazują zjawiska występujące w dwudziestym pierwszym wieku. Podaje się, że ponad dwadzieścia milionów osób było lub jest ofiarami handlu ludźmi, z czego ponad jedna czwarta to dzieci poniżej osiemnastego roku życia. Wielu z nich zostało sprzedanych, aby jako seksualni niewolnicy i niewolnice przynosić swoim właścicielom milionowe dochody. Profity płynące z handlu ludźmi szacuje się na sto pięćdziesiąt miliardów dolarów rocznie, z czego sto miliardów dolarów to wpływy wynikające z komercyjnej eksploatacji seksualnej. Niewolnica seksualna może przynieść swojemu właścicielowi zysk rzędu stu tysięcy i więcej dolarów rocznie. Kiedy w grę wchodzą pieniądze, duże pieniądze, to nie ma litości, współczucia ani szlachetności. Jest twardy rynek i brudne prawa, które nim rządzą, a nadrzędną wartością je regulującą jest pieniądz.

W jednej ze swoich powieści odniosłam się do krążących historii, jakoby jedną z ostatnich rozrywek arabskich książąt było organizowanie emocjonujących krwawych walk na noże między nieletnimi dziewczętami, porwanymi lub kupionymi, prowadzonych aż do śmierci jednej z nich. Napisałam: „Chociaż trudno było uwierzyć w tak szokującą wiadomość, życie nauczyło mnie, że na tej ziemi dzieją się rzeczy, o których dziewięćdziesięciu procentom mieszkańców nawet się nie śniło”[2]. I dokładnie tak jest.

Jednym z największych rynków handlu ludźmi są biedne kraje azjatyckie: Indie, Pakistan, Bangladesz, Sri Lanka i Filipiny, gdzie co roku sprzedawanych jest tysiące dzieci, chłopców i dziewczynek, których wiek niekiedy nie przekracza ośmiu lat. Niektóre z nich zamykane są w burdelach we własnych krajach, inne zaś szmuglowane przez handlarzy ludźmi kilkunastoma drogami przemytu do bogatych krajów Zatoki Perskiej, w tym Zjednoczonych Emiratów Arabskich. Jednym z głównych miejsc docelowych współczesnych seksualnych niewolników jest Dubaj. Podstępnie zwabia się tu tysiące kobiet ze wszystkich stron świata,

2 Laila Shukri, *Byłam służącą w arabskich pałacach*, Prószyński i S-ka, Warszawa 2015, str. 358.

aby później zmusić je do sprzedawania swojego ciała. W Dubaju pracuje około trzydziestu tysięcy prostytutek, z których część jest do tego w okrutny sposób nakłaniana przez swoich właścicieli poprzez zastraszanie, szantaż, a przede wszystkim bezlitosne bicie, najczęściej po głowie, bo pod włosami nie widać siniaków...

Czasami w lokalnych mediach pojawiają się historie nieletnich dziewcząt, którym udało się wyrwać z okrutnych szponów swoich oprawców. Ostatnio opinią publiczną wstrząsnęła sprawa sieroty z Bangladeszu, którą pochodzące z tego samego kraju małżeństwo zabrało od wychowujących ją dziadków, obiecując im, że wnuczka poprawi ich i swój los, pracując jako służąca w Dubaju. Ludzie ci wyrobili piętnastoletniej dziewczynce fałszywy paszport, z którego wynikało, że jest dużo starsza niż w rzeczywistości, po czym zaaranżowali jej przyjazd do Dubaju, gdzie bez skrupułów zaczęli czerpać korzyści z jej bardzo młodego ciała. Zniewoloną dziewczynkę przymuszali do wykonywania masaży mężczyznom, włączając ich intymne części ciała, a później do uprawiania z nimi seksu.

Bezdusznie wykorzystywanych dziewczynek, które pracują pod przymusem jako prostytutki, są tysiące. Tylko nielicznym z nich udaje się uwolnić od koszmarnej rzeczywistości, która wbrew ich woli stała się codziennością.

Pewna szesnastoletnia Pakistanka przeżyła prawdziwe piekło, zanim udało jej się desperacko zbiec od klienta. Płaczącą i roztrzęsioną ze strachu nastolatkę znalazł na ulicy patrol policji.

– Błagam, pomóżcie mi… – prosiła. – Chcę wrócić do swojego kraju, do domu…

Tragiczna historia Pakistanki zaczęła się w momencie, kiedy została porwana przez znajomego swoich rodziców w jej rodzinnym kraju, a potem brutalnie przez niego wielokrotnie zgwałcona. Następnie mężczyzna sprzedał ją w Islamabadzie kobiecie, która prowadziła w Dubaju burdel. Kobieta postarała się o fałszywe dokumenty dla dziewczynki, z których wynikało, że jest ona jej córką z poprzedniego małżeństwa. W ten sposób przywiozła porwaną nastolatkę nad Zatokę Perską, po czym ją uwięziła i bezwzględnie zmuszała do kontaktów seksualnych z wieloma klientami. Oczywiście przywłaszczała sobie cały zarobek „wypracowany" przez swoją niewolnicę. Zastraszana i upokarzana przez wiele miesięcy dziewczynka w pewnym momencie, nie mogąc znieść wiecznie towarzyszącego jej fizycznego i psychicznego cierpienia, przywieziona do apartamentu jednego z klientów, zdobyła się na odwagę, żeby wykorzystując moment jego nieuwagi, uciec. Przerażona i zdezorientowana błąkała się po ulicach, aż zainteresowała się nią policja.

Podobny los był udziałem piętnastolatki z Bangladeszu, która została zwabiona do Dubaju perspektywą dobrze płatnej pracy. Stereotypowo, jak we wszystkich podobnych wypadkach, sfałszowano jej dokumenty – czyli zawyżono wiek, aby mogła przylecieć do miasta jako osoba pełnoletnia. Na miejscu od razu zabrano jej paszport, a ją samą uwięziono i zmuszono do wykonywania masaży erotycznych przez kilkanaście godzin dziennie, od dziesiątej rano do północy, a czasem nawet znacznie dłużej. Próbowano ją także skłonić do pełnych kontaktów seksualnych z mężczyznami, ale dziewczynka początkowo stanowczo odmawiała, przeraźliwie krzycząc i histeryzując. W końcu dotkliwie ją pobito i zagrożono, że jeżeli nie zacznie przyjmować klientów, to nigdy nie odzyska wolności. Nie widząc wyjścia ze swojego dramatycznego położenia, nastolatka z odrazą zaczęła się oddawać nieznajomym mężczyznom. Przewożono ją z apartamentu do apartamentu, aż w końcu w ostatnim z nich udało jej się znaleźć klucz, którym zamykano drzwi, wybiec na zewnątrz i wołając o ratunek, zatrzymać przejeżdżającą taksówkę. Kierowcą okazał się jej rodak, któremu dziewczynka ze łzami w oczach opowiedziała o swojej sytuacji, po czym ubłagała, żeby zawiózł ją na policję. Banglijczyk wstrząśnięty stanem dziewczynki i jej koszmarną historią pojechał z nią na posterunek, gdzie uzyskała stosowną pomoc.

Choć od wielu lat zajmuję się opisywaniem porażających zjawisk, które stanowią nie zawsze wszystkim do końca znaną część współczesnego brutalnego świata, to jednak wciąż i wciąż natykam się na fakty, które wzbudzają moje prawdziwe niedowierzanie i przerażenie. Tak było ze straszliwym zjawiskiem „hodowli" nieletnich prostytutek.

Bangladesz należy do niewielu krajów muzułmańskich, w których prostytucja jest legalna od osiemnastego roku życia, ale w rzeczywistości prostytuuje się tam dziesiątki tysięcy dzieci. W tym niewielkim ubogim państwie znajduje się dwadzieścia miasteczek burdeli, w których otwarcie oferowany jest seks za pieniądze. Do nich zalicza się największy dom publiczny w tym kraju, i jeden z największych na świecie, Daulatdia, gdzie swoje ciała sprzedaje około dwóch tysięcy osób, obsługujących dziennie ponad trzy tysiące klientów. Według szacunków ponad połowa z nich to dzieci, które albo zostały ofiarami handlu ludźmi, albo się już tam urodziły. Jeżeli dziecko zabrane przez handlarza ludźmi przekroczy mury Dauladtii, to prawdopodobnie już nigdy ich nie opuści. I jego życie na ziemi stanie się piekłem.

Daulatdia to przypominające slumsy miasteczko, w którym na wyjątkowo wąskich uliczkach walają się śmieci, a wśród nich mnóstwo zużytych kondomów, niedopałków papierosów, resztek jedzenia, papierowych i plastikowych opakowań, oraz zalegają odrzucające mocnym fetorem zwierzęce i ludzkie odchody. Wałęsają się po nich kozy i chodzą małe dzieci.

– To paskudne miejsce i wstrętny zawód – opowiadają kobiety, które tam żyły. – Trzeba się bardzo starać, żeby cokolwiek zarobić.

W większości nieletnie prostytutki czekają na klientów, opierając się o odrapane ściany baraków zbudowanych z blachy falistej. Z biedy i braku innych perspektyw sprzedają się za zaledwie pięćdziesiąt taka, równowartość sześćdziesięciu centów, a i tak większość swojego zarobku oddają madame, jak nazywa się tutejsza burdelmama. Niektóre z nich zostały jej sprzedane za dwieście–czterysta dolarów i teraz muszą odrobić wydane pieniądze. W rzeczywistości nigdy się nie spłacą. Muszą bowiem regulować rachunki za nędzny pokój, w którym mieszkają i przyjmują klientów, kilka prostych ubrań, niezbędne zabiegi kosmetyczne, skromne jedzenie oraz lekarstwa. Bez tych ostatnich jakikolwiek dochód w ogóle nie byłby możliwy. Podawanie młodym dziewczynkom lekarstw wywołuje bezpośredni i szybki efekt – zwiększenie liczby klientów. Długofalowymi skutkami: utratą zdrowia, a nawet życia nikt nie zawraca sobie głowy.

Deksametazon. Silny środek sterydowy, którego nazwy pewnie nie zna żadna kobieta ani dziewczynka zażywające go regularnie latami w banglijskim burdelu. Wiedzą, że przyjmują tylko „witaminy", które mają na celu poprawienie ich sylwetki i urody. Prawda zaś jest przerażająca.

Kortykosteroidów, w tym leku o nazwie Oradexon zawierającego deksametazon, używają hodowcy bydła w Bangladeszu, żeby szybko zwiększyć masę zwierząt i co za tym idzie swoje dochody. Dodają je rozkruszone do płynnej karmy. Chudą krowę można sprzedać za równowartość około czterystu dolarów, a utuczoną w zaledwie pół roku przez ów lek – za podwójną cenę, a czasem nawet za tysiąc dolarów. Dokładnie takie same tabletki dają madame małym prostytutkom, aby te nabrały ciała i stały się bardziej atrakcyjne dla klientów. Kalkulacja dla farmerów jest prosta, i dla sprzedających codziennie ciała młodych dziewczynek alfonsów lub burdelmam – również.

– Im kobieta jest pulchniejsza, tym lepiej – wyznają banglijskie prostytutki. – Mężczyzna ma wtedy w łóżku więcej ciała dla swojej przyjemności.

Średnia wieku sprzedawanych do burdelu nastolatek to czternaście lat, co oznacza, że wiele z nich jest znacznie młodszych. Trafiają do miasteczka jako dziesięciolatki, jedenastolatki albo dwunastolatki, a zdarzają się nawet siedmiolatki. Sprzedawane są do miasteczka rozpusty przez swoich bliskich – ojców, braci, wujków, matki, ciocie lub sąsiadów, przyprowadzane jako ofiary bezczelnych porwań przez gangi, a niekiedy jako ofiary swojej dziecięcej naiwności. Burdelmamy wyszukują bawiące się na ulicach co ładniejsze dziewczynki, po czym obiecują zabranie ich do miejsca, gdzie ich życie będzie znacznie lepsze. Częstują je czekoladkami. Dzieci, które często cierpią głód, łatwo ulegają wizji słodkiej, dostatniej przyszłości. Nie wiedzą, że idąc z sympatycznie wyglądającą, i sprawiającą wrażenie im przyjaznej, kobietą, wpadają w tryby najohydniejszej i najokrutniejszej machiny współczesnego niewolnictwa. Systemu, który bezlitośnie „hoduje" małe prostytutki. Trafiają do okrutnego świata, który początkowo jest dla nich zupełnie niezrozumiały.

Tysiące mężczyzn, którzy codziennie odwiedzają Daulatdię w celu szukania seksualnej uciechy, preferują stosunki z nieletnimi. Przedtem nagminnie zażywają specyfiki, które wzmacniają ich potencję i przedłużają pełne zbliżenie nawet do dwudziestu minut. Ich przeciągająca się przyjemność wydłuża nieznośny ból odczuwany przez nieletnie dziewczynki, które zaszczute i zastraszone przez swoich właścicieli cierpią w milczeniu. Pierwsze stosunki z klientami później wspominają jako serię brutalnych gwałtów. I nie ma nikogo, komu mogłyby się poskarżyć. Ani żadnej drogi ucieczki.

Początkowo niedożywione dziewczynki są bardzo zabiedzone i daleko odbiegają od przyjętych w Bangladeszu standardów piękna, gdzie preferowane są kobiety o pełniejszych kształtach. Żeby zatem zainwestowane w nie pieniądze się zwróciły i jeszcze przyniosły oczekiwany zysk, należy zacząć ich „hodowlę". Madame, która kupiła dziewczynkę, daje jej codziennie, minimum dwa razy, tabletkę Oradexonu. Jego regularne długotrwałe przyjmowanie sieje ogromne spustoszenie w organizmie, ale w Daulatdii jest ogólnodostępny i tani. W tak zwanych aptekach, bo sklepiki, w których sprzedaje się lekarstwa, trudno nazwać prawdziwymi aptekami, gdyż nie pracują w nich wykształceni farmaceuci, nikt nie pyta o receptę na tak silny lek. Dziesięć tabletek kosztuje zaledwie kilka centów, taniej niż szklanka herbaty, więc jest to zakup, który na pewno się opłaca. Dziewczynki szybko przybierają na wadze, ich buzie stają się okrągłe, a figury puszyste, co według tutejszych norm jest oznaką zdrowia i urody. Zostają odpowiednio ubrane i umalowane przez madame, po czym wysłane na ulicę, aby przyciągnąć klientów. Cały zarobek zabiera madame, dając dzieciom w zamian trzy posiłki dziennie i opiekę. I codzienną dawkę sterydów.

Oradexon wywołuje jeszcze jeden niezwykle pożądany skutek. Sprawia, że dziewczynki wyglądają na znacznie starsze niż są w rzeczywistości. To pozwala oszukiwać w razie jakichkolwiek kontroli, że pracujące prostytutki osiągnęły wymaganą przez prawo pełnoletność. A o tym, że za kilka lat dopadną je poważne dolegliwości zdrowotne związane z długoterminowym zażywaniem sterydów, nikogo nie obchodzi. Liczy się tylko zysk. Madame potrafi być bardzo zła, jeżeli dziewczynka nie zdobędzie w ciągu dnia czy nocy ani jednego klienta, i przyczyny tego upatruje w niedostatecznie pociągającym wyglądzie nastolatki. W celu uzyskania pożądanego efektu od razu zwiększa dawkę aplikowanych jej sterydów. Jeżeli ma taką możliwość, decyduje się na podawanie zastrzyków, które są bardziej skuteczne. Zrobi wszystko, żeby dziewczynka przyjęła odpowiednią liczbę klientów każdej doby i zarobiła odpowiednią sumę pieniędzy. Nawet jeżeli to zrujnuje jej zdrowie albo doprowadzi do szybkiej śmierci.

Deksametazon zażywany regularnie przez długi czas działa destrukcyjne na ciała dziewcząt, a później kobiet. Cukrzyca, podwyższone ciśnienie krwi, nawracające silne migreny, obrzęki, osteoporoza, kłopoty ze skórą, problemy natury emocjonalnej, zaburzenia miesiączkowania – to tylko niektóre skutki uboczne faszerowania młodocianych prostytutek sterydami. Zresztą korzyści, czyli lepszy wygląd przyciągający mężczyzn, są również zgubnymi skutkami ubocznymi – poważnymi zmianami chorobowymi. „Bawoli kark", nalany i zgrubiały, to nagromadzenie tkanki tłuszczowej na szyi, a rozbudowana klatka piersiowa z obfitym biustem, gruby brzuch i wylewające się boczki to niezdrowa otyłość ciężkiej sylwetki typu jabłko. Prostytutki dzięki sterydom są większe, czyli według banglijskich kanonów piękniejsze. I przy tym bardzo, bardzo schorowane.

Sterydy są środkami mocno uzależniającymi i po ich długotrwałym stosowaniu niełatwo je odstawić. Jeżeli kobiecie ciężko jest się poruszać, gdyż czuje się napompowana jak balon, a jednocześnie ma zanik tkanki mięśniowej, to w końcu sama podejmuje próby zrezygnowania z Oradexonu. Od razu jednak pojawiają się przykre i dokuczliwe symptomy, takie jak nieznośnie bóle całego ciała i trudne do wytrzymania, rozsadzające głowę migreny. Kobieta traci też na wadze, przez co przyjmuje znacznie mniej klientów. Zdarza się, że w skrajnych przypadkach zainteresowanie nią spada do zera i nic nie zarabia. A ciążą na niej długi oraz opłaty za pokój i jedzenie. Dlatego musi wrócić do faszerowania się sterydami, żeby przetrwać. Żeby przeżyć. I tragiczne koło beznadziejności i zniewolenia się zamyka.

Urodzone w burdelu. To dzieci prostytutek z banglijskich miasteczek rozpusty. Dorastają w tych samych maleńkich pokojach, w których ich matki przyjmują klientów. Nigdy nie wychodzą poza mury burdelu, więc nie mogą się uczyć w publicznych szkołach. Nie mogą też bawić się na ulicach, gdyż ich obecność przeszkadza próbującym złapać klientów prostytutkom i negocjującym z nimi mężczyznom. I u niektórych z nich, gdy tylko zaczynają cokolwiek rozumieć, pojawia się intuicyjne przekonanie, że żyją w złym miejscu. Czują brudne, zachłanne dłonie na swoich niedojrzałych ciałach. Słyszą sprośne, wulgarne uwagi. Widzą matki oddające się kolejnym obcym mężczyznom. Do złych miejsc przychodzą źli ludzie. Lżą, poniewierają i biją. Najczęściej bywają pijani lub pod wpływem narkotyków. Krzyczą i kłócą się. Przeklinają. Głośno opowiadają sprośne kawały. Awanturują się. Nie pozwalają dzieciom spać. W małych sercach burdelowych dzieci pojawia się marzenie, żeby znaleźć się w innym miejscu. I żeby ich mamy przeniosły się tam razem z nimi. Kolorowe marzenie ubogich, sponiewieranych od urodzenia ludzkich istot, które pewnie nigdy się nie spełni. Córki prostytutek zostają prostytutkami, a synowie – alfonsami. Na brudnych ulicach banglijskich burdeli swoje ciała sprzedaje już trzecie pokolenie prostytutek. Ich babki były prostytutkami, ich matki były prostytutkami, i one też są. Małe, źle odżywione dziewczynki, które od najmłodszych lat muszą na siebie zarabiać, więc zgodnie z wymaganiami rynku należy je sztucznie utuczyć. Dokładnie tak samo jak bydło.

Świat…

Usłyszałam ciche pukanie.

– Proszę! – Z trudem oderwałam się od klawiatury.

– Madame... – Do biblioteki weszła moja służąca Malati. – Podać już kolację?

– Nie, dziękuję. – Nie mogłabym w tym momencie nic przełknąć. Wciąż tkwiłam w brudnych, śmierdzących slumsach jednego z największych burdeli świata.

– To kiedy podać kolację, madame?

– Nie wiem... Może nie będę już dzisiaj nic jadła... Przynieś mi tylko kawę.

– Dobrze, madame. – Malati zamknęła drzwi.

Jedyną jasną stroną częstej nieobecności Salima w pałacu było to, że mogłam w miarę swobodnie pracować nad moimi powieściami. Przez cały czas bardzo się pilnowałam i starałam się ze wszystkich sił, aby tylko nie dać mojemu mężowi powodu do chociażby cienia zazdrości. Bo wtedy wstępował w niego potwór... Nie chciałam przez to kolejny raz przechodzić... I tak bardzo się bałam, że zabierze mi komputer i odetnie dostęp do internetu. A ja ponad wszystko inne chciałam pisać...

Ponowne pukanie służącej było jak zawsze ciche.

– Gdzie podać kawę, madame? – zapytała.

– Tam. – Wskazałam kącik, gdzie stał wygodny ciemnozielony fotel.

– Dobrze, madame. – Malati postawiła kawę na wyjątkowo pięknym marmurowym stoliku, który Salim niedawno sprowadził dla mnie z Włoch. Był to dziewiętnastowieczny antyk, którego ciemny okrągły blat zdobiła girlanda zielonkawych liści z wplecionymi w nie złocistymi różami i niebieskimi kwiatami przypominającymi dzwonki.

– Dziękuję, Malati. – Zamknęłam laptop i podniosłam się zza masywnego biurka.

– Madame jeszcze sobie czegoś życzy? – służąca spojrzała na mnie wyczekująco.

– Nie, dziękuję, możesz odejść.

– Dobrze, madame. – Malati zamknęła drzwi biblioteki.

Zapadłam się w mój ulubiony fotel i przymknęłam powieki. Zaczęłam odczuwać nieprzyjemny tępy ból po lewej stronie głowy, niechybny znak zbliżającej się migreny. Sięgnęłam po leżące na stoliku tabletki, które zawsze miałam pod ręką, aby zapobiec nasileniu się ataku migreny. Zażyłam je szybko, mając nadzieję, że tym razem mi pomogą; czasami nawet duża dawka leków nie przynosiła oczekiwanego rezultatu. Wstałam, dokładnie zaciągnęłam grube zasłony i zgasiłam wszystkie lampki. Bibliotekę rozświetlał tylko blask świec, które paliły się zawsze wtedy, kiedy pisałam. Wróciłam na swój fotel i ponownie zamknęłam oczy, czekając aż lekarstwa zaczną działać.

Po chwili zadzwonił telefon.

– Halo! – Od razu odebrałam.

– Cześć, tu Linda.

– Cześć, Lindo.

– Coś się stało, Isabelle? – Linda zapytała z troską.

– Nie, nic... – odpowiedziałam, a w duchu pomyślałam: Cały czas się dzieje... Te burdelowe dzieci...

– Bo masz taki głos...

– Wiesz, migrena...

– Piszesz? – Domyśliła się Linda, która wiedziała, że kiedy dotykam wyjątkowo drastycznych i przejmujących tematów, to często kończy się to u mnie ostrym atakiem migreny.

– Tak.

– O czym tym razem?

Poczułam silny pulsujący ból w głowie.

– Isabelle! – z niepokojem zawołała Linda. – Jesteś tam?

– Jestem... – Serce zaczęło mi nagle bardzo szybko bić. Czasami tak się zdarzało przy napadzie migreny.

– Co się dzieje? O czym piszesz?

– Dzieci… hodowane… jak bydło… – ledwie to wykrztusiłam.

– Przyjechać do ciebie? – zaproponowała Linda.

– Tak, jeśli możesz… – poprosiłam.

– Dobrze, Isabelle, niedługo będę.

– Dziękuję, Lindo. Do zobaczenia.

– Do zobaczenia.

Cieszyłam się, że Linda przyjedzie, bo nie chciałam być w tym momencie sama. Bestialskie wykorzystywanie seksualne dzieci w Bangladeszu od razu przypomniało mi o tym, że w regionie, w którym mieszkam, dzieją się podobne okrucieństwa. W dodatku te straszne zjawiska nie tylko nie ulegały ograniczeniu, ale wręcz rozszerzały się na coraz większą skalę. Początkowo arabscy szejkowie poprzez wyspecjalizowanych pośredników sprowadzali swoich dziecięcych seksualnych niewolników z Afryki oraz biednych krajów azjatyckich, aktualnie zaś proceder ten obejmuje również Europę i Amerykę Północną. Handlarze ludźmi często wyszukują ofiary na przykład w Hollywood. Bez trudu łapią w sidła nieletnich, którzy marzą o karierze aktorskiej lub w modelingu. Zwiedzonych kosztownymi prezentami i obietnicą lukratywnych zarobków wywożą następnie do krajów Zatoki, gdzie stają się oni seksualnymi zabawkami szejków. Ciągle żądni nowych wrażeń szejkowie często się nimi wymieniają lub ich sobie odsprzedają. Krążą opowieści, że kiedy małoletni znudzą się swoim właścicielom lub dorosną, to są transportowani helikopterami nad tereny bezkresnej pustyni, a następnie zrzucani na gorące piaski, aby na nich w męczarniach dokonać żywota. Nikt przecież nie może się dowiedzieć, co się tak naprawdę dzieje za murami ociekających niewyobrażalnym bogactwem arabskich pałaców.

Szejkowie mają również swoje rozległe rezydencje w Stanach Zjednoczonych. Organizują w nich trwające non stop przyjęcia, na których podawane są bez ograniczeń najlepsze alkohole, jedzenie i narkotyki. Nastolatkowie, zarówno dziewczęta, jak i chłopcy, korzystając z hojnej gościnności bogaczy, biorą udział w dzikich imprezach, nie zważając na cenę, jaką później przyjdzie im za to płacić. W Europie natomiast słynnym miejscem, gdzie naganiacze szukają młodocianych ofiar, jest Lazurowe Wybrzeże. Nieletni zapraszani są na luksusowe jachty, gdzie szalone bankiety szybko przeradzają się w dzikie orgie seksualne. Zdarza się, że młodzi ludzie nigdy stamtąd nie wracają.

Przypomniałam sobie przekazywaną z ust od ust historię francuskiej dziewczynki, którą brutalnie zgwałcił jeden z szejków. Przebywający na Lazurowym Wybrzeżu saudyjski książę zobaczył dziewczynkę, po czym powiedział do swoich współtowarzyszy, że natychmiast musi ją mieć. Dziecko dostarczono do hotelowego apartamentu księcia, gdzie zostało przez niego w wynaturzony sposób seksualnie wykorzystane. Przerażone tak przeraźliwie krzyczało, że w apartamencie zjawiła się ochrona. Ochroniarze ujrzeli nagie krwawiące dziecko, ale... zostali sowicie opłaceni i szejk nadal mógł je bestialsko gwałcić. Rodzice okrutnie skrzywdzonej dziewczynki również dostali potężną gratyfikację pieniężną i książę nie poniósł żadnej kary za swój odrażający czyn.

Pieniądze... Pieniądze są magicznym kobiercem, który może przykryć każde skurwysyństwo.

Do biblioteki zajrzała Malati.

– Madame...

– Słucham, Malati...

– Przyszła madame Linda – poinformowała mnie służąca. – Czeka w salonie.

– Poproś madame Lindę, żeby przyszła tu do mnie na górę – poleciłam służącej.

– Oczywiście, madame.

Malati poszła po Lindę, a ja zapaliłam stojącą obok fotela lampę z jasnożółtym abażurem. Po chwili pojawiła się Linda.

– Dobry wieczór, Lindo, przepraszam, że nie zeszłam do salonu, ale… – chciałam podnieść się z fotela, aby się z nią przywitać.

– Nie, nie wstawaj… – Linda szybko podeszła do mnie i ucałowała w policzek. – Migrena, rozumiem… – Usiadła na rozłożystej kanapie obitej wzorzystym materiałem. – Wzięłaś jakieś tabletki?

– Tak, niedawno.

– I jest trochę lepiej?

– Trochę… Ale powiedz mi, czego się napijesz… Kawy? Herbaty?

– Herbatę poproszę.

– Mamy też przygotowaną kolację, może chcesz coś zjeść?

– Nie, Isabelle, dziękuję, herbata wystarczy.

– Na pewno?

– Na pewno, Isabelle, nie jestem głodna.

– To w takim razie, Malati… – Zwróciłam się do służącej. – Herbata dla madame Lindy… I przynieś też jakieś ciasteczka i orzeszki…

– Dobrze, madame… – służąca wyszła z biblioteki.

– Dziękuję, Lindo, że przyjechałaś…

– Nie ma za co dziękować, Isabelle. – Linda ciepło się do mnie uśmiechnęła. – Powiedz lepiej, co u ciebie słychać. Salim dawno wyjechał? – Linda wiedziała, że jeżeli piszę, to znaczy, że mojego męża nie ma w kraju.

– Dosyć dawno… Jakieś dwa czy trzy tygodnie temu…

– Nie wiesz dokładnie kiedy? – Linda spojrzała na mnie z niepokojem.

– Wiesz, kiedy tak jestem tu zupełnie sama, i piszę, czasem w dzień, czasem w nocy, wszystko mi się zlewa…

– I nigdzie nie wychodzisz?

– Prawie nie... Nie chcę Salimowi dawać najmniejszych powodów do podejrzeń, bo kiedy wpadnie w swój szał niepohamowanej zazdrości... – Sadystyczny gwałt z podduszaniem, którego mój mąż dopuścił się na mnie w furii, traktując to jako karę za moje rzekome nieposłuszeństwo, do tej pory wracał w sennych koszmarach.

– Isabelle... – Linda westchnęła ze smutkiem. – A jak dzieci? – Chciała zmienić temat, myśląc pewnie, że jest on dla mnie znacznie przyjemniejszy, ale nieświadomie poruszyła jeszcze bardziej bolesną kwestię.

Milczałam przez dłuższy moment.

– Nie mów, że znowu wywiózł gdzieś dzieci? Jeżeli tak, to powinnaś... – Linda nie zdążyła dokończyć, bo weszła Malati, niosąc tacę.

Służąca postawiła na małym stoliku stojącym przy kanapie filiżankę z herbatą, cukierniczkę i dwa talerzyki, na których były ciasteczka i orzeszki.

– Dziękuję, Malati.

Służąca opuściła bibliotekę.

– To gdzie są dzieci? – zapytała cicho Linda.

– U jego rodziny... – odpowiedziałam równie cicho. – Ostatnio... – Trudno mi było o tym mówić. – To znaczy... Od jakiegoś czasu... Przed wyjazdem z kraju zawozi dzieci do swojej rodziny...

– Ale dlaczego? – Linda nie rozumiała. – Przecież tu jest ich dom... i ich mama...

– Salim uważa, że dzieci powinny być wychowywane w jego kulturze, więc kiedy jego nie ma w domu, to najlepszym dla nich miejscem są domy jego rodziny. – Serce ścisnęło mi się z żalu.

– Ale przecież oni nie chcą cię nawet widzieć! – Linda doskonale zdawała sobie sprawę z tego, że rodzina męża do tej pory mnie nie zaakceptowała.

– Ja to ja, a dzieci to dzieci… – stwierdziłam gorzko.

– I nie możesz się przeciwstawić?

– Lindo, przecież sama wiesz, gdzie żyjemy… Tu jest Wschód, więzy krwi są najważniejsze…

– A przynajmniej próbowałaś coś zmienić? – Linda była Amerykanką i mimo że od wielu lat mieszkała i pracowała na Bliskim Wschodzie, to z pewnymi sytuacjami nadal nie mogła się wewnętrznie pogodzić.

– Oczywiście, że tak! – Jak mogłam nie walczyć o swoje dzieci.

– I co?

– Jeśli Salim jest do czegoś przekonany, to nie ma mowy, żeby to zmienić. Chociaż… – Sięgnęłam po wodę, bo słowa z trudem przechodziły mi przez gardło. To były skomplikowane sprawy rodzinne.

– Chociaż… – powtórzyła Linda.

Wypiłam prawie całą szklankę wody. Tej wody, której kiedyś zabrakło mi na pustyni i…

– Udało mi się uprosić Salima, żeby nigdy, ale to nigdy nie zostawiał dzieci w pałacu Hamida. – Wspomnienie najstarszego brata Salima, szejka Hamida, przez którego musiałam uciekać na pustynię i straciłam pierwsze dziecko, do tej pory przyprawiało mnie o dreszcz grozy.

– To jak się Salim na to zgodził?

– Po tym wszystkim, co się zdarzyło do chwili obecnej, stosunki między nim a szejkiem Hamidem są bardzo chłodne. Salim, podobnie jak ja, bardzo przeżył tę chwilę, kiedy żółty piasek pustyni zabarwiła na czerwono nagle wypływająca ze mnie krew. – Poczułam, że w moich oczach zbierają się łzy.

– Isabelle… – Oczy Lindy też się zaszkliły.

– Ale… Jestem pewna, że dzieciom krzywda się nie dzieje, wracają zadowolone, mają tam swoich kuzynów, z którymi już się bardzo zaprzyjaźniły…

– To najważniejsze, że dzieci są szczęśliwe. – Skwapliwie podchwyciła Linda.

– Tak, na pewno tak. – Otarłam łzy z policzków. – I czasem tak sobie myślę… tak sobie tłumaczę… że może to nawet i lepiej, że tak się dzieje.

– W jakim sensie? – Linda się zdziwiła.

– Mieszkamy tutaj, a one należą do dużej rodziny, więc chyba dobrze, że są przez nią akceptowane, prawda?

– Z tego punktu widzenia na pewno masz rację, Isabelle. – Zgodziła się Linda.

– Bo sama pomyśl… One tu żyją, dorastają, to jak by się czuły, gdyby miały poczucie odrzucenia przez swoją najbliższą rodzinę.

– Tak, Isabelle, tak jak mówisz, szczególnie tutaj mogłyby bardzo przeżywać fakt, że są izolowane.

– No właśnie… – Tylko to mnie pocieszało, kiedy długo nie widziałam dzieci. – A teraz uczestniczą w ważnych uroczystościach i wydarzeniach rodzinnych, wychowują się razem ze swoim kuzynostwem, więc jest duża szansa na to, że w przyszłości będą mieć z nimi dobre relacje. A w tym regionie jest to ogromnie ważne.

– Absolutnie – przytaknęła Linda. – A z Salimem jak jest? To znaczy, jak ci się z nim układa?

– Ja go kocham… – I już nic więcej nie musiałam mówić.

Od momentu, kiedy mnie oczarował i zajął najważniejsze miejsce w moim sercu, nie wyobrażałam sobie tego, żeby mógł w nim zagościć ktokolwiek inny. Bo prawdziwa miłość istnieje – kiedyś i teraz, i później, i zawsze… Nie zna czasu ani przestrzeni… I nie jest ważne, co było albo czego nie było… Istnieje dla życia, dla przeżycia, dla jestestwa, dla magii, dla wszechświata, dla kolorów, nastrojów, emocji, mocy…

– Wyjechaliście ostatnio gdzieś razem? – zapytała Linda, gdyż nie było tajemnicą, że podróże stanowią moją największą rozrywkę.

– Tak, kilka miesięcy temu byliśmy we Włoszech.

– To świetnie!

– Rzeczywiście, to była bardzo udana podróż – potwierdziłam.

– A gdzie dokładnie byliście?

– W Wenecji… uwielbiam tam wracać… – To tam przeżyliśmy z Salimem naszą pierwszą noc, więc to miasto łączyło się dla nas ze szczególnymi wspomnieniami. – W Wenecji, Lindo, zawsze jest cudownie… I Salim…

– Co Salim?

– On potrafi być taki wspaniały! Do tej pory jest w stanie mnie zaskoczyć.

– Co masz na myśli?

– Spójrz na to… – Wskazałam na stojący obok mojego fotela antyk. – W Wenecji weszliśmy do jednego z tych wyjątkowo klimatycznych, pogrążonych w półmroku sklepików, w których można znaleźć przepiękne przedmioty z dawnych epok…

– Ten stolik też jest śliczny… – wtrąciła Linda.

– Tak, spodobał mi się, kiedy tylko go zobaczyłam – przyznałam. – Te dawne przedmioty, meble, zegary, obrazy, świeczniki, kilimy, lustra, szkatułki i puzderka nie tylko wywołują mój zachwyt swoim niepowtarzalnym pięknem, ale również nasuwają mnóstwo refleksji. Ten stolik na przykład pochodzi z połowy dziewiętnastego wieku… – Pociągnęłam ręką po marmurowym blacie. – I nieraz się zastanawiam, kim byli jego właściciele przez te wszystkie dziesięciolecia, jakie wydarzenia się przy nim rozgrywały… Otacza go jakaś tajemnicza aura tego, co minęło, może dobrego, a może złego. Nigdy się nie dowiemy…

– Mówiłaś, że Salim wciąż potrafi cię zaskoczyć – przypomniała Linda.

– Tak, i właśnie chodzi o ten stolik... – Spojrzałam na widoczny na blacie oryginalny motyw kwiatowy. – Wędrowaliśmy jak zawsze uliczkami Wenecji, zaglądając od czasu do czasu w różne miejsca, i ja się przy tym stoliku zatrzymałam przez chwilkę i powiedziałam, że mi się podoba, to był dosłownie moment w naszej długiej podróży, i później, zupełnie niespodziewanie, kiedy wróciliśmy, znalazłam go w swojej bibliotece... I teraz dla mnie jest w nim zastygła jakaś liryczność, jakaś tkliwość... Tej pamięci Salima, tej jego troski i tej jego wewnętrznej potrzeby ciągłego sprawiania mi większych i mniejszych radości... – Znowu za nim zatęskniłam. Tak mocno, tak dogłębnie, tak kobieco.

– Miłość... – To słowo wypłynęło z ust Lindy, uniosło się na kartach zgromadzonych w bibliotece romansów i usiadło pyłkiem marzenia na skraju dziewiętnastowiecznego stolika.

– Lindo! – Mój wzrok padł na stojącą przed koleżanką filiżankę. – Twoja herbata! Już pewnie dawno wystygła! Może zawołam Malati, żeby zaparzyła ci świeżą?

– Nie, dziękuję, Isabelle. – Linda sięgnęła po łyżeczkę, posłodziła herbatę, zamieszała, podniosła filiżankę i wypiła dwa łyki.

– Bardzo dobra – pochwaliła Linda. – Malati jak zawsze parzy świetną herbatę.

– Tak, jest w tym bezkonkurencyjna. – Malati pochodziła z Indii i była moją osobistą służącą, od kiedy po powrocie z podróży poślubnej do Wenecji wprowadziłam się do pałacu. – A co u ciebie Lindo?

– Ach, nic nowego. – Koleżanka małymi łykami popijała herbatę. – Dużo pracy, w zasadzie prawie na nic nie mam czasu, czasami tylko chodzę do towarzystwa dla muzułmanek.

– Dawno tam nie byłam – stwierdziłam.

Na spotkania do towarzystwa dla muzułmanek zaczęłam uczęszczać niedługo po ślubie, aby dowiedzieć się więcej na temat islamu. Towarzystwo zrzeszało przede wszystkim nowo nawrócone muzułmanki, ale pojawiały się tam również takie kobiety jak Linda czy Andżelika, które nawet nie myślały o przejściu na islam, ale chciały pogłębić wiedzę o religii i kulturze kraju, w którym mieszkały. Wyjątkowej urody Andżelika, Amerykanka, była żoną milionera, jednego z prominentnych Emiratczyków, i z zapałem zajmowała się literaturą, historią i kulturą arabską. To ona, dając pewnego dnia ciekawy wykład na temat dawnych haremów, zainspirowała mnie, aby się bliżej przyjrzeć temu tematowi. Fascynujący, barwny świat kobiet zamkniętych w pełnych przepychu haremach opisałam w swojej powieści *Perska zazdrość*.

W towarzystwie spotkałam też Monę z Syrii i Farizę z Pakistanu, które były muzułmankami od urodzenia i chętnie dzieliły się swoją wiedzą z innymi. Ważnymi członkiniami towarzystwa były również brytyjska neofitka Aisza, oraz pochodząca ze Stanów doktor Teresa, żarliwa muzułmanka, potrafiąca z wielkim zaangażowaniem wygłaszać interesujące prelekcje z zakresu różnych zagadnień dotyczących islamu. Na pierwszym spotkaniu, w którym uczestniczyłam, doktor Teresa opowiadała o seksie i seksualności w islamie, cytując między innymi żyjącego na przełomie jedenastego i dwunastego wieku wybitnego arabskiego myśliciela i teologa Al-Ghazalego, który głosił, że równoczesny orgazm kochanków byłby dla kobiety najbardziej rozkoszny. Kiedy wróciłam po tym wykładzie do domu, przeżyłam z Salimem jedną z najpiękniejszych nocy w moim życiu.

– Tak, dawno cię nie było w towarzystwie i ostatnio Mona nawet pytała o ciebie. – Linda odstawiła pustą filiżankę. – Niedługo będzie następne spotkanie, może się wybierzesz? – zaproponowała.

– Nie wiem… – Przyzwyczaiłam się już do tego, że moje życie upływa głównie w pałacowych komnatach i ogrodzie.

– Myślę, że powinnaś się wybrać, nie możesz przecież ciągle siedzieć w domu. – Zachęcała mnie Linda.

– A kto teraz tam przychodzi? – zapytałam.

– Mona, Fariza, Aisza… – wyliczała Linda.

– A doktor Teresa? – Chciałam wiedzieć, bo jej prelekcje należały do najciekawszych.

– Teraz akurat jest w Stanach, więc jej nie będzie, tak samo jak Andżeliki, która też gdzieś podróżuje – poinformowała mnie Linda. – Ale są nowe członkinie…

– Naprawdę?

– Tak, na przykład Nabila z Egiptu, wyjątkowo miła kobieta, więc bardzo ją polubiłam. Spotkanie jest w przyszłym tygodniu, musisz koniecznie na nie przyjść. – Namawiała mnie Linda.

– Może… – Zastanawiałam się.

– Nie może, tylko na pewno. – Linda podniosła się z kanapy.

– Idziesz już? – Zdziwiłam się.

– Tak, odpoczywaj, Isabelle, spróbuj zasnąć, sen jest najlepszym lekarstwem na migrenę.

– Nie zostaniesz chociaż trochę?

– Nie, dziękuję, jest już późno, a ja w domu muszę jeszcze skończyć pracę na jutro.

– To tym bardziej dziękuję, że przyszłaś. – Wstałam z fotela. – Odprowadzę cię na dół.

– Nie, Isabelle, sama zejdę, ta twoja migrena… – Próbowała powstrzymać mnie Linda.

– Nie ma problemu, Lindo, na szczęście tabletki zadziałały i głowa mnie już tak nie boli.

Białymi marmurowymi schodami zeszłyśmy do położonego na parterze obszernego salonu, gdzie się pożegnałyśmy.

– To do zobaczenia, Lindo. – Ucałowałam koleżankę w oba policzki.

– Do zobaczenia, Isabelle. – Linda serdecznie mnie uścisnęła. – I mam nadzieję, że to nastąpi już niebawem. Nie zapomnij o spotkaniu w towarzystwie w przyszłym tygodniu.

– Dobrze, postaram się przyjść – obiecałam.

Koleżanka opuściła pałac, a ja od razu udałam się na górę do swojej sypialni. Tam sobie uzmysłowiłam, że Linda nie zapytała mnie powtórnie, nad czym aktualnie pracuję. I podejrzewałam, że ze względu na moją migrenę świadomie nie chciała zaczynać dyskusji na temat, który jej tylko zasygnalizowałam podczas rozmowy telefonicznej. Dzieci… jak bydło… Handel ludźmi… Musiałam sięgnąć po następne tabletki, w tym również na sen. Jak można… Jak można…

***

W następnym tygodniu pojawiłam się w towarzystwie dla muzułmanek, gdzie moje koleżanki wylewnie mnie przywitały.

– Isabelle, gdzie się podziewałaś! – Pierwsza podbiegła Mona i mnie mocno wyściskała. – Co się z tobą działo przez tyle czasu?!

– Miło cię widzieć, Mono! – Zawsze pamiętałam o tym, że to właśnie ona, razem z Farizą, potrafiły pocieszyć mnie po stracie pierwszego dziecka. – Świetnie wyglądasz!

– Ty również! – Odwzajemniła się.

– Witaj, Isabelle! – Głos Farizy był niezwykle serdeczny.

– Dzień dobry, Farizo. – Przywitałam się z koleżanką.

– Isabelle, tak się cieszę, że przyszłaś! – Linda, która już stała obok mnie, naprawdę wyglądała na niezwykle uradowaną. – Chodź, przedstawię cię Nabili, wspominałam ci o niej.

Linda zaprowadziła mnie do niewysokiej Egipcjanki o niezwykle ujmującym wyglądzie.

– To jest Isabelle. – Linda dokonała prezentacji.

– Nabila. – Egipcjanka uśmiechnęła się do mnie przyjaźnie. – Miło cię poznać, Isabelle.

– Cała przyjemność po mojej stronie. – Dobrze było znaleźć się wśród życzliwych mi kobiet. Była to przyjemna odmiana po mojej pałacowej samotni.

– Zapraszam, Isabelle. – Linda wzięła mnie pod rękę i ruszyła w stronę kanap i foteli. – Chodź, opowiedz nam o swojej wycieczce do Włoch.

Usiadłam otoczona wianuszkiem kobiet, bo dołączyła do nas również Aisza oraz pozostałe uczestniczki spotkania, po czym w wesołej atmosferze zaczęłyśmy rozmawiać o podróżach, codziennych sprawach i tematach związanych z islamem. Tego dnia nikt nie wygłaszał żadnego referatu, więc było to po prostu towarzyskie zgromadzenie. Pod koniec spotkania potworzyły się mniejsze grupki, w których rozmawiałyśmy na bardziej osobiste tematy.

– Skąd jesteś? – zagadnęła mnie Nabila, podając mi świeżo zaparzoną kawę.

– Z Polski.

– Z Polski? – powtórzyła, jakby chciała się upewnić.

– Tak, z Polski – potwierdziłam.

– To bardzo ci współczuję. – Na twarzy Egipcjanki pojawił się cień smutku.

– Słucham? – Zupełnie nie zrozumiałam, dlaczego sympatyczna Nabila tak zareagowała.

– Taka tragedia… To była piękna dziewczyna… I taka młoda…

– Nabilo… – Poczułam się lekko zagubiona. – Przepraszam cię, ale zupełnie nie wiem, o czym w tej chwili mówisz.

– Nie wiesz? – Zdziwiła się Nabila. – U nas w Egipcie wszyscy teraz o tym trąbią… Mówię o tej Polce, która wyskoczyła z okna w szpitalu nad Morzem Czerwonym.

– Jak to, wyskoczyła z okna?

– Podobno miała jakieś załamanie psychiczne, czy coś takiego... Zabrali ją później do innego szpitala, ale tam zmarła w wyniku obrażeń.

– Straszne! – wykrzyknęłam.

– Z pewnością! – zgodziła się Nabila. – Aż dziwne, że o tym nie wiesz.

– Ostatnio byłam bardzo zajęta... – Kiedy zbierałam materiały do swoich powieści lub pisałam, to praca pochłaniała mnie całkowicie i nie śledziłam nawet bieżących wiadomości.

– W każdym razie to bardzo przykra sprawa... – ze smutkiem stwierdziła Nabila. – Przepraszam cię, Isabelle, ale widzę, że Aisza już wychodzi i chciałabym się z nią pożegnać.

– Tak, oczywiście – odpowiedziałam zamyślona, bo tragiczna śmierć Polki w Egipcie bardzo mnie zastanowiła.

Nabila udała się w stronę drzwi, gdzie część kobiet zbierała się już do wyjścia, a do mnie podeszła Linda.

– Dobrze, Isabelle, że jednak się zdecydowałaś i do nas przyszłaś. Powinnaś to robić znacznie częściej.

– Spróbuję – obiecałam.

– Ja już muszę wracać do domu, a ty zostajesz czy wychodzisz? – zapytała koleżanka.

– To ja też pójdę – zdecydowałam.

– Dobrze, to wyjdziemy razem.

Przy pożegnaniu Mona wymogła na mnie przyrzeczenie, że nie będę opuszczać spotkań w towarzystwie, a Linda obiecała, że wkrótce znowu mnie odwiedzi. Podziękowałam wszystkim za wyjątkowo udany wieczór i wróciłam do swojego pałacu. Od razu poszłam do biblioteki i otworzyłam laptop. Sprawa strasznej śmierci Polki w Egipcie nie dawała mi spokoju.

Według rozpowszechnionych informacji Polka wyjechała sama na wycieczkę do jednego z egipskich kurortów nad Morzem Czerwonym, a następnie, po kilku dniach dziwnych zdarzeń, zmarła w niewyjaśnionych do końca okolicznościach. To skłoniło prokuraturę do wszczęcia śledztwa w celu ustalenia, czy nie doszło do zabójstwa kobiety. Powołany zespół śledczy brał pod uwagę kilka hipotez, w tym między innymi o załamaniu nerwowym, działaniu narkotyków, ale też o gangu handlującym ludźmi.

Największe emocje wśród internautów wzbudził opublikowany w internecie film, na którym wyraźnie roztrzęsiona i przerażona kobieta podczas rozmowy telefonicznej prosi swojego chłopaka o pomoc. Oglądając nagranie, odniosłam wrażenie, że kobieta jest jednym wielkim strzępkiem nerwów i znajduje się w sytuacji, nad którą zupełnie nie ma kontroli. W tle słychać głosy rozmawiających po arabsku mężczyzn. Widać, że kobieta przeraźliwie się boi, i ten strach jest tak wielki, że odbiera jej głos, zmienia wyraz jej twarzy i powoduje nerwowe ruchy jej ciała. W pewnym momencie kobieta mówi zbolałym tonem: „Proszę cię, zabierz mnie". W jej głosie jest tyle cierpienia, że aż poczułam jej ogromny lęk, ból potwornej krzywdy, która ją spotkała, i przerażającą świadomość, że znalazła się w sytuacji bez wyjścia. I wtedy doznałam wstrząsu. Ja to wołanie śmiertelnego strachu gdzieś już słyszałam, ono mnie gdzieś osobiście dosięgło i dotknęło zimną dłonią bezlitosnej kostuchy. „Pomóż mi, błagam cię, ja tu nie chcę być, oni mnie tu uwięzili, błagam cię, ja nie chcę tego robić!" – niemalże poczułam silny uścisk dłoni kobiety, która desperacko chwyciła moją rękę.

Wstałam od biurka i szeroko otworzyłam okno. Kilka razy głęboko zaczerpnęłam powietrza. To był jacht, na którym odbywała się rozwiązła seksualna orgia. Trafiłam na nią zupełnie przypadkowo w udręce zagubienia, kiedy mój mąż zniknął gdzieś na długi czas wraz z moimi dziećmi. Uciekłam stamtąd i w ostatniej chwili ta kobieta, po polsku, tak błagała... Jeden, drugi, trzeci, czwarty, piąty oddech. Wróciłam do laptopa.

Znalazłam informacje o śmierci niemieckiej modelki, Miss Saksonii, która zaledwie kilka tygodni przed dramatem Polki zmarła dokładnie w tym samym szpitalu w Egipcie. I w tym przypadku pojawiały się różne teorie dotyczące przyczyn jej zgonu – sugerowano załamanie psychiczne i samobójstwo, wspominano o zaawansowanej anoreksji, śmierci spowodowanej zmianą klimatu i zaawansowanymi treningami. Niektórzy, ze względu na to, że obie kobiety były niezwykle atrakcyjne i o podobnym typie urody, łączyli te tragedie.

***

Piękne kobiety, arabskie i europejskie kurorty oraz jachty milionerów... Przypomniałam sobie szeroko opisywaną kilka lat temu przez międzynarodowe media historię ślicznej modelki o imieniu Soraya. Jeden z najbogatszych i najbardziej wpływowych ludzi świata, saudyjski książę Al-Walid ibn Talal Al Su'ud, bratanek króla Arabii Saudyjskiej, został oskarżony o gwałt na dwudziestoletniej Sorayi, do którego miało dojść podczas party na luksusowym jachcie zacumowanym przy brzegach Ibizy na hiszpańskich wodach Morza Śródziemnego.

Zniewalająca modelka, której zdjęcia ukazywały się w Vogue'u i innych prestiżowych czasopismach, została zaproszona na jacht przez Araba z ciemnymi oczami i trzydniowym zarostem, a następnie nakłoniona, aby towarzyszyła mu podczas jego relaksu w jacuzzi. Tam Arab próbował ją dotykać i całować, ale Soraya nie chciała na to pozwolić i po pewnym czasie udało jej się wydostać z jacuzzi, a następnie opuścić jacht.

Po dwóch dniach Soraya z dwiema Arabkami, które poznała wcześniej na jachcie, znalazła się w popularnym na Ibizie klubie nocnym, ekskluzywnym El Divino, gdzie została zaproszona do strefy dla VIP-ów. Modelka zeznawała później na policji, że według niej coś jej wtedy dodano do drinka, gdyż zaledwie po kilku łykach zaczęła się czuć jak odurzona i miała wrażenie, jakby się znajdowała we śnie. Powiedziała swoim znajomym, że źle się czuje i chce wyjść, więc trzy kobiety opuściły klub. Następnie Sorayę wciągnięto do samochodu i zabrano na wielki superluksusowy jacht. Była to, jak się później okazało, jednostka o długości stu dwudziestu metrów z czterdziestoma trzema kabinami, wynajęta przez saudyjską rodzinę królewską od greckiego magnata biznesowego za kwotę dziewięćdziesięciu tysięcy euro dziennie. Hiszpański dziennik „El Pais" przytacza słowa Sorayi; dziewczyna w następujący sposób opisuje traumatyczną sytuację, która ją dotknęła:

„Kiedy tylko znalazłam się na jachcie, kobiety powiedziały mi, że muszę wyłączyć swój telefon, gdyż przebywamy w obecności saudyjskiej rodziny królewskiej, przy której zabronione jest prowadzenie jakichkolwiek rozmów telefonicznych. Jacht nazywał się Turama. Pamiętam, że bawiło się na nim dużo młodych kobiet i mężczyzn, może ze trzydzieści osób, i było to jak orgia. Wszyscy brali narkotyki. Później jedyną rzeczą jaką pamiętam, i to przypominało sen, było wrażenie, że ktoś mnie dotyka i że oni leżeli na mnie, a ja czułam bardzo ostry ból w moich intymnych częściach ciała. Znajdowałam się w pokoju z przyćmionym światłem. Kiedy zobaczyłam mężczyznę leżącego na mnie, zerwałam się i pobiegłam do drzwi. Byłam bardzo oszołomiona i bardzo zestresowana".

Soraya złożyła zawiadomienie na policji ze skargą, że została odurzona i wykorzystana seksualnie. Badanie lekarskie nie wykazało żadnych obrażeń narządów płciowych, ale w pochwie znaleziono spermę, a testy toksykologiczne ujawniły obecność w moczu kobiety związku chemicznego o nazwie nordazepam, który ma działanie uspokajające i nasenne. Policja wysłała odpowiedni raport do sędziego śledczego, ale ten odniósł się sceptycznie do oskarżeń Sorayi. Uznał, że skoro badanie ginekologiczne nie stwierdziło niczego nadzwyczajnego, a na ciele kobiety nie znaleziono żadnych śladów użycia przemocy, nie ma dowodów, że została zgwałcona. Sędzia zastanawiał się również nad tym, czy środki nasenne, których ślady wykazały testy toksykologiczne, mogłyby zadziałać tak szybko, że w momencie dotarcia na jacht Soraya była już półprzytomna.

Sprawę dodatkowo utrudniał fakt, że policjanci błędnie stwierdzili, iż Turama należy do saudyjskiej rodziny królewskiej, co w ewentualnym śledztwie wymagało zaangażowania kanałów dyplomatycznych. Policja nigdy nie pojawiła się na pokładzie luksusowego jachtu, tylko wezwała na przesłuchanie jednego z pracujących na nim ochroniarzy. Mężczyzna zeznał, że nic nie wie o jakimkolwiek incydencie w nocy, podczas której, według oskarżającej, miało dojść do gwałtu. Sędzia nakazał Sorayi, aby zdecydowanie potwierdziła, że dopuszczono się w stosunku do niej przemocy seksualnej, oraz określiła, czy na podstawie zdjęcia może zidentyfikować osobę, która się tego czynu dopuściła, co biorąc pod uwagę towarzyszące zdarzeniu okoliczności, było niezmiernie trudne.

Soraya się nie poddawała i razem z matką przeglądała setki zdjęć i filmików z członkami saudyjskiej rodziny królewskiej, aby wreszcie po miesiącach poszukiwań natknąć się na film, na którym rozpoznała swojego gwałciciela. Według niej był nim książę Al-Walid ibn Talal Al Su'ud. Sędzia złożył oficjalnie wniosek do władz saudyjskich, aby te zidentyfikowały widocznego na kilku niewyraźnych zdjęciach mężczyznę (sędzia nie podał jego personaliów), a następnie przyjęły od niego oświadczenie jako jednej ze stron zaangażowanych w sprawę. Kanałami dyplomatycznymi władze saudyjskie odpowiedziały, że nie mogą nic zrobić w tej kwestii, ponieważ nie są w stanie rozpoznać mężczyzny, a poza tym nie ma żadnych dowodów popełnienia przez niego przestępstwa. Wydawało się, że sprawa zostanie na zawsze zamknięta.

Tymczasem adwokaci Sorai kontynuowali działania. Przedstawiciele księcia niezmiennie utrzymywali, że szejk w interesującym śledczych czasie nie wyczarterował żadnego jachtu na Ibizie, a jego prywatny jacht nie cumował wtedy w tych okolicach. Ponadto dowodzili, że nawet samego księcia tam nie było, bo to lato spędzał w Paryżu, Cannes oraz w Szarm el-Szejk w Egipcie. Zaznaczali ponadto, że zarzuty wobec niego są całkowicie fałszywe, gdyż opisywane przez modelkę spotkanie z szejkiem nigdy nie miało miejsca. Adwokaci Sorayi w odpowiedzi wzywali księcia do dostarczenie materiału do zbadania jego DNA, który można by było porównać z próbkami spermy znalezionymi w ciele kobiety. Argumentowali, że jeżeli książę jest niewinny, to w ten sposób najprościej to udowodni. W odpowiedzi prawnicy księcia podkreślili, że nie jest rolą szejka udowadnianie swojej niewinności, ale rolą sądów udowodnienie jego winy. Ostatecznie hiszpański sąd odrzucił wniosek modelki w sprawie o gwałt przeciwko saudyjskiemu księciu na podstawie sprzeczności i niejasności w dowodach dostarczonych przez rzekomą ofiarę. Zostało nakazane ostateczne zamknięcie sprawy bez prawa apelacji, a wniosek określono jako całkowicie fałszywy, aczkolwiek szeroko upubliczniony. Po pomyślnym dla arabskiego księcia zakończeniu sprawy panujący wówczas król Hiszpanii, Juan Carlos, wysłał do niego list gratulacyjny.

Od kilku lat w moich powieściach opisuję ekscesy arabskich szejków, którzy, nie zważając na przepisy drogowe i względy bezpieczeństwa, urządzają ryczące wyścigi swoich supersamochodów na ulicach Londynu i Los Angeles, którzy organizują dzikie party z orgiami i częstym brutalnym seksualnym wykorzystywaniem ich uczestników i którzy dopuszczają się morderstw. Szejków, których nie spotyka zasłużona kara za te wszystkie przestępstwa, zwłaszcza popełnione przez nich morderstwa, bez względu na to, czy dowiedziała się o nich opinia publiczna, czy też są tylko tajemnicą poliszynela.

W *Jestem żoną szejka* opisuję incydent, który miał miejsce w Beverly Hills. Należące do katarskiego księcia warte półtora miliona dolarów ferrari laferrari ścigało się z porsche, nie zważając na znaki drogowe, światła i przechodniów. Amerykański reporter, który filmował ten niebezpieczny wyścig, zjawił się w okolicach domu, gdzie zaparkowano ferrari, i zapytał znajdującego się tam mężczyznę, czy ten nie dba o ludzkie życie. W odpowiedzi Arab agresywnie krzyknął w stronę reportera, dodając wulgarne wyrazy:

– To nie jest twój interes! Wynoś się stąd! Nawet gdybym cię zabił, i tak bym się z tego wywinął!

***

Nie wiem, jaki ciąg wydarzeń i końcowe okoliczności doprowadziły do śmierci pięknej Polki w Egipcie i czy wcześniejszy zgon Miss Saksonii dokładnie w tym samym szpitalu był tylko niefortunnym zbiegiem okoliczności. Wiem natomiast jedno, więc powtórzę to raz jeszcze: „Multimilionerom się nie odmawia. Multimilionerzy nie przyjmują odmowy. Multimilionerzy zawsze muszą dostać to, co chcą. Odrzuceni – mogą zabić. Jako mordercy wywiną się od pełnej odpowiedzialności za zbrodnię. Taki jest świat"[3].

[3] Laila Shukri *Perska namiętność*, Prószyński i S-ka, Warszawa 2017, str. 161.

Rozdział VI

Dewadasi

Musiałam się spieszyć. Salim zadzwonił w nocy, czasami tak się zdarzało, kiedy cały dzień absorbowały go ważne sprawy i spotkania biznesowe, i powiedział, że może wrócić wcześniej.

– Isabelle… – szeptał o północy. – Tęsknię za tobą… Bardzo…

– Ja też tęsknię, kochany… – Tęskniłam za nim i w dzień, i w nocy, i zawsze.

– Jak się czujesz? – zapytał z troską. – Nie męczą cię migreny?

– Nie…

– Na pewno?

– No, może trochę… – przyznałam się. – Ale nie martw się, tabletki mi pomagają – dodałam szybko.

– To dobrze… Chcesz coś z Nowego Jorku?

– Nie, dziękuję, kochany.

– Nic ci nie brakuje?

– Nie…

Brakuje. Bliskości, światłości, wolności.

– Gdybyś tylko coś chciała, Isabelle, to zadzwoń.

– Dobrze, kochany, zadzwonię.

– Postaram się wrócić wcześniej.

– To świetnie! – ucieszyłam się. – Kiedy przyjedziesz?

– Teraz nie jestem ci w stanie powiedzieć dokładnie. To zależy, jak mi się tu jeszcze wszystko ułoży.

– A tak mniej więcej?

– Może za tydzień, dziesięć dni…

– Dobrze, będę czekała.

– Kocham cię, Isabelle.

Uwielbiałam jego głos.

– Ja też cię kocham. Czekam.

– Dobranoc, kochana, do zobaczenia wkrótce.

– Dobranoc, najdroższy.

– Śpij dobrze.

– Ty też.

– Całuję.

– Ja też. Najmocniej.

Nie mogliśmy się pożegnać.

– Pa, kochana.

– Pa, pa.

Salim się rozłączył, a ja znowu zostałam sama w swoim wielkim łożu. Tyle samotnych nocy…

***

Przez następne dni intensywnie pracowałam, aby zdążyć jak najwięcej napisać przed powrotem Salima. Wydawanie powieści było moją największą tajemnicą, o której nie wiedział ani mój mąż, ani nikt z mojego najbliższego otoczenia. Ten skrzętnie ukrywany sekret znała tylko Linda, której na USB oddawałam pliki z zebranymi materiałami i fragmentami tekstów. I to ona w moim imieniu kontaktowała się z wydawnictwem. Na laptopie nie przechowywałam żadnych materiałów, gdyż bałam się, że mogą one w każdej chwili wpaść w ręce mojego chorobliwie zazdrosnego męża. A wtedy… Już nie raz poniosłam straszną karę za zachowanie, które Salimowi wydawało się podejrzane. Jeżeli chciałam nadal pisać, to nie mogłam dawać mu nawet najmniejszych powodów do zazdrości, więc musiałam dostosować się do wszystkich narzuconych mi przez niego ograniczeń. Taka była cena mojego pisania.

Podczas wspólnych z mężem podróży odkrywałam świat luksusu, który bezpośrednio stykał się ze światem skrajnej, porażającej nędzy. Na Sri Lankę przyjeżdżali szejkowie, aby w ekskluzywnych butikach pięciogwiazdkowych hoteli kupować dla swoich kobiet najpiękniejsze szafiry świata, a tuż obok na plażach mali chłopcy prostytuowali się z europejskimi homoseksualistami i pedofilami, aby odpędzić widmo głodu od swoich rodzin.

Na Sri Lance za około półtora dolara można mieć dziecko do swojej całkowitej dyspozycji. I to ten kraj, obok Tajlandii, uważany jest za jeden z krajów o najwyższym stopniu eksploatacji dzieci w seksturystyce i pornografii dziecięcej. Najgorsze jest jednak to, że seksualny wyzysk nieletnich ostatnio wyraźnie się zintensyfikował i dzieci bez żadnego problemu można kupić w zaułkach slumsów albo w małych sklepikach, zupełnie jak wystawiony na sprzedaż towar. Pedofilski raj na Sri Lance, największe dziecięce burdele świata w Bangladeszu i milion dwieście tysięcy prostytuujących się dzieci w Indiach. Świat śmierdzi spermą spuszczaną codziennie na dziesięć milionów prostytuujących się na nim dzieci.

Niektórzy zwracają uwagę na to, że od wieków dzieci traktowano w Azji przedmiotowo oraz wykorzystywano ekonomicznie i seksualnie i że rozpowszechniona była tam prostytucja rytualna. Względami historycznymi tłumaczy się zatem większą akceptację współczesnej formy szczególnego seksualnego wyzysku małych dziewczynek i chłopców.

W Chinach bogaci mężczyźni od dawna chętnie korzystali z usług młodziutkich prostytutek, bo uważali, że akt płciowy z niedojrzałą płciowo dziewczynką, najlepiej dziewicą, zapewni im zdrowie i siły witalne.

W Indiach częścią tradycyjnej kultury był system dewadasi (dewadasi w sanskrycie znaczy „boska niewolnica"), w którym poświęcone wybranemu bóstwu hinduistycznemu tancerki kultowe wykonywały klasyczne tańce indyjskie. Naukę trudnej sztuki tańca zaczynały w wieku około sześciu lat. Początkowo, do czternastego wieku, boska niewolnica była wysokiej klasy artystką, która dodatkowo posiadała niezwykłe umiejętności w sztuce miłosnej. Zazwyczaj mieszkała przy świątyni i do jej obowiązków należało czczenie bogini, dbanie o miejsce kultu, uczestnictwo w sakralnych rytuałach i doskonalenie się we wszystkich sztukach. Dewadasi, jako doskonałe tancerki, śpiewaczki i wysokiej klasy kurtyzany mające bogatych patronów, które w odróżnieniu od innych Hindusek nie wykonywały prac domowych i nie były finansowo zależne od męża, cieszyły się w tamtym okresie dużym prestiżem i wysoką pozycją społeczną. Świątynne prostytutki musiały się jednak oddawać każdemu mężczyźnie, bez względu na jego przynależność kastową. Przy czym, oddając się kapłanom jako namiestnikom boskim, same rozkoszowały się boskością, a kiedy prostytuowały się z pielgrzymami, to im przekazywały boskie upojenia. Według hinduizmu miłość zmysłowa ma wartość uświęcającą, więc przez wieki tysiące kobiet praktykowało prostytucję sakralną w wielu regionach Indii. Z czasem ranga społeczna owych „tańczących dziewcząt", nazywanych również z francuskiego bajaderami, spadała, ponieważ uprawiały miłość za pieniądze, w związku z czym nie była prawdziwa, gdyż one same jej w istocie nie przeżywały, i nie miała owej uświęcającej wartości. W tysiąc dziewięćset osiemdziesiątym ósmym roku system dewadasi został oficjalnie zdelegalizowany jako propagujący prostytucję, szczególnie wśród młodych dziewcząt, jednak w rzeczywistości, w wielu różnych formach, istnieje w Indiach do dzisiaj.

Współcześnie tradycja oddawania dziewczynek na boskie małżonki, a następnie prostytuowania ich, kultywowana jest przede wszystkim na południu Indii. Historie dewadasi dwudziestego pierwszego wieku są pełne rozdzierającej rozpaczy i morza łez. Dzieci, pochodzące najczęściej z najniższych kast, w rozbudowanych ceremoniach ofiarowywane są jako ludzkie ofiary bóstwom, aby je przebłagać i udobruchać.

„Niewolnica boska, ale żona całego miasta" – to powiedzenie w lokalnym języku odnoszące się do współczesnej dewadasi doskonale oddaje smutną prawdę, że dziewczynka oddana bóstwu stanie się zwykłą prostytutką, której zadaniem będzie zabawianie i zaspokajanie intymnych potrzeb przychodzących do niej mężczyzn.

Poślubiona bóstwu dziewczynka nie może uczęszczać do szkoły ani w przyszłości wyjść za mąż. Jej przeznaczeniem jest występowanie w świątyni jako tancerka podczas obrzędów religijnych i jako niewolnica seksualna oddająca się za marne pieniądze tłumom nieznanych jej mężczyzn. Szacuje się, że w Indiach nadal pracuje sto tysięcy dewadasi, w tym wiele nastolatek. Zdarza się, że bóstwom poślubiane są nawet kilkumiesięczne dziewczynki, zazwyczaj jednak w tej ceremonii biorą udział dziewczynki w wieku dziesięciu lat. Po osiągnięciu dojrzałości płciowej niektóre z nich zamieszkują przy świątyniach, gdzie uprawiają seks z kapłanami i pielgrzymami, inne są wystawiane na aukcjach jako niewolnice dla bogatych mężczyzn, ale większość zabiega o klientów na biednych ulicach lub w nędznych burdelach.

Najbardziej wstrząsający jest fakt, że los dziewczynek, które spędzą całe swoje życie jako prostytutki, determinowany jest najczęściej przez rodziny w ich wczesnym dzieciństwie i one same nie tylko nie mają na to żadnego wpływu, ale również nie mają żadnej możliwości, żeby to zmienić.

– Wszyscy nami pogardzają – wyznała ze łzami w oczach jedna z nastoletnich dewadasi, podkreślając tym samym, że znajdują się one na samym dole drabiny społecznej.

W Indiach znajdują się całe wioski, w których mieszkające tam kobiety od pokoleń uprawiają prostytucję. System kastowy sprzyjał bezkarnemu wykorzystywaniu kobiet z nizin społecznych i robieniu z nich seksualnych niewolnic. Mężczyźni, szukając rozrywki, upijali się i uzurpowali sobie prawo do nieograniczonej zabawy z kobietami z niższych klas, których nie chroniło żadne prawo. Proceder ten sprawił, że ubogie wioski zamieniały się w burdele, w których życie kobiet ograniczało się do zapewniania mężczyznom przyjemności i relaksu. Kobiety nie wychodziły za mąż, tylko zajmowały się tańcem, śpiewem i prostytuowaniem się, mężczyźni zaś pełnili funkcję alfonsów. Tragedię przeżywały urodzone w burdelowych wioskach dzieci, które nie znały swoich ojców i naznaczone były społeczną stygmą.

– Jesteś dzieckiem prostytutki – słyszały ze wszystkich stron.

W materiale zrealizowanym przez jedną z azjatyckich stacji telewizyjnych kobieta z takiej wioski podzieliła się swoją wstrząsającą historią.

– Kiedy byłam mała, wszystkie kobiety z mojego otoczenia były prostytutkami – opowiadała ubrana w skromne sari Hiduska w średnim wieku, z czerwoną kropką[4] na czole i okrągłymi

[4] Czerwona kropka – bindi lub święta kropka, znak malowany naturalnym pigmentem na czole przez kobiety na terenach, które znajdują się pod wpływem hinduizmu. Znaczenie bindi różni się w zależności od regionu: na północy Indii jest oznaką kobiety zamężnej, na południu zaś pełni przede wszystkim funkcje ozdobne.

kolczykami w uszach. – Wtedy we wsi nie odbywały się żadne wesela... Ja nie chciałam takiego losu... – Na jej zniszczonej twarzy pojawił się wyraz cierpienia. – Powiedziałam o tym mojej babci... A ona mi na to odrzekła: „W naszej wsi nie ma tradycji, żeby kobiety wychodziły za mąż, więc jeżeli to zrobisz, zostaniesz dotkliwie pobita. Cała wioska zaangażowana jest w prostytucję i nikt nie może się wyłamać. Musisz zostać prostytutką... Nie masz żadnego wyboru...". – Po policzkach Hinduski spłynęły wielkie łzy. – Nie masz żadnego wyboru – gorzko powtórzyła kobieta.

Zamilkła i przez chwilę znowu przeżywała ten bolesny moment, który zaważył o jej życiu.

– Moja babcia zrobiła ze mnie prostytutkę, kiedy miałam piętnaście lat... – z ciężkim westchnieniem podjęła swoją opowieść. – I zawsze, uwierzcie mi, naprawdę zawsze... – mocno podkreśliła – ...bardzo źle się z tym czułam. Z pierwszym mężczyzną, potem z drugim i z trzecim, czwartym, piątym i szóstym... Tysiące mężczyzn przychodziło do jednej kobiety. Każda kobieta źle się z tym czuła od samego początku, ale nie miałyśmy wyjścia... Byłyśmy głodne i to był jedyny sposób, żeby ten ssący głód zaspokoić. I bez względu na to, co w środku czułyśmy i jak bardzo nienawidziłyśmy tego, co w dzień i w nocy robiłyśmy po kilkanaście razy, należało się pogodzić z tym, że zostałyśmy złapane w pułapkę seksualnego niewolnictwa, z której nie ma żadnego sposobu, aby się uwolnić. Nie było żadnej nadziei... Żadnej... – Znowu przerwała, bo te tysiące mężczyzn powtórnie w nią wchodziło i raniło ją gwałtownymi ruchami, nie bacząc na jej obrzydzenie, udrękę i rozpacz.

– A później zdarzył się incydent, który wszystko zmienił... – kontynuowała swoją opowieść, ale teraz w jej oczach pojawiła się bezbrzeżna determinacja. – Pewnego dnia tańczyłam dla uciechy mężczyzn w sąsiedniej wsi. W pewnej chwili ktoś z wyższej kasty nagle zaczął mi bez żadnego powodu ubliżać. Rzucał we mnie najgorszymi przekleństwami... Wyzywał i obrzucał obelgami moją matkę... Dosłownie zmieszał nas z błotem... – Pierś Hinduski zafalowała w przyspieszonym oddechu. – I wtedy potwornie się zezłościłam... Dotarło do mnie z całą wyrazistością, że prostytutka jest nikim... że można nią bezkarnie pomiatać... że życie, które prowadzi, i ona sama nie cieszą się nawet odrobiną szacunku... Kurwa jest kurwą...

Hinduska po raz kolejny przerwała swoją opowieść. Coś ją kłuło, coś paliło, coś sprawiało, że każde słowo było następnym wymuszonym współżyciem z kolejnym mężczyzną.

– Wróciłam do domu dopiero po dwóch dniach tańczenia i śpiewania... Tyle nas tam trzymali. – Twarz Hinduski zastygła w bólu, a w jej oczach pojawiły się łzy. – Przez trzy dni cierpiałam, nie jadłam i płakałam... – Kobietą raz po raz wstrząsał urywany szloch. – A później przyrzekłam sobie, że już nigdy więcej nie założę brzęczących bransolet na kostki. Złożyłam w ofierze moje bransoletki, w których zawsze tańczyłam, i od tego dnia ani tych, ani innych nie miałam na sobie. I już nigdy nie oddałam się za pieniądze żadnemu mężczyźnie. – Hinduska z trudem opanowała płacz. – Opuściłam burdelową wioskę... często byłam głodna... czasem musiałam żebrać... służyłam ludziom za garstkę ryżu... ale już nigdy więcej... nigdy... – zakończyła swoją historię drżącym głosem, w którym wyraźnie zabrzmiała nutka dumy.

Większość Hindusek, którym tradycja wyznaczyła rolę prostytutek, nie miała takiej siły woli i takiego szczęścia. Wtłoczone w bezlitosny system praktykowanej przez wieki seksualnej eksploatacji wiodły życie pełne fizycznej i emocjonalnej przemocy. Wbrew sobie przyjmowały pierwszego klienta w tak młodym wieku, że nie zawsze wiedziały do końca, co się tak naprawdę dzieje. I nigdy nie mogły założyć prawdziwej rodziny.

Wspomnienia każdej z dewadasi wstrząsają bezdenną rozpaczą.

– Miałam może dziesięć lat, kiedy po hucznym weselu, w którym uczestniczyłam wraz z mamą i babcią, powiedziałam ze śmiechem, że kiedyś też wyjdę za mąż i będę miała wspaniałą uroczystość – mówiła jedna z nich. – Pamiętam dobrze, że po moich słowach mama z babcią jakoś tak dziwnie na mnie spojrzały.

– Nie będziesz miała – powiedziała po chwili babcia.

– Słucham? – Zupełnie nie rozumiałam, co miała na myśli.

– Nigdy nie wyjdziesz za mąż – oznajmiła babcia.

– Co? – Serce zaczęło mi szybciej bić, bo nagle ogarnęła mnie jakaś niezrozumiała trwoga.

– Jeszcze gdy byłaś w kołysce, zostałaś poślubiona bogini Yellammie – wyjaśniła mama.

– I kiedy tylko dostaniesz okres… – zaczęła babcia, ale nie dokończyła i w tej złowrogiej ciszy zawarł się mój cały, okupiony upodleniem i męczarnią, późniejszy los – smutno podsumowała dewadasi.

Yellamma to bogini hinduistyczna, która uznawana jest za manifestację Kali, boginię czasu i śmierci, pogromczynię wszelkich złych sił i demonów. Czczą ją przede wszystkim przedstawiciele niższych kast, którzy poszukują u niej protekcji i ochrony. W biednych wioskach, szczególnie na południu Indii, rozpowszechniona jest wiara, że jeżeli dziewczynkę poświęci się bogini Yellammie, to jej rodzina, a do jakiegoś stopnia nawet cała wieś zapewni sobie ochronę przed złem.

Tradycja tej ceremonii, podobnej do zawierania małżeństwa, była mocno zakorzeniona już w dziesiątym wieku i utrzymała się aż do dzisiejszego dnia, ale jej funkcja i znaczenie ewoluowało oraz przybierało różne formy. Z biegiem wieków status kobiet poświęconych bóstwom znacznie spadał i ostatecznie w dzisiejszych czasach postrzegane są jako zwykłe dziwki. Współcześnie po ofiarowaniu przez rodzinę małej dziewczynki na przykład bogini Yellamma i obrzędzie zaślubin może ona wrócić do domu, gdzie czeka do osiągnięcia dojrzałości płciowej. Później pracuje jako prostytutka za niewielkie pieniądze, często utrzymując przy tym całą swoją rodzinę.

Azjatyckie dzieci, które w rodzinnych krajach sprzedawały się za marne grosze, przemycone do bogatego Dubaju mogły przynieść swoim właścicielom krociowe zyski. Ładny chłopiec w wieku od dziesięciu do dwunastu lat mógł być sprzedany za kwotę siedemdziesięciu tysięcy dolarów. Zdarzało się, że kobiety wchodzące w skład gangów handlujących ludźmi adoptowały dzieci, często sieroty, tylko po to, aby móc je przywieźć do Dubaju, a następnie sprzedać. Licytacje nieletnich dziewic, których cena wahała się od kilku do kilkudziesięciu i więcej tysięcy dolarów, odbywały się zarówno w ich ojczystych krajach, jak i nad Zatoką Perską. Niekiedy dziewictwo swoich nastoletnich córek sprzedawali szejkom sami ich rodzice, a później zmuszali je do dalszego prostytuowania się.

Rok temu rozpisywano się o siedemnastoletniej rosyjskiej modelce, zdobywczyni drugiego miejsca w konkursie Miss Moskwy, która wyjechała do Dubaju, aby sprzedać swoje dziewictwo. Rodzicom skłamała, że wycieczka nad Zatokę jest jedną z nagród. Prawda była jednak taka, że dziewczynę skusiła możliwość zdobycia większych pieniędzy, dlatego pojechała prostytuować się z bogatymi Arabami. Donoszono, że jej dziewictwo warte było trzynaście tysięcy dolarów – dla siebie dziewczyna zatrzymała dziesięć tysięcy dolarów, a resztę musiała oddać agencji pośredniczącej. Później, kiedy prawda wyszła na jaw, matka namawiała ją do powrotu do kraju, jednak modelka pozostająca pod wrażeniem „łatwego” zarobku została w Dubaju. Zamieszkała z innymi atrakcyjnymi kobietami z Europy Wschodniej i wraz z nimi oferowała swe towarzystwo i wdzięki arabskim szejkom.

Dziewictwo w Dubaju jest w cenie i żądne wysokiego zysku agencje towarzyskie rekrutują dziewczyny, które chcą je sprzedać, poprzez anonsy w internecie. Typowe ogłoszenie może brzmieć następująco: „Poszukiwane są dziewice w celu spotkania z bardzo bogatymi mężczyznami. Kraj, z którego pochodzisz, nie ma żadnego znaczenia. My kupimy ci bilet i spotkamy się z tobą w dniu przyjazdu. Pierwszym etapem jest badanie lekarskie potwierdzające dziewictwo. Zapewniamy całkowitą dyskrecję. To wszystko jest prawdziwe. Wypełnij kwestionariusz i go wyślij, a my się z tobą skontaktujemy". Spośród chętnych wybierano tylko najładniejsze i najbardziej pociągające kandydatki, gdyż konkurencja w Dubaju była ogromna. Szejków, dokładnie tak jak najlepsze samochody i jachty, interesował towar wyłącznie z najwyższej półki.

***

Telefon zadzwonił tak nagle i głośno, że aż podskoczyłam.

– Halo! – Odebrałam, ale moja uwaga nadal skupiała się wokół tematów, nad którymi aktualnie pracowałam.

– Isabelle? – zapytał Salim.

– Tak, kochany.

– Dlaczego masz taki dziwny głos? – To był ton Salima, którego nie lubiłam. Kryła się w nim podejrzliwość mogąca zmienić mojego męża w nieobliczalnego potwora.

– Dziwny? Nie, kochany. Wydaje ci się. – Nie chciałam, żeby podstępny demon nieufności znowu nim zawładnął.

– Gdzie jesteś? – Tembr głosu Salima był już ostrzejszy.

– Jak to, gdzie? – Nienawidziłam tego typu konwersacji, które od czasu do czasu musiałam przeprowadzać. – W domu, jak zawsze, gdzie indziej mogę być.

– A gdzie dokładnie? – Salim wchodził w mroczny labirynt niedowierzania.

– W bibliotece.

– A co robisz? – To pytanie zawsze przyprawiało mnie o niepokój, gdyż obawiałam się, że Salim wyczuje moje kłamstwo.

– Czytam.

– A co czytasz?

Te nagłe, szczegółowe pytania, które czasem zadawał Salim wtedy, kiedy pisałam, i na które nie zawsze umiałam bez zastanowienia odpowiedzieć, sprawiały, że przeszywał mnie zimny prąd lęku. Szybko spojrzałam na obwoluty zgromadzonych na półkach książek i podałam pierwszy tytuł, który wpadł mi w oczy.

– *Pachnidło* – odpowiedziałam.

– Poproś Malati.

Nie wierzył mi. Zawołałam ją. To takie upokarzające. Mój mąż musiał porozmawiać ze służącą, żeby potwierdzić prawdziwość moich słów. Mimo że nawet po Dubaju poruszałam się z kierowcą i ochroną, to od momentu, kiedy wymknęłam się w Polsce ochroniarzom, którzy czekali przed domem, gdzie miałam przebywać, mój mąż nie wahał się wyrywkowo sprawdzać moich wyjaśnień.

Malati potwierdziła, że jestem w domu, i oddała mi słuchawkę.

– I jak się czujesz, Isabelle? – Głos Salima był już normalny.

Uwierzył Malati, a nie mnie. Było mi przykro.

– Dobrze. – Gorycz sprawiła, że powiedziałam to z lekką chrypką.

Usłyszałam w tle coraz głośniej rozmawiających mężczyzn.

– To się cieszę. Przepraszam cię, ale muszę już kończyć, bo właśnie zbliżają się kontrahenci. Dbaj o siebie, Isabelle. Niedługo wrócę.

– Do zobaczenia, kochany.

– Do zobaczenia.

Znowu musiałam uspokoić galopujące myśli i rozwichrzone uczucia. Ostatnio coraz częściej pojawiało się we mnie wewnętrzne rozdarcie między pragnieniem dłuższego przebywania z ukochanym mężczyzną i dziećmi a zamiłowaniem do pisania i opowiadania o sprawach i wydarzeniach, które są niezwykle aktualne i dzieją się równolegle z toczącym się w świetle reflektorów życiem, ale które pozostają w głębokim cieniu. Żmijowate kłębowisko niezaspokojonych chuci, plugawych pieniędzy, psychicznego terroru i fizycznych katuszy. Gdzieś się wije, gdzieś jest, istnieje tu i teraz, ale w świetle jupiterów lepiej zajmować się majtkami celebrytów.

***

„Pomóż mi, błagam cię, ja tu nie chcę być!" – słyszałam raz po raz w głowie i znowu czułam silny, desperacki uścisk Polki na jachcie. Przypomniałam sobie, że dwóch mężczyzn zdecydowanym krokiem podeszło do kobiety, brutalnie ją ode mnie odciągnęło, rzuciło na pokład jachtu, po czym zaczęło ją bestialsko bić i kopać. W ręku jednego z nich błysnął nóż.

Dlaczego jej wtedy nie pomogłam? – dręczyły mnie wyrzuty sumienia. Ona mnie tak prosiła, błagała... „Oni mnie tu uwięzili!" – wołała. A ja z tym nic nie zrobiłam... – oskarżałam się. Od czasu, gdy dowiedziałam się o śmierci Polki w Egipcie, ciągle się zastanawiałam, jaki los spotkał kobietę, która tak desperacko rzuciła się w moją stronę, kiedy po moim przeraźliwie wykrzykniętym „cholera" zorientowała się, że jestem jej rodaczką. Od tego czasu minął już rok, to długo, wszystko mogło się zdarzyć... Może od razu powinnam się tym zająć? – wyrzucałam sobie. Ale jak miałam to zrobić, kiedy sama znalazłam się w opałach. Wokół trwała dzika orgia seksualna, a ja się ledwie wyrwałam atakującemu mnie mężczyźnie, który zanim zdążyłam się zorientować, podwinął mi do góry sukienkę, ściągnął bieliznę i próbował ze mną kopulować, ocierając już o moje ciało swojego sterczącego penisa.

A potem, kiedy wrócił mój mąż z dziećmi, byłam tak uszczęśliwiona ich widokiem, że nie potrafiłam o niczym innym myśleć. Następnie była cudowna podróż do Wenecji, a po drodze jeszcze pierwsza nasza rodzinna wizyta u moich rodziców, więc tyle się działo i tyle miałam związanych z tym emocji...

Kiedy wróciliśmy do Dubaju, moją niefortunną wyprawę na jacht, gdzie odbywało się seksparty, po prostu wyparłam z pamięci. Wiązała się ona ze strasznym zachowaniem Salima w stosunku do mnie i ogromnym bólem, który mi sprawił, więc nie chciałam, nie mogłam o tym pamiętać. Z Kate, moją dawną koleżanką z pracy, która mnie zabrała na jacht, też już później nigdy więcej się nie kontaktowałam. I tak minął rok...

Co mogło się stać z tą kobietą tak rozpaczliwie wołającą o pomoc? I czy ona jeszcze... Dziesiątki razy zadawałam sobie w myślach to pytanie, nigdy nie kończąc, ale tragiczne zgony pięknych kobiet w arabskich kurortach same je mimowolnie nasuwały.

Polka, która zmarła w Egipcie, była nie tylko ładna i zgrabna, ale również była instruktorką tańca na rurze. Bardzo szybko, zaledwie w kilka miesięcy od podjęcia nauki, osiągnęła taki poziom, że sama mogła prowadzić zajęcia w klubie fitness. Zalety tańca na rurze – który oprócz modelowania sylwetki i utrzymania kondycji pomaga wydobyć wszystkie walory zmysłowości i kobiecości – doceniły saudyjskie księżniczki i kobiety z wyższych sfer. W swoich pałacach i rezydencjach pourządzały profesjonalne studia, w których mogą ćwiczyć tę wyjątkową dyscyplinę. Saudyjki sprowadzają z Europy najbardziej renomowane instruktorki, żeby pod ich okiem dojść w tej sztuce do perfekcji, a później zaprezentować nowo nabyte umiejętności swoim mężczyznom. W kulturze arabskiej przez wieki, od czasów dawnych haremów, rolą kobiety było umilać czas mężczyźnie, zabawiać go i dostarczać mu wszelkich przyjemności. Kobiety grały więc na różnych instrumentach, tańczyły i śpiewały, a te najwybitniejsze zajmowały się również literaturą. Współcześnie bardzo popularne w igraszkach miłosnych są wszelkiego rodzaju przebieranki i Arabki, które wyszkoliły się w tańcu na rurze, uatrakcyjniają swoje występy seksownymi strojami pielęgniarek, małych dziewczynek, burdelowych kurtyzan albo burleskowych tancerek. Kobiety starają się ze wszystkich sił, aby wspólnie spędzony czas był dla mężczyzny chwilą wytchnienia i pasmem niekończących się przyjemności.

***

Salim powiedział, że wróci wkrótce, ale nie określił dokładnie terminu, co oznaczało, że może przylecieć w każdej chwili. Postanowiłam zadzwonić do Lindy i poprosić ją, żeby do mnie przyszła, aby wziąć ode mnie USB z plikami zawierającymi efekty mojej dotychczasowej pracy. Salim czasem pojawiał się zupełnie niespodziewanie dużo wcześniej, niż zapowiadał, i odnosiłam wrażenie, że mnie w ten sposób sprawdzał. Jeżeli chciałam nadal pisać, musiałam być niezwykle czujna i ostrożna. Wybiłam numer Lindy.

– Halo!

– Cześć, Lindo.

– Cześć, Isabelle. Cieszę się, że dzwonisz. Co u ciebie słychać?

– Wszystko w porządku. Wiesz, gdybyś jutro miała czas, to byłoby dobrze, żebyś do mnie przyszła.

To był nasz umówiony kod językowy. Jeżeli mówiłam, że „byłoby dobrze", to oznaczało, że chcę jej dać USB. Moja obawa przed Salimem i konsekwencjami, gdyby prawda wyszła na jaw, była tak wielka, że obawiałam się rozmawiać otwarcie o moim pisaniu nawet przez telefon.

– Jasne! – Linda od razu zrozumiała, o co chodzi. – Będę jutro. O której?

– To ty raczej powiedz o której, przecież ja i tak siedzę cały czas w domu. – Nie chciałam, żeby zabrzmiało to smutno.

– Na pewno po pracy... Szósta po południu? – zaproponowała Linda.

– Dobrze, może być o szóstej – zgodziłam się.

– Świetnie.

– To do zobaczenia jutro.

– Do jutra, Isabelle. Dobranoc.

– Dobranoc.

Linda się pożegnała, a ja nagle poczułam się przeraźliwie samotna. Wielokrotnie żałowałam, że nie mogę być z Salimem absolutnie szczera. Tak bardzo go kochałam, to był z pewnością mężczyzna mojego życia, i czasem myślałam o tym, jak byłoby wspaniale móc się z nim dzielić wszystkim, co w danym momencie było dla mnie najważniejsze, na przykład przemyśleniami i przeżyciami związanymi z pisaniem. Ale wiedziałam, że to nie jest i nigdy nie będzie możliwe. Pisałam o sprawach, o których szejkowie nie chcą, żeby wychodziły na światło dzienne. To były ich mroczne tajemnice.

Kiedy jeszcze pracowałam w Dubaju w amerykańskiej korporacji farmaceutycznej, jeden z moich kolegów, Alex, który swoją czarującą osobowością wkradł się w łaski szejków, opowiedział mi o pewnym incydencie. Jeden ze znajomych szejków zaprosił Alexa do Londynu. Wśród specjalnych atrakcji przygotowanych dla gości było między innymi oglądanie na żywo pokazów, podczas których dzieci uprawiają między sobą seks. Nie wiem, czy Alex skorzystał z tego zaproszenia, bo dopóki z nim pracowałam, nic mi o tym nie wspominał. A później zakochałam się do szaleństwa i odeszłam z firmy.

Znam jeszcze wiele nie upublicznionych informacji na temat szejków, ale w tym momencie boję się o nich pisać.

– Pamiętaj, Isabelle, nigdy, przenigdy nikomu o tym nie mów – podkreślił z całą mocą ktoś, kto przekazał mi tę wiedzę.

– Ale przecież...

– Masz dzieci... Nigdy... Przenigdy...

Zapadła noc. Następna samotna noc, pełna tęsknoty, pragnienia i rozedrganej nerwowości. Nie mogłam spać. Paliłam światło, wstawałam, chodziłam impulsywnie z sypialni do biblioteki i z biblioteki do sypialni. Schodziłam na dół do salonu. Wracałam na górę. Znów schodziłam, wchodziłam, schodziłam, wchodziłam, białe marmurowe schody wiedziały.

Poszłam do biblioteki i zapaliłam świeczki. Magiczny ogień przetrwania. Otworzyłam laptop i przeniosłam najważniejsze pliki na USB. Później je skasowałam w moim laptopie. A migotliwy blask świec rozświetlał moją duszę.

***

Zaczęłam szukać nowych informacji na temat zagadkowej śmierci Polki w Egipcie. Media rozpisywały się o sprawie, ale niestety do tej pory jeszcze nic się nie wyjaśniło. Nadal trwało śledztwo, a internauci snuli najrozmaitsze teorie dotyczące możliwych scenariuszy tego, co zdarzyło się w Egipcie, a przedtem być może również w Polsce. Wszyscy stawiali sobie jedno zasadnicze pytanie: „Na co umarła ta piękna kobieta?". Jeden z internautów, posługujący się nickiem Anonim, odpowiedział na to pytanie. Zostawiam oryginalną pisownię jego wpisu, bo mówi ona sama za siebie. „Umarła na EGOIZM, OBOJETNOSC, ZNIECZULICE, ZACHŁANNOSC LUDZKĄ. Umarła na ZŁO...".

I ja to ZŁO opisuję we wszystkich moich powieściach. Poczynając od debiutanckiej *Perskiej miłości*, w której piszę o zabójstwach honorowych i barbarzyńskim kamienowaniu kobiet, poprzez przedstawienie mechanizmów funkcjonowania nieludzkiego systemu współczesnego niewolnictwa w *Byłam służącą w arabskich pałacach*, aż po zawieranie przez szejków tymczasowych małżeństw z dziewczynkami w Egipcie w mojej ostatniej powieści *Perska namiętność*. „Tylu bogów na świecie. I tyle zła. Czy istnieje niezawodny sposób odróżnienia dobra od zła? I obrony przed nim?"[5].

Następnego dnia od rana z niecierpliwością czekałam na Lindę, i nie mogąc znaleźć sobie miejsca w pałacu, wyszłam do swojego cudownego ogrodu, który często w trudnych chwilach koił moje stargane nerwy i przynosił mi uspokojenie. Ogród był wspaniale zaprojektowany i znajdowały się w nim różnobarwne kompozycje krótko przyciętych trawników o różnych odcieniach zieleni oraz rabatki i girlandy kolorowych kwiatów odznaczających się wymyślnymi formami i kształtem płatków. Przy alejkach stały ozdobne baldachimy, pod którymi zapraszały wygodne sofy i stoliczki. Na środku ogrodu królowała imponująca trzypoziomowa fontanna, a u jej podstawy pyszniły się, doskonale wyrzeźbione w szlachetnym kamieniu, trzy imponujące lwy. Ich

[5] Laila Shukri, dz.cyt., str. 101.

wielkie grzywy, długie ogony, wyraźnie zarysowane mięśnie, jedna z łap położona na kuli oraz strzelające z ich rozwartych pysków strugi wody kojarzyły mi się z wielką mocą i dodawały mi siły. Usiadłam na jednej z rozłożystych sof stojących naprzeciwko fontanny i zapatrzyłam się na tryskającą wodę. W każdej kropli wszechświat.

Błagalna prośba o pomoc Polki, którą spotkałam na jachcie, wciąż nie dawała mi spokoju. Zastanawiałam się, jak mogę ją znaleźć, ale to wydawało się tak trudne, że aż prawie niemożliwe do zrealizowania. To był jacht, na którym bawili się szejkowie, a takich jachtów było w Dubaju dziesiątki. Kobieta wołała: „Oni mnie tu uwięzili, ja nie chcę tego robić!", więc podejrzewałam, że tak jak setki innych kobiet została jakimś perfidnym podstępem zwabiona do Dubaju, a następnie sprzedana i uwięziona. Na pewno na ten jacht ktoś ją przywiózł, bo przecież na nim nie mieszkała. Ktoś ją musiał przymuszać do prostytucji w jakimś burdelu lub w wynajętym apartamencie. A to było jak szukanie igły w stogu siana. Jedynym pocieszeniem było to, że jeżeli przebywała na jachcie z szejkami, to musiała dla nich pracować lub przynajmniej ocierać się o ich środowisko. To w jakimś stopniu zawężało pole poszukiwań. Ale jak ja mogę jej szukać, jeżeli sama jestem uwięziona w swoim pałacu? Salim nie pozwalał mi się nigdzie ruszać bez kierowcy i ochrony. A poza tym, nie będę przecież biegać po burdelach. Czy istnieje jakiś sposób, żeby pomóc tej zrozpaczonej kobiecie? – tylko to zaprzątało moje myśli.

Wpół do szóstej zeszłam do salonu i tam czekałam na Lindę. Wcześniej poleciłam Amani, służącej, która nadzorowała wszystkie sprawy związane z prowadzeniem domu i pracą służby, aby upiekła ulubione ciasteczka Lindy. Przygotowywało się je z dodatkiem wody z kwiatów pomarańczy, wody różanej, kardamonu i pistacji, co zapewniało im zupełnie niepowtarzalny smak i zapach. Linda za nimi przepadała. Zawołałam Amani, która zaraz pojawiła się w salonie.

– Słucham, madame.

– Pistacjowe ciasteczka są gotowe?

– Tak, madame.

– To możesz je już tu przynieść.

– Dobrze, madame. Jeszcze madame sobie coś życzy?

– Tak. Jak zawsze podaj jakąś mieszankę orzeszków, dzbanek wody z miętą i cytryną...

– Oczywiście, madame. Jeszcze coś?

– Na razie dziękuję.

– Dobrze, madame. – Amani opuściła salon, a po chwili wróciła z tacą, na której piętrzyły się aromatyczne ciasteczka.

Postawiła tacę na stoliku, po czym zaczęła się krzątać wkoło niego, rozstawiając talerzyki i szklaneczki. Ja cały dzień byłam tak zaabsorbowana myślami o Polce, która prosiła mnie o pomoc, że dopiero tuż przed szóstą zorientowałam się, że nie mam przy sobie USB. Szybko pobiegłam na górę do biblioteki, żeby go przynieść, a kiedy zeszłam do salonu, Linda już tam na mnie czekała.

– Witaj, Lindo, cudownie, że już jesteś! – Przywitałam się z przyjaciółką.

– Dzień dobry, Isabelle! – Linda serdecznie mnie uściskała.

– Proszę. – Gestem zaprosiłam koleżankę na kanapę.

Usiadłyśmy, a ja zawołałam Malati.

– Czego się napijesz, Lindo, herbaty? – zapytałam.

– Raczej kawy, jestem nieprzytomna po całym dniu pracy.

– A jaką chcesz kawę?

– Do tych pysznych ciasteczek najlepsza będzie kawa arabska z kardamonem – stwierdziła Linda.

– Malati, przygotuj dla madame Lindy kawę arabską – poleciłam służącej.

– Ile cukru, madame? – Malati zwróciła się do Lindy.

– Tak średnio. Niecała łyżeczka wystarczy.

– Dobrze, madame.

– Dla mnie też kawa arabska, Malati.

– Oczywiście, madame. – Służąca czekała na dalsze polecenia.

– Dziękuję, Malati, możesz już iść.

– Dobrze, madame. – Służąca opuściła salon.

Linda wzięła jedno ciasteczko i ugryzła kawałek.

– Hmmm… Pyszne! – Zachwyciła się. – Dziękuję, Isabelle, za pamięć.

– Cieszę się, że ci smakują.

– Są świetne!

Linda kończyła ciasteczko, a ja podałam jej USB.

– Nad czym teraz pracujesz? – Linda zawsze była ciekawa, co zaprząta moją uwagę.

– Straszne rzeczy… – Wciąż miałam przed oczami uwięzioną w burdelu Polkę. – Handel ludźmi.

– To rzeczywiście przerażający proceder – zgodziła się Linda. – Ale wyjątkowo dochodowy.

– I dlatego tak bardzo rozpowszechniony… I bez litości…

„Pomóż mi, błagam cię, ja tu nie chcę być!" – zabrzmiały mi w głowie błagalne słowa Polki. Chyba jakiś cień musiał przebiec po mojej twarzy, bo Linda spojrzała na mnie uważnie.

– Coś się stało? – zapytała.

– Nie…

O tym, że znalazłam się na jachcie, gdzie odbywało się seks-party, nie powiedziałam nikomu, nawet Lindzie. To, co tam się działo, było tak wyuzdane i wulgarne, że wolałabym tego nigdy nie widzieć. I nigdy o tym nie pamiętać.

– Nie… To znaczy cały czas się dzieje… – Głęboko westchnęłam. – Wiesz sama, te małe azjatyckie dzieci gdzieś się rodzą i później całe ich życie jest tylko jednym wielkim cierpieniem... A jednak... – pomyślałam, że ta Polka na jachcie też znalazła się w sytuacji, w której nie miała żadnego wyboru.

– A poza tym? – powtórzyła Linda pytająco.

– Poza tym niektóre kobiety przybywają tu z własnej woli, aby oddawać się szejkom za pieniądze. Słyszałaś o tej rosyjskiej modelce, która przyjechała do Dubaju, aby sprzedać swoje dziewictwo?

– Tak, to była głośna sprawa. – Linda sięgnęła po następne ciasteczko. – Są tak wyśmienite, że chyba zjem je wszystkie. – Zaśmiała się.

– Na zdrowie! – Uśmiechnęłam się. – Są upieczone specjalnie dla ciebie.

– To jeszcze raz dziękuję. A wracając do tych dziewic... – Koleżanka sięgnęła po serwetkę i wytarła usta.

– Proszę, weź jeszcze jedno. – Wskazałam na tacę.

– Następne już z kawą. – Linda odłożyła serwetkę. – A wracając do dziewic, to teraz dobrowolne sprzedawanie dziewictwa nie jest znów takie odosobnione.

– Wiem, właśnie pisałam o tym procederze w Dubaju.

– To dzieje się nie tylko tutaj. I nawet sobie nie wyobrażasz, jakie sumy te dziewczyny mogą dostać.

– Tak duże?

– Ogromne! Jedna osiemnastoletnia modelka z Rumunii przez niemiecką agencję wystawiła swoje dziewictwo na licytację. I zgadnij, jaka była cena wyjściowa.

– Nie mam pojęcia.

– Milion euro!

– Co?!!!

– Tak, milion euro na początek. A ten, który ją wylicytował, zapłacił dużo więcej.

– To jakiś szejk?

– Akurat nie, to był biznesmen z Hongkongu.

– I ile zapłacił?

– Dwa miliony trzysta tysięcy euro!

– To naprawdę ogromna suma!

– Tak, na pewno. Agencja pośrednicząca wzięła z tego dwadzieścia procent, ale i tak dziewczyna dostała olbrzymie pieniądze.

– To trudno się dziwić, że później znajdują się chętne.

– Tak, szczególnie że dziewictwo niektórych dziewcząt osiąga cenę kilkuset tysięcy euro.

– Jak znajdą się tacy, którzy tyle zapłacą...

Do salonu weszła Malati i postawiła na stole filiżanki z kawą.

– Dziękuję, Malati – powiedziałam do niej.

– Proszę, madame. – Służąca wyszła z salonu.

– To teraz, Lindo, następne ciasteczko do kawy – przypomniałam.

– Z przyjemnością. – Linda się poczęstowała. – Piękne kobiety i duże pieniądze... To zawsze w jakiś sposób się łączy.

– Co masz na myśli?

– Tych wszystkich mężczyzn, którzy są w stanie sporo zapłacić, żeby tylko znaleźć się w towarzystwie pięknej kobiety. Słyszałaś o ostatniej kontrowersyjnej ofercie saudyjskiego księcia, syna króla Arabii Saudyjskiej i następcy tronu, szejka Muhammada ibn Salmana Al Su'uda?

– Nie.

– Zaproponował Kim Kardiashan dziesięć milionów dolarów za to, żeby spędziła z nim jedną noc.

– Przecież ona ma męża! – wykrzyknęłam.

– Przecież mówię, że oferta jest kontrowersyjna. – Linda się uśmiechnęła.

– Ale żeby aż tak! – Zdziwiłam się.

– Sam książę oficjalnie to ogłosił i nawet publicznie uzasadnił swoją propozycję.

– Ciekawe jak?

– Mąż Kim Kardiashan, znany raper, wokalista i producent muzyczny, ma ostatnio jakieś potężne problemy finansowe i sam przyznał, że jest zadłużony na ponad pięćdziesiąt milionów dolarów.

– A skąd takie kolosalne zadłużenie?

– Z jego marzenia, żeby wejść w przemysł modowy... I coś tam nie wyszło...

– I stąd ta oferta szejka?

– Poniekąd... Książę powiedział dziennikarzom „Nie interesują mnie ani jego muzyka, ani jego ubrania, ale jego żona jest skarbem o nieocenionej wartości. Z przyjemnością zapłacę dziesięć milionów dolarów, a nawet więcej, żeby spędzić z nią jedną noc".

– I co na to Kim i jej mąż?

– Jak dotychczas jeszcze nie odpowiedzieli.

– Może się zastanawiają... – zażartowałam.

– Może... – Linda zaśmiała się. – A wiesz, że ty nawet możesz mieć rację.

– Dlaczego?

– Bo kilka lat temu Kim już dostała podobną propozycję od innego saudyjskiego szejka.

– Też za dziesięć milionów?

– Wtedy to był tylko milion dolarów.

– Też za jedną noc?

– Tak. Kim umieściła swoje zdjęcie w bikini na Instagramie, a później znalazł się pod nim następujący wpis: „Jestem Saudyjczykiem i zapłacę milion dolarów za noc".

– I Kim przyjęła wtedy propozycję szejka?

– Krążą plotki, że tak. Podobno chodziło o towarzyszenie księciu, bo to też był saudyjski książę, na jakimś party.

– Już ja znam te party… – Przypomniałam sobie orgię na jachcie sprzed roku.

– Co masz na myśli?

Zamilkłam, bo nie wiedziałam, jak o tym wszystkim Lindzie opowiedzieć.

– Co się dzieje, Isabelle? – zapytała Linda.

– Bo kiedyś…

– Co kiedyś?

– Znalazłam się w takim miejscu…

– W jakim miejscu?

– Na jachcie…

– No przecież nie raz byłaś na jachcie.

– Tak, ale to nie chodzi o nasz jacht, to znaczy Salima…

– Isabelle, o czym ty w ogóle mówisz? – Nie rozumiała Linda.

– To było wtedy, kiedy byłam zupełnie załamana i zrozpaczona – próbowałam jakoś to wyjaśnić. – Zadzwoniłam do Kate, mojej koleżanki z firmy, w której kiedyś pracowałam, i ta zaproponowała mi, żebyśmy poszły razem gdzieś się zabawić.

– To chyba nie ma w tym nic złego.

– Nie do końca…

– Bo?

– To nie było takie zwykłe party.

– Isabelle, nie możesz mówić jaśniej?

– Bo chodzi o to, że to było seksparty – wyrzuciłam z siebie.

Linda otworzyła szeroko oczy ze zdumienia.

– Wiesz, te słynne dubajskie orgie, gdzie każdy z każdym… – Aż się wzdrygnęłam.

– I ty?

– Nie, nie, absolutnie nie! – zaprzeczyłam gwałtownie.

– Ale czemu w ogóle tam poszłaś?

– Bo nie wiedziałam…

– Jak to, nie wiedziałaś?

– Myślałam, że to takie normalne party na jachcie, więc pojechałam.

– A później?

– Nawet nie pytaj… Mnie na szczęście udało się uciec, ale tam była taka druga Polka…

– I co?

– I musimy ją koniecznie znaleźć, Lindo. Koniecznie – zakończyłam mocnym głosem.

Rozdział VII

Saudyjski szejk

Zbili mnie, stargali, sponiewierali. Kiedy na jachcie, na którym odbywała się orgia, usłyszałam klnącą po polsku kobietę, z miejsca do niej podbiegłam i krzycząc wniebogłosy błagałam ją o pomoc. Sandżaj to zauważył, rozsierdzony zawołał mężczyznę z nożem i obaj doskoczyli, aby mnie brutalnie od niej odciągnąć. Później rozwścieczeni do białej gorączki bili mnie i kopali z całych sił, i w pewnym momencie byłam pewna, że jeszcze trochę i mnie zatłuką na śmierć. Dobrze, że pojawił się Ibrahim, który rozkazał im natychmiast przestać.

– To moja dziwka – ryknął na moich oprawców. – Zapłaciłem za nią za całą noc! Zostawcie ją w tej chwili!

Wyrwał mnie z ich rąk i zaprowadził do jednej z kabin pod pokładem. Tam popchnął na łóżko i wielokrotnie bestialsko zgwałcił. Od początku był już bardzo podniecony, zapewne przez odbywającą się na jego oczach na górze orgię. Musiał też podziałać na niego widok przemocy, którą zastosowali wobec mnie Sandżaj i mężczyzna z nożem, bo stał się bardziej agresywny niż kiedykolwiek. Wepchnął mi na siłę swój język do ust i nie zważając na mój opór, wymusił głębokie pocałunki. Tarmosił natarczywie moje piersi, mocno ściskając przy tym sutki i powodując przeszywający ból. Gwałtownie rozszerzył mi nogi i wchodził we mnie silnymi, szybkimi pchnięciami, nie bacząc na to, że nie byłam jeszcze gotowa, więc każdy jego ruch sprawiał mi wielkie cierpienie. Traktował mnie jak bezwolną seksualną lalkę i z pewnością to samo robił ze mną na wyspie, kiedy byłam odurzona. Ten zbereźny fragment filmiku, który pokazała mi Karima… Dochodził, później brał jakieś proszki, popijając alkoholem, i za kilka minut zaczynał na nowo. Za kolejnym razem to już nie boleść była we mnie, tylko ja sama byłam jedną wielką męczarnią, udręką, boleścią. Pomyślałam, że jeżeli, tak jak zapowiadał Ibrahim, dołączy do nas jego kolega, żeby zabawiać się w trójkącie, to umrę.

Kolega nie przyszedł, na pewno znalazł na jachcie wystarczająco dużo podniet i partnerek, żeby zaspokoić swe plugawe chucie. Nad ranem wyczerpany seksualnym maratonem Ibrahim zasnął, a ja na początku, zmaltretowana i obolała, zastygłam w bezruchu, bojąc się, że najmniejszy szmer obudzi Ibrahima. Później, kiedy rozległo się głośne chrapanie, wzięłam do ręki wypełnioną do połowy butelkę whisky i wypiłam ją do dna, prawie nie odrywając od niej ust.

Trwałam w jakimś pijackim półśnie, kiedy usłyszałam pukanie do drzwi. Nie zareagowałam, bo obawiałam się, że to jakiś niewyżyty uczestnik orgii szuka dalszych rozrywek. Pukanie powtórzyło się, a następnie drzwi się otworzyły i zobaczyłam Sandżaja.

– Zbieraj się! – krzyknął głośno, ale kiedy zobaczył przykrytego kołdrą śpiącego Ibrahima, od razu zniżył głos. – Koniec zabawy.

Z trudem wstałam i ledwie mogłam się utrzymać na nogach, ale Sandżaj, nie zważając na moje wycieńczenie, wymierzył mi kilka siarczystych policzków.

– Posłuchaj mnie, suko, uważnie – wycedził przez zęby. – Jeszcze jeden taki numer i po tobie, rozumiesz? – Twardo patrzył mi prosto w oczy. – I masz szczęście, że Ibrahim to wpływowy saudyjski szejk... Bo w przeciwnym razie... – Wzrokiem wskazał na stojącego w drzwiach mężczyznę z nożem, a ja przypomniałam sobie rozległą szpecącą bliznę na brzuchu Oksany.

– Nie będę sobie psuł towaru – mruknął jeszcze pod nosem Sandżaj, kiedy opuszczaliśmy kabinę.

W burdelu od razu przybiegła do mnie Oksana.

– Opowiadaj, jak było?! – zapytała podekscytowana.

– Oksana, odpieprzyło ci? – Byłam brudna, całe ciało miałam obolałe, moje narządy intymne wręcz mnie paliły i chciało mi się potwornie spać.

– Coś ty taka zła jak osa! – obruszyła się Oksana. – Tylko pytam, jaka była zabawa.

– Jaka zabawa, Oksana, opanuj się! – Koleżanka tylko mnie zdenerwowała. – Gdzie ja byłam, Oksana!!! No powiedz, kurwa, Oksana, gdzie ja byłam?!!! – krzyczałam na koleżankę, ale tak naprawdę to wrzeszczałam na Tarka, Ibrahima, Sandżaja i mężczyznę z nożem. – Na balu dla debiutantek w Wiedniu?!!!

– Jakim balu? – Oksana zrobiła głupią minę.

– Nieważne...

– Dżulio, ja przy tobie jestem od momentu, kiedy tylko cię tu przywieźli, a ty mi teraz nic nie chcesz powiedzieć. – Oksana wyglądała na obrażoną.

Przyszłaś do mnie, bo ci kazała Karima, i tkwisz przy mnie, bo możesz mnie łatwo okradać – pomyślałam, bo w burdelu oduczyłam się sentymentów.

– To co chcesz wiedzieć? – zapytałam głośno, gdyż nie wyglądało na to, że Oksana opuści bez odpowiedzi mój pokój.

– Jak to jest... na jachtach z tymi szejkami... – Oksana się ożywiła. – Kiedy wyszliście, to zastanawiałyśmy się, dlaczego

Sandżaj pozwolił, żeby najlepszych dziewczyn nie było tego wieczoru na sali, ale Karima powiedziała, że ten twój Ibrahim…

– Tylko nie mój… – wtrąciłam.

– Twój Ibrahim… – upierała się Oksana – …to jakiś ważny szejk i dlatego mógł wziąć najładniejsze dziewczyny na całą noc. I jak było? – powtórzyła jak papuga Oksana.

– Co mam ci powiedzieć… – Szeroko ziewnęłam. – Nie wiesz, gdzie my pracujemy…

– Dziewczyny mówią, że Larysa dostała jakiś gigantyczny napiwek. – Oczy Oksany się roziskrzyły. – Gdy jesteś wśród szejków, to możesz pławić się w kasie… – rozmarzyła się Oksana.

I taplać się w gównach – dodałam w myślach, przypominając sobie leżącą na pokładzie jachtu nagą Larysę z resztkami kału na piersiach. Kiedy wychodziliśmy, mężczyzna z nożem ledwie ją dobudził, żeby ją zabrać do burdelu, a Sandżaj potrząsnął ramię drzemiącego obok niej obleśnego Araba, żądając dodatkowej opłaty za usługę ekstra. Arab bez słowa wyjął gruby zwitek banknotów i wręczył je Sandżajowi, a drugi taki sam rulonik, chyba miał je już wcześniej przygotowane na takie okazje, wcisnął do ręki półprzytomnej Larysie. To na pewno był ogromny napiwek.

– A ty coś dostałaś? – dopytywała się Oksana.

To dlatego nie dajesz mi spokoju – powiedziałam do koleżanki w myślach.

– Nie, nic nie dostałam. – Kiedy opuszczałam kajutę, Ibrahim jeszcze spał.

Oksana spojrzała na mnie z niedowierzaniem.

– To było specjalne zamówienie szejka Ibrahima, a ty nic nie dostałaś? – Dziwiła się koleżanka.

– Nie.

– Ściemniasz, Dżulio. – Twarz Oksany skrzywiła się w grymasie niedowierzania.

– Oksana, daj mi wreszcie spokój. – Miałam już dość tej rozmowy. – Idź lepiej i przynieś mi jakąś wódkę. – Człowiek łatwo może się stoczyć.

– Ale to będzie kosztowało. – Chciwie zaznaczyła Oksana.

– Wiem. – Byłam pewna, że Ukrainka nie przepuści żadnej okazji, żeby zarobić.

Oksana nadal siedziała, może myślała, jak tu wyciągnąć ode mnie informację o moim napiwku.

– Idź już, Oksana, chcę wziąć prysznic.

– Dobrze, idę po wódkę. – Koleżanka opuściła pokój.

Weszłam pod prysznic i stałam pod nim tak długo, aż wróciła Oksana z wódką.

– Dżulio, otwieraj, jestem już! – Oksana waliła w drzwi łazienki.

– Nie wrzeszcz tak, głowa mi pęka!

– To co tak tam długo siedzisz?!

Wody nie starczy, żeby to zmyć.

– Zaraz wychodzę!

Wytarłam się do sucha i opuściłam łazienkę. Oksana siedziała rozgoszczona z papierosem w ręku, a przed nią na małym stoliku stała butelka wódki i dwa napełnione kieliszki. Tak naprawdę to chciałam zostać sama, wypić tę całą butelkę wódki, niech mnie zaleje, zamroczy, wypali.

– Jeśli teraz to sama wypijesz, to nie wstaniesz wieczorem do pracy – powiedziała Oksana, jakby czytając w moich myślach.

Usiadłam zrezygnowana naprzeciwko niej, nie miałam siły się kłócić, im szybciej wypijemy butelkę, tym prędzej Oksana wyjdzie.

– Twoje zdrowie! – Podniosłam kieliszek.

– Twoje zdrowie! – Zawtórowała mi Oksana, stukając w podniesione szkło.

Wypiłyśmy od razu do dna i Oksana ponownie napełniła kieliszki.

– Samanta i Jenny są zachwycone wyprawą – powiedziała koleżanka z wyraźną nutą zazdrości.

– Nie mam pojęcia dlaczego – odparłam zgodnie z prawdą, bo ja bym nie chciała jeszcze raz tam się znaleźć.

– Mówią, że było świetnie.

Nie komentując słów Oksany, wzięłam do ręki kieliszek.

– Na zdrowie!

– Na zdrowie!

Wypiłyśmy, poczułam rozluźniające ciepło, teraz ja sięgnęłam po butelkę.

– Niezłe tempo narzucasz – stwierdziła Oksana, ale od razu wyciągnęła rękę po kieliszek.

– Na zdrowie! – powiedziałyśmy prawie jednoczenie i tak samo wypiłyśmy.

– Prosiłam Sandżaja, żeby też cię z nami zabrał, ale nie chciał się zgodzić – przypomniałam Oksanie.

– Wiem, Dżulio, dziękuję. – Koleżanka napełniła kieliszki. Szybko wypiłyśmy do dna.

– Samanta i Jenny też z niezłą kasą wróciły. Ciekawe, za jakie szczególne popisy ją dostały – zastanawiała się Oksana.

Wszystkim prostytutkom zależało na tym, żeby znaleźć swój szczególny sposób na wyciągnięcie jak największych pieniędzy od klientów.

– Nie wiem, rozdzielili nas, nie byłyśmy razem – powiedziałam zgodnie z prawdą, ale przypomniałam sobie dwie inne Filipinki, które jednocześnie zajmowały się brzuchatym mężczyzną.

Drobne Filipinki, które klientom kojarzyły się z małymi dziewczynkami, cieszyły się wśród nich dużą popularnością.

– Larysa oczywiście na wszystkich patrzy z góry, bo zarobiła wczoraj najwięcej pieniędzy. – Oksana sięgnęła po prawie opróżnioną butelkę i ponownie rozlała wódkę.

Nie chciałam mówić Oksanie, jakim kosztem. Pamiętając skierowany na mnie nienawistny wzrok Larysy, wolałam z nią nie zadzierać.

– To nasze zdrowie! – Podniosłam znowu kieliszek.

– Za nasze! – Oksana wyraźnie coś zapijała. Może straconą przez okropną bliznę szansę uczestnictwa w imprezie na jachcie szejka.

Nagle drzwi się otworzyły i do pokoju wpadła Karima.

– A wy co tu sobie popijawę urządzacie! – Napadła na nas rozeźlona. – A kto będzie później pracował?!

Oksana zerwała się jak oparzona i migiem pobiegła do swojego pokoju, bo pewnie nie chciała jeszcze bardziej podpaść Karimie. Oksana kiedyś mi się zwierzyła ze swojej narastającej ostatnio obawy, że Sandżaj ponownie ją sprzeda. Dręczyła ją wielka niepewność co do jej przyszłego losu, ze względu na to, że Sandżaj kupował nowe, atrakcyjne kobiety i zdobywał coraz lepszą klientelę. Oksana się obawiała, że Sandżaj, nie chcąc psuć swojej reputacji, ponownie ją sprzeda, i ona ze względu na swój defekt trafi do pośledniejszego burdelu.

– Dżulio, nie wyobrażasz nawet sobie, w jakich warunkach pracują w tym kraju niektóre prostytutki. Małe pokoiki, bez łazienek, i do trzydziestu klientów dziennie! – W oczach Oksany zobaczyłam wyraźny strach. – I kto przychodzi do takich miejsc? Jakaś biedota, która ci nawet napiwku nie da... Ceny są niskie, więc właściciele takiego burdelu idą na ilość. Trzydziestu klientów dziennie!

Oksana wyszła, a Karima jeszcze przez chwilę została w moim pokoju.

– Taki klient za tobą tutaj przyszedł! – W głosie Karimy zabrzmiała mała nutka zdziwienia, a może i podziwu. – Dobrze, Dżulio, dobrze... – Arabka wyszła, nie zabierając nawet resztki wódki, co było dość niespotykane, bo zazwyczaj nie pozwalała na picie w ciągu dnia.

Oczywiście dziewczyny i tak popijały po kryjomu, ale nie robiły tego na oczach Karimy. Sięgnęłam po butelkę i opróżniłam ją do samego dna. Położyłam się na łóżku, ale mimo bólu i potwornego zmęczenia nie mogłam zasnąć. W głowie wirował mi kalejdoskop urywanych zdarzeń, fragmenty zdań, dziwne zależności mojego nowego świata. Karima, zostawiając niedopitą butelkę, potraktowała mnie w tym momencie wyjątkowo i to pewnie tylko dlatego, że byłam kochanką szejka. Gdzieś z oddali zabrzmiały mi słowa Tarka, który próbował mnie przekonać, żebym została ekskluzywną prostytutką. „Lazurowe Wybrzeże, w tym Saint-Tropez, Monaco ze słynnym Monte Carlo… Ociekające bogactwem jachty, kasyna i kluby tylko dla VIP-ów… Tak żyje elita tego świata, Dżulio". A te kobiety na jachcie, na którym płynęliśmy na wyspę… Piękne, roześmiane, w bikini najlepszych światowych marek i w okularach przeciwsłonecznych wartych kilkaset, a nawet kilka tysięcy dolarów… I nie wyglądało na to, żeby te kobiety ktokolwiek do czegokolwiek przymuszał. Tak wybrały…

Oczy mi się kleiły i powoli zapadałam w sen. Zaczął działać naprędce wypity alkohol – rozluźnił mnie i zatarł obraz plugastwa szerzącego się ostatniej nocy na jachcie. Wódka stępiła ból w moich miejscach intymnych i w piersiach oraz skierowała moje myśli na zupełnie nowe tory. Pierwszy raz opuściłam burdel, od kiedy mnie sprzedano, z szejkiem Ibrahimem. Wprawdzie tym razem towarzyszyli nam Sandżaj i człowiek z nożem, ale może dlatego, że na tę imprezę potrzebnych było również kilka innych kobiet. Na granicy jawy i snu zaczęłam tworzyć różne możliwe warianty moich następnych wyjść z szejkiem Ibrahimem. Może znowu mnie gdzieś zaprosi, może uda się wyjść bez obstawy z burdelu, może znajdzie się ktoś taki, jak ta nieznana Polka na jachcie, kogo będę mogła ponownie poprosić o pomoc... Może to jest moja jedyna droga do wolności...

– Dżulio, Dżulio... – Oksana mocno szarpała mnie za ramię. – Wstawaj szybko, już czas iść na salę!!! – Koleżanka bezceremonialnie ściągnęła ze mnie kołdrę.

– Oksano, co ty wyrabiasz? – Pociągnęłam nakrycie na siebie.

– Dżulio, wstawaj, czas do pracy!

– Przecież dopiero co przyszłam z pracy. – Wydawało mi się, że przed chwilą zasnęłam.

– Wstawaj, szybko, ogarnij się i chodź na górę. Zobaczysz, co się tam dzieje! – mówiła z przejęciem Oksana.

– Co się dzieje? – Powieki ciążyły mi tak bardzo, że nie mogłam ich otworzyć.

– Pełna sala gości! I to jakich! – Oksana prawie krzyczała. – Pełna sala! – powtórzyła zaaferowana Oksana.

Nie chciało mi się wstawać, nie chciało mi się nic robić, a tym bardziej zabawiać pełnej sali gości.

– Chodź już, twój szejk Ibrahim też tam jest i na ciebie czeka.

– Ibrahim znowu przyszedł? – Zainteresowałam się.

– Tak, i Larysa już się koło niego kręci. Idź do niego szybko, bo ci go zabierze, zanim się pojawisz! – poradziła mi Oksana.

Zwlokłam się z łóżka. Kolejna noc z Ibrahimem nie napawała mnie entuzjazmem, ale pomysły, które przyszły mi do głowy tuż przed zaśnięciem, sprawiły, że postanowiłam być dla niego miła. Przypomniałam sobie stwierdzenie Tarka, a on z pewnością znał się na tym biznesie, że „wystarczy być miłą" i można mieć okulary, torebki, buty i ciuchy najlepszych światowych firm, wieść kolorowe życie na jachtach, prywatnych wyspach, w luksusowych restauracjach, hotelach i klubach, podróżować po całej Europie... Nie chciałam tego wszystkiego, ale może „bycie miłą" dla szejka Ibrahima pozwoli mi jakimś sposobem wydostać się z tego koszmaru, w którym się znalazłam.

– Zrób sobie dzisiaj wyjątkowo dobry makijaż, Dżulio – poradziła mi Oksana.

– Dlaczego?

– Dziewczyny, kiedy zobaczyły jacy ważni goście przyszli, to od razu jedna po drugiej, niby wychodząc do toalety, pobiegły do swoich pokojów, aby zrobić się na bóstwa. Pospiesz się, bo Larysa ci zabierze twojego szejka.

Po szybkiej toalecie ubrałam się i, tak jak radziła mi Oksana, postarałam się, aby tego wieczoru mój makijaż wyglądał wyjątkowo efektownie. Swoje naturalne długie blond włosy rozpuściłam i kilka razy przeczesałam szczotką, żeby były bardziej puszyste. Na koniec wyjątkowo obficie spryskałam się perfumami.

– Świetnie! – pochwaliła Oksana. – Idziemy!

Opuściłyśmy pokój i wyszłyśmy na korytarz. Zwróciłam wzrok w stronę znajdującego się na jego końcu rozwidlenia, które zawsze mnie intrygowało. Byłam ciekawa, co też może być w rozchodzących się na boki korytarzykach. „Tam nie wolno ci nigdy wchodzić" – zakaz Karimy, który obwieściła mi mojego pierwszego dnia pobytu w burdelu, wypłynął z zakamarków pamięci i zabrzmiał złowrogo. – „Im mniej wiesz, tym lepiej dla ciebie i dla nas wszystkich".

Odwróciłam głowę i razem z Oksaną granitowymi schodami udałyśmy się na górę do głównej sali. Koleżanka miała rację, że tego wieczoru panowała w niej wyjątkowa atmosfera. Dziewczyny wyglądały dużo lepiej niż zwykle, kiedy to z widocznym zmęczeniem na twarzach czekały na klientów, marząc tylko o tym, żeby kolejna noc szybko się skończyła. Tym razem nie wydawały się znużone, a wręcz przeciwnie, tryskały energią i rozdawały zachęcające uśmiechy wielu nowym klientom, którzy pojawili się w burdelu.

Na eleganckiej kanapie obitej pikowanym jasnozłotym pluszem siedział Ibrahim w otoczeniu swoich trzech kolegów. Szejka zabawiała, wyraźnie go kokietując i uwodząc swoim mocno wyeksponowanym biustem, Larysa ubrana w jasnoróżową sukienkę tak krótką, że widać było jej błyszczące, przezroczyste, czerwone majtki.

– Mówiłam ci! – Nęcąca swoimi wdziękami Larysa od razu przykuła wzrok Oksany.

Między kolegami szejka Ibrahima chichotały głośno Samanta i Jenny. Ta ostatnia jak zwykle stosowała stary, ale nieodmiennie efektywny trik z seksownym przekładaniem nogi na nogę i prezentowaniem mężczyznom swojego krocza. I tym razem osiągnęła zamierzony cel, bo jeden z kolegów szejka Ibrahima co chwilę zerkał między jej uda.

Jaszczurczy wzrok Larysy przebił mnie na wylot, kiedy tylko weszłam na salę. Zatrzymała go na mnie na dłużej, przesyłając mi wyraźny przekaz, że dzisiaj to ona zajmie się szejkiem Ibrahimem. Starając się nie zwracać uwagi na nienawistne spojrzenie Larysy, podeszłam do baru i usiadłam na swoim stołku. Oksana zajęła jak zwykle miejsce obok mnie, a barman od razu podał nam dwie wódki z sokiem ananasowym i sprite'em.

– Larysa nie odpuszcza – skomentowała Oksana, patrząc na swoją rodaczkę, która za wszelką cenę starała się przykuć uwagę szejka Ibrahima.

Larysa wstała z kanapy i w takt rytmicznej muzyki nęciła go tańcem. Od czasu do czasu odwracała się do niego tyłem i wypinając ponętnie pupę, trzęsła nią zachęcająco, pokazując w krótkiej sukience i przezroczystych majtkach niemalże wszystkie swoje intymne walory.

– Dżulio, ona ci dosłownie sprząta twojego szejka sprzed nosa, a ty nic z tym nie robisz? – Zdziwiła się Oksana.

– Niech sobie sprząta – odpowiedziałam, pociągając duży łyk drinka.

Przypomniałam sobie to, co wyrzucił z siebie z wściekłością Tarek na wyspie, że „oni", czyli szejkowie, chcą ciągle czegoś nowego, świeżego, a nie wyrobionych kurew, które rozkładają nogi przed każdym, kto zapłaci.

– Gdyby mną się zainteresował jakiś szejk, to ja na pewno robiłabym wszystko, żeby go przy sobie utrzymać – wyraziła swoje zdanie Oksana.

– Pierwszy raz widzę, żeby Sandżaj pił. – Zmieniłam temat, patrząc na właściciela burdelu sączącego powoli whisky z lodem. Sponad grubej szklanki wodził po sali wzrokiem z wyrazem wielkiego zadowolenia.

– Rzeczywiście, Sandżaj rzadko pije, przynajmniej przy nas – potwierdziła Oksana. – Na sali sięga po kieliszek sporadycznie, w szczególnych momentach, na przykład wtedy, kiedy kupi jakąś nową dziewczynę lub zrobi ekstratransakcję, jak tę wczoraj z szejkami na jachcie.

Szczególnie z Larysą mu się udało. – Przed oczami mignął mi moment, kiedy Arab wręczył Sandżajowi gruby zwitek banknotów za dodatkową usługę.

– Chyba jeszcze nigdy nie widziałam Sandżaja w tak dobrym humorze – ciągnęła Oksana. – Widać interes się kręci…

– Kręci się, kręci… – przytaknęłam.

To był naprawdę wyjątkowy wieczór, bo na środek parkietu wyszła sama Karima, która nigdy wcześniej, od kiedy mnie tu przywieziono, osobiście nie zabawiała w ten sposób gości. Ręką dała znak didżejowi, żeby zmienił europejską muzykę na arabską, po czym wzrokiem poleciła Larysie zejść z parkietu, co ta natychmiast uczyniła, siadając oczywiście obok szejka Ibrahima.

Rozległa się arabska muzyka z wyraźnym rytmem bębenków. Karima miała na sobie turkusową błyszczącą sukienkę do połowy łydki z głębokim wycięciem odsłaniającym jej zgrabną nogę. Górna część sukienki – stanik z cekinów i błyszczących kamyczków – była tak uformowana, że odkrywała prawie cały bujny biust Karimy. Na wysokości bioder kobieta przewiązała chustę z okrągłymi monetami, które brzęczały przy każdym jej ruchu.

– Z jakiego kraju jest Karima? – Jakoś nigdy do tej pory nie pomyślałam, żeby o to zapytać.

– Z Maroka – odpowiedziała Oksana. – Powszechnie wiadomo, że to jedne z najdroższych w Dubaju prostytutek. Niektóre z nich mogą kosztować kilka tysięcy dolarów za noc.

– Skąd ta cena?! – Dla mnie to były duże pieniądze.

– Mówią, że mają bardzo ponętne ciała i są niezwykle gorące w środku.

– Gorące w środku?

– Tak mówią. Potrafią rozpalić mężczyznę do obłędu. Spójrz tylko na Karimę.

Odwróciłam się na stołku i teraz mogłam w pełni podziwiać popis Marokanki. Jedną rękę uniosła do góry, przytrzymując nią swoje długie ciemne włosy, a drugą wykonywała zmysłowe ruchy, układając przy tym z gracją ozdobione pierścionkami palce. Pierwszy raz widziałam taniec brzucha i musiałam przyznać, że miał w sobie mnóstwo zmysłowości, kobiecości i seksowności. Był zupełnie inny niż dość wulgarny taniec Larysy. Emanował jakąś przyciągającą tajemniczością, a przede wszystkim był nasycony żarliwym seksem i namiętnością. Ciało Karimy drgało i wiło się w rytm gorącej arabskiej muzyki, kusząc i obiecując rozkosze, które mogą zapewnić tylko rajskie hurysy. Szejkowie i pozostali goście z zapartym tchem śledzili podniecające wibracje piersi, pośladków, bioder i brzucha, nie mogąc oderwać oczu od powabnej Marokanki. Kiedy Karima zakończyła swój występ efektownym szybkim drżeniem bioder i pośladków, spadł na nią deszcz rzucanych przez szejków banknotów, które szybko pozbierali pracujący dla Sandżaja Hindusi.

Jeden z siedzących na kanapie przyjaciół szejka Ibrahima gestem zaprosił Karimę, aby zajęła miejsce obok niego, po czym po raz kolejny obsypał ją garścią pieniędzy. Marokanka przyjęła ten wyraz zachwytu z czarującym uśmiechem, a następnie szepnęła coś do mężczyzny, który od razu zamówił drogiego szampana. Strzelił korek i pieniący trunek polał się do podstawionych kieliszków. Po wypiciu szampana tym razem to mężczyzna powiedział coś do Karimy, która twierdząco kiwnęła głową. Para od razu wstała i zabierając ze sobą napoczętą butelkę szampana, udała się do jednego z położonych na dole pokojów.

Rozochoceni mężczyźni zaczęli wybierać kobiety, które wszelkimi sposobami zachęcały ich do zamawiania drogich trunków. Szampan lał się strumieniami, rozlegały się śmiechy rozbawionego towarzystwa i coraz więcej par rozchodziło się, aby zakończyć ten wieczór we dwoje. Larysa nadal siedziała koło szejka Ibrahima, a Samanta i Jenny zabawiały jego kolegów.

– Daj nam jeszcze po drinku. – Oksana zwróciła się do barmana.

Po chwili dwie długie szklanki z koktajlami pojawiły się przede mną i Ukrainką. Gości wciąż przybywało i Oksana od czasu do czasu zerkała w stronę drzwi, mając nadzieję, że zjawi się ktoś, kto się nią zainteresuje.

– Nie! – krzyknęła znienacka Oksana.

– Co się stało?

– Tylko nie on! Przyszedł ten popaprany zbok! – Koleżanka aż wzdrygnęła się z obrzydzenia.

Odwróciłam wzrok w stronę wejścia i zobaczyłam potężnej postury Araba, który pewnym krokiem wkroczył na salę.

– To Ahmed, wszystkie dziewczyny się go boją – wyjaśniła Oksana.

Rzeczywiście na sali zapanowało ledwie wyczuwalne poruszenie, prostytutki przysuwały się bliżej mężczyzn, aby dać do zrozumienia, że już są zajęte.

– A co z nim nie tak? – zapytałam.

– Sadysta jakich mało... – Na twarzy Oksany pojawił się skurcz strachu. – Nie raz okaleczył dziewczyny.

– Aż tak?! – wykrzyknęłam.

– Straszny jest! – podkreśliła Oksana.

– To czemu Sandżaj daje mu dziewczyny?

– Biznes to biznes... – Oksana skuliła się w sobie, bo Ahmed z zaciętą miną rozglądał się po sali, wyszukując swojej ofiary.

Zauważyłam, że niektóre kobiety dyskretnie czmychają do toalety, aby tylko zejść z oczu zwyrodnialca. Ahmed skierował swe kroki w stronę siedzącego w zaciemnionym rogu Sandżaja. Mężczyźni przywitali się i Sandżaj skinął na obsługę, żeby ta nalała gościowi whisky. Sandżaj i Ahmed stuknęli się szklankami, po czym wypili dużą część ich zawartości.

– Biedna ta, która dziś na niego trafi. – Oksana też skończyła swojego drinka.

Mimowolnie odwróciłam głowę w stronę Ibrahima i się do niego zachęcająco uśmiechnęłam. Już lepszy on niż jakiś sadystyczny zboczeniec. Myślałam, że Larysa zabije mnie wzrokiem, ale nie zważając na nią nadal posyłałam Ibrahimowi wabiące uśmiechy, co sprawiało mu widoczną radość. W pewnym momencie szejk wstał i zbliżył się do baru. Podszedł do mnie i z lubieżną przyjemnością pogładził moje długie blond włosy.

– Chodź – powiedział tylko, po czym wziął mnie za rękę i poszliśmy w stronę schodów, które prowadziły na dół.

Po drodze zobaczyłam, że Ahmed przekazuje Sandżajowi gruby plik pieniędzy, a następnie opróżnia swoją szklankę do dna i rusza na poszukiwanie odpowiedniej dla siebie prostytutki. W powietrzu czuło się narastający strach. Zboczeniec rozglądał się wkoło, pożądliwie taksując kobiety od stóp do głów, a przeraźliwy lęk, który pojawiał się na ich twarzach, kiedy tylko jego wzrok zatrzymał się dłużej na którejś z nich, dostarczał mu plugawej satysfakcji. Ahmed podszedł do kanapy, na której siedzieli przyjaciele szejka Ibrahima, i pożądliwie oblizując wargi, złapał za biust Samantę, która błagalnie spojrzała na znajdującego się obok niej mężczyznę, żeby ją wybawił z rąk zwyrodnialca. Ten jednak przeczącym ruchem głowy dał znak, że nie jest nią zainteresowany. Może czekał na gorącą Karimę. Jenny wbiła się w oparcie kanapy, mając nadzieję, że nie spodoba się zboczeńcowi, ale ten nagle spojrzał jej między nogi, gdzie kusiła jej cipka widoczna przez koronkowe majtki, po czym zdecydowanym ruchem złapał ją za łokieć i mocnym szarpnięciem sprawił, że musiała się podnieść z kanapy. Trik, który zwykle przysparzał Jenny więcej pożądanych klientów, teraz stał się jej przekleństwem. Ahmed ciągnąc za sobą przerażoną Jenny, ruszył za mną i szejkiem Ibrahimem do pokojów na dole.

Kiedy znalazłam się sam na sam z szejkiem Ibrahimem po raz pierwszy starałam się być miła. Nie byłam jak wcześniej bierna, tylko dokładałam wszelkich starań, aby zapewnić szejkowi jak najwięcej niezapomnianych doznań erotycznych. Pozwoliłam mu się całować i odwzajemniałam jego pieszczoty. Kiedy po normalnym stosunku zażądał seksu oralnego, robiłam wszystko, aby jego narastające podniecenie było jak najbardziej upojne, a ekstatyczny orgazm jak najdłuższy. Użyłam przy tym kilka sztuczek, które kiedyś w pijackiej szczerości zdradziła mi Oksana, i przyniosły one zamierzony skutek. Przed wyjściem, wyraźnie usatysfakcjonowany szejk, rzucił mi tysiąc dirhamów[6] napiwku, obiecując, że jeszcze wróci. Był to najwyższy napiwek, jaki do tej pory otrzymałam.

***

Później dni zaczęły biec coraz szybciej, mijał tydzień za tygodniem, miesiąc za miesiącem. Dzięki temu, że byłam kochanką szejka, który dawał mi wysokie napiwki, powoli zaczęłam odkładać pieniądze. Chowałam je w wyciętej pod spodem materaca dziurze. Czasami szejk przynosił mi prezenty i były to najczęściej ekskluzywne perfumy. Raz dostałam od niego luksusowy zegarek, a kiedy indziej drogą torebkę. Zdarzało się, że szejk po rozkosznym seksie zostawał jeszcze ze mną na kilka godzin. Czasami trochę rozmawialiśmy, ale zazwyczaj po prostu zasypiał, żądając przedtem ode mnie, żebym się do niego przytuliła. Chciał przez cały czas czuć blisko siebie moje ciało.

– Dżulio, kiedy przyjdzie lato, pojedziesz ze mną do Saint-Tropez – powiedział kiedyś.

O mało nie podskoczyłam z radości! To właśnie do tego dążyłam przez te wszystkie miesiące. I nie chodziło mi o luksusowe jachty, hotele, butiki czy kluby Lazurowego Wybrzeża, chciałam tylko wyjść z małego pokoju, w którym spędzałam prawie dwadzieścia cztery godziny na dobę, opuścić burdel, wyjechać z Dubaju i znaleźć drogę powrotu do Polski. Tego tylko chciałam.

[6] Tysiąc dirhamów to równowartość około tysiąca złotych.

Oprócz szejka musiałam też przyjmować innych klientów. Przychodzący do mnie mężczyźni pochodzili z różnych krajów i byli wśród nich Arabowie, ale też Europejczycy i Amerykanie. Ci ostatni też nie wychodzili od razu po zakończonym stosunku, tylko zostawali, żeby porozmawiać. A raczej się wygadać, bo to oni zazwyczaj cały czas mówili, a ja tylko słuchałam. Narzekali na pracę w obcym kraju, gdzie panowały zupełnie inne uwarunkowania niż te, do których byli wcześniej przyzwyczajeni, skarżyli się na samotność i tęsknotę, gdyż niektórzy z nich pozostawili rodziny w swoich krajach, i narzekali na panujący w Dubaju przeraźliwy upał i dużą wilgotność powietrza. Tak naprawdę to prawie ich nie słuchałam, kiwałam tylko potakująco głową lub uśmiechałam się ze zrozumieniem, bo oczywiście to było lepsze, niż czekanie na stołku przy barze na kolejnych klientów, czy ich ciągłe obsługiwanie.

A później zdarzyła się jedna z najczarniejszych nocy, którą przeżyłam podczas mojego pobytu w arabskim burdelu. Wieczór zaczął się normalnie od zwyczajowych drinków popijanych z Oksaną. Ukrainka nadal kręciła się koło mnie, ale ja już bardziej na nią uważałam i pilnowałam, żeby mnie nie okradała. Systematycznie odkładałam napiwki, które dawał mi szejk, z nadzieją, że kiedy latem pojadę do Saint-Tropez, to uda mi się wymknąć i uciec do Polski. Wiedziałam, że muszę mieć przy sobie jak najwięcej gotówki, bo szejkowie zawsze podróżowali z dużą obstawą i musiałam brać pod uwagę konieczność przekupstwa. Jednak nadzieja na to, że znajdę się w Europie, dodawała mi sił i potęgowała wiarę w przezwyciężenie wszystkich trudności.

– Jakoś pusto dzisiaj – powiedziała Oksana tego koszmarnego wieczoru i słowa te padły chyba w złą godzinę, bo po kilkunastu minutach pojawił się Ahmed.

Jenny na jego widok od razu uciekła do łazienki, a Oksana zamówiła podwójnego drinka. Prostytutki odwracały głowy, żeby nie ściągnąć wzroku zboczeńca, albo szukały schronienia w najciemniejszych zakątkach. Ahmed z arogancką miną, jakby przybył do swojego prywatnego haremu, omiótł wzrokiem znajdujące się na sali kobiety. Przez moment jego wzrok spotkał się z moim. Niepotrzebnie się wtedy odwróciłam, rzucając okiem na drzwi w nadziei, że zobaczę w nich Ibrahima. Ahmed mnie zauważył. Szybko skierowałam głowę z powrotem w stronę baru.

– Idzie do nas – powiedziała Oksana, wypijając od razu całego swojego podwójnego drinka.

– Może nie do nas – odparłam z nadzieją.

Szedł do nas. Poczułam tak mocne szarpnięcie za włosy, że prawie spadłam ze stołka. Ahmed owinął końce moich włosów wokół swojej dłoni i pociągnął za sobą w stronę schodów. Taszczył mnie za sobą jak psa na smyczy. Albo jak zwierzę prowadzone na rzeź.

W pokoju puścił moje włosy i przez dłuższy moment nie robił zupełnie nic. Napawał się tylko moją niepewnością i strachem.

– Rozbieraj się! – rozkazał po kilku minutach.

Zdjęłam sukienkę i zostałam w samej bieliźnie.

– Do naga! – Z bijącym ze strachu sercem zdjęłam stanik i majtki.

– Kładź się na łóżko!

Położyłam się.

– Rozłóż nogi! – Zrobiłam, co mi kazał.

Patrzył na mnie z cynicznym półuśmieszkiem. Wziął moją jedną rękę i bardzo precyzyjnie, owijając z widoczną lubością cieniutki drucik wokół mojego nadgarstka, przymocował ją do brzegu łóżka. Później zrobił to samo z drugą ręką. Teraz miał pewność, że nie mam żadnej możliwości obrony przed jego brutalnymi praktykami. Znowu przez kilka minut nie robił zupełnie nic, tylko wodził powoli wzrokiem po moim całkowicie obnażonym ciele, delektując się moim upokorzeniem i lękiem, który w widoczny sposób mnie opanował, bo zupełnie nie wiedziałam, czego mogę się po nim spodziewać. Przez mgnienie oka popatrzyłam na moje rozkrzyżowane ciało przez pryzmat jego zmrużonych powiek i ogarnęła mnie przeraźliwa trwoga. Zobaczyłam nieskończenie wiele skrawków białej delikatnej skóry czekającej na tortury na setki wyrafinowanych, sadystycznych sposobów. Zamknęłam powieki, gdyż widok jego ponurej twarzy, którą dziwnie wykrzywione usta czyniły jeszcze bardziej mroczną, wzmagał mój śmiertelny strach.

– Otwórz oczy! – wrzasnął tak głośno, że mimowolnie się poderwałam i zaraz krzyknęłam z bólu, bo cienkie druciki wbiły się w moją skórę, gdzieniegdzie ją przecinając.

Posłusznie otworzyłam oczy, ale rwanie w nadgarstkach spowodowało, że odruchowo zacisnęłam nogi, bojąc się o moją wystawioną na pastwę zboczeńca kobiecość. Ahmed przygryzł wargi i wzrokiem nakazał mi z powrotem rozłożyć nogi. Zrobiłam to, cała drżąc. W kącikach ust mężczyzny pojawił się szyderczy uśmieszek. Wziął swoją podręczną torbę, otworzył ją i wyjął z niej dość grube cygaro, gilotynę, czyli obcinacz do cygar, oraz zapalniczkę. Przez chwilę trzymał w dłoni te trzy przedmioty, przyglądając mi się badawczo. W mojej głowie zmieniające się w błyskawicznym tempie obrazy pokazały, jak te trzy niby zwykłe przedmioty mogą być wykorzystane do sprawienia mi cierpienia. Na moim ciele pojawiła się gęsia skórka, co natychmiast zauważył Ahmed, bo jego twarz na moment rozjaśnił szerszy uśmiech. Wtedy zrozumiałam jego okrutną grę. Igrał ze swoją ofiarą, wystawiając ją na podszytą grozą niepewność.

– Boisz się? Boisz się? Boisz się? – ni to pytał, ni to mówił Ahmed, obserwując z uwagą każde drgnienie mojej twarzy.

Później popatrzył na cygaro, następnie przeniósł wzrok między moje uda i zaczął otwierać i zamykać gilotynę, która wydawała przy tym nieprzyjemny metaliczny dźwięk. Skierował spojrzenie kolejno na mój jeden i drugi sutek, w końcu pstryknął zapalniczką, z której buchnął dość wysoki płomień, i stanął z nią u wezgłowia łóżka tuż przy moich rozrzuconych na poduszce włosach. Trwało to wieczność. Moje ciało zdrętwiało z zimna i krępującej pozycji, a on wciąż bawił się na zmianę swoimi trzema zabawkami. Cygaro, gilotyna, zapalniczka, cygaro, gilotyna, zapalniczka...

Niech to się skończy, niech to się wreszcie skończy.... – o niczym innym nie mogłam myśleć.

Nagle, kiedy już omdlewałam z psychicznego i fizycznego wyczerpania, Ahmed usiadł przy mnie i nachylił się nad moimi sutkami z gilotyną w ręku.

Nie raz okaleczył dziewczyny. – Słowa Oksany wbiły się w moje ciało tysiącami kłujących szpileczek.

Krzyknęłam z przerażenia i gwałtownie się szarpnęłam, co spowodowało przeszywający ból nadgarstków.

– Aaaaaaa!!! – Z moich ust wyrwał się głośny krzyk.

Mężczyzna zacharczał niekontrolowanie, po czym położył się na mnie i wszedł we mnie swoim wielkim grubym członkiem, nie zważając na to, że byłam zupełnie sucha i w odruchu obronnym ściskałam mocno nogi. Jego ruchy były szybkie i mocne, tuż nad sobą słyszałam jego chrapliwy oddech, a jego dłonie ściskały do niewyobrażalnej tortury moje wrażliwe sutki. W udręczeniu odwróciłam głowę i zobaczyłam płynącą z moich nadgarstków krew.

– Aaaaaa!!! – jeszcze raz wrzasnęłam przeraźliwie.

Moje wykrzyczane cierpienie jeszcze bardziej podnieciło Ahmeda, który po trzech głębokich pchnięciach wyciągnął ze mnie swojego członka i kierując go w stronę mojej skrępowanej ręki, wytrysnął obficie na płynącą z niej czerwoną krew.

Żałowałam, że wtedy nie umarłam. Bestialsko zaspokojony Ahmed poszedł do łazienki, wziął prysznic, ubrał się, do podręcznej torby spakował swoje trzy okrutne zabawki i wyszedł. Ja nadal leżałam rozkrzyżowana, przywiązana, wyjebana. Sperma mieszała się z krwią.

Po kilku minutach..., po wiekach... ktoś uchylił drzwi. Nie chciałam patrzeć. Może on wrócił.

– Dżulio... – To była Oksana. – Dżulio... – powtórzyła.

Ukrainka wzięła ręcznik, zmoczyła go w ciepłej wodzie i obmyła mi nadgarstki i całe ręce.

– Witaj w burdelu – przywitała mnie, jakbym dopiero co w nim się pojawiła.

Delikatnie odwiązała cienkie druciki. Zwinęłam się w kłębek.

– Auuu... auuuu....auuuu... – jęczałam, płakałam, konałam.

I tamtego wieczoru, czarnego, najczarniejszego, myślałam, że już nie ma nic bardziej czarnego.

Było.

Ahmed pojawił się znowu za jakiś miesiąc. Wkroczył jak zwykle aroganckim krokiem haremowego władcy z wyrazem lubieżnego pożądania na swojej mrocznej twarzy. Dziewczyny momentalnie się rozpierzchły, nie zważając na to, że narażą się na gniew Sandżaja. Ahmed rozejrzał się po sali i na mój widok jakiś cień przeleciał po jego twarzy.

– Uciekać! Muszę uciekać! – Zadudniło mi w głowie i nie czekając, aż Ahmed ruszy w moją stronę, impulsywnie zeskoczyłam z barowego stołka, po czym rzuciłam się w stronę prowadzących na dół schodów.

Biegłam i biegłam, cały czas mając wrażenie, że słyszę charczący oddech Ahmeda tuż za moimi plecami. W popłochu wpadłam w jeden z rozwidlających się korytarzy, do których Karima zabroniła mi wchodzić. Miałam nadzieję, że Ahmed tam mnie nie znajdzie. Bałam się go tak bardzo, że czułam, jakby serce chciało mi wyskoczyć z piersi.

I wtedy ją zobaczyłam. Przepiękną małą dziewczynkę o ślicznej buzi, o pełnych, ładnie zarysowanych ustach, zgrabnym nosku, ciemnych lśniących włosach, zawiniętych do góry długich rzęsach i ogromnych czarnych oczach, w których odbijało się całe przerażające swą okrutnością piekło tego świata. Jej oczy były szeroko otwarte i zasnute mgiełką utkaną z przerażenia, bólu i bezdennej rozpaczy. To nie były oczy niedojrzałej, niewinnej dziewczynki. To były oczy naznaczone głębią niewyobrażalnego i nieskończonego cierpienia przedwcześnie zbrukanej i wykorzystanej seksualnej niewolnicy, która poznała najciemniejsze i najbardziej przerażające intymne sekrety dorosłych mężczyzn. Sekrety, których żadne dziecko nie powinno zgłębić, a tym bardziej osobiście doświadczyć. Poczułam kłujący ścisk w sercu. Dziewczynka na moment zatrzymała na mnie swój smutny wzrok i lekko pochyliła w moją stronę szczupłe ramiona, które okrywała skąpa sukieneczka. Zrobiłam krok do przodu, ale w tym momencie pojawiła się Karima, która brutalnie szarpnęła dziecko, a następnie popchnęła je w głąb ciemnego korytarza. Z ust dziewczynki wydobył się żałosny jęk, na którego dźwięk Karima z całej siły, otwartą dłonią, uderzyła ją w twarz. Dziewczynka przygryzła wargi, żeby nie krzyknąć z bólu, a z jej szeroko otwartych oczu poleciały łzy.

– Znowu zaczynasz! – Karima krzyknęła na dziewczynkę głosem pełnym wściekłości. – Jeśli będziesz płakać, to tak jak tydzień temu nie dostaniesz jedzenia przez cały dzień! A pracować i tak będziesz musiała!

Dziewczynka skuliła obnażone ramiona i zniknęła w jednym z pokojów umieszczonych na końcu korytarza. W tym momencie Karima mnie zauważyła.

– A ty co tu robisz?! – Rzuciła mi mordercze spojrzenie. – Wynoś się stąd natychmiast!!! Jeszcze raz cię tu zobaczę i o wszystkim dowie się Sandżaj!

Kiedy się wycofywałam, minął mnie Ahmed. Udał się wprost do pokoju dziewczynki.

Rozdział VIII
Zwodnicza fatamorgana

Byłam zdruzgotana. Tuż obok mnie cierpiały dzieci. Sądząc po liczbie pokojów, które znajdowały się w rozwidleniu, z pewnością piękna dziewczynka nie była jedyną nieletnią prostytutką w burdelu. Tam musiało być więcej dzieci. I to może właśnie na nich Sandżaj robił największe pieniądze, bo dorosłych prostytutek w Dubaju, jak mówiła Oksana, było dziesiątki tysięcy. Dziewczynki, porwane gdzieś lub zwabione, a może kupione, wykorzystywali z diabolicznym cynizmem dorośli, dla których się liczył tylko zysk. Pozostawione same sobie z ich przeraźliwym bólem, lękiem i rozpaczą. Fakt, że kiedyś moim największym marzeniem była praca z dziećmi, jawił mi się teraz jak przerażająca, wymyślona przez samego diabła makabryczna groteska.

I ta mała dziewczynka! Jedyną bronią, którą miała, był płacz! Każde dziecko przecież płacze, gdy jest mu źle. W takich momentach utula je mama albo ktoś bliski. A tu za lecące łzy pozbawia się je pożywienia. Jak można być tak okrutnym?! Jak można pozwalać, żeby sadysta Ahmed…

Nie mogłam. Nie mogłam nawet o tym wszystkim myśleć. „Im mniej wiesz, tym lepiej dla ciebie i dla nas wszystkich” – powiedziała Karima, kiedy przyjmowała mnie do burdelu. Miała pewnie wtedy zupełnie co innego na myśli niż ja w tym momencie, bo ja rzeczywiście wolałabym nie wiedzieć. Nie widzieć. Nie czuć.

Wyjmowałam z wyciętej dziury w materacu kolejne banknoty i zamieniałam je na alkohol. Rozwidlenie na końcu korytarza, na które musiałam patrzeć za każdym razem, kiedy udawałam się do swojego pokoju, porażało mnie niewyobrażalnym cierpieniem czarnych oczu dziewczynki. Ona cierpiała, ja cierpiałam, a świat się bawił.

Zastanawiałam się, czy inne prostytutki w burdelu wiedzą o procederze wykorzystywania dzieci. Jeżeli ja go odkryłam po kilku miesiącach, to było bardzo prawdopodobne, że i pozostałe kobiety, albo przynajmniej ich część, też znają prawdę. Tylko nawet jeżeli tak było, to co to zmieniało? Nic, zupełnie nic. My same, podobnie jak te dzieci, byłyśmy ofiarami handlu ludźm i nasz los znajdował cię całkowicie w rękach naszych oprawców. Mieli nasze paszporty, nasz czas, nasze ciała. Nasze życie.

***

Od pierwszych dni pobytu w burdelu zastanawiałam się, jak mogę się wydostać z tej koszmarnej sytuacji. Nie zdawałam sobie jeszcze sprawy ze wszystkich panujących w Dubaju realiów i przyszedł mi do głowy pomysł, żeby może poprosić o pomoc któregoś z klientów. Przychodzili do mnie różni mężczyźni z wielu krajów i niektórzy z nich sprawiali wrażenie zakłopotanych, jakby dopiero co zaczęli korzystać z usług prostytutek.

Może któryś z nich, jeżeli opowiem mu o swojej sytuacji, zrozumie mnie i... – marzyłam co noc. Przez wiele dni biłam się z myślami, czy mogę to zrobić, obserwowałam klientów, próbując wybrać najlepszego z nich, próbując odgadnąć, czy temu, czy innemu mężczyźnie mogę zaufać, a on byłby ewentualnie skłonny mi pomóc, rozważałam, jak to powiedzieć, układałam w głowie słowa. Żyłam wyobrażeniem, że znalazłam jakiś promyk nadziei na ratunek, chociaż ta nadzieja była bardzo nikła. Klienci przychodzili do burdelu, wybierali mnie, szliśmy do mojego pokoju, uprawialiśmy seks, i oni wychodzili. I nawet gdy zostawali na dłużej, to tylko po to, żeby się wygadać. Byli skupieni całkowicie na sobie, zaspokajali wyłącznie swoje potrzeby. W końcu za to płacili. Tak naprawdę nie miało dla nich żadnego znaczenia, czy akurat w tej chwili robili to w moim, czy w innym towarzystwie. Byłam nikim.

Mimo wszystko w tamtym czasie nie przychodził mi do głowy żaden inny sposób, aby się uwolnić, i ta wizja, że komuś opowiadam o swojej sytuacji i on jakimś cudem mnie z niej wybawia, była balsamem na moje zbolałe ciało i umęczoną duszę.

Pewnego wieczoru zobaczyłam mężczyznę w średnim wieku o wyglądzie dobrego wujaszka, który usiadł przy barze kilka stołków dalej i z amerykańskim akcentem zamówił podwójną whisky z lodem. Zerkałam na niego co chwilę, próbując go zwabić wzrokiem, jednak on nie reagował na moje niewerbalne zaczepki. Pił zamyślony swojego drinka, jak gdyby go coś trapiło, i nie wyglądał na zainteresowanego nie tylko mną, ale żadną inną dziewczyną. Pomyślałam, że może w obcym mu Dubaju trafił tutaj zupełnie przypadkowo, żeby wypełnić nudę, posiedzieć w jakimkolwiek towarzystwie czy zapić smutki. Po kilkunastu minutach wstałam ze swojego stołka i zajęłam miejsce koło niego. Oksana spojrzała na mnie zdziwiona, gdyż nigdy wcześniej tego nie robiłam. Nie zabiegałam o klientów, oni sami do mnie przychodzili. Wtedy chciałam ich mieć jak najmniej.

– Hi! – zagadnęłam.

– Hi! – odpowiedział bez entuzjazmu.

Ten jego dystans paradoksalnie sprawił, że uznałam to za dobry znak, bo wydawało mi się, że nie szuka towarzystwa typowej prostytutki.

– Dawno w Dubaju? – zapytałam tonem normalnej dziewczyny z sąsiedztwa.

– Niedawno – odburknął.

– I jak ci się tu podoba? – Nie zrażona brnęłam dalej.

– Podoba mi się.

Amerykanin zamówił następną whisky, więc ja też kiwnęłam na kelnera, żeby dał mi mojego drinka.

– Jak masz na imię?

– Eric – wymamrotał, pociągając dwa duże łyki ze swojej szklanki.

– Miło mi – powiedziałam, chociaż tego typu uprzejmości nie były powszechne w burdelu.

Ja jednak tego wieczoru, z perspektywy czasu zupełnie nie wiem dlaczego, uczepiłam się jak tonący brzytwy myśli, że właśnie ten mężczyzna może mi pomóc.

– Dżulia – przedstawiłam się.

– Hmm – mruknął tylko.

Przez chwilę w milczeniu sączyliśmy drinki. Eric raz czy dwa razy rzucił na mnie okiem, ale ani moja jasna karnacja, ani długie blond włosy nie zrobiły na nim żadnego wrażenia. W sumie trudno się dziwić, w Stanach kobiet o takim typie urody było na pęczki.

– To mówisz, że ci się podoba Dubaj? – Próbowałam ciągnąć w miarę normalną konwersację.

– Bardzo. – Eric się uśmiechnął, co wzięłam za dobrą monetę.

– A jak znosisz klimat? – Chciałam, żeby to wyglądało jak normalna wymiana zdań znajomych ludzi.

– Może być.

Łudziłam się, że może on też zada mi podobne pytania i ja wtedy może tak jakoś oględnie mu powiem, że nie chcę, że tu to nie ja, że ktoś, że kiedyś, że gdzieś, może zrozumie…

Amerykanin odwrócił głowę w moją stronę, więc rozciągnęłam usta w przyjaznym uśmiechu, mając nadzieję, że teraz zacznie ze mną rozmawiać. Zamiast tego Eric wstał, więc w desperackim odruchu chwyciłam go za ramię.

– Bo gdybyś chciał…

– Odpierdol się, dziwko! – Mężczyzna pchnął mnie tak mocno, że musiałam podeprzeć się nogą i stanąć na podłodze, żeby gwałtownie nie spaść ze stołka.

Do Amerykanina podbiegła Samanta, która właśnie skończyła z klientem.

– Eric! – zawołała uradowana.

Amerykanin klepnął Samantę po pośladku i poszedł za nią do jej pokoju.

Ja stałam nieruchomo jak słup soli.

– Co cię tak wmurowało? – Za chwilę zjawiła się obok mnie Oksana. – Czasem tak bywa… Starasz się, starasz, a on i tak wybiera inną. Nic nowego.

Nadal stałam bez ruchu, więc Oksana trzepnęła mnie w plecy.

– Wracaj na swój stołek!

Poszłam automatycznie, usiadłam, a barman podał mi mojego drinka.

– Nie przejmuj się! – pocieszała mnie Ukrainka. – Twoja pierwsza próba zgarnięcia klienta się nie udała, zdarza się… Następnym razem będzie lepiej.

– Ja chciałam porozmawiać… – Moje wyznanie musiało dla Oksany zabrzmieć zupełnie bez sensu.

– Porozmawiać?! – Ukrainka zaśmiała się wulgarnie. – A po co on tu przyszedł, Dżulio, no po co?

Nic nie mówiłam, więc Oksana sama odpowiedziała na swoje pytanie.

– Chciał się napić whisky, a później podupczyć. – Oczy Oksany były bez wyrazu. – I tyle.

Poczułam się jak kompletna kretynka. Powiem jej prawdę – postanowiłam nagle. – Jeśli mnie wyda, to najwyżej mężczyzna z nożem zadźga mnie na śmierć. Jest mi już wszystko jedno.

Zamówiłam kolejnego drinka z podwójną wódką.

– Oksano... – zaczęłam.

– Co jest?

– Bo... Czy ty nigdy nie myślałaś o... – Nie dokończyłam, bo nagle ogarnął mnie strach.

– O czym? – dopytywała się Oksana.

– No... – Barman akurat odszedł w drugi koniec baru, więc ściszyłam głos i wyrzuciłam z siebie. – Nigdy nie pomyślałaś o tym, żeby poprosić któregoś klienta o pomoc?

Oksana zaczęła się tak głośno i histerycznie śmiać, że prostytutki i klienci odwrócili głowy w naszą stronę.

– Opanuj się, Oksano, cicho. – W tym momencie miałam wrażenie, że wszyscy usłyszeli to, co powiedziałam.

– Nie panikuj, Dżulio, nie wiedzą, z czego się śmieję. – Oksana wciąż się chichrała.

– Nie wiem, co cię tak bawi. – Mnie wcale nie było do śmiechu.

– Oni tu przychodzą się pieprzyć, a nie udzielać charytatywnie. – Ukrainka ponownie zaniosła się śmiechem, jak po opowiedzeniu dobrego dowcipu.

Milczałam i piłam. Po kilku minutach Oksana się uspokoiła, ale od razu przeszła do skrajnie grobowego tonu.

– Kogo my tu obchodzimy, Dżulio, kogo my tu obchodzimy?

Barman ponownie znalazł się przy nas, więc Ukrainka zamówiła podwójną wódkę, tym razem czystą, którą wypiła od razu bez odrywania ust od kieliszka.

– Żaden klient ci nie pomoże. – Głos Oksany stał się beznamiętny. – Nie wiesz, że stosunki pozamałżeńskie są w Dubaju karane?

– Przy tych orgiach? – Przypomniałam sobie rozbuchane seksparty na prywatnej wyspie.

– Właśnie to są tutejsze paradoksy. – Oksana ruchem dłoni dała znak barmanowi, aby podał jej jeszcze raz to samo. – Pary są karane nawet za publiczne obejmowanie się i całowanie, a tysiące ludzi codziennie…

– Kary za obejmowanie się i całowanie? – Zdziwiłam się.

– Tak – potwierdziła Oksana. – Miesiąc więzienia i deportacja. – Ukrainka wypiła następny kieliszek tak szybko, że aż się wstrząsnęła. – Powiedz mi, kto zaryzykuje utratę lukratywnej posadki w Dubaju dla kurwy?

To była moja nowa tożsamość.

– Zabronione jest nawet przebywanie w odosobnionych miejscach z osobą płci przeciwnej, jeżeli nie jest się małżeństwem lub krewnymi. To kto sam się właduje na minę?

– Ale przecież… – Nie chciałam, żeby moje nadzieje okazały się całkowicie płonne. – My tego nie robimy dobrowolnie… Zmuszają nas…

– I jak to udowodnisz? – Oksana była bezlitosna. – W Zjednoczonych Emiratach Arabskich niejeden raz zgwałcona cudzoziemka, która zgłosiła to przestępstwo na policję, sama została skazana i uwięziona za pomałżeński seks.

– Co?!!! – Aż trudno było mi w to uwierzyć.

– Tak tu jest… – Oksana ciężko westchnęła. – Całkiem niedawno Brytyjka została ofiarą zbiorowego gwałtu, więc poszła na policję, aby to zameldować, i zgadnij, co się stało?

– Z tego co mówisz, to pewnie sama została potraktowana jak kryminalistka.

– Dokładnie! – potwierdziła Oksana. – Zabrano jej paszport i postawiono ją w stan oskarżenia.

– Za seks pozamałżeński?

– Tak! A wiesz, jakie grożą za to kary?

Im więcej się dowiadywałam, tym bardziej do mnie docierał dramatyzm sytuacji, w jakiej się znalazłam.

– Nie mam pojęcia – powiedziałam, ale pomyślałam, że usłyszę jakąś szokującą odpowiedź. Tak jak wszystko, co mnie spotkało do tej pory w Dubaju.

– Biczowanie i lata więzienia. A za cudzołóstwo, to znaczy, jeżeli ktoś pozostający w związku małżeńskim dopuści się zdrady, kamienowanie. – Oksana znowu się zaśmiała, jakby powiedziała dobry żart. Potworny żart.

Tym razem jej śmiech podszyty był jakąś nerwowością, paradoksem obłędu, mefistofeliczną upiornością.

– Tak tu jest… – Na twarzy Oksany pojawiły się nerwowe tiki. – Zgwałcona kobieta, mówię o tej Brytyjce, idzie do więzienia, a jej sprawcy, to byli akurat jej rodacy, spokojnie sobie odlatują bez żadnych konsekwencji do Wielkiej Brytanii.

Ukrainka tylko spojrzała na barmana, a ten z miejsca podał jej następną podwójną wódkę. Pić. Trzeba pić. Inaczej się tego nie przetrzyma. Zamówiłam drinka.

– I to nie pierwszy taki wypadek w Dubaju. – Z kieliszkiem w ręku Oksana ciągnęła swoją opowieść. – Kilka lat temu taki sam los spotkał Norweżkę. To była słynna sprawa. Kobietę zgwałcono, a kiedy to zgłosiła, to ją aresztowano, zabrano paszport i skazano na szesnaście miesięcy więzienia za seks pozamałżeński, picie alkoholu i… zgadnij, co jeszcze… – Oksana patrzyła na mnie wyczekująco.

– Nie mam pojęcia.

– Składanie fałszywych zeznań! – Ukrainka wychyliła kieliszek wódki.

W tym momencie podszedł do nas klient, który zmierzył nas parokrotnie wzrokiem, po czym wybrał Oksanę. Za chwilę para udała się do pokojów na dole, a ja zostałam ze swoim drinkiem i wypełnioną chaosem głową.

***

Po odkryciu, że w naszym burdelu znajdują się również nieletnie dziewczynki, zaczęłam więcej pić. Oksana od razu to zauważyła.

– Co, twój szejk ma jakieś ekstra wymagania? – zapytała pewnego wieczoru.

– Słucham? – Nie zrozumiałam.

– Czy chce czegoś więcej…

– W jakim sensie?

– No jakiś anal czy coś takiego…

– Nie… – Aż się wzdrygnęłam. – Dlaczego tak myślisz?

– Bo wyraźnie coś zapijasz.

Zapijam przerażone oczy, wychudzone ramiona, głód i ból dziewczynki, która była seksualną zabawką szejków.

– Tak jakoś…

– Pij, pij… Co nam zostało.

To było typowe. Prostytutki, żeby znieść swój podły los, piły, brały narkotyki, aż do czasu, kiedy pod wpływem jakiegoś impulsu postanawiały, że będą mniej pić, mniej ćpać, żeby oszczędzać pieniądze na wykupienie się. Zazwyczaj jednak nie trwało to długo, bo coś się zdarzało, coś obrzydliwego, poniżającego, plugawego, i wtedy zostawał im tylko kieliszek, i drugi, i następny… Też po nie sięgałam, narkotyki zaś omijałam z daleka, ale w najgorszych okresach przelatywało mi przez głowę, czyby może wziąć, jeden raz, pierwszy i ostatni, złoty strzał i koniec…

Tymczasem żyłam zbliżającym się latem i nadzieją, że szejk zabierze mnie do Saint-Tropez, a tam już znajdę jakiś sposób, żeby się wymknąć i odzyskać wolność. Szejk odwiedzał mnie regularnie i powiedział nawet, że kiedyś da mi pieniądze, żebym kupiła sobie rzeczy potrzebne na wyjazd, bo moje burdelowe stroje nie nadają się na spacery po bulwarach Lazurowego Wybrzeża. Od razu pochwaliłam się tym Oksanie.

– Ibrahim obiecał, że wyśle mnie na zakupy. – Cieszyłam się z tego, bo od kilku miesięcy nie opuszczałam burdelu i czasami myślałam, że zwariuję.

– Nie ma to, jak być kochanką szejka… – Oksana wyraźnie mi zazdrościła. – Lazurowe Wybrzeże, ekskluzywne zakupy…

– Nie wiem czy ekskluzywne…

– A jakie mają być! – Oksana się zirytowała. – Przecież skoro masz się z nim gdzieś pokazywać, to musisz się luksusowo prezentować!

Przypomniałam sobie kobiety płynące na jachcie na prywatną wyspę i musiałam przyznać Oksanie rację. One wszystkie miały na sobie bardzo drogie sukienki, buty, kostiumy i okulary.

Wtedy pierwszy raz pomyślałam, że jeśli już śpię z szejkiem, to powinnam coś z tego konkretnego mieć. Człowiek nigdy siebie tak do końca naprawdę nie zna.

– Jutro przyślę po ciebie samochód z kierowcą i obstawą – powiedział szejk pewnej nocy po niezwykle udanym dla niego seksie oralnym. – Pojedziesz do Mall of the Emirates, tam jest dużo sklepów. Wybieraj, co chcesz, mężczyzna z obstawy będzie płacił.

Na drugi dzień w południe do mojego pokoju przyszła Karima.

– Samochód szejka już czeka – poinformowała mnie. – Wychodzisz, ale żadnych sztuczek, bo… – Karima przejechała dłonią po szyi, pokazując w ten sposób gest podcinania gardła.

Sandżaj chyba nadal mi nie dowierzał, ponieważ wysłał ze mną również mężczyznę z nożem. Szłam do jednego z największych i najbardziej ekskluzywnych centrów handlowych, a czułam się jak więźniarka, którą wyprowadzają na godzinny spacer na otoczony wysokim murem i zabezpieczony na górze drutami kolczastymi spacerniak.

Opuściłam burdel odprowadzana zawistnymi spojrzeniami pozostałych prostytutek.

Czarny mercedes szejka, z pewnością jeden z wielu jego samochodów, miał elektrycznie przyciemniane szyby z zasłonkami w środku, wyłożone beżową pikowaną skórą obszerne siedzenia z elektrycznym podnóżkiem i system multimedialny z dużym ekranem. Mężczyzna z nożem usiadł ze mną z tyłu i widać było, że auto zrobiło na nim ogromne wrażenie, bo przez całą drogę zafascynowany bawił się wszystkimi gadżetami, włącznie z ciągłym wysuwaniem i wsuwaniem podnóżka.

Okazały Mall of the Emirates z elementami orientalnej architektury, łukami, kolumnami, kopułami i ażurowymi zdobieniami przypominał gigantyczny pałac arabskiego władcy. Kierowca podwiózł nas pod główne wejście, nad którym pyszniła się kolorowa rozeta. Wysiedliśmy – ja, facet od szejka i mężczyzna z nożem, po czym weszliśmy do środka centrum handlowego. Ogarnęła mnie burza najprzeróżniejszych uczuć, od szczęścia, że wreszcie jestem w normalnym miejscu, a nie między stołkiem barowym a łóżkiem prostytutki, przez które przez noc przewija się przynajmniej kilku mężczyzn, poprzez oszołomienie rozmiarem i eleganckim wykończeniem wnętrza centrum handlowego, aż do olśnienia towarami największych światowych marek.

Po kilku minutach, kiedy już się przyzwyczaiłam do dużej publicznej przestrzeni i mijających mnie ludzi, zaczęłam odczuwać narastającą chęć ucieczki. Biec co sił, wtopić się w tłum, a potem zniknąć z oczu obstawy szejka i mężczyzny z nożem i już nigdy więcej nie wrócić do burdelu. Pokusa była silna i musiałam z nią mocno walczyć, bo rozsądek mi mówił, że to i tak nic nie da. Moi strażnicy na pewno by mnie dogonili, a nawet gdyby jakimś cudem udało mi się dotrzeć na policję, to opowieści Oksany dobitnie świadczyły, że mogłabym od razu wylądować w arabskim więzieniu. Jeżeli trafiały tam nawet kobiety, które stały się ofiarami gwałtów, to tym bardziej wsadziliby prostytutkę. Po raz kolejny uświadomiłam sobie, że jestem tylko żywym towarem, który można kupić, sprzedać lub przestawić w dowolne miejsce. Nawet jeżeli miałoby to być Saint-Tropez na Lazurowym Wybrzeżu.

Mijające mnie w centrum handlowym pary, szczególnie turystów, przypomniały mi Tarka i moją wyprawę z Karoliną po zakupy przed wyjazdem do Dubaju. Zalała mnie fala bezbrzeżnej goryczy i ogromnego żalu do tego mężczyzny, który w tak łajdacki sposób mnie oszukał i sprzedał bez najmniejszej krzty współczucia. Kilka miesięcy temu miałam chodzić po centrum handlowym z Tarkiem, i może z jego siostrą, zwiedzać najpiękniejsze miejsca Dubaju i cieszyć się wspólną podróżą z ukochanym. Tak to sobie wtedy wyobrażałam. A ten skurwysyn nawet nie miał siostry.

– Kupuj już coś wreszcie, bo nie będę tu za tobą chodził godzinami! – wrzasnął mi do ucha mężczyzna z nożem.

Nie pozostało mi nic innego, jak tylko go posłuchać. Wędrowałam od sklepu do sklepu i kupowałam piękne sukienki, kostiumy kąpielowe, bieliznę, kosmetyki, buty i torebki. Dużo czasu spędziłam w sklepie z okularami przeciwsłonecznymi. Wybierałam, przebierałam i przymierzałam, a sprzedawcy dwoili się i troili, żeby tylko mi dogodzić. Tak zresztą było we wszystkich innych sklepach i butikach. To była przyjemna strona bycia kochanką szejka. To mnie teraz obsługiwano, a nie ja obsługiwałam. Podawano mi okulary Diora, Armaniego, Dolce&Gabbana, Chanel,

Versace, a ja wciąż wybrzydzałam i prosiłam o inne. To była taka moja mała rozrywka po miesiącach upokorzeń.

Po skończonych zakupach luksusowym mercedesem szejka odwieziono mnie do burdelu. Kiedy objuczona torbami znalazłam się w swoim pokoju, od razu przybiegła do mnie Oksana.

– Pokaż, pokaż mi, co kupiłaś! – Ukrainka z ciekawością patrzyła na przyniesione zakupy.

Po chwili zaczęła bez żenady wyjmować z kolejnych toreb każdą rzecz, oglądać ją i kłaść na łóżko.

– Cudne, po prostu cudne! – Nie mogła oderwać oczu od moich zakupów.

– Oksana, zostaw te rzeczy, pobrudzą się! – Nie chciałam, żeby nowe rzeczy, które w moim mniemaniu miały przynieść mi wolność, dotykały mojego zbrukanego łóżka.

– Daj chociaż pooglądać. Ile to wszystko kosztowało? – zapytała Oksana.

– Nie wiem, facet od szejka płacił.

Oksana nadal przerzucała ciuchy, kostiumy, bieliznę, kosmetyki, buty i torebki, ale tym razem uważnie patrzyła na metki.

– Dżulio!!! – wykrzyknęła nagle. – Szejk wydał na ciebie majątek! To wszystko musiało kosztować minimum kilkanaście tysięcy dolarów!!! – Uważnie sprawdzała ceny. – Albo i więcej!

– Jeśli chce mnie mieć w Saint–Tropez, to niech płaci – powiedziałam.

Nie tak trudno stać się suką.

– I nareszcie dobrze mówisz – przyznała mi rację Oksana.

Przed wieczorem przyszła do mnie Karima.

– Dzisiaj jest twój dzień, Dżulio – powiedziała, omiatając wzrokiem pokój pełen sprawunków. – Idziesz na kolację z szejkiem. Powiedział, że masz włożyć coś z nowych ubrań. Za godzinę przyjedzie tu po ciebie kierowca.

Ponownie spojrzała na moje zakupy, po czym opuściła pokój. Ja udałam się do łazienki i wzięłam długi prysznic. Wytarłam się i nasmarowałam ciało pachnącym balsamem, a następnie skropiłam je zmysłową mgiełką. Zrobiłam wyjątkowo staranny makijaż, zwracając uwagę na kuszące podkreślenie oczu i ust. Włożyłam ponętną ciemnoczerwoną bieliznę oraz prostą, ale niezwykle efektowną czarną dopasowaną sukienkę koktajlową z seksownymi koronkowymi wstawkami, która idealnie podkreślała moje kształty. Później wsunęłam na nogi prześliczne czarne szpilki firmy Gucci za ponad tysiąc siedemset dolarów. Na niebotycznie wysokim obcasie, z cieniutkim paseczkiem wokół kostki i przypinaną błyszczącą kokardką z kryształkami prezentowały się znakomicie. Włosy zostawiłam rozpuszczone, bo takie szejk lubił najbardziej, i silnie skropiłam się perfumami. Owiał mnie mocny aromat mieszanki piżma, paczuli, ambry i innych zapachów. Tym razem to ja wybrałam perfumy, bo wcześniej szejk sam mi je przynosił w prezencie. Musiałam przyznać, że wyjście do centrum handlowego i zrobienie zakupów było przyjemną odmianą monotonnego burdelowego życia. A teraz jeszcze ta kolacja... Może warto być miłą dla szejka.

Miałam jeszcze trochę czasu, więc postanowiłam, że poczekam na samochód szejka w barze, gdzie mogę napić się rozluźniającego drinka. Wzięłam kupioną tego dnia bordową torebkę na łańcuszku, niewielkie cacko Saint Laurenta, które kosztowało tyle co buty, i poszłam na salę. Oksana tkwiła na swoim zwykłym miejscu, Larysa, siedząc na kanapie, eksponowała swoje zgrabne nogi, a Samanta i Jenny przy barze plotkowały o czymś zawzięcie. Część pozostałych prostytutek była już na sali, a pozostałe dopiero się schodziły. Kiedy szłam w stronę mojego stołka, wszystkie głowy zwrócone były w moją stronę, a oczy skupione na torebce, gdzie splecione litery YSL wyraźnie świadczyły o jej cenie.

– Klasa! – Zachwyciła się Oksana.

Barman od razu podał mi mojego drinka, a w jego spojrzeniu widać było nieukrywany podziw.

– Larysę do cna zeżre zazdrość. – Oksana, która nie przepadała za swoją rodaczką, zachichotała. – A Samancie i Jenny też to trudno przełknąć.

Filipinki rzucały mi mordercze spojrzenia, a ich zawistne miny mówiły same za siebie. Dla mnie najważniejsze było przekonanie, że jeżeli szejk zdecydował się wydać na mnie tyle pieniędzy, to na pewno zabierze mnie do Europy, gdzie czeka na mnie upragniona wolność.

– A gdzie wychodzisz z szejkiem? – zapytała Oksana.

– Na kolację.

– Ale gdzie dokładnie?

– Nie mam pojęcia.

– To szejk nie powiedział ci, kiedy cię zapraszał?

– Zaprosił mnie przez Karimę, która przekazała mi tylko tyle, że mam być o tej porze gotowa.

– Aha.

Ledwie dokończyłam drinka, kiedy pojawiła się Karima.

– Samochód szejka z kierowcą już czeka – poinformowała mnie.

– Wielki świat! – skomentowała Oksana i zamówiła podwójną wódkę.

Wyszłam z burdelu. Lśniący czarny mercedes stał przy samym wejściu, kierowca otworzył mi drzwi i wsiadłam do luksusowego auta. Musiałam przyznać, że w eleganckich ciuchach i w dopracowanym do najmniejszego szczegółu ekskluzywnym wnętrzu samochodu czułam się wspaniale. Luksus fascynuje, luksus hipnotyzuje, luksus zachłystuje. Luksus kusi perfekcją, wyrafinowaniem i pięknem. Najwyższym komfortem i niedoścignionym artyzmem. Luksus przyciąga, pochłania. Raz poznany staje się trudny do odrzucenia.

Mercedes ruszył, a ja wysunęłam elektryczny podnóżek, wyciągnęłam nogi i napawałam wzrok misternie ukształtowanymi i usianymi licznymi iskrzącymi się kryształkami różnej wielkości kokardkami na butach Gucciego. Później odwróciłam się w stronę okna i podziwiałam błyszczące dziesiątkami świateł wysokie wieżowce Dubaju. Złote Miasto. Tak wiele mogło zaoferować. I tak wiele zabrać.

Po kilkudziesięciu minutach dotarliśmy do kameralnej, a jednocześnie niezwykle wykwintnej restauracji. Kwadratowe stoliki przykryte były śnieżnobiałymi obrusami prawie sięgającymi podłogi i ozdobione niewielkimi szklanymi naczyniami w kształcie kul, w których urzekały urocze kwiaty białych orchidei. Dodatkowo na każdym stoliku paliła się aromatyczna kolorowa świeczka. Krzesła z ciemnego drewna wyłożono wytłaczaną bordową tkaniną, a pod stopami rozciągał się ciemnopurpurowy dywan. Z kryształowych żyrandoli i kinkietów rozchodziło się przyćmione światło, które tworzyło sentymentalny nastrój.

– Pięknie wyglądasz, Dżulio – przywitał mnie szejk. – Zrobiłaś świetne zakupy.

Ucieszyłam się, że ofiarowane mi do dyspozycji pieniądze szejka zostały w jego ocenie dobrze wydane. Od początku kolacja przebiegała w bardzo przyjemnej atmosferze i na pewno był to zupełnie inny wieczór niż spędzony w burdelowym barze. Kelnerzy obsługiwali nas bezszelestnie, donosząc wytworne dania i najlepszego gatunku alkohole. Szejk patrzył na mnie z dużym uznaniem i planował, co będziemy robili w Saint-Tropez.

– Ślicznie wyglądasz w tej sukience. – Przez cały wieczór obsypywał mnie komplementami. – Brakuje tylko stosownej do niej biżuterii. Muszę ci kupić coś odpowiedniego.

– Dziękuję, Ibrahimie. – Uśmiechnęłam się.

– Za te prezenty należy mi się szczególne traktowanie. – Bez zbędnych ceregieli stwierdził szejk.

– Oczywiście, Ibrahimie. – Myślałam, że ma na myśli moje pełne zaangażowanie się w praktyki seksualne, które uprawialiśmy do tej pory.

– Cieszę się, że to rozumiesz, Dżulio. – Szejk podniósł do góry wypełniony szampanem kieliszek. – Twoje zdrowie!

– Twoje zdrowie, Ibrahimie!

Podano świetnie przyrządzonego homara, którego jadłam pierwszy raz w życiu. Jego delikatne mięso o specyficznym smaku bardzo mi przypadło do gustu, tak jak wszystkie podawane tego wieczoru dania i alkohole. Szejk również wyglądał na wyjątkowo zadowolonego i przy płaceniu rachunku nie żałował napiwków.

W doskonałych humorach opuściliśmy restaurację i wsiedliśmy do podstawionego mercedesa. Kolacja była tak urocza, że przez chwilę zapomniałam, że jestem dziwką. Niepotrzebnie.

Pojechaliśmy do willi, w której znajdował się burdel, i poszliśmy do mojego pokoju. Szejk z miejsca przystąpił do działania, całując mnie i obściskując namiętnie. Jego pieszczoty od początku wydały mi się trochę za bardzo agresywne, ale poddawałam się im bez oporu, stymulując jednocześnie jego sfery, które wiedziałam, że są najbardziej podatne i wrażliwe na mój dotyk. Wyrafinowanie gładziłam jego plecy i kark, brzuch i podbrzusze, a potem wnętrze ud i jądra. Sprawiało mu to widoczną przyjemność, bo pomrukując cicho, ściągnął ze mnie sukienkę i zdecydowanym ruchem rzucił mnie na łóżko. Z lubością wodził wzrokiem po moim zgrabnym ciele w seksownej bieliźnie, którą następnie w okamgnieniu ze mnie zerwał, rozdzierając w kilku miejscach. Wyraźnie podniecony wsadził mi dwa palce w moją kobiecość i gwałtownie nimi posuwał, nie zważając na to, że jestem jeszcze prawie sucha.

Znosiłam wszystko, pamiętając o tym, że w restauracji obiecałam mu specjalne traktowanie. Kiedy jego podniecenie sięgnęło zenitu, wszedł we mnie, nie zakładając nawet prezerwatywy, i po kilku pchnięciach intensywnie doszedł w środku. Dobrze, że brałam środki antykoncepcyjne, tak doradziła mi Oksana, która powtarzała, że z klientami to nigdy nic nie wiadomo. Jak zawsze i tym razem miała rację.

Po stosunku szejk wstał, poszedł wziąć prysznic, a kiedy zwolnił łazienkę, ja zrobiłam to samo. Gdy wróciłam do pokoju, siedział na brzegu łóżka, patrząc na torby pełne ekskluzywnych towarów.

– Niezłe zakupy dziś zrobiłaś, Dżulio – powiedział, przenosząc wzrok na moje ciało. W jego oczach zapłonęło silne pożądanie.

I ja za to zapłaciłem – zabrzmiało gdzieś w powietrzu.

– Tak, dziękuję, Ibrahimie. – Uśmiechnęłam się słodko.

– Musisz być dla mnie wyjątkowo miła, Dżulio. – Przez twarz szejka przeleciał dziwny skurcz.

Gdzieś, kiedyś już to słyszałam.

– Zaczynaj! – polecił mi Ibrahim, wstając z łóżka.

Posłusznie przed nim uklękłam, zebrałam w ustach dużo śliny, zgarnęłam ją na dłoń i dobrze nawilżyłam jego penisa. Potem włożyłam koniec członka do ust i zaczęłam go intensywnie ssać i lizać, jednocześnie pieszcząc dłonią krocze i jądra. Ibrahim bardzo szybko się podniecił, co pozwoliło mi na mocne posuwiste ruchy ustami na jego twardym członku. Robiłam to w tempie, które szejk lubił najbardziej, i wkrótce rozległy się wydawane przez niego jęki rozkoszy.

– Dojdę w ustach – wyszeptał szejk między jednym a drugim westchnieniem.

Dopiero wtedy zrozumiałam, co miał na myśli, mówiąc w restauracji o specjalnym traktowaniu. Nigdy wcześnie nie spuszczał mi się do ust. Rozpalony szejk zaczął sam wykonywać posuwiste ruchy, sprawiając, że prawie poczułam jego penisa w gardle, co natychmiast spowodowało u mnie odruch wymiotny. Po policzkach zaczęły lecieć mi łzy, chwilami brakowało mi powietrza i miałam wrażenie, że zaraz się uduszę. Czułam się tak, jakbym była gwałcona. Brutalnie gwałcona.

W przód, w tył, w przód, w tył, w przód, w tył, coraz mocniej, coraz szybciej, zaraz się zadławię, nie wytrzymam tego, jest mi niedobrze, a on głębiej i głębiej, przy każdym jego posuwie mam odruch wymiotny, nie dam rady, nie chcę, nie mogę, niech on już kończy, nie kończy, powiedział, że dojdzie w ustach, nie chcę, nie mogę, niedobrze mi, dlaczego tak głęboko, boli, niedobrze mi, uduszę się, kończ, nie kończ, nie tak szybko, nie szybko, nie kończ, skończył, strumień gęstej spermy wytrysnął mi prosto do gardła.

Skończył, nareszcie, coś krzyczy, nie skończył.

– Zabulgotaj! – rozkazał, wyciągając penisa z moich ust.

– Ghghghgh... – Nienawidziłam tego.

– Jeszcze raz, dziwko!

– Ghghghgh... – Wyrzygam zaraz i ten homar, którego jedliśmy na kolację, w sosie ze spermy bryźnie na jego brzuch.

– No dziwko, a teraz połknij. – Ibrahim miętosił swojego penisa, próbując go jeszcze raz postawić do boju.

Miałam nadzieję, że szejk nie naćpał się jakichś medykamentów, tak jak to zrobił na seksparty na jachcie, i na tym jednym razie mój koszmar się skończy.

– Połykaj! – wrzasnął Ibrahim i podniósł do góry drugą rękę, jakby miał zamiar z całej siły mnie uderzyć.

Połknęłam lepką maź o gorzkim i ostrym smaku.

– Obliż go do końca – powiedział Ibrahim, wykrzywiając z wysiłku twarz, aby tylko podnieść swoją męskość.

Oblizałam, i nagle musiałam się zerwać z kolan, i pobiec do łazienki, i zwracałam, i zwracałam, i spermę, i homara, i szampana, i torebkę Saint Laurenta, i buty Gucciego z kokardkami ozdobionymi kryształkami, a na końcu siebie.

Kiedy wróciłam do pokoju, szejk stał już przy drzwiach.

– Musimy to potrenować – powiedział na pożegnanie i wyszedł.

Pobiegłam z powrotem do łazienki, odkręciłam buteleczkę z mocnym miętowym płynem i prawie połowę jej zawartości wlałam sobie do ust. Odchyliłam głowę do tyłu i pozwoliłam, aby nieco paląca ciecz wleciała mi do gardła. Zabulgotałam odkażająco.

Jeszcze raz, dziwko! – Zahuczało mi w głowie.

Kilka razy wypłukałam usta, a następnie dokładnie umyłam zęby. Szczoteczkę wyrzuciłam do stojącego obok umywalki kubła na śmieci. Nie byłam w stanie ponownie jej użyć.

Wróciłam do pokoju i weszłam do łóżka, zwijając się w kłębek. Byłam, nie byłam, i płakałam, może płakałam, na pewno płakałam. Ta sperma w moim żołądku. Może przeciąć brzuch i ją stamtąd wypłukać.

Przyszła Oksana, usiadła obok mnie, położyła mi rękę na ramieniu i je lekko pogładziła.

– Cała drżysz – powiedziała.

Drżałam.

– Czego chciał? – zapytała.

Gestem dłoni wskazałam na twarz i szyję.

– Głębokie gardło?

Podniosłam do góry dłoń i przekręciłam ją w prawo i w lewo, pokazując w ten sposób „coś takiego”.

– Kazał połykać?

Kiwnęłam potakująco głową.

– Straszny smak?

Potwierdziłam.

– No tak, to typowe... My tu... – Oksana zapaliła papierosa. – Kiedy jesteś z facetem normalnie, to możesz coś kombinować, a my tu nic nie możemy zrobić.

Spojrzałam na nią pytająco.

– Bo smak spermy zależy w dużej mierze od tego, co facet je. – Oksana głęboko się zaciągnęła. – Jeśli się nażre tłustych, ciężkostrawnych potraw, to wtedy sperma jest kwaśna.

Bolał mnie brzuch.

– A po kawie, ostrych przyprawach jest słona.

Chcę spać. Nie słyszeć, nie widzieć, nie czuć.

– A szejka jaki miała smak?

Nie mogłam mówić. Może straciłam głos.

– A po alkoholu, papierosach – gorzka. – Oksana nerwowo zaciągała się raz po raz. – A tu burdel... I cały czas i alkohol, i papierosy, i kawa... Więc słona i gorzka...

Trująca, żrąca... – dodałam w myślach.

– Ale po warzywach i owocach to jest słodka. – Oksana odpaliła jednego papierosa od drugiego. – Najlepiej cytrusy, banany, seler... I sok z ananasa. Absolutny hit. Codziennie soczek z ananasa i sperma słodziutka, pyszniutka...

Wszystko podeszło mi do gardła i odzyskałam głos.

– Zamknij się, Oksana! – ryknęłam. – I przynieś wódkę!

Oczy Ukrainki zalśniły chciwością.

– Daj mi ten jeden kostium Diora, to przyniosę. Na co ci dwa?

– Weź go i idź po wódkę!!!

Oksana pogrzebała w torbach i wyciągnęła z jednej z nich biały jednoczęściowy kostium Diora. Z uśmiechem na twarzy wyszła z pokoju, a za pół godziny wróciła z butelką wódki.

– Co tak długo?

– Musiałam przymierzyć kostium.

– I co, dobry?

– Tak. – Oksana odkręciła butelkę. – Zakrywa mi bliznę.

Płynęły noce, szejk Ibrahim spełniał ze mną swoje fantazje. Kiedy wychodził, byłam prawie nieprzytomna. Pewnego razu przyniósł dość gruby złoty łańcuszek z okrągłą grawerowaną przywieszką.

– Proszę, to dla ciebie. – Wręczył mi go bardzo z siebie zadowolony. – To do tej czarnej sukienki. Kiedy będziemy w Saint-Tropez…

I tylko tym się pocieszałam. Znajdę się w Europie i tam ucieknę albo się komuś poskarżę, albo pójdę na policję… Lato zbliżało się wielkimi krokami, a wraz z nim moja upragniona wolność.

***

Pewnego dnia burdel obiegła plotka, że Sandżaj kupuje nową kobietę. Wszystkie prostytutki zastanawiały się, jaka ona będzie, bo co do tego, że jej przybycie zaburzy dotychczasowy porządek, nikt nie miał wątpliwości. Dziewczyny rywalizowały ze sobą, zazdrościły sobie, ale gdy ustaliła się już jakaś hierarchia, to rzadko wchodziły sobie nawzajem w drogę. W końcu wszystkie jechały na tym samym wózku.

– Ciekawe, skąd ona jest? – To pytanie stawiała sobie pewnie nie tylko Oksana.

– A wiadomo, kiedy ma tu przyjść? – Też byłam ciekawa nowego nabytku Sandżaja.

– Mówią, że lada dzień. Samanta podsłuchała rozmowę Sandżaja z Karimą i podobno mają urządzić specjalne przyjęcie z tej okazji, zaprosić szejków…

– Naprawdę? – Zdziwiłam się. – Jeżeli to prawda, to znaczy, że ta nowa jest jakaś wyjątkowa… – Kiedy ja przybyłam do burdelu, to nikt nie urządzał na moją cześć żadnych przyjęć.

– Tak twierdzi Samanta, ale może coś źle zrozumiała.

Za dwa dni po burdelu lotem błyskawicy rozniosła się wiadomość, że właśnie Sandżaj i mężczyzna z nożem przywieźli tę nową. Wszystkie prostytutki uchylały drzwi od swoich pokojów, żeby ją zobaczyć, kiedy Karima będzie ją wprowadzała do burdelu. Na korytarzu wrzało od plotek jak w ulu. Ja też się wychyliłam i patrzyłam w stronę prowadzących na górę schodów.

Nagle usłyszałam coś jakby miauknięcie, a po chwili ciche łkanie. Odwróciłam głowę w stronę rozwidlenia korytarza i znowu ją zobaczyłam. Mała dziewczynka z pełnymi cierpienia czarnymi oczami. Stała tam i szlochała, patrząc na mnie błagalnie. Wtem ruszyła się, jakby chciała do mnie przylecieć, więc ja szybko do niej podbiegłam i pociągnęłam w głąb korytarza, żeby inne prostytutki nie mogły jej zobaczyć. Dziewczynka przywarła do mnie, wczepiając się swoimi chudymi rączkami w moją sukienkę. Na jej pleckach zobaczyłam świeże rany. Sadysta Ahmed…

– Zabierz mnie stąd, zabierz mnie stąd… – powtarzała wstrząsana spazmami płaczu.

Mocno przytuliłam ją do siebie.

– Jak masz na imię? – Serce krajało mi się z żalu.

– Anisza.

– Aniszo, wracaj szybko do pokoju, żeby cię nikt nie zobaczył.

– Zabierzesz mnie stąd? – spytała przez łzy.

– Zabiorę. – Musiałam dać jej jakąś nadzieję. Ja też żyłam tylko nadzieją. – A teraz biegnij do swojego pokoju. – Pocałowałam ją w główkę i szybko wróciłam na główny korytarz.

Zrobiłam to w samą porę, bo już było słychać na schodach charakterystyczny stukot obcasów Karimy, która prowadziła jak żywy towar nowy zakup Sandżaja. Prostytutki zastygły w oczekiwaniu na to, jak będzie wyglądała ich najnowsza rywalka. Pierwsza pojawiła się Karima, a za nią nowa kobieta. Od stóp do główów była spowita w czarną abaję i nie było widać ani jej twarzy, ani jej figury.

– A wy co tu sobie za przedstawienie robicie! – krzyknęła groźnie Karima. – Natychmiast do środka!

Zawiedzione prostytutki jedna po drugiej zamykały drzwi do swoich pokojów.

Wieczorem jak zwykle pojawiłam się na sali, która była już przepełniona gośćmi.

– A co tu taki tłok? – spytałam Oksanę, siadając na swoim stołku.

– Ta nowa…

– Która to? – Rozejrzałam się po sali i spostrzegłam szejka Ibrahima siedzącego na kanapie w otoczeniu swoich kolegów.

– Jeszcze jej nie ma.

– A kiedy przyjdzie?

– W odpowiednim momencie.

– W odpowiednim momencie? Co to znaczy.

– Nie wiem. Tak podsłuchała Samanta.

– To oni robią jej jakieś wielkie wejście, czy co?

To było wielkie wejście. Po mnie więcej godzinie, gdy goście byli już trochę podpici i rozbawieni, nagle w sali zgasły wszystkie światła. Rozległy się szmery, słychać było, jak ktoś wbiega na salę, a później okrągły snop światła padł na przestrzeń przed kanapą, na której siedzieli szejkowie. W rozświetlonym kręgu, w zastygłej pozie, pojawiła się prześliczna tancerka brzucha. To była najpiękniejsza kobieta, jaką kiedykolwiek w życiu widziałam. Rajska hurysa zstąpiła na ziemię. Z ust szejków wyrwały się okrzyki podziwu. Gęste, lśniące, sięgające pasa włosy, duże czarne oczy ozdobione długimi rzęsami, pełne czerwone usta, jędrny biust, perfekcyjne zarysowane talia i biodra, zgrabne nogi, doskonale uformowane pośladki – wszystko w niej było idealne.

– To już po nas – rzuciła w naszą stronę przechodząca obok Larysa, co już samo przez się świadczyło o piorunującej urodzie tancerki. – Olśniewająca Latifa z Maroka bierze wszystko – gorzko dodała Ukrainka.

Kiedy Marokanka zaczęła tańczyć i w kusicielskich ruchach eksponować powaby swojego ciała, szejkowie wprost oszaleli na jej punkcie, a najbardziej szejk Ibrahim. Zadzwonił do kogoś i po chwili pojawił się jego kierowca z walizką pełną pieniędzy. Szejk kazał mu otworzyć walizkę i podawać sobie paczki z banknotami, którymi szerokim gestem, z rozpalonym wzrokiem, zaczął obsypywać Latifę.

– Dżulio, to są dziesiątki tysięcy dolarów – ledwie wykrztusiła Oksana.

Patrzyłam na płonące pożądaniem oczy szejka Ibrahima i na fruwające nad piękną Latifą dziesiątki banknotów, i już wiedziałam – straciłam go. I moja nadzieja, że szejk Ibrahim, chociażby pośrednio przyczyni się do odzyskania przeze mnie wolności, rozpłynęła się jak fatamorgana na marokańskiej pustyni.

Rozdział IX
Żywy towar

Minął już prawie rok od momentu, kiedy nieznajoma Polka z wielką desperacją i rozpaczą błagała mnie o pomoc, więc przez moją głowę ciągle i ciągle przebiegało pytanie: Czy ona nadal jest w rękach swoich oprawców? A za nim skradało się drugie. Aż się bałam je sformułować, jakby to mogło pociągnąć za sobą makabryczne skutki: Czy ona jeszcze żyje?

Niestety, doskonale znałam tutejsze realia. I na moje nieszczęście dane mi je było poznać w niezwykle istotnym momencie mojego życia – kiedy nosiłam pod sercem moje pierwsze dziecko. Szejkowie... Mogą wszystko... „A od kiedy to szejkowie stosują się do jakiegokolwiek prawa?" – tych ironicznych słów mojego największego wroga, Hamida, brata mojego męża, nie zapomnę do końca życia. I żyjąc tyle lat w regionie Zatoki Perskiej przekonałam się, że to była porażająca prawda. Szejkowie mogli wszystko. Dosłownie. Dla zabicia wszechogarniającej ich nudy, dla przyjemności, dla splendoru, dla zabawy, dla seksu, dla poczucia, że to oni posiadają pieniądze i władzę. Hardość. Arogancja. Bezczelność. Poczucie absolutnej bezkarności. „Wrócę tu i cię zabiję, suko!" – zagroził mi kiedyś Hamid i tylko drugi szejk, mój mąż, mógł mnie uratować.

Polka na jachcie wykrzyczała w desperackiej bezsilności „Ja nie chcę tego robić!”, a później została bezlitośnie pobita i skopana przez swoich właścicieli. To dobitnie dowodziło, że jej jakiekolwiek próby wydostania się z niewoli są z góry skazane na porażkę. Niewolnica seksualna w rękach handlarzy ludźmi mogła w Dubaju przynieść dochody dochodzące do kilkuset tysięcy dolarów rocznie. Atrakcyjne kobiety, szczególnie te, które dopiero przybyły do miasta i uważane były za „świeże”, sprzedawano klientowi za pięć tysięcy dirhamów za jedno spotkanie. Na żywym towarze zarabiało się fortuny, więc ten mroczny, podły biznes rządził się swoimi bezwzględnymi, bestialskimi prawami.

Rok temu media obiegła wiadomość o dwudziestopięcioletniej Rosjance, która prostytuując się, potrafiła w ciągu roku zarobić pięćset tysięcy dirhamów, czyli pół miliona złotych. Według dziennika „The Sun” zjmowała się tą profesją przez osiem lat, i przyjmowała w tym czasie około pięciu klientów dziennie, chociaż nie było do końca jasne, czy pracowała tylko i wyłącznie w Dubaju. Rosjanka reklamowała się w następujący sposób: „Mam seksowne kształty i ogromny apetyt na niegrzeczne gry”. Na jednej ze stron internetowych bezpruderyjnie i szczegółowo zachwalała swoje atuty: „Jestem Michelle, niezwykle atrakcyjna młoda dama. Często jestem komplementowana jako bardzo piękna kobieta z anielskim uśmiechem. Mam niesamowicie wyrafinowane ciało o seksownych kształtach i nieprzemijający apetyt na niegrzeczne gry. Jestem bardzo miłą i niesłychanie fascynującą osobą. Kocham romantyczne i zmysłowe spotkania, niezapomniane chwile, godziny pełne pasji, gdzie wszystkie fantazje stają się rzeczywistością”. Trudno się dziwić, że mężczyźni, czytając taki anons, gotowi byli płacić fortunę za upojny, pełen fascynujących uniesień czas z tak piękną i interesującą kobietą, która dodatkowo z miłym uśmiechem na ustach spełniała ich wszystkie zachcianki i pragnienia seksualne.

W Dubaju działają agencje towarzyskie dla VIP-ów mogące sprostać najbardziej wymagającym gustom światowych biznesmenów i dżentelmenów, którzy marzą o tym, żeby po całych dniach intensywnej pracy rozerwać się w towarzystwie niezwykle atrakcyjnej kobiety i nie nudzić się przy niej. Najwyższej klasy agencje dostarczają kobiety nie tylko olśniewające pod względem urody, ale także dobrze wykształcone i władające więcej niż dwoma językami. Potrafią się one świetnie ubrać w zależności od okazji oraz odpowiednio zachować niezależnie od miejsca, do którego klient chce je zabrać. Mężczyźni mogą zwiedzać w ich towarzystwie Dubaj, robić zakupy w luksusowych salonach i butikach, delektować się wybornym jedzeniem w najdroższych restauracjach, chodzić z nimi do kin i teatrów albo szaleć w nocnych dyskotekach i klubach. Zabierają je często w służbowe lub turystyczne podróże. Rolą takich osób towarzyszących jest zapewnienie mężczyźnie jak najwięcej przyjemności, więc starają się zabawiać klientów na wszystkie możliwe sposoby, od prowadzenia ciekawych konwersacji na różnorodne tematy do stosowania całego wachlarza sztuczek erotycznych w łóżku. Agencje zachwalają, że ich kobiety mogą spełnić najbardziej wyrafinowane oczekiwania mężczyzn, w tym nawet członków rodzin panujących i królewskich. Bardzo ważnym warunkiem oferty gwarantowanym przez tego typu agencje jest zapewnienie swoim klientom stuprocentowej dyskrecji i dotyczy to zarówno ich tożsamości, sposobu spędzania wolnego czasu, jak i preferencji seksualnych. Myślę, że gdyby te dane ujrzały światło dzienne, to zszokowałyby opinię publiczną.

Ekskluzywne agencje nazywają swoje prostytutki „damami do towarzystwa", „wysokiej klasy osobami towarzyszącymi",

„dziewczętami dla VIP-ów" lub nawet „dubajskimi księżniczkami". Prawda jest jednak absolutnie inna od reklamowych haseł, jest prozaiczna i bolesna. Kobiety te są po prostu żywym towarem z bardzo precyzyjnie określającymi je parametrami i warunkami sprzedaży. Oferta zawiera imię prostytutki, wiek, wzrost, wagę, dokładne wymiary, kolory włosów i oczu, języki, którymi biegle włada, oraz zawód wykonywany przez nią przed podjęciem pracy w agencji lub równolegle. Ekskluzywne prostytutki to najczęściej modelki, które wspięły się dość wysoko po szczeblach swojej zawodowej kariery, lub laureatki różnych konkursów piękności odbywających się jak świat długi i szeroki. Agencje bardzo cenią sobie zwłaszcza modelki bielizny i chętnie podkreślają ten fakt, gdyż zapewnia on klientom najlepszą jakość kupowanych przez nich ciał. W ofercie nie może oczywiście zabraknąć cennika, na przykład: jedna godzina – sześćset euro, dwie godziny – dziewięćset pięćdziesiąt euro, trzy godziny – tysiąc trzysta euro, cała noc – dwa tysiące czterysta euro.

Do parametrów i ceny wystawianego na sprzedaż towaru dołączana jest galeria zdjęć, która prezentuje go w kilku stylizacjach i pozach. Zazwyczaj fotografie przedstawiają kobiety w eleganckich sukniach oraz w samej tylko bieliźnie, która uwydatnia ich atuty, takie jak zgrabne nogi, jędrne pośladki albo pełny biust. Zdarzają się również zdjęcia topless, które w całości eksponują piersi. Kobiety fotografowane są w wyzywających pozach, w tym z szeroko rozkraczonymi nogami, na łóżkach podparte na łokciach z wysoko wypiętymi do góry pupami, zmysłowo zdejmujące majtki lub seksownie wkładające swoją dłoń między nogi i trzymające nią swoje krocze. A wszystko po to, aby jak najbardziej rozpalić klientów i zachęcić ich do kupna oferowanego towaru.

Topowe agencje oferują również karty stałego klienta, których posiadacze cieszą się szczególnymi przywilejami. Jednym z nich jest możliwość brania udziału w aukcjach, na których wystawiane są na sprzedaż dziewice. Agencje bardzo dbają o swój prestiż, dlatego przedmioty aukcji posiadają certyfikat jakości, czyli świadectwo lekarskie potwierdzające ich dziewictwo. W cenie jest oczywiście naturalna błona dziewicza, a nie rekonstruowana, i do tego potrzebna jest opinia fachowców.

Wielu klientów w Dubaju nie lubi zapachu nikotyny z ust kobiety, toteż dziewice, których cena może dochodzić do kilkudziesięciu, a nawet kilkuset tysięcy dolarów, nie mogą palić. Towar musi być świeży, czysty i najwyższej klasy.

Zakres usług seksualnych oferowanych przez dubajskie agencje towarzyskie jest ogromny oraz obejmuje najróżniejszego rodzaju dewiacje i zboczenia. Na zdjęciach reklamujących towar zmysłowo prężą się dwie kobiety, które w erotycznym trójkącie, dostarczając bardzo silnych bodźców wzrokowych i fizycznych, potrafią zaspokoić potrzebę ekshibicjonizmu i przekraczania granic wymagających klientów. Transseksualiści, mężczyźni o aparycji wyjątkowo atrakcyjnych kobiet, ubrani w lateksowe gorsety, koronkowe pończochy i szpilki na niebotycznie wysokich obcasach, ze szczegółami zachwalają swoje możliwości chętnym na tego rodzaju przeżycia mężczyznom. „Dla mnie ważne jest to, żebyś się czuł komfortowo w moim towarzystwie. Mogę być zarówno aktywny, jak i pasywny, i mam dla ciebie wspaniały, gruby, osiemnastocentymetrowy prezent. Lubię seks i jestem otwarty na wszystkie twoje fantazje. Sprawię, aby twoje marzenia erotyczne stały się rzeczywistością. Jestem niezwykle dyskretny i wszystko, co się między nami zdarzy, będę traktował jako głęboko schowany sekret".

Biseksualiści oferują swoje wdzięki zarówno mężczyznom, jak i kobietom, zapewniając ich o swojej ciepłej, przyjaznej i interesującej osobowości. Przekonują, że są zawsze dobrze ubrani i reprezentują najwyższy poziom, co pozwala im towarzyszyć klientom w spotkaniach biznesowych, w oficjalnych kolacjach lub w zabawach tylko we dwoje, podczas których dostosują się do wszelkich, nawet najbardziej wymyślnych oczekiwań i życzeń swoich zleceniodawców.

Dubajskie agencje oferują wszystkim chętnym niezapomniane towarzystwo, dostosowane do ich osobistych potrzeb, siedem dni w tygodniu przez dwadzieścia cztery godziny na dobę. Oferty wzbogacane są niekiedy zdjęciami pornograficznymi – widać na nich dokładnie wyjątkowe walory osób, których towarzystwo jest sprzedawane. Na jednym z nich dwudziestoparoletni, bardzo przystojny, świetnie zbudowany Włoch, biegle władający włoskim, francuskim i angielskim, prezentuje z dumą wyjątkowo długiego i grubego członka postawionego w stan gotowości do wszelkich aktywności seksualnych, zarówno z kobietami, jak i z mężczyznami oraz parami. Na innym zdjęciu przedstawione są stosunki seksualne z wykorzystaniem sztucznego członka. Na następnej fotografii z białych slipek ciemnoskórego Amerykanina wystaje długi twardy penis, a jego właściciel tak reklamuje swoje możliwości zainteresowanym nim kobietom: „Posiadam duże czarne przyrodzenie i z pewnością wiem, jak je perfekcyjnie używać. Poza tym świetnie całuję, liżę i ssę każdą część twojego ciała w zabawach erotycznych oraz jestem otwarty na dowolny rodzaj pieprzenia".

W Dubaju mężczyzna, który posiada portfel o odpowiedniej zawartości, może przebierać i wybierać w szerokim wachlarzu dostępnych usług seksualnych. Sprzedawane przez agencje kobiety zazwyczaj deklarują, że „Będę szczęśliwa, spełniając każde twoje życzenie". Ze względu na liczną konkurencję i wysoki profesjonalizm agencji przy parametrach opisujących kobiety znajduje się też specyfikacja aktywności erotycznych, w których się ona specjalizuje, i zazwyczaj pakiet ten jest bardzo bogaty. „Seks oralny, pozycja sześć na dziewięć, masaż erotyczny, striptiz, pocałunki francuskie, użycie wibratora, w tym również podwójnego, erotyczny taniec na kolanach, użycie gadżetów erotycznych i dużo więcej, a w tym również… towarzystwo jako zakochana dziewczyna na randce z kolacją" – to tylko jedna z tysięcy dubajskich ofert.

Agencje mogą ponadto zapewnić klientom mocniejsze przeżycia erotyczne i w zależności od ich osobistych preferencji aranżują seks dla par, seks grupowy, seks lesbijski lub ekscentryczne orgie seksualne. Do dodatkowo płatnych usług należą głębokie gardło, wielokrotne uprawianie seksu, stymulacja odbytu za pomocą języka, pokazy autoerotyczne, wytryski w usta, na twarz lub na piersi, zabawy erotyczne z odgrywaniem różnych ról oraz robienie zdjęć albo filmów erotycznych. Klienci mogą zamówić także różnorakiego rodzaju masaże, w tym na cztery ręce oraz *body to body*, w którym kobieta używa do masowania całego swojego ciała. Agencje potrafią zaspokoić też najbardziej ekstremalne potrzeby seksualne klientów, włączając praktyki masochistyczne i sadystyczne, podczas których może dochodzić do poniżania lub dyscyplinowania partnera, bicia, dominacji oraz zabawy w niewolników, a dla szczególnie wymagających – uprawianie urofilii lub koprofilii z możliwością wyboru przez zainteresowanego, czy ma dotyczyć oddawania czy przyjmowania fekaliów.

***

Sodom-Sur-Mer, sodoma na morzu – to używane przez niektórych określenie Dubaju przyszło mi od razu do głowy, kiedy tylko skończyłam opisywać dubajskie burdele. I to wszystko w kraju, gdzie za stosunki pozamałżeńskie grozi biczowanie, więzienie, deportacja, a nawet ukamienowanie! Czasem trudno zrozumieć, jak te dwa światy mogą współistnieć. Zadzwoniłam do Lindy.

– Cześć, Lindo. Tu Isabelle.

– Cześć, Isabelle. Jak się czujesz?

– Dziękuję, dobrze. A co u ciebie?

– Normalnie, dużo pracy.

– Zastanawiałaś się nad naszą sprawą? – Miałam na myśli próbę znalezienia Polki znajdującej się w rękach gangu handlującego ludźmi.

Na własne oczy widziałam orgię seksualną na jachcie, a do tego z całą wyrazistością uświadomiłam sobie teraz, jakich upokarzających i bolesnych praktyk mogą żądać klienci od zamawianych przez siebie prostytutek. Gdy sobie wyobraziłam, do czego więziona Polka mogła być zmuszana przez swoich dręczycieli, to aż mi po plecach przebiegały zimne ciarki.

– Tak.

– I co?

– Powiem ci, kiedy się spotkamy.

– Jasne. Kiedy możesz przyjechać?

– Pojutrze, odpowiada ci?

– Tak, świetnie, bo za kilka dni przyjeżdża Salim.

– Ale pojutrze jeszcze go nie będzie? – upewniła się Linda.

– Z tego, co mówił, wnioskuję, że raczej nie. Ale wiesz, jak to z nim jest… – Westchnęłam głęboko. – Nigdy nic nie wiadomo.

– No tak… – Linda zgodziła się ze mną. – A jak twoja migrena? – Zainteresowała się koleżanka. – Nadal cię męczy?

– Nie, ostatnio na szczęście nie.

– To wspaniale. Będę pojutrze.

– Byłoby dobrze. – Użyłam naszego kodu.

– Rozumiem, przyjadę na pewno.

– Dziękuję, Lindo. Do zobaczenia.

– Do zobaczenia, Isabelle.

Odłożyłam telefon i zawołałam Malati.

– Słucham, madame. – Służąca czekała na polecenia.

– Zrób mi kawę, proszę.

– Oczywiście, madame.

– I przekaż Amani, żeby na pojutrze upiekła ulubione ciasteczka madame Lindy, pamiętasz, te pistacjowe.

– Tak, madame, pamiętam. Zaraz powiem Amani.

– Tylko nie zapomnij! – Zaznaczyłam.

– Od razu jej powiem, madame, kiedy tylko pójdę do kuchni.

– Dziękuję, Malati. – Podniosłam się. – Teraz przejdę się trochę po ogrodzie.

– To gdzie sobie, madame, życzy, żebym podała kawę? – zapytała służąca. – W bibliotece czy w ogrodzie?

– W bibliotece. – Chciałam jeszcze popracować. Musiałam wykorzystywać każdą chwilę, kiedy Salima nie było w kraju.

– Dobrze, madame.

Pierwsza opuściłam bibliotekę, a za mną podążyła Malati. Zeszłyśmy na dół i ja udałam się do ogrodu, a Malati do kuchni. Weszłam na wijące się wśród zieleni alejki i zaczęłam po nich wolno spacerować, sprawdzając przy okazji, jak ogrodnik sobie radzi z utrzymaniem ogrodu. Przyglądałam się równo przystrzyżonym trawnikom, uformowanym w różne kształty krzewom, wypielęgnowanym na czystych rabatkach różnokolorowym kwiatom i musiałam przyznać, że każdy zakątek wyglądał przepięknie. Zdecydowałam, że powiem Salimowi, żeby dał ogrodnikowi podwyżkę.

Pochodziłam jeszcze trochę, po czym przystanęłam przy marmurowej fontannie z ogromnymi lwami. Popatrzyłam na ich wielkie grzywy i potężne łapy, a następnie postanowiłam odpocząć na stojącej nieopodal wygodnej sofie pod baldachimem. Zamknęłam na moment oczy. Wsłuchałam się w szumiącą wodę. I tylko ta woda, i tylko ten szmer, i tylko delikatny powiew wiatru. Krótki moment zatrzymania, potrzebny każdemu, zawsze i wszędzie.

Po niedługim wytchnieniu wróciłam do biblioteki i usiadłam przy swoim masywnym biurku, wykonanym z dębowego drewna i bogato rzeźbionym. Aromatyczna kawa już dymiła ze stojącej na blacie filiżanki zdobionej misternymi złotymi ornamentami. Zapaliłam świeczki. Trzeba pracować, trzeba pisać, trzeba ostrzegać.

***

Dubai nazywany bywa Las Vegas Bliskiego Wschodu, ze względu na liczbę barów, nocnych klubów i toczące się w nim bezustannie dzień i noc życie wypełnione szampańską zabawą. A co jakiś czas opinię publiczną elektryzuje wiadomość o procesie karnym wytoczonym w związku z uprawianiem seksu pozamałżeńskiego. Oskarżone o ten czyn pary, aresztowane, a następnie sądzone, zawsze wspominały to doświadczenie jako okropne przeżycie, tym bardziej że zazwyczaj pochodziły one z krajów, w których prawo nie zabrania pozamałżeńskich kontaktów seksualnych.

Kilka lat temu szerokim echem odbiła się historia Brytyjczyków, którzy zostali złapani przez policję na uprawianiu seksu na jednej z pięknych dubajskich plaż. Kobieta, która trafiła do arabskiego więzienia, a następnie musiała stawiać się na kolejne procesy, na których rozpatrywana była jej sprawa, zapłaciła za swój niedozwolony w Zjednoczonych Emiratach Arabskich czyn wysoką cenę. Kiedy tylko postawiono jej zarzuty, straciła intratną pracę w Dubaju, a aresztowanie i kolejne przesłuchania doprowadziły ją prawie do kompletnego załamania nerwowego. Musiała brać antydepresanty, a poza tym cierpiała z powodu nawracającego lęku i paranoi. Przyjaciele Brytyjki określali, że jest „całkowicie rozbita na kawałki", a ona sama zwierzała się, że dopóki ktoś nie znalazł się w takiej sytuacji, to nigdy nie potrafi sobie wyobrazić, jak to jest. „To jest złe – to jest bardzo, bardzo złe" – dodawała. Kobieta, obawiając się surowej kary, podpisała w sądzie oświadczenie, że po powrocie do swojego kraju poślubi partnera, z którym uprawiała na plaży seks. Ta deklaracja pozwoliła na złagodzenie wyroku i zawieszenie kary więzienia, więc para po trzech miesiącach spędzonych za kratkami została zwolniona i mogła wrócić do Wielkiej Brytanii.

Raporty donoszą, że co roku w Zjednoczonych Emiratach Arabskich setki kobiet więzione są za seks pozamałżeński i wśród nich jest wiele takich, które padły ofiarą gwałtów lub przemocy seksualnej. Faktem najbardziej je obciążającym jest ciąża, która dla sądu stanowi bezsprzeczny dowód uprawiania seksu przez oskarżoną.

Kilka lat temu wstrząsnął mną przypadek dwóch ciężarnych Azjatek, które przez sąd w Abu Zabi zostały skazane na śmierć przez ukamienowanie za popełnienie cudzołóstwa. Zamężne kobiety, których mężowie nie mieszkali jednak z nimi w Zjednoczonych Emiratach Arabskich, zaszły w ciążę, co sąd uznał za niepodważalny dowód na to, że oskarżone cudzołożyły. To stanowiło podstawę do wymierzenia im najwyższej kary. Mężczyznę, który uprawiał seks z jedną z kobiet, skazano na osiemdziesiąt batów, ta niższa kara wynikała z faktu, że nie był żonaty, sprawcy zaś ciąży drugiej kobiety nie zidentyfikowano.

Swój horror w Dubaju przeżyła też brytyjska bizneswoman – uwięziono ją i oskarżono o przestępstwo, którego w ogóle nie popełniła. „Jestem niewinna, ale osadzono mnie w więzieniu w Dubaju i nieomal ukamienowano na śmierć". – Brytyjski dziennik tabloid „Daily Express" przytacza przerażające wyznanie niesłusznie osadzonej w arabskim więzieniu kobiety, po czym opisuje dramatyczną historię jej własnymi słowami.

– Co weekend pracujący w Dubaju Brytyjczycy spotykali się i spędzali razem czas od południa do wieczora. Tego dnia około godziny dziesiątej w nocy opuściliśmy z moim kolegą spotkanie i wzięliśmy jedną taksówkę. Podaliśmy kierowcy dwa adresy, a on, myśląc, że jesteśmy zupełnie pijani, zaczął wydłużać trasę po to, aby wziąć od nas podwójną opłatę. Zauważyliśmy to i zaczęła się kłótnia.

Brytyjka, już później wspominając swoje uwięzienie, odnosi się do tego w następujący sposób: „Czuję, jakby to był surrealistyczny koszmar. Nadal budzę się w nocy, panikując, myśląc, że jestem z powrotem w tej celi".

– Taksówkarz zawiózł nas na policję, gdzie skłamał, że uprawialiśmy w jego samochodzie seks – ciągnęła swoją opowieść Brytyjka. – Tam nas zatrzymano i założono kajdanki. Wtedy byłam bardziej zła niż przestraszona, bo wiedziałam, że nic nie zrobiłam. Ale później zaprowadzono mnie do podziemnego więzienia, które wyglądało tak strasznie, że nie jestem w stanie nawet tego opisać. Zostałam przeszukana, dano mi pojedynczy materac i kazano znaleźć sobie miejsce. Sala była brudna i bardzo przepełniona. Funkcję toalety pełniła dziura w podłodze. Miałam na sobie sukienkę, a na nogach szpilki i byłam w tym samym stroju przez dwa następne dni, nie wiedząc, dlaczego jestem osadzona w więzieniu.

Dopiero kiedy Brytyjkę wzięto do lekarza na badanie, wyjaśniono jej całą powagę sytuacji.

– Znalazłam się w szpitalnym gabinecie na fotelu ginekologicznym. Poczułam się chora, zdając sobie nagle sprawę z tego, że dzieje się coś poważnego. Doktor była zaskoczona, że nie znam zarzutów.

Kiedy mi je wytłumaczyła, zaczęłam płakać i powiedziałam, że to nieprawda. Lekarka wyjaśniła mi, że musi przeprowadzić test aktywności seksualnej i jeżeli wyniki wypadną negatywnie, to nie powinno mi nic grozić. To było nad wyraz upokarzające przeżycie. Po badaniu doktor sporządziła pisemną notatkę stwierdzającą, że od długiego czasu nie miałam stosunków seksualnych. To w rezultacie, jak się później okazało, kompletnie nic nie znaczyło

Wynik badania, potwierdzający wersję Brytyjki, nie miał zatem żadnego znaczenia. Nadal była oskarżona o uprawianie seksu pozamałżeńskiego, a jej prawdziwy horror dopiero się zaczął.

– Nasz adwokat zapytał nas, czy możemy się pobrać. Mój kolega powiedział, że tak, ale ja wyjaśniłam, że formalnie jestem jeszcze mężatką. Nasz obrońca się zdenerwował i poradził mi, żebym lepiej tego nie wyjawiała, bo wtedy mogę być sądzona za cudzołóstwo, co jest już naprawdę poważnym przestępstwem. Bardzo się wtedy przestraszyłam.

Ostatecznie Brytyjka spędziła w więzieniu ponad trzy miesiące, a po zwolnieniu wróciła do swojego kraju, gdzie ostrzegała, że ludzie muszą być świadomi czyhających na nich w Dubaju niebezpieczeństw. „Istnieje ciemna strona... – przekonywała – ...i każdy może się stać ofiarą".

W podobnym tonie wypowiadają się niektóre organizacje, które radzą nie zgłaszać w Dubaju gwałtu ze względu na to, że ofiara może być wtedy aresztowana i oskarżona o seks pozamałżeński, co niejednokrotnie się zdarzało.

***

Dubaj. Miasto – bajka. Miasto – groza. Ja też miałam tu swoje piekło, niebo... Niebo, piekło... Pójdę spać. Sięgnęłam po tabletki na sen. Ostatnio brałam je coraz częściej.

Po dwóch dniach odwiedziła mnie Linda, którą jak zwykle powitałam z wielką radością.

– Witaj, Lindo. – Mocno ją uściskałam. – Miło cię znowu widzieć!

Naprawdę się cieszyłam, że koleżanka ponownie odwiedziła mnie w mojej pałacowej samotni. I miałam nadzieję, że znalazła jakiś sposób na znalezienie Polki, która wpadła w ręce handlarzy żywym towarem. Ja miałam swoje piekło i niebo. Ona miała tylko piekło.

– Dobry wieczór, Isabelle. – Linda wycałowała mnie serdecznie. – Ja też się cieszę, że cię widzę.

– Proszę, usiądź. – Gestem zaprosiłam ją na kanapę.

– Znowu moje ulubione ciasteczka. – Linda się uśmiechnęła, widząc piętrzące się na tacy ciasteczka pistacjowe. – Rozpieszczasz mnie! – stwierdziła ciepło.

– Ciebie zawsze, Lindo, ciebie zawsze – odpowiedziałam, a w duchu pomyślałam „A kogo mam rozpieszczać? Nawet dzieci nie mam przy sobie". Coś mnie silnie zakłuło w okolicach serca.

Linda chyba zauważyła jakiś spazm cierpienia na mojej twarzy, bo zapytała.

– Coś cię boli, Isabelle? – Wpatrywała się we mnie z troską. – Znowu migrena?

– Nie, nie, Lindo – zaprzeczyłam. – Tak mnie tylko coś zakłuło.

– Zakłuło cię? – zdziwiła się Linda. – To może coś z sercem… Często to się zdarza?

– Nie, tylko teraz.

– Bo jeśli częściej cię coś takiego łapie, to znam dobrego…

– Nie, nie… – przerwałam jej. – Nie ma o czym mówić… Powiedz mi lepiej, co wymyśliłaś w związku z naszą sprawą.

Do salonu weszła Malati i musiałyśmy na chwilę przerwać.

– Kawa? Herbata? – spytałam Lindy.

– Sama nie wiem…

– Może herbata? – zaproponowałam. – Najlepsza do ciasteczek.

– Skoro tak mówisz, to chętnie – zgodziła się Linda. – To może później napiję się kawy. Jak zwykle mam jeszcze trochę pracy w domu.

– Oczywiście, Lindo, co tylko zechcesz. Malati – zwróciłam się do służącej. – Dwie herbaty, poproszę.

– Dobrze, madame. – Służąca opuściła salon.

– I co sądzisz o tej całej sprawie? – Ciekawa byłam, czy Linda znalazła jakiekolwiek rozwiązanie.

– Proste to na pewno nie jest… – stwierdziła Linda poważnym tonem.

– Z pewnością! – zgodziłam się. – Dlatego nawet nie wiem, od czego możemy zacząć.

– Myślę… – Linda zawahała się przez moment. – Uważam, że… To znaczy oczywiście ty musisz się na to zgodzić, bo…

Koleżanka zamilkła, gdyż do salonu weszła służąca, niosąc tacę z filiżankami parującej herbaty. Postawiła je na stole i opuściła salon.

– Myślę… – Linda znowu przerwała.

To na pewno był bardzo ciężki temat, jeżeli nawet Lindzie było trudno o nim rozmawiać.

– Co myślisz? – Chciałam wiedzieć.

– Uważam, że same sobie z tym nie poradzimy. – Linda podzieliła się ze mną swoją opinią. – Poszukiwania tej kobiety wymagają czasu, a przede wszystkim odwiedzania pewnych miejsc, mrocznych miejsc… – Po ostatnich słowach Lindy powiało grozą. – Ani ja, ani ty nie jesteśmy tego w stanie robić… Chodzi o czas, ale przede wszystkim o nasze bezpieczeństwo.

– I co sugerujesz?

– Uważam, że powinnyśmy jeszcze komuś o tym powiedzieć... Jakiemuś mężczyźnie... Bo tylko mężczyzna jest w stanie podjąć tu konkretne działania. Mówimy w końcu o burdelach.

– Z praktycznego punktu widzenia to oczywiście masz rację. – Nie mogłam nie zgodzić się z koleżanką. – Ale... – Bałam się nawet głośno wypowiedzieć swoje obawy.

– Ale co? – dopytywała Linda.

– Wciągnięcie w to jeszcze jednej osoby będzie wymagało wtajemniczenia jej we wszystko. – Konspiracyjnie zniżyłam głos. Pałac był pełen służby, a pamiętałam, że to zwykły kierowca taksówki wpakował w poważne kłopoty Brytyjkę, która została niesłusznie oskarżona o stosunki pozamałżeńskie.

– Dlatego nie wykonam żadnych kroków bez twojej zgody. – Linda też zaczęła mówić szeptem. – Musimy się dobrze nad tym wszystkim zastanowić.

– Cieszę się, że to rozumiesz, Lindo. Bo gdyby Salim się dowiedział, że ja byłam na jachcie, na którym odbywała się seksualna orgia... – Poczułam żar płomieni mojego piekła.

On by mnie zabił, po prostu zabił... – pomyślałam, a buchające jęzory palącego ognia ogarnęły mnie całą, sprawiając niewyobrażalną mękę, tak jak wtedy, kiedy Salim w szaleństwie zazdrości, bo przypadkiem usłyszał jak rozmawiam przez telefon z mężczyzną, bił mnie i kopał bezlitośnie, odzierając z całej ludzkiej godności, albo wtedy, kiedy w akcie bezwzględnej zemsty za nieposłuszeństwo zgwałcił mnie bestialsko, sadystycznie przy tym podduszając.

– Dlatego dobrze się zastanów, Isabelle, bo to dotyczy przede wszystkim ciebie – powtórzyła Linda, widząc moje pełne wahania milczenie.

Zadzieranie z handlarzami ludźmi to jak taniec z samym Lucyferem – przeszło mi przez głowę i poczułam na całym ciele mrożące krew w żyłach dreszcze.

Przez długą chwilę nic nie mówiłyśmy.

– Isabelle, decyzja całkowicie należy do ciebie – podkreśliła po raz kolejny Linda.

Decyzja... do mnie... może decyzja życia czy śmierci... – krótkie myśli pojawiały się błyskawicznie jedna za drugą. – „Ja nie wrócę już stąd" – powiedziała w przejmującym nagraniu Polka, która poniosła tajemniczą śmierć w Egipcie. A jeżeli ta moja rodaczka z jachtu znajduje się teraz w śmiertelnym niebezpieczeństwie? I ja nic nie zrobię, żeby jej pomóc? Na własne oczy widziałam, jak ściśle była pilnowana i co zrobili z nią jej oprawcy, kiedy tylko próbowała mnie błagać o ratunek. „Pomóż mi, błagam cię, ja tu nie chcę być, oni mnie tu uwięzili, błagam cię, ja nie chcę tego robić!" – Te rozpaczliwe słowa w ostatnim czasie dziesiątki razy rozbrzmiewały w mojej głowie.

– Pomożemy jej. – Mój głos był prawie niesłyszalny.

– Co powiedziałaś, Isabelle? – zapytała Linda.

– Pomożemy jej – stwierdziłam już nieco głośniej, ale zaraz, przestraszona ewentualnymi konsekwencjami mojej decyzji, skierowałam rozmowę na inne tory. – Lindo, herbata ci stygnie, i ciasteczka, upieczone specjalnie dla ciebie, proszę cię, częstuj się, pyszne ciasteczka, proszę...

Herbata, ciasteczka, znany, spokojny, bezpieczny świat. Linda wyczuła chyba moje wielkie zdenerwowanie, bo w tym momencie bez słowa posłodziła herbatę, podniosła filiżankę do ust i pociągnęła z niej kilka łyków.

– Dobra, bardzo dobra – pochwaliła, jak gdyby ucieczką od brudów tego świata była dewiza „Porozmawiajmy o herbacie".

Zapadło milczenie pełne strachu, niepewności i bólu. Ja też sięgnęłam po swoją filiżankę i tak piłyśmy tę herbatę zamyślone, zadumane, zafrapowane. Po długiej chwili pierwsza się odezwałam.

– Lindo... – przerwałam, bo uświadomiłam sobie, że jeśli teraz zacznę o tym ze szczegółami rozmawiać, to już się potoczy, popłynie, i będzie żyło swoim życiem, łącznie ze wszystkimi nieprzewidywalnymi w tym momencie, a być może straszliwymi następstwami, tak jak to się zdarzyło dwa lata temu, kiedy wymknęłam się ochronie szejka, aby udzielić wywiadu w telewizji.

– Słucham, Isabelle. – Linda skierowała na mnie całą swoją uwagę.

– Jeżeli jeszcze byśmy kogoś w to wciągnęły, to kto miałby to być? To znaczy, chodzi mi o to, że musiałby to być ktoś, komu mogłybyśmy ufać... W stu procentach ufać...

„Co ty zrobiłaś?! Co ty zrobiłaś?! Co ty zrobiłaś, Isabelle?!" – powtarzał w kółko mój mąż, szarpiąc mnie brutalnie, kiedy przyłapał mnie na rozmowie telefonicznej z mężczyzną.

– Chodzi mi o to, Lindo, czy mówiąc o jakimś mężczyźnie, który mógłby nam pomóc, miałaś kogoś konkretnego na myśli? – W tym momencie w grę wchodziło również moje bezpieczeństwo.

– To jest bardzo dobre pytanie, Isabelle. – Linda odstawiła filiżankę na stolik. – Właśnie nad tym najdłużej się zastanawiałam.

– I doszłaś do jakichś wniosków?

– Tak. Oprócz tego, że osoba, której powierzymy to zadanie, musi cieszyć się naszym całkowitym, stuprocentowym zaufaniem, to sądzę, że powinna mieć również jakieś szczególne doświadczenie.

– Co masz na myśli?

– Jakieś służby czy oddziały specjalne... Nawet w przeszłości... Chodzi o to, żeby miał doświadczenie w takich specjalnych zadaniach.

– Ale gdzie my takiego kogoś znajdziemy?

– To jest Zatoka, Isabelle... Różni ludzie tu przebywają... – odpowiedziała trochę wymijająco Linda.

– Znasz kogoś takiego?

– Może... Ale nie chciałam z nikim rozmawiać bez twojej akceptacji. To był mój pierwszy krok. A drugi jest taki, że ta osoba musi się zgodzić nam pomóc.

– Rozumiem i myślę, że masz bardzo dobry pomysł. – Wiedziałam, że jeśli Linda już się do czegoś zabierze, to zawsze znajdzie najlepszy sposób na wyjście z trudnej sytuacji. – Moją akceptację już masz. Trzymajmy więc kciuki, żeby ten mężczyzna zgodził się tego podjąć.

Dopóki nie będzie za późno – dodałam w myślach.

– Dobrze, Isabelle. Dam ci znać, gdy tylko będę coś wiedziała.

– Dziękuję, Lindo, bo wiesz, przez tę sprawę nie mogę w ogóle spać, biorę proszki... Wspomnienie tej kobiety ciągle mnie nachodzi, to jej wołanie, błaganie...

– Rozumiem, Isabelle, obiecuję ci, że zrobię wszystko, co w mojej mocy, aby znaleźć tę Polkę.

– Jeszcze raz, Lindo, bardzo ci dziękuję.

– Nie ma za co, ja też przejęłam się tą sprawą.

– Aha, póki pamiętam. – Z przerwy między siedzeniem kanapy, a jej oparciem wyjęłam USB. – Proszę, moje ostatnie teksty.

Koleżanka odebrała ode mnie USB i schowała do torebki.

– Salim niedługo wraca?

– Lada moment.

– To uważaj na siebie.

– Jestem bardzo ostrożna – zapewniłam. – Kiedy Salim jest w domu, to w ogóle nie pracuję.

– I bardzo dobrze robisz.

– Ciasteczka, Lindo, nie zjadłaś jeszcze ani jednego – przypomniałam.

– Przepraszam cię, Isabelle, wiem, że je specjalnie dla mnie zaordynowałaś, ale w tym momencie nie mogłabym nic przełknąć.

– Rozumiem. – Poruszanie się wokół spraw związanych z handlem ludźmi mogło odebrać apetyt. – Powiem Malati, żeby zapakowała ci je do domu, zjesz, kiedy będziesz miała ochotę.

– Świetnie, dziękuję, Isabelle.

– Nie ma za co. Na zdrowie.

Linda posiedziała jeszcze u mnie około pół godziny, a później zabrała ze sobą zapakowane przez służącą ciasteczka i wyszła, zapewniając przy drzwiach, że skontaktuje się, gdy tylko będzie miała nowe wiadomości w sprawie poszukiwanej przez nas Polki.

Po kilku dniach z podróży służbowej przyjechał Salim. Jego powroty do domu zawsze wywoływały u mnie burzę emocji. Byłam bardzo szczęśliwa, że mój ukochany jest przy mnie i już nie będę sama w ogromnym pustym pałacu. Frustrowało mnie natomiast, że nie mogę od drzwi rzucić mu się z radości na szyję, bo nie wolno mi było pokazywać swoich uczuć przy służbie, i gdzieś podświadomie czaiła się obawa, że Salim znowu znajdzie jakiś powód, żeby być niezadowolonym z mojego zachowania i wybuchnie swoją niekontrolowaną obsesyjną zazdrością.

Kiedy z okna zobaczyłam podjeżdżający pod bramę pałacu samochód męża, od razu pobiegłam na dół, żeby się z nim przywitać i zobaczyć dzieci. Tak długo ich nie widziałam! Salim zwykle w drodze z lotniska zabierał dzieci do domu.

Z niecierpliwością czekałam w holu, żeby powitać moją rodzinę i przytulić do siebie córeczkę i synka. Wydawało mi się, że trwa to wieki. Służba zaczęła wnosić bagaże Salima do środka, a jego jeszcze nie było.

Może kończy jakąś biznesową rozmowę telefoniczną w samochodzie – wytłumaczyłam sobie. – On zawsze taki zajęty…

Ale dzieci powinny już być... – Zazwyczaj przyprowadzała je opiekująca się nimi niania.

Salim pojawił się po blisko pięciu minutach.

– Witaj w domu. – Tylko tyle mogłam powiedzieć przy służbie. Nie wolno mi było nawet dodać „kochany".

– Witaj, Isabelle. – Salim też był dość oficjalny.

– Gdzie dzieci? – spytałam od razu.

– Zostały u mojej siostry.

Płomienie mojego piekła wybuchły w nowym, zupełnie nieoczekiwanym miejscu.

– Dlaczego ich nie przywiozłeś? – Starałam się, żeby mój głos brzmiał spokojnie. Bo ja sama na pewno spokojna nie byłam.

– Nie było sensu, Isabelle. – Dla Salima ta sytuacja wydawała się całkiem normalna.

– Jak to nie było sensu? – Serce zaczęło mi walić jak oszalałe.

– Za dwa, trzy dni znowu muszę wyjechać. One tam żyją w swoim rytmie, więc nie było powodu, żeby go zakłócać. I tak zaraz musiałyby wracać, więc przewożenie ich wszystkich ubrań i zabawek na noc czy dwie mija się z celem.

Nie, nie mija się z celem! – zakrzyczało moje serce. Przecież nie muszą wszystkiego przewozić. – I nagle mnie zmroziło. Uświadomiłam sobie, że jeżeli dzieci mają większość swoich rzeczy w pałacu siostry Salima, to znaczy, że spędzają prawie cały czas tam, a nie we własnym domu. Kiedy to się stało? – pytałam sama siebie. Jakoś to przeszło niezauważenie. Salim często wyjeżdżał i ustalił pewne reguły, a ja tak naprawdę nie miałam na ich temat nic do powiedzenia. Przełknęłam gorzkie łzy, wiedziałam, że jakakolwiek dyskusja z mężem do niczego nie doprowadzi.

Salim poszedł na górę, aby się odświeżyć po podróży, a ja zostałam sama na dole, wciąż przeżywając to, że nie mam przy sobie dzieci. Może to była jakaś strategia rodziny mojego męża. Na Wschodzie dzieci należą do ojca i o ile matka nie pochodzi z bardzo bogatej, potężnej i wpływowej rodziny, zawsze ma ona znaczenie drugorzędne.

Zapadł już zmierzch, więc poleciłam Amani, żeby podała w jadalni kolację. Usiedliśmy razem z mężem przy stole, ale rozmowa jakoś się nie kleiła, widać było, że nadal absorbują go sprawy zawodowe, co chwilę zerkał na ekran telefonu, a ja byłam dość przygnębiona nieobecnością dzieci. Po kolacji udaliśmy się do sypialni, gdzie zazwyczaj po powrocie Salima z dłuższej podróży przeżywaliśmy chwile namiętnego upojenia. Tym razem było inaczej, nie mogłam się rozluźnić, tysiące myśli przebiegało mi przez głowę – to wszystko o czym pisałam, te piękne modelki czekające na szejków, gotowe spełnić każdą ich zachciankę, zapewne takie usługi można znaleźć w każdym zakątku świata, a Salim ciągle wyjeżdża, czy on…

– Co się dzieje, Isabelle? – Mąż wyczuł moje spięcie.

– Nie wiem… – wyszeptałam.

– Migrena? – zapytał troskliwie.

– Nie… Nie wiem…

– To nic, Isabelle, to nic…

Salim zaprzestał pieszczot, mocno przytulił mnie do siebie i pocałował we włosy. Mój mąż potrafił być cudowny.

Następnego dnia przy śniadaniu był wyjątkowo miły, ciągle się pytał, czy dobrze się czuję, i czy na pewno nie męczy mnie migrena.

– Nie, nie boli mnie głowa – zapewniłam go.

– Wiesz, Isabelle, pojutrze wyjeżdżam do Wiednia i postanowiłem, że tym razem pojedziesz ze mną. Lubisz Wiedeń, prawda? – Salim patrzył na mnie z czułością.

– Uwielbiam! – odpowiedziałam rozradowana.

– No, to postanowione, jedziesz ze mną. – Szeroki uśmiech na twarzy Salima dobitnie świadczył o tym, że ta decyzja sprawiła mu wielką przyjemność.

Bardzo się ucieszyłam, bo ostatnio dużo pracowałam i pomyślałam, że kilka dni odpoczynku dobrze mi zrobi. Poza tym Wiedeń mnie zachwycał, cudna architektura miasta, wspaniałe tradycje historyczne, artystyczne i kulturalne tworzyły jego absolutnie wyjątkową atmosferę. I te słynne wiedeńskie kawiarnie! Swoim niepowtarzalnym wystrojem i nastrojem oraz serwowanymi w nich różnymi rodzajami kaw wraz z przepysznymi ciastkami i deserami zabierały gości w niepowtarzalny klimat dawnych epok, kiedy to przesiadywali w nich najwięksi intelektualiści i pisarze swoich czasów.

– Dziękuję, Salim. – Nie ukrywałam radości. – Pojadę z wielką chęcią.

Od razu po śniadaniu poszłam przejrzeć garderobę, aby później polecić Malati, co dokładnie ma spakować. Podczas przygotowań do nieoczekiwanej wyprawy czas upłynął mi niepostrzeżenie i ani się obejrzałam, kiedy po sześciu godzinach lotu limuzyna wiozła nas w Wiedniu do wspaniałego hotelu Imperial, w którym wcześniej już niejednokrotnie się zatrzymywaliśmy. Położony w samym sercu Wiednia, przy Ringu, mieści się w pałacu zbudowanym w latach 1863–1865 na reprezentacyjną siedzibę księcia Filipa Wirtemberskiego, w której ten mieszkał jednak zaledwie kilka lat. Hotel zachwyca imponującymi rozmiarami, architekturą oraz niepowtarzalnym wyposażeniem wnętrz, pełnych bezcennych antyków, obrazów, żyrandoli i jedwabnych tapet. Salim zawsze rezerwował dla nas Royal Suite, który kiedyś był częścią prywatnych pokojów samego księcia. Obecnie w tym stusześćdziesięciometrowym apartamencie, kosztującym ponad cztery tysiące euro za noc, zatrzymywały się koronowane głowy oraz gwiazdy muzyki rozrywkowej i kina.

Po przybyciu do hotelu odświeżyliśmy się po podróży i ze względu na późną porę kolację zjedliśmy w apartamencie. Zmęczeni lotem dość szybko znaleźliśmy się w hotelowym królewskim łożu. Salim powiedział, że w ciągu następnych dni będzie zajęty, ale większość wieczorów, i wszystkie noce, dodał, przyciskając mnie mocno do siebie, będziemy mieli dla siebie. Wtuliłam się w mojego ukochanego i pierwszy raz od dłuższego czasu usnęłam bez tabletek nasennych.

Wiedeń zwiedzałam, jeżdżąc zaprzężoną w dwa kare konie dorożką. Salim wynajął ją do mojej wyłącznej dyspozycji na cały czas naszego pobytu w mieście. Rozkoszowałam się widokami wspaniałych budowli, a ponieważ wnętrza większości z nich znałam już z moich poprzednich podróży, to tym razem ograniczyłam się tylko do oglądania ich z zewnątrz. Miasto było pełne turystów i rozbrzmiewającej w wielu miejscach muzyki Straussów i Mozarta.

Będąc w Wiedniu, nie mogłam odmówić sobie celebrowania codziennej filiżanki kawy, najczęściej zamawiałam kawę Mozart z czekoladowym likierem Mozart lub Maria Teresa z pomarańczowym likierem Cointreau w jednej z licznych klimatycznych kawiarni. Najwięcej czasu spędziłam w Café Central, słynnej kawiarni literackiej, w której regularnie bywał między innymi Zygmunt Freud, mieszczącej się w pięknym pałacu Ferstel zbudowanym w stylu neorenesansowym. Ostatni dzień upłynął mi na spacerach po utrzymanym w stylu angielskim parku i ogrodach francuskich położonych przy pałacu Schönbrunn. Ta najpiękniejsza budowla barokowa Europy i letnia rezydencja rodziny cesarskiej zawdzięcza swój obecny wygląd i wystrój cesarzowej Marii Teresie, ale turyści są przekonani, że to było sanktuarium cesarzowej Sisi... Niezwykle kojąca przechadzka wśród zieleni, klombów, fontann, sztucznych ruin i labiryntów oraz podziwianie imponującej panoramy Wiednia ze ścieżek prowadzących zakosami do Glorietty były pięknym akcentem kończącym wypełnione przyjemnościami dni.

Z Salimem spotykaliśmy się wieczorami i jedliśmy romantyczne kolacje w ekskluzywnych restauracjach, ciesząc się wybornymi daniami i luksusowymi trunkami. Później wracaliśmy do hotelowego apartamentu, gdzie przy blasku świec i nastrojowej muzyce z nową siłą wybuchła nasza dawna namiętność. I znowu było cudownie, i on był jedyny, i ja jedyna, i razem też jedyni, dla siebie tylko.

Do Dubaju wróciłam we wspaniałym nastroju, a ponieważ Salim nie planował w najbliższym czasie żadnej służbowej podróży, to przywiózł do domu nasze dzieci. Nie mogłam się nimi nacieszyć i przez kilka tygodni w naszym pałacu toczyło się spokojne rodzinne życie.

Potem Salim znowu musiał wyjechać, ale niezwykle udana podróż do Wiednia i czas spędzony w rodzinnym gronie ukoił moje skołatane nerwy i dodał mi nowych sił. Byłam gotowa na dalsze wyzwania. Kiedy tylko Salim opuścił kraj, od razu zadzwoniłam do Lindy.

– Cześć, Lindo, tu Isabelle.

– Cześć, Isabelle, nareszcie się odzywasz. – Z energią w głosie przywitała mnie Linda. – Dzwoniłam do ciebie, ale Malati powiedziała, że wyjechałaś z Salimem do Europy.

– Tak, rzeczywiście wyjechaliśmy.

– A gdzie byliście?

– W Wiedniu.

– Cudne miasto, odwiedziłam je kilka lat temu.

– Tak, ja też je uwielbiam.

– I jak się udała podróż?

– Wspaniale.

– To bardzo się cieszę. I dopiero teraz przyjechałaś? Bo prosiłam Malati, żebyś się ze mną skontaktowała, kiedy tylko wrócisz.

– Tak, mówiła mi. Jestem już od jakiegoś czasu, ale Salim był w domu i dzieci, więc i tak nie mogłabym nic zrobić.

– Rozumiem. Powiedz mi, kiedy możesz do mnie przyjechać.

– Ja do ciebie?

– Tak, bo jest ktoś... w tej naszej sprawie... i chciałby bezpośrednio z tobą porozmawiać.

– To konieczne? – Domyśliłam się, że chodzi o mężczyznę, który może nam pomóc w sprawie Polki z jachtu, ale znowu przeniknął mnie strach przed gniewem Salima, gdyby to wyszło na jaw.

– On mówi, że tak. A uwierz mi, dobrze się zna na swojej robocie. Twierdzi, że czasem istotne są szczegóły, szczególiki, więc nie chce pytać cię przeze mnie, bo uważa, że w informacjach przekazywanych pośrednio przez osobę trzecią wiele istotnych wiadomości może umknąć.

– W takim razie przyjadę. Kiedy ci najbardziej odpowiada?

– Każdego dnia po siódmej wieczorem. Może być nawet jutro. On mówi, że jeżeli naprawdę chcemy tym się zająć, to im szybciej to zrobimy, tym lepiej.

– Dobrze, jutro o ósmej będę u ciebie. I wiesz, ja dalej poruszam się tylko z obstawą, oni jak zwykle nie wejdą do środka twojej willi, ale ten ktoś musi przyjechać wcześniej, żeby ochrona go nie zobaczyła.

– Rozumiem, zorganizujemy to.

– Świetnie, to do zobaczenia, Lindo.

– Do jutra, Isabelle.

Następnego dnia zgodnie z umową pojechałam do willi Lindy. W salonie zobaczyłam przystojnego, świetnie zbudowanego mężczyznę w średnim wieku.

– To jest Steven. – Linda przedstawiła mężczyznę. – Pomoże nam znaleźć Polkę, która padła ofiarą gangu handlującego ludźmi.

Rozdział X

Porwana dziewczynka

Szejk przygniatał mnie prawie całym swoim ciężarem, wykonując nieudolne frykcyjne ruchy. Nadmiar wypitego alkoholu sprawił, że jego członek nie osiągnął pełnego wzwodu, co nie pozwalało mu na dojście do orgazmu. Znając z doświadczenia klientów w takim stanie upojenia alkoholowego, wiedziałam, że to nie będzie łatwa noc. Mężczyźni, którym za duża ilość spożytych trunków zakłócała pełną erekcję i odbycie stosunku seksualnego zakończonego szczytowaniem, po kilkunastu czy kilkudziesięciu minutach niesatysfakcjonującej ich akcji całą swoją frustrację przelewali na prostytutki, winiąc je za swoje niepowodzenie. Wściekali się, krzyczeli, ubliżali, a nawet zdarzało się, że mocno bili, aby tylko znaleźć ujście dla nagromadzonych w nich emocji.

Ta noc zapisała się w pamięci prostytutek naszego burdelu jako czarna noc. Przybycie ślicznej tancerki brzucha Latify, której uroda oraz umiejętności taneczne przebiły atrakcyjność wszystkich pracujących tu kobiet, wprowadziła długo jeszcze utrzymujący się grobowy nastrój. I nawet to, że nasz przybytek pękał w szwach, a wśród klientów było więcej szejków, nie poprawiało pełnej zazdrości i rozgoryczenia atmosfery.

Wszystkie prostytutki odnosiły wrażenie, że klienci stali się bardziej wymagający i marudni. Latifa dawała co wieczór wspaniały popis tańca brzucha, a jej pełne erotycznego drgania biodra, pośladki, brzuch i piersi rozpalały mężczyzn do najwyższego stopnia. Podnieceni marzyli tylko i wyłącznie o seksownej Latifie, która nie dość, że była profesjonalną tancerką brzucha, to jeszcze pochodziła z Maroka, a kobiety z tego właśnie kraju uważane były za najgorętsze i najbardziej obeznane w sztuce miłosnej.

Latifa swoim magicznym tańcem dosłownie hipnotyzowała. Na kanapie ustawionej w głównym miejscu sali siadali szejkowie, którym serwowano drogie alkohole i podawano aromatyczne fajki wodne, i czekali z niecierpliwością na najważniejszy punkt wieczoru, czyli występ czarującej Latify. Sandżaj każdego wieczoru zasiadał teraz w lekko zaciemnionym rogu ze szklaneczką whisky i przenikliwym spojrzeniem pilnował swojego biznesu. To on w odpowiednim momencie zawsze dawał znak, żeby zgasły światła i Latifa zaczęła swój zmysłowy pokaz.

Marokanka była mistrzynią sztuki tańca, a ponadto potrafiła perfekcyjnie zaprezentować swoje umiejętności w niezwykle wciągającym widowisku, które za każdym razem miało trochę inny przebieg. Czasami okrągły słup światła oświetlał jej gęste, lśniące, sięgające pasa włosy i kiedy zaczynała rozbrzmiewać rytmiczna muzyka, tancerka poruszała tylko płynnie rękoma, oczarowując wpatrzonych w nią szejków gracją każdego najmniejszego ruchu odkrytych ramion i każdego gestu finezyjnie ułożonych dłoni. Później, odrzucając dość energicznie głowę na prawą i lewą stronę, falowała długimi włosami, odsłaniając przy tym wąską talię i eksponując dynamiczny ruch trzęsących się bioder. Szejkowie, nie mogąc oderwać od niej oczu, chłonęli każde drgnienie jej doskonałego ciała, a ona, przechylając biodro na jedną stronę i cały czas zarzucając nim w rytm muzyki, pochylała się do przodu, wypinając przy tym wibrującą jędrną pupę. Rozlegały się głośne okrzyki zachwyconych szejków, a rajska Latifa, prostując się energicznie, kontynuowała ponętny taniec – wirowała zachęcająco, pląsała kusząco i wyginała się zmysłowo w takt czarownej, upojnej muzyki.

Niekiedy Latifa od razu zaczynała występ od shimmy[7] biustu, który obnażony do połowy, w efektownym staniku ozdobionym lśniącymi kryształkami i kamyczkami, z miejsca roznamiętniał zgromadzonych szejków. Potem tancerka dołączała do tego bardzo wyrafinowane drgania brzucha i bioder, co jeszcze podnosiło i tak gorącą już atmosferę. Olśniewający taniec Latify, która w swym znakomitym kunszcie prezentowała najróżniejsze figury, kucając, wyginając się w tył jak do mostka i krążąc wkoło, nie zaprzestając przy tym zniewalających drżeń powabnego ciała, doprowadzał szejków do szaleństwa. Udowadniał, że boska Latifa potrafiła wirtuozersko panować nad każdym najmniejszym nawet skrawkiem swojego ciała, co niewątpliwie było widocznym znakiem tego, że w łóżku z mężczyzną potrafi zapewnić mu nieziemskie wprost rozkosze.

Latifa została gwiazdą burdelu, gwiazdą wielbioną, podziwianą i niekwestionowaną, i to taką, za którą była wielka smętna pustka.

Wszystkie prostytutki przy Latifie wydawały się szare i nijakie, więc klienci szli z nimi tylko dlatego, że z kimś musieli zaspokoić swoje rozbuchane występami Marokanki żądze. Wybierali Larysę, Samantę, Jenny, Oksanę, mnie lub inną kobietę, ale tak naprawdę marzyli o zjawiskowej Latifie w swoich objęciach. I fakt, że nie szli z nią do łóżka, frustrował ich i złościł, przez co stawali się aroganccy, a niekiedy nawet brutalni. Prostytutki częściej chodziły posiniaczone, bo nie potrafiły sprostać wyidealizowanym

[7] Shimmy – podstawowy ruch w tańcu brzucha, który polega na drżeniu i potrząsaniu określonej części ciała. W tańcu brzucha może to być biust, brzuch i biodra.

pragnieniom mężczyzn, aby zamieniały się przy nich w rajskie hurysy, które dostarczać im będą nieziemskich rozkoszy. Tak jak według ich wyobrażeń czyniłaby to Latifa. Tylko że Latifa nie była prostytutką dla każdego.

Latifę zwabiła do arabskiego burdelu jej rodaczka Karima, która obiecując lukratywną pracę, zdołała ją przekonać do przyjazdu nad Zatokę Perską. Spotkał ją zatem taki sam los jak Oksanę i tysiące innych kobiet z całego świata, którym obiecuje się dobrze płatne zatrudnienie jako sekretarki, masażystki albo pracownice salonów piękności, a później odbiera paszporty, zamyka, gnębi fizycznie i psychicznie, szantażuje lub grozi, aby je złamać i zmusić do sprzedawania swojego ciała. Większość pracujących w Dubaju prostytutek jest ofiarami handlu ludźmi.

Latifa, profesjonalna, wysokiej klasy tancerka brzucha, wiedziała, że jedzie do Dubaju, aby zabawiać szejków. Nie wiedziała jednak, że ma z nimi również sypiać. To doprowadziło do wielkiej awantury pierwszego dnia pobytu Marokanki w burdelu. Jej inauguracyjny występ zrobił furorę i szejkowie, na czele z Ibrahimem, obsypali ją deszczem pieniędzy. Tancerka przyjmowała atencje z czarującym uśmiechem i kokieterią, traktując jako należny jej hołd za fenomenalny występ. Później szejk Ibrahim zaprosił ją na swoją kanapę, po czym raczył najlepszymi szampanami i trunkami. Latifa nadal się wdzięcznie uśmiechała i prowadziła miłą konwersację, uważając, że należy to do jej obowiązków zabawiania gości. Kiedy jednak szejk niedwuznacznie oznajmił, że czas iść do jej pokoju, Latifa zerwała się z kanapy jak oparzona i wybiegła z sali.

– Sandżaj! – zagrzmiał szejk głosem tak głośnym i groźnym, że prostytutki automatycznie skuliły się w sobie. Wiadomo było, że rozwścieczony Ibrahim jest zdolny do wszystkiego.

Sandżaj natychmiast podbiegł do szejka, który zaczął mu wymyślać pełnym wściekłości głosem i żądać, żeby natychmiast przyprowadził mu z powrotem tę marokańską kurwę.

– Jeśli ona zaraz nie przyjdzie, to oddasz mi wszystkie moje i moich kolegów pieniądze, które tu zostawiliśmy! I nasza noga więcej u ciebie nie postanie!!! – groził doprowadzony do furii szejk i z pewnością miał zamiar dotrzymać słowa.

Zdenerwowany Sandżaj skręcał się i wił jak piskorz, próbując na wszystkie sposoby udobruchać szejka. Skinął na barmana, żeby podał najlepszą dostępną w burdelu dwudziestojednoletnią whisky i szerokim gestem zaprosił szejka, mówiąc, że to na koszt lokalu. Ibrahim zaśmiał się ironicznie, jakby ktoś oferował mu pudełko zapałek, ale ponieważ był bardzo wzburzony, to pewnie dla rozluźnienia skorzystał z darmowego alkoholu. W tym czasie Sandżaj zamienił kilka słów z Karimą, która natychmiast udała się na dół, aby sprowadzić Latifę.

– Latifa zaraz tu przyjdzie, zaraz tu przyjdzie… – zapewniał Sandżaj, ale chyba nie do końca był tego taki pewien, bo co chwilę zaniepokojony zerkał w stronę prowadzących na dół schodów.

– Pięć minut – powiedział szejk, spoglądając na swój wart ponad sto tysięcy dolarów zegarek.

Widać było, że Sandżaj wprost trząsł się ze zdenerwowania, bo mijała minuta za minutą, a Latifa się nie pojawiała. Po pięciu minutach szejk wstał bez słowa, a za nim jego koledzy.

– Oddaj mi wszystkie pieniądze, które na nią dziś wydałem – zażądał.

Sandżaj przez moment nie mógł wykrztusić słowa.

Przypomniałam sobie rozmowę Tarka i Fajsala na wyspie rozpusty, kiedy szejk Ibrahim również żądał zwrotu pieniędzy za mnie. Byłyśmy tylko towarem. Żywym towarem. Nie ma towaru, nie ma pieniędzy. Sandżaj zapewne, podobnie jak Tarek, nie wyobrażał sobie oddawania pieniędzy, które już do niego trafiły. Kiedy bowiem szejk Ibrahim obsypywał marokańską tancerkę fortuną, pracujący dla Sandżaja Hindusi zbierali banknoty i niestrudzenie odnosili mu garściami grube pliki.

– Proszę, żeby szejk dał mi jeszcze pięć minut – zaproponował Sandżaj. – I szejk będzie miał piękną Latifę na wyłączność. – Podkreślił słowa „piękną" i „wyłączność", i szczególnie to ostatnie słowo było ważne, bo szejkowie uwielbiali posiadać rzeczy specjalne, których nikt inny oprócz nich nie miał.

Ibrahim powiódł wzrokiem po pustym miejscu, gdzie niedawno tańczyła ponętna Latifa, i przez chwilę się zawahał.

– Ona jest nowa i zupełnie świeża. – Sandżaj kuł żelazo póki gorące. – Jeszcze nikt jej tu nie tknął.

– Pięć minut – zdecydował szejk Ibrahim, po czym usiadł na kanapie, a razem z nim jego koledzy.

Sandżaj osobiście nalał szejkowi whisky, po czym przeprosił go na chwilę, skinął na mężczyznę z nożem i udał się w stronę schodów prowadzących do pokojów na dole.

– I jak myślisz, przyjdzie? – zapytałam Oksanę, z którą jak wszystkie inne prostytutki obserwowałam całą awanturę.

– A co jest warta tancerka brzucha z pokiereszowanym brzuchem? – pytaniem odpowiedziała Oksana, a mnie przed oczami stanął obraz gładkiego, wypielęgnowanego, kuszącego brzucha Latify w kontraście z odstręczającym, zeszpeconym źle zrośniętą blizną brzuchem Oksany.

Nie minęło pięć minut, kiedy rozległy się gromkie okrzyki i brawa na powitanie marokańskiej tancerki, która wracała w towarzystwie Karimy, Sandżaja i mężczyzny z nożem. Latifa była profesjonalistką i weszła na salę tanecznym krokiem z uśmiechem na twarzy i dumnie wyprostowaną głową. Ja zauważyłam w tym momencie głównie jej duże czarne oczy, które zmieniły wyraz i teraz czaił się w nich wielki ból, smutek i strach.

– Taniec specjalnie dla szejka! – krzyknął Sandżaj, dając tym samym sygnał do rozpoczęcia występu.

Rozbrzmiała muzyka, zjawiskowa Latifa znowu czarowała wszystkich swoim tańcem, jednak raz czy dwa musiała ukradkiem zetrzeć łzy, których nie potrafiła powstrzymać. Po niezwykle udanym pokazie szejk Ibrahim poszedł z Latifą na dół do jej pokoju.

– To twój szejk ma nową kochankę. – Oksana skwitowała to jak zawsze prosto z mostu.

– Już nie mój – odparłam i gdzieś mnie zakłuło z zazdrości, a przede wszystkim z powodu straconych nadziei na wyjazd do Europy, a tam ewentualnej możliwości ucieczki. – Już nie mój – powtórzyłam i musiało to sprawić wrażenie smutnego wyznania, bo Oksana od razu zamówiła dla nas podwójne drinki.

To uczucie straty samą mnie zaskoczyło, bo wiele złego doznałam od Ibrahima, ale jednak status kochanki szejka dawał mi w burdelu jakieś przywileje. Karima się mnie tak nie czepiała, że przyjmuję za mało klientów, bo szejk płacił wystarczająco dobrze. Inne prostytutki wolały ze mną nie zadzierać, bo tak naprawdę nie wiedziały do końca, jakie są między nami relacje, więc zawsze istniała obawa, że mogę się mu poskarżyć, a on zainterweniuje u Sandżaja. Dzięki temu nawet nienawidząca mnie Larysa nigdy nie posunęła się za daleko i ograniczała się do rzucania mi wrogich spojrzeń. Nie mogłam też przed sobą ukrywać, że ta jedyna wprawdzie, ale udana wyprawa na ekskluzywne zakupy sprawiła mi przyjemność, bo to ja po raz pierwszy od wielu miesięcy byłam obsługiwana. I to jak obsługiwana! A kolacja w luksusowej restauracji też była miłą odmianą od burdelowej codzienności. No i wizja wyjazdu na Lazurowe Wybrzeże i wiążąca się z tym szansa na odzyskanie wolności. A teraz... A teraz nie miałam nic. Nawet promyka nadziei.

– Na zdrowie! – Oksana podniosła do góry swoją szklankę.

– Na zdrowie! – Dołączyłam do niej, ale zabrzmiało to bardzo ponuro.

Wypiłyśmy, a ja kątem oka omiotłam salę i zobaczyłam, że mężczyźni zaczynają już wybierać kobiety. Marzyłam o tym, żeby mnie nikt nie wybrał, nie chciałam już tego, po raz kolejny, po raz setny, brudne zapite oddechy, cuchnący pot, ból okolic intymnych, czas spędzony, czas stracony, czas taki, nijaki, siaki, rzygać się chce.

Szybko dokończyłam drinka.

– Jeszcze raz to samo – zwróciłam się do barmana. – Też podwójny – podkreśliłam.

– To nalej i dla mnie – powiedziała Oksana.

Szejk ulotnił się z Latifą, a do mnie coraz wyraźniej dochodziła straszna prawda, że nie mam żadnych, ale to kompletnie żadnych widoków na uwolnienie. Alkohol, narkotyki, samobójstwo... – przelatywało mi przez głowę. – To jest uwolnienie... Jedyne, jakie mi w tej chwili zostało...

– Nie przejmuj się. – Oksana jak zwykle starała się mnie pocieszyć. – Faceci przychodzą, odchodzą, a później znów przychodzą...

– Nie sądzę, żeby szejk był w stanie porzucić piękną Latifę – stwierdziłam gorzko.

– Nigdy nic nie nie wiadomo... – Oksana miała na ten temat inne zdanie. – Faceci... Czegoś pragną, czegoś szukają, wydaje im się, że gdzieś, że ktoś... – Oksana pociągnęła spory łyk swojego drinka. – A później przekonują się, że gdzieś, że ktoś nie ma tego czegoś, co ty masz... Zobaczysz, szejk jeszcze do ciebie wróci... – Oksana wypiła drinka do końca.

I Oksana miała rację. Pewnej nocy szejk Ibrahim znowu pojawił się niespodziewanie w moim pokoju, ale to nie było takie spotkanie, jakiego ja bym sobie w mojej sytuacji życzyła.

– O, mamy następnego szejka. – Ukrainka zerkała na jednego z kolegów Ibrahima, który szedł właśnie w naszą stronę. – Może mnie wybierze? – Oksana z nadzieją w głosie zapytała samą siebie.

Szejk zmierzał do nas mocno chwiejnym krokiem i życzyłam sobie, żeby pragnienie Oksany się spełniło. Nie cierpiałam pijanych, mamroczących, zapluwających się klientów z obwisłymi fiutami, którzy uważali, że są championami w łóżku.

– Dżu... Dżulia... – ledwo wymamlał szejk. – Dżu... – beknął głośno. – Dżuuuliaaa... – wybełkotał i złapał mnie mocno za biust.

Z Oksaną porozumiałyśmy się spojrzeniami i gestami, ja mówiłam „Weź go sobie", a ona „Ale on mnie nie chce", a ja „Spróbuj może", a ona „Nic z tego nie będzie, on chce ciebie".

– Dżulia... – Nadal łapczywie mnie obmacywał. – Ibrahim mówił mi, że masz taką ładniutką wygoloną pi... – szejk znowu donośnie beknął. – Idziemy! – Pociągnął mnie mocno za rękę i musiałam z nim iść na dół, odprowadzana zazdrosnym wzrokiem Oksany.

W moim pokoju szejk kazał mi się rozebrać i położyć na łóżku, po czym trochę poprzyglądał się mojej intymności, uśmiechając się przy tym do siebie, robiąc dziwne miny i coś niewyraźnie mamrocząc. W końcu z trudem się rozebrał i wlazł na mnie, mocno sapiąc, ale był za bardzo pijany, żeby mieć pełną erekcję i do końca satysfakcjonujący stosunek seksualny. Po kilku minutach jego stękania i mojej męczarni powiedziałam mu do ucha, że mam coś dla niego, co mu pomoże. Zszedł ze mnie, a ja wyciągnęłam butelkę z wódką, w którą Oksana zaopatrywała siebie i mnie, ale nawet nie wiem, jakim cudem ją zdobywała. To była mocna rosyjska wódka. Nalałam mu pełną szklaneczkę. Wypił duszkiem, po czym go całkowicie rozłożyło i po chwili zasnął kamiennym snem, chrapiąc przeciągle. Ja byłam zadowolona, że już się do mnie nie dobiera i że nie muszę wracać na salę po następnego klienta. Tak minęła mi pierwsza noc, podczas której mój szejk zabawiał się z inną kochanką, przecudną rajską Latifą.

Później popłynęły następne burdelowe noce, a ja piłam coraz więcej i na wódkę oddałam Oksanie prawie wszystkie prezenty, które podarował mi szejk Ibrahim.

Latifa oczarowywała gości swoim ponętnym tańcem i początkowo Ibrahim bywał u niej co noc. Podczas jej występów wprawne oko mogło zauważyć pod grubą warstwą scenicznego makijażu podkrążone oczy i lekko opuchnięte policzki. Płakała, jak my wszystkie, łez nie starczało, a my wciąż kurwy.

Po pewnym czasie szejk zaczął odwiedzać Latifę rzadziej, a ponieważ Sandżaj obiecał mu wyłączność i musiał dotrzymać słowa, to w wieczory, kiedy na sali nie było Ibrahima, Latifa promieniała i wkładała w swój występ całe serce. Widać było, że taniec brzucha był jej wielką pasją i swoim niepodważalnym kunsztem potrafiła zabrać gości w zmysłowy świat niezapomnianych artystycznych przeżyć.

Mimo tego, że do burdelu przychodziło teraz znacznie więcej gości, to atmosfera z dnia na dzień była coraz gorsza. Dużo większe zarobki miał tylko Sandżaj oraz pewnie jego protektorzy, z którymi musiał się dzielić zyskami, ale paradoksalnie sytuacja prostytutek, mimo dużego ruchu, znacznie się pogorszyła. Klienci przychodzili, najczęściej sami zamawiali drinki i czekali na występ zjawiskowej Latify. Wcześniej to prostytutki mogły naciągać gości na drogie alkohole, co przynosiło im zawsze jakiś profit. Poza tym mężczyźni stali się dużo mniej skłonni do zostawiania napiwków, bo zawsze w wyobraźni mieli perfekcyjną, gorącą

Latifę. A ani Larysa, ani Jenny, ani Samanta, ani Oksana, ani nawet ja Latifą nie byłyśmy.

Ale to i tak nie były najbardziej dotkliwe następstwa pojawienia się Marokanki. Sen z naszych powiek spędzały wciąż wybuchające plotki, które mówiły o tym, że Sandżaj chce stopniowo wymieniać wszystkie kobiety w burdelu. W pewnym momencie sytuacja stała się tak poważna, że Oksana, Jenny, Samanta, a nawet Larysa przyszły do mnie do pokoju na wódkę, żeby obgadać nowe zagrożenie.

– Od początku mówiłam wam, że Latifa bierze wszystko. – Larysa wychyliła pół szklaneczki wódki bez najmniejszego nawet grymasu. – Ja już się na tym znam.

– Ale ja tego nie rozumiem. – Samanta wypiła łyk wódki i od razu się skrzywiła. – Dżulia, może masz colę czy coś takiego? Tego nie da się tak pić! – poskarżyła się.

– Czysta wódka! – Oksana się zaśmiała.

– To masz coś do niej, Dżulia? – Samanta zapytała ponownie.

– Nie, nic nie mam. – Przy Oksanie nauczyłam się pić czystą wódkę. Albo przy pieprzeniu za pieniądze, których nawet nie widziałam na oczy.

– A ty, Oksano, nie masz u siebie jakiegoś gazowanego napoju? – Samanta zwróciła się do Ukrainki.

– Nie, ja piję czystą – odpowiedziała Oksana.

– Trudno, nie mam wyboru. – Samanta wstała, poszła do łazienki i dolała do swojej szklanki z wódką wody z kranu. – Inaczej tego nie wypiję.

– To ja też tak zrobię. – Jenny poszła w ślady rodaczki.

Kiedy Filipinki wróciły na swoje miejsca, Larysa, która ponownie nalała sobie wódki, wzniosła toast.

– Za nasze zdrowie!

– Za nasze! – Oksana stuknęła się z Larysą szklaneczką. – Przyda nam się.

Jeżeli już Oksana piła z Larysą, i to w dodatku w moim pokoju, to znaczyło, że musiało być bardzo źle. Ja z Filipinkami również lekko uderzyłyśmy szklaneczkami o szkło Ukrainek, po czym wszystkie wypiłyśmy mocny alkohol.

– Nie rozumiem tego. – Samanta wróciła do naszego głównego tematu.

– Czego nie rozumiesz? – spytała Larysa.

– Jak to się stało, że tak wszystko się zmieniło po przybyciu Latify. I teraz jeszcze te plotki… – Filipinka posmutniała. – Czy to może być prawda, że Sandżaj nas sprzeda? I trafimy do gorszego burdelu?

– Wszystko jest możliwe… – Larysa potwierdziła nasze najgorsze obawy.

– Jak to? – wtrąciła się Oksana.

– Sandżaj zarabia teraz mnóstwo kasy… – tłumaczyła Larysa, ale Filipinki jej przerwały i zaczęły się skarżyć jedna przez drugą.

– Tylko, że my nic z tego nie mamy… – zaczęła Jenny.

– Ja to już nawet nie pamiętam, kiedy porządny napiwek dostałam… – wtórowała jej Samanta.

– Klienci coraz bardziej wybredni…

– I niezadowoleni…

– Wybrzydzają…

– Trudno zgadnąć, czego chcą…

– Nie sposób im dogodzić…

– Narzekają…

– Nie wiadomo, o co im chodzi…

– Wiadomo, właśnie wiadomo… – Larysa przerwała potok żalów Filipinek.

– Co masz na myśli? – spytała Oksana.

– Wiadomo, że chcą tę… – Twarz Larysy wykrzywił wyraz głębokiej niechęci.

– Ale przecież ona śpi tylko z szejkiem Ibrahimem! – wykrzyknęła Samanta.

Na wspomnienie o szejku, kiedyś moim szejku, jak to mówiła Oksana, znowu dopadło mnie poczucie straty, i tą główną stratą była nadzieja, która pozwalała mi przetrwać najgorsze chwile w burdelu. Poczułam się też w jakimś sensie oszukana, bo spełniałam wszystkie zachcianki seksualne szejka, nawet te najbardziej dla mnie obrzydliwe, i robiłam to tylko dlatego, że wierzyłam w podróż do Europy, a później moje uwolnienie. A ta... Sięgnęłam po butelkę z wódką. ... wszystko zrujnowała... Wszystko. Rozlałam wódkę do szklaneczek, a Filipinki znowu pobiegły do łazienki, żeby je uzupełnić wodą. A kiedy wróciły, razem z Larysą i Oksaną bez słowa stuknęłyśmy się szkłem i wypiłyśmy.

– I właśnie w tym tkwi największy problem. – Larysa nawiązała do ostatnich słów Samanty.

– W czym? – dopytywała Jenny.

– Dlaczego klienci chcą Latifę? – odpowiedziała pytaniem Larysa.

– Bo jest piękna... – oznajmiła Jenny.

– Jest mistrzynią w tańcu brzucha... – dodała Samanta.

– To oczywiście też, ale rolę odgrywa tu również fakt, że Latifa nie dość, że jest Arabką, to do tego jeszcze Marokanką... A mężczyźni właśnie ich pragną najbardziej – wyjaśniała Larysa.

– Coś w tym jest. – Oksana przyznała rodaczce rację. – Wy, gdybyście się nawet nauczyły tańca brzucha, to nie zrobiłybyście przecież takiej furory.

Zauważyłam, że Ukrainka powiedziała „wy", a nie „my". Wykluczyła siebie pewnie ze względu na szpetną ranę na brzuchu. Jak oni... Ci handlarze... My wszystkie byłyśmy przez nich pokiereszowane, poharatane, pokaleczone, poranione... Fizycznie i psychicznie...

– Masz rację. – Larysa zgodziła się z Oksaną. – I to jest sedno naszych obecnych kłopotów.

Jeżeli Larysa mówiła, że mamy kłopoty, to znaczyło, że naprawdę mamy kłopoty. I plotki nie były tylko plotkami.

– Karima może werbować, a potem zwabiać swoje rodaczki do Dubaju pod pretekstem dochodowej pracy – ciągnęła Ukrainka. – A Sandżaj ma teraz pieniądze na to, żeby opłacić cały proceder sprowadzenia ich tu…

– A my? – Oksana zapytała z lękiem. To, czego ona bała się od dawna, teraz dotyczyło nas wszystkich.

– I to jest dobre pytanie, Oksano – poważnie stwierdziła Larysa. – Myślę, że Sandżaj powoli chce nas zastępować gorącymi, pożądanymi i co najważniejsze drogimi Marokankami… To czysta żyła złota… Nie ma ich dużo na rynku…

– Chyba w ogóle nie ma tu wiele prostytutek Arabek – wtrąciła Oksana.

– Tak, to prawda – potwierdziła Larysa. – Jest trochę Syryjek, Irakijek, Marokanek właśnie… Ale to wciąż dużo, dużo za mało jak na potrzeby tutejszego rynku. Jeżeli Sandżajowi uda się zapełnić burdel Marokankami, to stworzy szejkom ziemski raj z cudownymi hurysami do wzięcia… Ziemski raj…

Znowu zapadła cisza, bo pewnie każda z nas na swój sposób przeżywała przekazane przez Larysę wiadomości i zastanawiała się nad tym, jaki czeka ją dalszy los. W burdelu Sandżaja miałyśmy chociaż zapewnione jakie takie warunki bytu, a gdzie indziej mogło być gorzej, i to znacznie gorzej. Co to kiedyś mówiła mi Oksana? Małe zarobaczone pokoiki bez łazienek, ponad dwudziestu klientów na dobę… Brrrr… Piekło też ma swoje poślednie kręgi…

Tym razem wódkę polała Oksana i wypiłyśmy ją bez wznoszenia toastu. Filipinki już jej nawet nie rozcieńczały, jakoś musiały się znieczulić.

– A słyszałyście, co wymyśliły czarne prostytutki? – Larysa znowu się odezwała.

– Czarne prostytutki? – Zainteresowała się Samanta.

– No tak, te z Afryki, chyba z Ugandy dokładnie.

– Co wymyśliły? – zapytała Jenny.

– Sposób na niezły zysk. Trzeba przyznać, że mają głowę na karku. – Larysa stwierdziła to z pewnym uznaniem.

– A jaki to sposób? – Chciała wiedzieć Jenny.

– Podstępem wyciągały pieniądze od swoich dobrze sytuowanych białych klientów. – Z twarzy Larysy nie schodził wyraz pochwały.

– A jak dokładnie? – dociekała Samanta.

– Szantażem! – obwieściła Larysa.

– Jakim szantażem? – Nie miałam pojęcia, jak można było szantażować klientów.

Larysa głośno się zaśmiała, po czym sięgnęła po butelkę z wódką.

– Wmawiały korzystającym z ich usług mężczyznom, że są w ciąży i jeżeli oni nie zapłacą im odpowiedniej sumy, to ich wydadzą! – Ukrainka, wciąż się podśmiewając, rozlewała wódkę do szklaneczek.

– Sprytne! – pochwaliła Oksana. – A ile żądały? – Ta informacja na pewno nie mogła jej umknąć.

– Dziesięć tysięcy dolarów!

– Wow! – wyrwało się Oksanie. – Od jednego klienta?!

– Tak!

– To naprawdę nieźle! – Oksana wciąż była pod wrażeniem.

– Też tak uważam. – Larysa zgodziła się z rodaczką.

– I płacili? – Oczy Oksany nie po raz pierwszy zapłonęły chciwością.

– A jak myślisz?

– Pewnie tak... Jeżeli mówiłaś o niezłym zysku...

– To co głupio pytasz! Lepiej przepijmy. – Larysa pierwsza podniosła kieliszek. – Za zyski!

Wszystkie podniosłyśmy kieliszki, chociaż nie wiedziałam, o jakich zyskach Larysa mówi. Na pewno nie o naszych, bo Sandżaj pobierał opłaty od klientów za ciążący na nas dług, który jakoś nigdy nie malał, bo przecież odliczał nam również za mieszkanie, jedzenie, ciuchy od czasu do czasu, kosmetyki, drinki w barze... A napiwków teraz prawie nie było. Jednak wypiłyśmy za te zyski, wyimaginowane chyba, zawsze można pomarzyć.

– Ale jak one szantażowały tych mężczyzn? – Jenny nie rozumiała. – Przecież my nie mamy kontaktów do naszych klientów?

– Podobno te ugandyjskie prostytutki były specjalnie pod tym kątem szkolone. – wyjaśniła Larysa.

– Jak to szkolone?

– Uczono je, jak mają wyciągać od klientów numery telefonów, obiecując im dalsze ekstrausługi i specjalne propozycje. Te Ugandyjki zazwyczaj robiły to już na pierwszym spotkaniu. A po kilku dniach od upojnego spotkania dzwoniły do facetów z radosną nowiną... – Głos Larysy zabarwiła ironia. – Wiesz, mój drogi, jestem w ciąży, taki kłopot, mogę usunąć, ale muszę lecieć do Ugandy, potrzebuję na to dziesięć tysięcy dolarów, musisz mi je dać jak najszybciej, a jeśli nie, to ujawnię twoje dane...

– Nieźle ci to idzie! – Jenny pochwaliła Ukrainkę. – Może by tak u nas tego spróbować! Mogłabym się wykupić... – rozmarzyła się.

– Odbiło ci! – żachnęła się Larysa. – Prędzej by Sandżaj kazał ci brzuch rozpruć, niż pozwolić taki numer odwalić!

Oksana nagle zerwała się z krzesła i pobiegła do łazienki.

– A tej co się stało? – zdziwiła się Jenny.

– Może za dużo wódki wypiła – zasugerowała Samanta.

Zastanawiałam się, czy Filipinki i Larysa wiedzą o straszliwych bliznach na brzuchu Oksany. Przypomniałam sobie mój pierwszy dzień na sali, kiedy Oksana mówiła mi o Larysie, ówczesnej burdelowej gwieździe, i o Filipinkach, które cieszyły się tą rolą przed jej przybyciem. Z tego wynikało, że Oksanę przywieziono do burdelu wcześniej, więc siedzące u mnie w pokoju prostytutki mogły nie wiedzieć o jej oszpeceniu.

– U nas taki podstęp by nie przeszedł – ciągnęła temat Larysa. – Nie tacy klienci. Z kim byś tu zadarła? Z szejkami? – Larysa patrzyła na Jenny. – Prędzej byś chyba skończyła w wodach Zatoki, niż coś wskórała...

Oksana wyszła z łazienki i wróciła na swoje miejsce.

– A tobie co? – spytała Larysa.

– Nic, niedobrze mi – odpowiedziała Oksana.

– Mówiłam, że za dużo wódki wypiła – odezwała się Samanta. – Ale dokończ z tymi Ugandyjkami – zwróciła się do Larysy.

– Do nich chodzili biali faceci na stanowiskach, którzy pracowali w Dubaju na dobrych kontraktach. Pewnie ich kręciła czarna skóra Ugandyjek...

– I nie tylko skóra... – wypaliła Jenny.

– O czym ty mówisz? – Larysa odwróciła się w stronę Filipinki.

– Wiecie, te czarne...

– Co te czarne? – Larysa rozlała resztę wódki.

Jenny nadal milczała.

– Jenny, języka w gębie zapomniałaś, czy co?! – wydarła się Larysa. – Jeśli już zaczynasz, to gadaj, a nie przerywasz w pół zdania! – Ukrainka się zirytowała.

– Nie tak głośno, Laryso, bo jeszcze Karima usłyszy i dopiero będzie! – Oksana uciszała rodaczkę.

– To niech Jenny nam powie, a nie... – Język Ukrainki trochę się plątał.

Na nas wszystkie już zaczął działać wypity alkohol i miałam nadzieję, że Larysa z Jenny się nie pokłócą, bo jak prostytutki się kłóciły, to był rynsztok, prawdziwy rynsztok.

– To niech usłyszy – hardo powiedziała Larysa, ale mimo to lekko zniżyła głos. – A co do Karimy, to ona ostatnio totalnie nas olewa, nie zauważyłyście tego?

Ja nie zwróciłam na ten fakt uwagi, ale gdy teraz Larysa o tym wspomniała, to musiałam przyznać, że rzeczywiście coś w tym było. Karima nie czepiała się drobiazgów i wyglądało na to, że głowę miała zaprzątniętą zupełnie czymś innym.

– I o czym to świadczy, jak myślicie? – zapytała Larysa.

Nawet jeżeli w tym momencie wszystkie pomyślałyśmy o tym samym, to żadna z nas nie odważyła się powiedzieć tego głośno.

– Sprzedadzą nas, na pewno nas sprzedadzą! – Larysa nie zawahała się obwieścić wprost, czego wszystkie się obawiałyśmy.

Oksana zbladła, bo doskonale wiedziała, że jeśli Sandżaj zacznie nas wyprzedawać, to ona prawdopodobnie będzie jedną z pierwszych.

– Wypijmy lepiej. – Oksana wzięła swoją szklaneczkę do ręki, a my poszłyśmy w jej ślady.

I tym razem obyło się bez toastów, a Jenny i Samanta znowu nie rozcieńczały wódki.

– Dobrze, dobrze, dziewczyny – Larysa je pochwaliła. – Szybko się uczycie.

– To mów, Jenny, co z tymi czarnymi. – Oksana nie chciała pewnie rozmawiać o naszej ewentualnej sprzedaży.

– Bo ci biali to nie tylko je lubią ze względu na ich czarny kolor skóry, który w dodatku może mieć wiele różnych odcieni i to na jednej kobiecie… – Mocna wódka rozwiązała Jenny język.

– A za co jeszcze? – Larysa była ciekawa.

– One są bardzo, ale to bardzo ciasne… – Jenny zdradzała sekrety czarnoskórych kobiet. – I mokre… Nieprawdopodobnie mokre… Wprost płyną…

– To by wyjaśniało, dlaczego ci szantażowani biali ryzykowali i pieprzyli się bez kondomów – zauważyła Larysa.

– Dokładnie tak – potwierdziła Jenny. – Biali mówili, że nawet kiedy wyciągną z niej penisa, to on wprost kapie jej sokami.

– Nieźle… – mruknęła Larysa.

– I te czarne lubią się ostro pieprzyć… – Jenny zachichotała. – W sensie głęboko…

– To dlatego ci biali ciągnęli do nich jak pszczoły do miodu… – Larysa z żalem spojrzała na pustą już butelkę.

– Tak, dobrze mówisz, coś ich ciągnęło, a później wymieniali się między sobą doświadczeniami i opowiadali z detalami, jak tam im z nimi było…

– I… – Larysa podniosła na Jenny wyczekujący wzrok.

– Jeden na przykład przechwalał się, że pukał taką jedną czarną tak głęboko, że doszedł aż do samego dna i chyba jeszcze dalej… Bo go tam na końcu coś jakby podszczypywało…

– Zaraz, zaraz, Jenny… – Oksana zapaliła papierosa. – A skąd ty to wszystko wiesz?

– Kiedy byłam w poprzednim burdelu, zanim jeszcze Sandżaj mnie kupił, to pracowały tam takie dwie czarne… I właśnie szczególnie biali do nich przychodzili, a że były tylko dwie, to często na nie musieli czekać, więc dla skrócenia sobie czasu i dla rozrywki pili i bez przerwy nadawali o walorach tych czarnych.

– No tak, pijani faceci lubią sobie poględzić na ten temat – przyznała Larysa.

– Jak się czasem rozkręcili… – Jenny się uśmiechnęła. – To przestać nie mogli… Mówili, że te czarne mają wystające i pełne tyłki, wysunięte do przodu jędrne, sprężyste cycki... Mieli po co przychodzić.

– Seksowne laski te czarne – skwitowała Larysa.

– Pewnie... A taki jeden... – Jenny znowu zaczęła chichotać.

– Co? – Larysa z zainteresowaniem słuchała ciekawostek o czarnych prostytutkach.

– To upodobał sobie tę naszą Ugandyjkę, na imię miała Jessica, którą lubił lizać... A później chełpił się, jak to Jessica pod jego językiem cała się wiła i jęczała z rozkoszy, rzucała w drgawkach ekstazy na łóżku, a kiedy dochodziła, to tryskała bardzo gęstymi sokami, które uwielbiał zlizywać.

– Panowie się zabawiali, a później musieli grubo bulić. Dziesięć tysięcy dolarów... – Larysa wróciła do swojego wątku. – Ale woleli tyle zapłacić, niż rujnować całe swoje życie. Bo to wielki skandal... wyobrażacie sobie... facet z wysoką pozycją, pewnie większość z nich miała jakąś rodzinę, a tu dziecko z czarną prostytutką... na pewno groziła im za to utrata pracy i pokaźnych dochodów... a może i nawet proces, a co za tym idzie więzienie i deportacja... Dziesięć tysięcy dolarów to przy tym pestka... I dziwki się obłowiły... – Larysa zakończyła z wyraźną zazdrością.

– To tamte dwie, z którymi wcześniej pracowałaś, też były z Ugandy? – teraz ja zadałam Jenny pytanie.

– Jessica była z Ugandy, a druga, Rose, z Nigerii.

– I jak tam trafiły? – Byłam ciekawa.

– Jessicę zwabiono do Dubaju, tak typowo, jak większość z nas... Mnie też obiecywano pracę w salonie piękności... – smutno wyznała Jenny. – I rodaczka Jessiki również zapewniała ją, że znalazła tu dla niej bardzo dobrze płatną pracę, wystarczy tylko przyjechać, a jej wszystkie problemy finansowe znikną... A później wiadomo... Zabrano jej paszport, bito i straszono... Obarczono długiem za koszty podróży... I mimo że Jessica początkowo wzbraniała się i buntowała, to w końcu nie miała wyjścia. Bo co miała robić? Bez paszportu, pieniędzy, w obcym kraju, nikogo nie zna, na bilet powrotny nie ma…

Poczułam na sercu wielki ciężki kamień, bo dokładnie w takiej sytuacji byłam ja.

– Zastraszyli ją i złamali… – podkreśliła Jenny, wzdychając głęboko. – I to jak potwornie zastraszyli!

Wszystkie zamieniłyśmy się w słuch.

– Bo handlarze ludźmi z Ugandy dla zastraszania i podporządkowywania swoich ofiar używają magicznych rytuałów. Czarnej magii…

Powiało grozą i odruchowo przysunęłyśmy się do siebie.

– Mroczny rytuał wudu… – Jenny ściszyła głos, jakby się bała, że samo mówienie o wudu może przywołać złe moce. – Jessica musiała przysiąc podczas tego rytuału, że zobowiązuje się do przekazywania swoich dochodów alfonsom pod groźbą śmierci w ciągu dziesięciu dni.

– O matko! – krzyknęła przerażona Samanta.

– Tak, to było upiorne, przyznawała Jessica. Ona naprawdę była przerażona… Wierzyła, że jeśli nie będzie miała dochodów, które może przekazywać więżącym ją alfonsom, to w ciągu dziesięciu dni umrze.

– Straszne! – Nawet Larysa była pod wrażeniem opowieści Jenny.

– Podobno dla afrykańskich handlarzy ludźmi, z Ugandy albo Nigerii, to norma… Wykorzystując magię, wymuszają na swoich ofiarach przysięgi bezwzględnego posłuszeństwa i podporządkowania.

– Niesamowite! – Nie mogłam się otrząsnąć z tego, co usłyszałam. – A tę z Nigerii spotkało to samo?

– Rose?

– No właśnie, Rose.

– Z Rose to była zupełnie inna historia. Poczekajcie chwilę... – Jenny wzięła swoją pustą szklaneczkę, poszła do łazienki i napełniła ją wodą z kranu. Po chwili usiadła na krześle i napiła się wody. – W gardle mi zaschło... – Wzięła jeszcze kilka łyków. – I piecze mnie w żołądku... – Dopiła do końca wodę ze szklanki. – Pewnie przez wódkę... Mocna była...

– I ta Rose... – zaczęłam za Jenny.

– Rose sama przyszła do burdelu... – Filipinka odstawiła szklankę na stół.

– Jak to, sama przyszła? – Zdziwiłam się.

– Przyszła porozmawiać z naszym alfonsem, a ponieważ wiedziała, że pociągnie za sobą dotychczasowych klientów i może przyciągnie nowych, to jakoś się z nim dogadała... Nie wiem, na jakich zasadach u nas pracowała.

– Ale skoro już miała swoich klientów, to dlaczego zgłosiła się do burdelu? – Nie rozumiałam.

– Potrzebowała opieki... Tak przynajmniej to tłumaczyła. Bo kiedy pracowała zupełnie sama, to zaczęło jej się przytrafiać coraz więcej przykrych incydentów z klientami. Wiecie, jak to jest, sama kobieta z nieznanym napalonym mężczyzną, często pijanym... Nigdy nie wiadomo, na jakiego zboka się trafi... A burdel chociaż trochę przed nimi chroni...

Nie zawsze – pomyślałam, zerkając ukradkiem na ledwie widoczne blizny, które zostały mi na nadgarstkach po sadystycznych praktykach Ahmeda.

– I Rose chyba się wydawało, że będzie miała niższe koszty utrzymania... Bo jej dochody drastycznie spadły.

– Dlaczego?

– Z Nigerii przyjeżdżało do Dubaju coraz więcej kobiet, które zaczęły pracować jako prostytutki, rynek się zapełnił i...

– I o tym właśnie dzisiaj rozmawiamy. – Larysa weszła Jenny w słowo. – Jeśli Sandżaj chce zarobić wielkie pieniądze, to musi te Marokanki sprowadzić jak najszybciej, dopóki jest ich mało i ktoś inny tego przed nim nie zrobi…

– Masz rację, Laryso – zgodziła się Jenny. – To samo było z Nigeryjkami. Rose mówiła, że kiedy przyjechała do Emiratów, to czarnych prostytutek było mało i zarabiała do pięciu tysięcy dolarów tygodniowo.

– Niezła suma! – Oksana skomentowała z nutką zazdrości.

– Ale później to się zmieniło i gdy przyszła pracować u nas, to ledwie wyciągała te pięć tysięcy dolarów na miesiąc, i to też nie zawsze.

– Duża strata! – przyznała Oksana.

– I do tego dochodziło to okropne traktowanie ze strony klientów. Stali się bardziej wymagający, chamscy…

– To tak, jak teraz u nas – zauważyłam.

– Żądali stosunków analnych… Wydawało im się, że skoro czarne mają duże wystające pupy, to właśnie do tego służą. Raz przyszedł taki jeden do Rose i zażądał anala. Rose za nic nie chciała się na to zgodzić, powiedziała, że odda mu pieniądze i sprawa zakończona, ale on nie chciał nawet o tym słuchać.

– I co dalej? – dopytywałam.

– Zagroził jej nożem i na siłę ją wydupczył. Dosłownie. A pieniądze i tak jej zabrał jako karę za to, że się mu opierała.

– I po tym zdarzeniu przyszła do waszego burdelu?

– Nie, później spotkało ją jeszcze coś gorszego.

– Co?

– Przyszedł do niej Nigeryjczyk, wiecie, tak normalnie jako klient, i ona, ponieważ to był jej rodak, zaufała mu i poszła z nim do jego apartamentu.

– Ja bym nie poszła – stwierdziła Jenny. – Bała bym się.

– Rose też w straszliwy sposób się przekonała, że to był wielki błąd.

– A co się stało?

– W apartamencie było ich kilku... Pięciu czy sześciu, Rose była tak zszokowana, że nawet tego nie pamiętała. To, co pamiętała, to kilku wielkich, bezwzględnych czarnych mężczyzn, takich, co to przed niczym się nie cofną i nikt im nie podskoczy.

Zauważyłam, że na ciele Jenny pojawiła się gęsia skórka.

– Zgwałcili ją... Grupowo, kilka razy i do wszystkich możliwych otworów – relacjonowała Filipinka.

– Przestań już, Jenny. – Wzdrygnęłam się.

– Przez dwa tygodnie Rose nie mogła do siebie dojść i oczywiście o pracy nie było mowy. A oni potem jeszcze ją nachodzili i grozili, że jeśli nie będzie im płacić haraczu, to i tak nie będzie pracowała, bo oni ciągle będą ją gwałcić.

– Okropne! – Wyobraziłam sobie, przez jakie poniżenie i ból przeszła Rose.

– Tak, to było dla niej koszmarne i później nam opowiadała, że przez długi czas te obrzydliwe sceny wracały w jej snach.

– Nie dziwię się – stwierdziłam.

– I po tym piekle przyszła do naszego alfonsa, Pakistańczyka, doszła z nim do porozumienia i z nami została.

– A ten gang czarnych? Nie próbował jej odbić czy coś takiego? – Pomyślałam, że taki gang nie odpuści łatwego dochodu.

– Jakoś nie... – Mina Jenny wskazywała na to, że do tej pory nigdy się nad tym nie zastanawiała.

– To nie jest takie proste – Larysa włączyła się do rozmowy. – Każdy większy burdel, który tu funkcjonuje, musi mieć potężnych zewnętrznych protektorów, bo inaczej by nie przetrwał. Ci czarni doskonale o tym wiedzieli, więc woleli odpuścić sobie jedną dziwkę, niż sami wpakować się w kłopoty z jakąś tutejszą szychą.

– Ale zdarza się, że policja robi naloty na apartamenty z prostytutkami – powiedziała Samanta. – Nawet ostatnio coś takiego było i zdarzyła się przy tym wielka tragedia. Jedna z prostytutek, obawiając się aresztowania, skoczyła z czwartego piętra, popełniając samobójstwo. O ile się nie mylę, to ta kobieta pochodziła właśnie z Nigerii.

– Tak, z Nigerii, słyszałam o tym – potwierdziła Jenny. – Jeden z pracujących dla Sandżaja Hindusów przyszedł do mnie w tej sprawie.

– Do ciebie? – Zdziwiłam się.

– Tak, bo coś tam im się obiło o uszy, że wcześniej pracowałam z czarnymi, a teraz szukają rodziny tej samobójczyni, bo nie znaleziono przy niej ani jej paszportu, ani żadnych innych dokumentów. Pokazali nawet mi jej zdjęcie.

– Naprawdę?

– Tak, wyjątkowo ładna dziewczyna. Tylko…

– Tylko co?

– Tylko taka młoda… Nie sądzę, żeby była pełnoletnia.

Od razu pomyślałam o przerażonej dziewczynce, której pokój znajdował się w rozwidleniu korytarza, kilkanaście kroków od mojego.

– Szkoda jej… – ciągnęła Jenny. – Ślicznie wyglądała, jak lalka. Przyjemna buzia duże czarne oczy, zgrabny nosek, ładnie zarysowane pełne usta… Ale bardzo młoda… Jak dla mnie mogła mieć z piętnaście, szesnaście lat, a może nawet mniej, bo na zdjęciu była mocno umalowana i to na pewno ją postarzyło. Szkoda dziecka…

Szkoda dziecka… – powtórzyłam w myślach, przypominając sobie wczepioną we mnie wylęknioną Aniszę.

– Tak tu jest… Robią naloty na jakieś apartamenty, gdzie przyjmują dwie, trzy prostytutki. Taka pokazówka policji od czasu do czasu pod publiczkę, żeby udowodnić, że coś w tym zakresie tu się robi. Aresztują płotki, ale grubych ryb nie ruszą – podsumowała Larysa, która jednocześnie spojrzała na zegarek. – Dziewczyny, czas się zbierać, zaraz trzeba iść do pracy. – Ukrainka podniosła się z krzesła, a za nią pozostałe koleżanki, które już po chwili wraz z Larysą opuściły mój pokój.

A ja zostałam z pustą butelką po wódce, pięcioma brudnymi szklankami, echem opowieści o zagarniających szejków Marokankach, afrykańskim wudu, gangu nigeryjskich gwałcicieli i o samobójczym skoku z okna. I takie to były refleksje prostytutek o prostytutkach.

***

Wkrótce po tym spotkaniu, pewnego wczesnego ranka, kiedy cały burdel pogrążony był we śnie po kolejnej pracowitej nocy, ona przesmyknęła się do mojego pokoju. Wsunęła się do mojego łóżka i przywarła do mnie całym swoim wychudzonym ciałkiem.

– Aniszo, nie powinnaś tego robić. – Przytuliłam ją mocno do siebie i pocałowałam w czółko. – Gdyby ktoś cię tu zobaczył...

Drżała na całym ciele i z pewnością bardzo się bała. Ale przemogła swój strach tylko po to, żeby do mnie przyjść i zaznać trochę wykradzionego ciepła.

– Skąd jesteś?

– Z Indii – wyszeptała.

– Ile masz lat?

– Nie wiem... Dziesięć, jedenaście...

Od kiedy ją tu przywieźli czas zaczął płynąć dla niej diabelskim, niepoliczalnym rytmem.

– Jak się znalazłaś w tym miejscu?

– Porwali mnie.

– Porwali cię?

– Tak, porwali mnie, kiedy szłam do szkoły.

Dopiero teraz zauważyłam, że mówi lekko zachrypniętym, nienaturalnym głosem, jakby miała coś uszkodzone w gardle. Nawet nie chciałam się domyślać, jak to się mogło stać.

– Zabierz mnie stąd – załkała. – Zabierz mnie stąd.

Czułam przyspieszone bicie jej serca, które pokładało we mnie całą swoją dziecięcą ufność.

– Zabiorę cię stąd, Aniszo. Obiecuję.

Ja już nie miałam żadnej nadziei, ale musiałam ją dać Aniszy, porwanej z hinduskiej wsi uroczej, słodkiej dziewczynce brutalnie zbrukanej w arabskim burdelu.

Rozdział XI
Ogród rozkoszy

Zastygłam w bezruchu w salonie Lindy ubrana cała na czarno, z zakrytą głową i twarzą. Przede mną stał Steven. Amerykanin, którego Linda przedstawiła mi przed chwilą, ma nam pomóc znaleźć Polkę proszącą mnie na jachcie o ratunek.

– Steven. – Mężczyzna wyciągnął do mnie rękę.

Od początku cała ta sytuacja była dla mnie ogromnie stresująca. Już sama wyprawa do domu Lindy z kierowcą i ochroniarzami, którzy mieli czekać pod domem, bardzo mnie denerwowała. Dobrze, że mój strój zakrywał mnie od stóp do głów, bo w przeciwnym razie ochroniarze na pewno dostrzegliby wielki niepokój, jaki mną owładnął, i mogliby zacząć coś podejrzewać. Bałam się napadów zazdrości Salima i przez cały rok bardzo się pilnowałam, żeby nie dać mu najmniejszego powodu do jakichkolwiek podejrzeń, które mogłyby sprowokować jego furiacki wybuch. A teraz tuż pod nosem ochrony spotykałam się z nieznajomym przystojnym mężczyzną. Z wielkiego napięcia czułam lekkie mdłości i zbliżający się atak migreny.

Steven stał z wyciągniętą ręką, a ja przez moment się zawahałam, bo przecież nie wolno mi było nawet w ten grzecznościowy sposób dotykać obcego mężczyznę. Ale jak nie mogłam podać ręki komuś, kto zgodził się pomóc w tak trudnej i niebezpiecznej sprawie? Tu mogło chodzić o życie tej kobiety. Zdjęłam czarną rękawiczkę.

– Isabelle – przedstawiłam się i podałam Stevenowi dłoń, ale nasz bezpośredni kontakt wzrokowy był utrudniony, bo twarz miałam ciągle zakrytą czarną zasłoną.

– Miło mi cię poznać, Isabelle. – Steven miał sympatyczny męski głos.

– Cała przyjemność po mojej stronie – odparłam kurtuazyjnie.

Steven przytrzymał dłużej moją dłoń i odniosłam wrażenie, że ponieważ nie widział w tym momencie mojej twarzy, to chociaż tą drogą chciał nawiązać relację nacechowaną zaufaniem, które musiało być podstawą w przeprowadzeniu tej pełnej niewiadomych i zagrożeń akcji.

Po przywitaniu Steven czekał chwilę, aż pierwsza usiądę. Ja stałam jednak, bo wahałam się, czy powinnam się odsłonić, czy raczej nadal pozostać w nikabie. To wszystko było bardziej skomplikowane niż myślałam.

Nagle zabrakło mi pod zasłoną powietrza, a serce zaczęło mi tak mocno walić, że o mało nie wyskoczyło z klatki piersiowej.

– Przepraszam, ale muszę… – Ciężko mi było mówić. – Lindo, czy mogę na chwilę przejść do innego pokoju?

– Oczywiście, Isabelle, chodź ze mną. – Linda wzięła mnie pod rękę i wyprowadziła z salonu.

Zauważyłam, że na pokerowej twarzy Stevena nie drgnął ani jeden mięsień, a jego oczy nie zdradzały nawet zdziwienia. Pomyślałam, że ten mężczyzna był świadkiem wielu nietypowych sytuacji i brał udział w niejednej wymagającej specjalnych umiejętności akcji. Jak zwykle Linda dokonała właściwego wyboru.

Kiedy znalazłam się w drugim pokoju, z miejsca zdjęłam z twarzy zasłonę i chustę z włosów, po czym wzięłam kilka głębokich oddechów.

– Spokojnie, Isabelle, spokojnie. – Linda doskonale wiedziała, jak bardzo ryzykuję, decydując się na tę całą karkołomną operację. – Chcesz się napić wody?

– Tak, poproszę.

Linda wyszła z pokoju, a ja wyjęłam z torebki tabletki przeciwmigrenowe. Koleżanka wróciła ze szklanką wody, a ja od razu przyjęłam lekarstwo.

– Migrena? – zapytała Linda.

– Dopiero się zaczyna – odpowiedziałam. – Wzięłam zapobiegawczo tabletki, więc nie powinna się tak bardzo rozwinąć.

– Miejmy nadzieję.

– Lindo, przepraszam, że tak to na początku wyszło... – Zdjęłam abaję i usiadłam na kanapie. – Głupio się czuję, szczególnie w stosunku do Stevena.

– Rozumiem, Isabelle, nie musisz się tłumaczyć – życzliwie powiedziała Linda. – A Steven... On jest zaprawiony w różnych bojach i niejedno już widział, więc na pewno i to zrozumie.

– Bo nie wiem, co zrobić...

– To znaczy?

– Czuję, że powinnam rozmawiać ze Stevenem odkryta, bo to jest kwestia wzajemnego zaufania, ale przecież Salim... I jeżeli coś pójdzie nie tak? – Sytuacja, w której się znalazłam po jednym z wywiadów telewizyjnych, do tej pory wracała do mnie w nocnych koszmarach.

– Isabelle, cokolwiek zrobisz w tej sprawie, to jest tylko twoja wyłączna decyzja, bo to ty najbardziej się narażasz, ale...

– Ale? – Podniosłam na Lindę pełen obaw wzrok.

– Mówiłam Stevenowi, że w miejscach publicznych chodzisz zakryta, a nawet w prywatnych domach nie odsłaniasz twarzy przy mężczyznach, ale on sugeruje, że jeżeli to jest tylko możliwe, to wolałby rozmawiać z tobą odkrytą.

– Dlaczego?

– Mówi, że chce ci zadać kilka ważnych pytań i w takich sprawach wszystko jest istotne. Ma na myśli mowę ciała, mimikę twarzy, wyraz oczu i każdą inną twoją mniej świadomą reakcję...

– Naprawdę?

– Tak, chodzi mu o to, że jest w stanie ze sposobu, w jaki odpowiadasz, albo z drobnego detalu, który tobie wydaje się nieistotny, odczytać wiele znaczących informacji. Jednocześnie Steven podkreślił, że to tylko jego sugestia, a ty zrobisz, jak zechcesz, i on to oczywiście uszanuje. Skoro już się jednak podjął tego zadania, to chce wykorzystać przy przeprowadzaniu tej operacji całą swoją wiedzę i możliwości.

– Tak, Lindo, rozumiem i jestem mu za to ogromnie wdzięczna. I oczywiście tobie też, bo sama nie poradziłabym sobie w tej wyjątkowej sprawie.

– Mnie też zależy na tym, żeby znaleźć tę Polkę, więc, Isabelle, zastanów się i kiedy będziesz gotowa, to wrócimy do Stevena.

– Dobrze. Daj mi proszę chwilkę, muszę pomyśleć.

– Jasne, Isabelle, nie musisz się spieszyć.

– Tylko gdybym cię mogła prosić jeszcze o szklankę wody...

– Tak, już ci przyniosę. – Linda podniosła się i wyszła do kuchni.

Miotała mną burza sprzecznych uczuć. Wcześniej już podjęłam decyzję, że zrobię wszystko, co w mojej mocy, żeby znaleźć Polkę więzioną jako niewolnicę seksualną, ale w momencie, kiedy całe przedsięwzięcie zaczynało nabierać realnych kształtów, opanowywał mnie trudny do przezwyciężenia lęk. Tak naprawdę nie można było do końca przewidzieć, jak się to wszystko potoczy i jakie nieprzewidziane trudności mogą się pojawić po drodze.

– Proszę, Isabelle. – Linda wróciła z wodą, którą od razu wypiłam duszkiem. – Możemy już wrócić do Stevena, czy potrzebujesz jeszcze więcej czasu?

– Możemy iść. – Wstałam z kanapy, zostawiając na niej moją czarną abaję, chustę na włosy i zasłonę na twarz. Szłam do salonu, kładąc na szalę moje bezpieczeństwo, a może nawet i życie.

Steven wstał, gdy weszłyśmy do salonu, i usiadł dopiero wtedy, kiedy ja to zrobiłam.

– Wszystko w porządku, Isabelle? – zapytał, patrząc na mnie przenikliwie.

– Tak, już dobrze – odpowiedziałam.

– Posłuchaj, Isabelle, chciałbym, żebyś wiedziała, że wszystkie twoje reakcje w tej sytuacji są całkowicie normalne i możesz sobie na nie pozwolić. – Głos Stevena wydał mi się w tym momencie bardzo kojący. – Aczkolwiek to wydaje się bezsprzeczne, jednak chcę, żebyś to usłyszała bezpośrednio ode mnie. Cokolwiek mi powiesz i cokolwiek się wydarzy od tej pory w związku ze sprawą, pozostanie naszą tajemnicą. Nie musisz się niczego obawiać i postaram się, żeby cała operacja była przeprowadzona przy zachowaniu jak najdalej idących środków bezpieczeństwa.

Wyważony ton Stevena sprawił, że trochę się uspokoiłam. Poczułam, że jest dokładnie tak, jak powiedziała Linda: „On się dobrze zna na swojej robocie".

– Bardzo dziękuję, Steve, że zdecydowałeś się w to zaangażować. To jest dla mnie bardzo ważne.

– Zatem pozwolisz, że zadam ci kilka pytań. Przedtem jednak jeszcze jedna uwaga. Jeżeli na jakiekolwiek pytanie nie będziesz chciała z jakichś powodów odpowiedzieć, to proszę cię, abyś mi wprost powiedziała. Masz do tego prawo i lepiej, żebyś to szczerze oznajmiła, niż szukała jakiś krętych wyjaśnień, które tylko mogą zaciemnić całą sprawę.

– Dobrze, Steve, tak będę robić.

– Isabelle... – nagle odezwała się Linda. – Jeśli podczas tej rozmowy będziesz się czuła bardziej swobodnie tylko ze Stevenem, to ja mogę was zostawić samych.

– Nie, Lindo, dziękuję, ale nie ma takiej potrzeby. Myślę, że lepiej będzie, jeśli ty też poznasz wszystkie szczegóły i będziesz na bieżąco, bo nigdy nie wiadomo, kiedy będę musiała się kontaktować ze Stevenem pośrednio przez ciebie.

– Tak, Isabelle ma całkowitą rację. – Steven po raz pierwszy się uśmiechnął i zauważyłam, że ma bardzo ujmujący uśmiech. – To możemy zaczynać?

– Oczywiście, Steve.

Steven przez chwilę milczał, jakby zbierając myśli lub koncentrując się w najwyższym stopniu na czekającej nas rozmowie.

– Isabelle, na początku doprecyzujmy sobie pewne rzeczy. Linda mówiła, że chcesz znaleźć Polkę, która twoim zdaniem znajduje się w rękach handlarzy ludźmi.

– Tak dokładnie jest.

– Na jakiej podstawie sądzisz, że ona jest więziona?

– Bo mi to sama powiedziała... A w zasadzie nie powiedziała, tylko wykrzyczała w rozpaczliwym wołaniu o pomoc.

– Pamiętasz jej słowa?

– Tak... – Te słowa słyszałam w mojej głowie setki razy, a za nimi widziałam upiory strachu, upokorzenia, bezsilności i nieograniczonego cierpienia.

– Możesz je teraz powtórzyć?

– Mogę... – Ponowny powrót na jacht, gdzie odbywała się rozpasana orgia seksualna, był dla mnie bardziej przykry, niż myślałam. Bo ja zdołałam uciec, ale ona tam została w rękach swoich katów. Przez co musiała przejść przez ten rok? Jakich koszmarnych przeżyć doświadczyć?

– Isabelle! Dobrze się czujesz? – zapytał Steven.

– Tak, to tylko... To jest trudne...

– Rozumiem, Isabelle, więc wytłumaczę ci teraz, dlaczego o to dopytuję. Z tego, co mówiła Linda, ta sytuacja miała miejsce na jachcie, prawda?

– Tak.

– I na pewno wielu ludzi przebywało tam dobrowolnie. Czy to się zgadza?

– Tak, pewnie tak... – Przypomniałam sobie uczestników orgii z rozkoszą oddających się wyuzdanej rozpuście w najprzeróżniejszych konfiguracjach seksualnych zabaw.

– Pytam cię o szczegóły, bo muszę na sto procent się upewnić, że mamy w przypadku tej Polki do czynienia z gangiem handlującym ludźmi. I jeżeli tak jest, to już od dzisiaj musimy myśleć, jak przeprowadzić tę operację od początku do końca.

– To znaczy?

– Znalezienie tej Polki to tylko pierwszy etap całej akcji.

– Pierwszy etap? – Dla mnie najważniejsze było znalezienie kobiety i prawdę mówiąc, nie zastanawiałam się nad tym, co się stanie dalej.

– Tak, to bardzo złożony, ale tylko pierwszy etap – wyjaśniał Steven. – Następnym będzie uwolnienie jej z rąk handlarzy ludźmi. A trzeci etap to zorganizowanie wywiezienia jej z kraju.

– Jak to wywiezienia z kraju?

– Znając mechanizmy handlu ludźmi, jestem pewny, że zabrali jej paszport, więc nie będzie miała żadnych dokumentów, które pozwolą jej na legalną podróż.

– Rzeczywiście, masz rację, Steve, jakoś o tym wcześniej nie pomyślałam. To znaczy, wiedziałam oczywiście, że ofiarom handlu ludźmi zabiera się paszporty, ale nie brałam tego pod uwagę w kontekście tej właśnie sprawy. Uważałam, że znalezienie kobiety wszystko rozwiązuje, a ty mi uświadomiłeś, że tak nie jest. – Steve racjonalnie wszystko planował, kiedy ja kierowałam się głównie emocjami.

– Na pewno tak nie jest! Na początku należy ją odszukać, później wyrwać z rąk handlarzy, a na końcu wywieźć stąd. Bo jeżeli, jak Linda mówiła, zdarzenie miało miejsce ponad rok temu, to ta Polka przebywa tu najprawdopodobniej nielegalnie, bo wiza, na którą wjechała, nie jest już ważna. I jeżeli zacznie jakiekolwiek formalności związane z wyrobieniem nowych dokumentów, to nie uniknie pytań, dlaczego przebywała nielegalnie, co przez ten czas robiła, a przy tutejszym prawie…

– Dobrze wiem, o czym mówisz, Steve…

– Dlatego, wracając do moich pytań, to prowadzą one również do upewnienia się, że mamy do czynienia z handlem ludźmi, bo wtedy już od teraz muszę podjąć odpowiednie kroki przygotowujące akcję od początku od końca.

– Rozumiem, Steve, zdaję się całkowicie na ciebie.

– Skoro to sobie wyjaśniliśmy, powiedz mi, proszę, Isabelle, co dokładnie powiedziała czy też wykrzyczała ta Polka.

– „Pomóż mi, błagam cię, ja tu nie chcę być, oni mnie tu uwięzili, ja nie chcę tego robić!”, to były jej słowa, Steve.

– I co jeszcze pamiętasz, jeśli chodzi o tę kobietę? Może powiedziała swoje imię? Jak wyglądała?

– Imienia nie powiedziała, a jak wyglądała? – Zastanowiłam się. – Wiesz, tak naprawdę to były sekundy, kiedy ją widziałam, ja wtedy sama stamtąd uciekałam, a ona nagle tak mocno chwyciła mnie za rękę, błagając o pomoc.

– Spróbuj sobie przypomnieć, Isabelle, jak wyglądała? Może rzucił ci się w oczy jakiś charakterystyczny szczegół, coś, co ją wyróżniało…

– Nie wiem, na pewno była bardzo ładna, zgrabna, blondynka… – Wytężyłam pamięć, żeby jak najpełniej odpowiedzieć Stevenowi. – Kiedy teraz myślę, to może było coś takiego…

– Co to było, Isabelle, wróć pamięcią do tego momentu i spróbuj sobie dokładnie przypomnieć tę scenę – podpowiadał Steven.

– Odciągnęło ją ode mnie dwóch mężczyzn, rzuciło na pokład jachtu i zaczęło brutalnie bić i kopać… Włosy… Miała bardzo długie, gęste i wyglądające na naturalne blond włosy… Bo te włosy rozsypały się na podłodze, gdzieś im się zaplątywały między buty, pięści… Ona, broniąc się, zasłaniała się rękoma i odwracała twarz… I te włosy… One były bardzo widoczne.

– Świetnie, Isabelle, bardzo dobrze, że sobie to przypomniałaś – pochwalił mnie Steven. – A teraz powiedz mi, jak się tam znalazłaś, to znaczy, kto cię tam zaprosił, kogo tam znałaś, chodzi mi o wszystkie osoby, które w jakikolwiek sposób mogą nas do niej doprowadzić.

– Tylko Kate. Nikogo tam nie znałam oprócz koleżanki, która mnie tam zabrała.

– A kto to jest Kate?

– Kate… – Musiałam się cofnąć pamięcią do czasu, zanim wyszłam za mąż za szejka, i wydało mi się, że upłynęły od tego momentu całe długie wieki. A wydarzenia, które wtedy się rozgrywały, dotyczyły zupełnie innej osoby, nie mnie samej. – Kate… Ona ze mną pracowała, jeszcze w Polsce, a później, kiedy firma otwierała filię w Dubaju, razem tu przyjechałyśmy.

– Nadal się kontaktujecie?

– Nie, nie widziałam jej ani nie rozmawiałam z nią od tej imprezy na jachcie.

– A masz do niej numer telefonu?

– Tak, powinnam mieć, nie sądzę, żebym go wykasowała.

– To dobrze. Chciałbym też wiedzieć, Isabelle, gdzie ten jacht się znajdował, i jaka była jego nazwa. Może pamiętasz napis na burcie?

– Nie, tego na pewno nie pamiętam, kojarzę tylko to, że był biały.

– Prawie wszystkie jachty w Dubaju są białe, więc spróbuj się skupić i przypomnij sobie napis, albo chociaż jego część, umieszczony na burcie.

– Nie, w tym na pewno nie pomogę, nic takiego nie pamiętam.

– A gdzie ten jacht się znajdował? W której przystani cumował?

– Nie wiem, Steve, naprawdę, nie wiem… – Miałam ochotę się rozpłakać, że tak mało mogę pomóc.

Linda chyba zauważyła moje ponownie wzrastające zdenerwowanie, bo wstała, raptownie przerywając skierowany do mnie ciąg pytań Stevena.

– Proponuję krótką przerwę, myślę, że kawa lub herbata dobrze wszystkim zrobi. Kawa, herbata, co sobie życzycie? – spytała Linda, patrząc raz na mnie, a raz na Stevena.

– Ja chętnie napiję się kawy – powiedział Steven.

– Ja też poproszę kawę. – Miałam nadzieję, że kofeina wyostrzy mi pamięć i przypomnę sobie więcej szczegółów z tamtej nocy.

Linda wyszła z salonu, a Steven próbował dodać mi otuchy.

– Isabelle, świetnie sobie radzisz, to jest normalne, że ludzie nie pamiętają dokładnie tego, co zdarzyło się przed rokiem.

– Ale przy tak małej liczbie informacji znalezienie tej Polki będzie bardzo trudnym zadaniem – stwierdziłam smutno.

– Ja się podejmuję tylko trudnych zadań. – Steven uśmiechnął się zabójczo. – Nie martw się, Isabelle, wszystko będzie dobrze, znajdziemy ją.

Fajny facet – pomyślałam w duchu, ale zaraz się za to zganiłam.

– Czyli kiedyś pracowałaś? – bardziej stwierdził, niż zapytał Steven. – Co to była za firma?

– Amerykańska firma farmaceutyczna.

– Ciekawe… A Kate nadal tam pracuje?

– Z tego, co mówiła rok temu, to nie.

– Zastanawiam się, jak najlepiej możemy się z nią skontaktować i wydobyć od niej interesujące nas informacje, jednocześnie nie zdradzając, o co naprawdę nam chodzi.

– Masz rację, Steve, nie możemy jej powiedzieć prawdy.

– A dlaczego tak myślisz?

– Bo wtedy, gdy ją widziałam, to wydawało mi się, że…

Do salonu weszła Linda.

– Proszę bardzo. – Linda postawiła na stole trzy filiżanki i cukiernicę. – Pijecie czarną, czy przynieść śmietankę?

– Ja czarną – odpowiedział Steven.

– Ja też.

– I jak to wszystko widzisz, Steve? – Linda usiadła na kanapie.

– Niestety jest tak, jak przypuszczała Isabelle, czyli mamy tu do czynienia z gangiem handlującym ludźmi.

– Masz co do tego pewność? – spytała Linda.

– Całkowitą – pewnym głosem stwierdził Steven. – Ta Polka sama powiedziała „uwięzili mnie", a kiedy szukała pomocy, to dwóch mężczyzn od razu ją pobiło, czyli wyraźnie znajduje się w rękach bezlitosnego gangu, który uważa ją za swoją własność.

– I co możemy w tej sytuacji zrobić? – dopytywała Linda.

– Jak na razie jedynym punktem zaczepienia jest ta Kate. – Steven podniósł filiżankę z kawą i pociągnął kilka łyków. – Trzeba do niej dotrzeć i wkręcić się w środowisko, w którym się obraca. I tam dyskretnie popytać, powęszyć…

– O ile Kate jeszcze jest w Dubaju… – zauważyłam, sięgając po swoją filiżankę.

– Tak, oczywiście, ale trzymajmy kciuki, że tak jest, bo jak na razie nic innego nie mamy. – Steven sączył swoją kawę. – Ale zaczęłaś coś o niej mówić, Isabelle, i nie dokończyłaś – przypomniał.

– Chciałam powiedzieć, że wtedy, kiedy się z nią umawiałam, a później spotkałam, to miałam wrażenie, że ona jest na jakichś dragach. Jeżeli do niej dotrzemy, Steve, to musimy być przy niej bardzo ostrożni.

– Cenna uwaga, dziękuję. A co jeszcze możesz mi o niej powiedzieć.

– W zasadzie niewiele... Gdy przyjechałyśmy do Dubaju i poznałyśmy szejka Salima, mojego obecnego męża, to ona spotykała się z jednym facetem z jego świty, Raszidem, ale z tego, co wiem, już dawno się rozstali. Więcej nic nie mogę powiedzieć, bo później nie miałam z nią kontaktu.

– Rozumiem... – Steven intensywnie się nad czymś zastanawiał.

– Masz jakiś pomysł? – Linda zwróciła się do kolegi.

– Jedyne, co w tej chwili przychodzi mi do głowy, to propozycja, żeby Isabelle zadzwoniła do Kate i powiedziała, że ma znajomego, który jest nowy w Dubaju i trochę się nudzi. Jeżeli Kate mogłaby go zabrać na jakieś party, tu Isabelle może zasugerować, o jakie party chodzi, to on chętnie skorzysta. I co o tym sądzicie?

Tylko że ja nie mogę mieć tu kolegów – od razu przemknęło mi przez głowę. – Ale na szczęście Kate nie wie, jakie ograniczenia nałożył na mnie Salim.

– Myślę, że to dobry pomysł i brzmi zupełnie normalnie, wielu nowych pracowników w Dubaju szuka jakichś rozrywek i wkręca się w środowiska ludzi, którzy już tu mieszkają od dawna. I co ty na to, Isabelle? – zwróciła się do mnie Linda.

– Chyba jest to jedyne możliwe rozwiązanie. Kiedy mam do niej zadzwonić, Steve?

– Najlepiej jak najszybciej.

– To może teraz? – zaproponowałam. – Jeżeli Kate się zgodzi, to od razu moglibyście porozmawiać. Nie wiadomo, kiedy następnym razem nadarzy się taka okazja.

– Fantastyczna decyzja, Isabelle! – ponownie pochwalił mnie Steven i obdarzył tym swoim absolutnie rozbrajającym uśmiechem.

– Świetnie, Isabelle! – Linda również mnie wsparła. – Trzeba działać, i to jak najszybciej!

Sięgnęłam po telefon i wystukałam numer Kate. Usłyszałam sygnał i czekałam dość długo, ale nikt nie odbierał.

– Niestety… – powiedziałam rozczarowana. – Nie odbiera.

– Ale numer normalnie działa? – upewnił się Steven.

– Tak – potwierdziłam.

– To dobrze, bo przynajmniej jest duża szansa na to, że Kate jest jeszcze w Dubaju – stwierdził.

– Raczej tak. To co teraz? – Spojrzałam z wyczekiwaniem na Stevena.

– Spróbuj jeszcze później do niej zadzwonić, jutro albo za kilka dni, a może ona sama do ciebie oddzwoni.

– I co mam jej wtedy powiedzieć?

– To samo, co ustaliliśmy.

– A jak ty się z nią skontaktujesz?

– Zapytaj po prostu, czy możesz mi dać jej numer telefonu, a później już się wszystkim zajmę.

– Dziękuję, Steve.

– Nie ma za co. Jak akcja to akcja – powiedział Steven pewnym głosem.

– To się cieszę, że nasze spotkanie doprowadziło do tak szybkich i konkretnych działań. – Twarz Lindy się rozjaśniła. – Czyli kiedy tylko, Isabelle, będziesz miała kontakt z Kate i wszystko pójdzie po naszej myśli, to daj mi znać, a ja przekażę wiadomość Stevenowi.

– Tak, oczywiście. Będę próbowała do niej dzwonić aż do skutku – zapewniłam.

– Doskonale. – Widać było, że Steve również był zadowolony z naszych ustaleń. – Tylko numer telefonu Kate daj mi, Isabelle, może już teraz. Będę miał go pod ręką i zadzwonię do niej, gdy tylko dasz mi znak.

– Dobrze, wpisz go sobie – podyktowałam numer.

– Dziękuję. A do czasu, zanim się odezwiesz, ja już zacznę się rozglądać, wykorzystam swoje kontakty... – zapewnił Amerykanin.

– Jeszcze raz bardzo dziękuję, Steve.

– Nie ma za co. Miejmy nadzieję, że uda nam się ją znaleźć.

– Oby tak się stało... – wyraziłam nadzieję. – Przepraszam was, ale już muszę iść... – Podniosłam się z kanapy, a Steven wstał również. – Jestem ci ogromnie wdzięczna, Steve, że zgodziłeś się nam pomóc. – Wyciągnęłam do niego rękę i teraz ja ją dłużej przytrzymałam. – Ogromnie...

– Takie akcje to moja specjalność. – Steven uśmiechnął się szelmowsko.

– Pójdę po swoje rzeczy, żeby się ubrać – zwróciłam się do Lindy.

– Jasne – Linda udała się ze mną do drugiego pokoju.

Zaczęłam wkładać swój czarny strój, ale ręce mi drżały, więc Linda trochę mi w tym pomagała.

– I jak odbierasz Steve'a? – Koleżanka podawała mi zasłonę na twarz.

– Sprawia wrażenie bardzo profesjonalnego.

– Tak, na pewno zna się na rzeczy – potwierdziła Linda.

– Myślę, że w tym momencie jest to właściwy człowiek na właściwym miejscu. Miałaś rację, Lindo, nie było najmniejszych szans, żebyśmy sobie same poradziły.

– Najważniejsze, że Steve wzbudził w tobie zaufanie.

– Tak, myślę, że możemy się na niego zdać.

– Z pewnością, Isabelle, uwierz mi, ja go dobrze znam, nie wzięłabym do tej sprawy kogoś przypadkowego.

– Dobrze, że obracasz się, Lindo, w towarzystwie takich ludzi. To bardzo ci dziękuję i będziemy w kontakcie. – Zbierałam się do wyjścia.

– Uważaj na siebie, Isabelle. Do usłyszenia.

– Do usłyszenia.

Linda odprowadziła mnie do drzwi. Wyszłam na zewnątrz i wsiadłam do czekającego na mnie samochodu z kierowcą. Po drodze zadzwoniłam do Malati.

– Malati, niedługo będę w domu, proszę przygotuj mi kąpiel.

– Dobrze, madame. A kolacja? Gdzie podać kolację.

– Dziękuję, Malati, ale nie będę nic jadła. Tylko przygotuj kąpiel.

– Oczywiście, madame.

– Dziękuję, Malati, do widzenia.

– Do widzenia, madame.

Dotarłam do pałacu i weszłam do środka. Malati w holu odebrała ode mnie czarną abaję, chustę i zasłonę. Potem udałam się na górę do swojej sypialni, przy której znajdował się duży pokój kąpielowy. Zdjęłam ubranie i z przyjemnością zanurzyłam się w wypełnionej pianą dużej wannie. Powietrze przesiąknięte było zapachem relaksującego płynu do kąpieli, zapalonych przez Malati aromatycznych świec i rozstawionych wkoło moich ulubionych orchidei. Zamknęłam oczy i z przyjemnością oddałam się krótkiemu relaksowi. Chociaż na początku wizyty u Lindy byłam bardzo zestresowana, to teraz czułam się naprawdę dobrze, ponieważ podjęłam stosowne działania związane z uwolnieniem mojej rodaczki. Ta sprawa od dłuższego czasu nie dawała mi spokoju i dosłownie spędzała sen z powiek. Nierobienie niczego w wymagających tego sytuacjach potrafi człowiekowi bardzo ciążyć.

Na drugi dzień ponownie zadzwoniłam do Kate, ale nadal nie odbierała telefonu. Zamierzałam dzwonić do niej aż do momentu, kiedy się z nią skontaktuję. Martwiło mnie jednak to, że jeżeli nie uda mi się przed powrotem Salima, to wtedy będę miała utrudnione zadanie. Trudno mi będzie przy zazdrosnym mężu i dzieciach, które większość czasu spędzają w domach jego rodziny, rozmawiać o moim rzekomym koledze. Ja nie mogłam mieć żadnych kolegów. Żadnych.

***

Poczynione przeze mnie kroki w sprawie więzionej Polki po raz kolejny uświadomiły mi z całą mocą, że Dubaj jest jednym z największych centrów handlu ludźmi. Przerażające są statystyki – kilkadziesiąt procent ofiar to dzieci, które nie ukończyły osiemnastego roku życia. Poszczególne przypadki bardzo rzadko przedostają się do publicznej wiadomości, a jeżeli już się to stanie, zatrważają swoim nieprawdopodobnym okrucieństwem.

Kilka lat temu prasa opisywała przypadek dwuletniego chłopca, który został znaleziony przy pochodzącej z Bangladeszu kobiecie oskarżonej o nielegalne przebywanie w Zjednoczonych Emiratach Arabskich i prostytucję. Banglijka deklarowała, że to jest jej syn, ale badania DNA wykluczyły taką możliwość. Kobieta nie potrafiła również odpowiedzieć na pytanie, w jaki sposób dziecko trafiło w jej ręce, a wyjaśnienia, że przywiozła je ze sobą ze swojego kraju, nie pokrywały się z prawdą, ponieważ udowodniono, że Banglijka przekroczyła granicę sama. Pojawiły się przypuszczenia, że dziecko padło ofiarą gangów handlujących ludźmi. Czy chłopiec ten miał być sprzedany do zabawy szejkom?

W Dubaju znane są historie matek, które same handlują swoimi dziećmi, niekiedy nawet kilkumiesięcznymi niemowlakami.

Do nich należała Azjatka, która nielegalnie zaszła w ciążę z Pakistańczykiem. Kobieta w mieszkaniu urodziła dziecko przy pomocy swojej koleżanki, a po sześciu miesiącach próbowała sprzedać za półtora tysiąca dolarów. Azjatka wpadła w ręce policji, trzy lata przesiedziała w więzieniu, a następnie została deportowana.

Najwięcej jednak dzieci, które trafiają na dubajski rynek w różny sposób, wpadło w macki międzynarodowych gangów handlujących ludźmi. Jednym z głównych terenów działalności grup przestępczych są Indie, gdzie skala ich działalności jest porażająca. W Kerali jednorazowa akcja policyjna uratowała prawie sześćset dzieci, które zostały zgromadzone przez gang w ciągu zaledwie kilku dni w jednym miejscu w celu ich odsprzedania. Dzieci kupowano od rodziców w biednych wioskach, a czasami zabierano je od nich podstępem, obiecując zapewnienie im w większym mieście odpowiedniej edukacji. Nieświadomi rodzice niekiedy nawet płacili bezdusznym bandytom za zapewnienie dzieciom opieki i dobrego wykształcenia. Mimo nadziei rodziców, dzieci nie czekała lepsza przyszłość, tylko przeszmuglowanie do krajów Zatoki Perskiej, gdzie były sprzedawane, a następnie seksualnie wykorzystywane. Handlarze ludźmi współpracowali też z sierocińcami, skąd zabierali dzieci, a następnie przemycali do bogatych krajów arabskich. O olbrzymim zasięgu tego typu przestępstw świadczyły wysokie datki płynące znad Zatoki do hinduskich sierocińców.

Najbardziej wstrząsające jest to, że nawet jeżeli policja odkryje duży gang handlujący ludźmi, to najczęściej bandytów i tak nie spotykają żadne sankcje, bo sprawa pod wpływem wysokich kręgów finansowych i politycznych zostaje zamieciona pod dywan. Okrutna prawda jest taka, że handlarze ludźmi najczęściej pozostają bezkarni, a ich ofiary cierpią, przechodząc przez wszystkie kręgi piekła upokorzenia i udręki.

Historia sióstr z Kirgistanu, które jako dzieci trafiły do Dubaju, gdzie były zmuszane do prostytucji, jest bardzo reprezentatywna i podobne przypadki dotyczą tysięcy nieletnich dziewczynek z różnych stron świata.

Matka szesnastoletniej Dariny i dwunastoletniej Alimy została zatrzymana w rodzinnym Kirgistanie za kradzież i dziewczynki oddano pod opiekę obcych im osób. Jedna z zajmujących się dziewczynkami kobiet okłamała Alimę, mówiąc, że jeżeli pojedzie do pracy do Dubaju, to zarobi tyle pieniędzy, że będzie mogła uwolnić swoją matkę. Dziecko, owładnięte myślą, że jej matka wyjdzie z więzienia i ponownie będą mogły wraz z siostrą z nią zamieszkać, zgodziła się na propozycję. Dwunastolatce sfałszowano paszport – zawyżono jej wiek oraz zmieniono imię i nazwisko – po czym wysłano do Dubaju, gdzie sprzedano za dwanaście tysięcy dolarów. Następnie zabrano jej dokumenty, uwięziono w apartamencie i zmuszono do prostytucji. Pół roku później przeszmuglowano i sprzedano jej siostrę. Dziewczynki, aby uciec od przerażającej i przerastającej je rzeczywistości, piły alkohol, który ciemnymi oparami zamroczenia otępiał ból zadawany przez kolejnych przysyłanych im dorosłych klientów.

W pewnym momencie Alima, nie mogąc znieść cierpienia wywołanego brutalnym seksualnym wykorzystaniem, próbowała popełnić samobójstwo, skacząc z czwartego piętra. Odniosła poważne obrażenia, ale przeżyła. Po hospitalizacji została uwięziona za brak paszportu i prostytucję. Uwolniona została dopiero po pięciu miesiącach i to tylko dzięki interwencji ambasadora Kirgistanu. Następnie, dzięki pomocy międzynarodowych organizacji, wróciła do swojego kraju. Tam minął długi czas, zanim Alima po koszmarze, który przeżyła w Dubaju, mogła wrócić do normalnego życia.

Dzieci, nastolatki, kobiety... Żywy towar, który przynosi co roku swoim właścicielom gigantyczne dochody. Czasem wart mniej, czasem więcej. Kobiety z Indii, które werbowano do krajów Zatoki, sprzedawano po czterysta dolarów. Dzieci można sprzedać za wielokrotność tej sumy. Są cenne na rynku, dlatego wyspecjalizowani pośrednicy porywają je, kupują bądź podstępnie zwabiają. Dla zysku. Dla poplamionego gorzkimi dziecięcymi łzami zysku.

***

Próbowałam po raz kolejny skontaktować się z Kate, ale bez rezultatu. Po kilku dniach odezwała się natomiast zaniepokojona Linda.

– Cześć, Isabelle.

– Cześć, Lindo.

– Co u ciebie słychać?

– Wszystko w porządku, a u ciebie?

– Dobrze, dziękuję. Dzwonił Steve i pytał, czy nie ma jakichś nowych wiadomości. Chodziło mu oczywiście o Kate.

– Cały czas próbuję się do niej dodzwonić, ale bezskutecznie.

– A telefon ma wyłączony?

– Nie, jest sygnał, tak samo jak wtedy, kiedy łączyłam się z nią od ciebie, ale nikt nie odbiera.

– To dziwne.

– Dziwne, i dlatego się obawiam, że może Kate wyjechała z Dubaju i komuś zostawiła ten numer.

– To dlaczego ten ktoś nie odbiera.

– Czasami ludzie nie odbierają nieznanych numerów.

– No tak, masz rację. Jeżeli tak jest, to wielka szkoda, bo Steve bardzo czeka na kontakt z Kate.

– Ja też, Lindo, czas leci, a ta Polka może jest w coraz większej opresji.

– A Salim jest w kraju?

– Nie, ale niedługo wraca. I obawiam się, że kiedy będzie w domu i akurat wtedy Kate zadzwoni, bo wciąż istnieje mała szansa na to, że tak się stanie, to ja nie będę mogła nawet swobodnie z nią porozmawiać. I jak jej powiem o Stevenie?

– Tak, to będzie trudne.

– Bardzo trudne, wiesz, jaki jest Salim...

– Wiem, Isabelle.

– Gdy tylko widzi, że ktoś do mnie dzwoni, od razu nadstawia ucho...

– Miejmy nadzieję, że Kate oddzwoni wcześniej.

– Wciąż na to liczę. A co się stanie, jeżeli w ogóle nie uda nam się z nią skontaktować?

– Steve już teraz szuka jej innymi drogami, ale na razie nie wpadł na żaden ślad. I dlatego pytał o Kate.

– Próbuję, Lindo, naprawdę próbuję.

– To bądźmy dobrej myśli, Isabelle. Jeśli tylko połączysz się z Kate, to od razu daj mi znać.

– Oczywiście.

– Dobrze, Isabelle, to do szybkiego usłyszenia.

– Do usłyszenia.

Salim wrócił z podróży, Kate do tego czasu nadal się nie odezwała, a ja straciłam wszelką nadzieję na to, że tą drogą uda nam się znaleźć więzioną Polkę. Steve chyba też przestał liczyć na ten kontakt, bo Linda mówiła mi, że odwiedza kolejne burdele, ale w żadnym z nich nie natknął się na Polkę z pięknymi długimi blond włosami. Uwolnienie ofiary z rąk gangu handlarzy ludźmi jawiła mi się teraz jak zupełnie nierealna mrzonka.

Kate zadzwoniła zupełnie niespodziewanie, kiedy akurat czytałam w bibliotece. Byłam sama, więc mogłam odebrać, chociaż ze strachem nasłuchiwałam odgłosu kroków Salima w korytarzu.

– Cześć, Isabelle! – wesoło powitała mnie Kate.

– Cześć, Kate! Co u ciebie słychać?

– Świetnie, wszystko fantastycznie! – Kate wprost tryskała wspaniałym humorem. – A u ciebie?

– Dziękuję, dobrze.

– Jak to u żony szejka... – wesoło skomentowała Kate.

– Posłuchaj, Kate, mam taką sprawę... – Chciałam jak najszybciej powiedzieć koleżance o co chodzi, bo w każdej chwili w bibliotece mógł się pojawić Salim.

– No właśnie widziałam, że tyle razy dzwoniłaś, a ja... – Kate zachichotała. – A ja zapomniałam telefonu, po prostu zostawiłam w domu, bo tak się szykowałam, i z tego pośpiechu, nawet nie zgadniesz, gdzie ja byłam, najpierw było party na prywatnej wyspie, kilka razy już tam byłam, ale ta ostatnia impreza była absolutnie wyjątkowa, trwała kilka dni, i działo się, działo... – Kate wciąż się chichrała. Odniosłam wrażenie, że i tym razem była pod wpływem jakichś środków odurzających. – A później tak się wszyscy rozbawili, że jeden z szejków zaprosił kilka osób do Monte Carlo, więc zabrał nas swoim jachtem z wyspy, a później jego prywatnym samolotem polecieliśmy do Monte Carlo, nie masz pojęcia, ile kasy tam przepuścił... Szkoda, że cię nie było, gdybyś kiedyś chciała, to...

– No właśnie ja w tej sprawie, bo...

– A co, chcesz się wybrać na jakąś imprezkę... Jeśli coś będzie, to dam ci znać, Isabelle, tu są takie...

– Nie chodzi o mnie, Kate – wpadłam jej w słowo. – Mam takiego znajomego, Steve ma na imię, i on niedawno przyjechał do Dubaju i szuka jakichś atrakcji... – mówiłam szybko, bo wydawało mi się, że słyszę kroki Salima na korytarzu. – I chciałam cię prosić, że gdybyś mogła gdzieś go wprowadzić, to znaczy zabrać kiedyś ze sobą, to byłabym wdzięczna…

– A przystojny ten Steve? – Kate znowu zachichotała.

– Bardzo. – Przypomniałam sobie rozbrajający uśmiech Stevena.

– Skoro bardzo przystojny, to dawaj go… – Kate głośno się roześmiała. – Przystojny facet zawsze, Isabelle, zawsze…

– Bardzo dziękuję, Kate, to czy mogę mu dać twój numer telefonu? Najlepiej niech on sam zadzwoni i…

– Oczywiście, daj mu mój numer, przystojny facet, proszę, jakie prezenty mi z nieba spadają… – Rozbawiona Kate nie przestawała się śmiać.

– To bardzo ci dziękuję.

Drzwi do biblioteki się otworzyły i pojawił się w nich Salim.

– To jeszcze raz ci dziękuję i do usłyszenia – pożegnałam się z Kate.

– Do usłyszenia, Isabelle. – Koleżanka się rozłączyła.

Byłam zdenerwowana, ale starałam się tego po sobie nie okazać.

– Kto to był? – surowo zapytał Salim.

– Linda.

– A za co jej tak dziękowałaś?

– Pamiętasz to towarzystwo dla muzułmanek?

– Tam, gdzie chodzisz na wykłady o islamie?

– Tak. – Uśmiechnęłam się przymilnie.

– I co się tam dzieje?

– Linda mówiła, że niedługo będzie znowu jakiś ciekawy wykład, ale jeszcze nie wiadomo dokładnie, którego dnia. Kiedy się dowie, to od razu mnie zawiadomi. I za to jej dziękowałam. – Z mojej twarzy nie schodził uśmiech.

Salim przez dłuższą chwilę uważnie mi się przyglądał.

– Aha – powiedział w końcu tylko i zamknął drzwi biblioteki.

Udało się! – zawołałam do siebie w duchu. Skontaktowałam się z Kate, która zgodziła się spotkać ze Stevenem! I w dodatku Kate nadal chodzi na różnego rodzaju imprezy, więc Steven może gdzieś się natknie na jakiś ślad więzionej Polki. Musiałam jak najszybciej powiadomić o wszystkim Lindę. Nie mogłam do niej zadzwonić, bo przecież przed chwilą powiedziałam Salimowi, że z nią rozmawiałam. Postanowiłam więc wysłać do niej wiadomość. Nasłuchiwałam kilka minut, czy Salim znów się nie zbliża, po czym wystukałam tekst esemesa: „Można zadzwonić do Kate. Nie odpisuj". W ciemnym tunelu potwornych tragedii ludzkich pojawiło się maleńkie światełko nikłej nadziei.

Nazajutrz skontaktowałam się z towarzystwem dla muzułmanek, w którym zazwyczaj któraś z jego członkiń pełniła dyżur.

– Dzień dobry, mówi Isabelle.

– O, dzień dobry, Isabelle! – Usłyszałam życzliwy głos Mony. – Jak miło cię słyszeć! Jak się czujesz? Dawno cię u nas nie było!

– Dzień dobry, Mono! – Ucieszyłam się, że akurat na nią trafiłam, bo to była jedna z najbardziej lubianych przeze mnie w towarzystwie koleżanek. – Dziękuję, dobrze. A u ciebie w porządku?

– Tak, dziękuję. Nie wybierasz się do nas, Isabelle?

– Właśnie chciałam się dowiedzieć, czy nie ma u was niedługo jakiegoś wykładu.

– To dobrze trafiłaś, bo doktor Teresa wróciła już ze Stanów i szykuje coś ciekawego.

– Naprawdę? A kiedy to będzie?

– Jeszcze dokładnie nie wiadomo, ale myślę, że za jakieś dwa, trzy tygodnie.

– Zadzwoń do mnie proszę, Mono, i powiedz mi, kiedy już będziesz znała dokładny termin.

– Oczywiście, z wielką przyjemnością, zawsze jest miło cię u nas gościć, Isabelle.

– A co tym razem przygotowuje doktor Teresa? – Byłam ciekawa zapowiadanego tematu, bo doktor Teresa zawsze prowadziła niezwykle interesujące odczyty.

– Coś bardzo szczególnego, jak to zawsze ona.

– To znaczy?

– Przedstawi nam fragmenty dzieła Szajcha An-Nafzawiego *Ogród rozkoszy*.

– Brzmi intrygująco.

– To arabska literatura erotyczna... Ale nic więcej nie powiem, Isabelle, przyjdziesz do nas, to dowiesz się więcej – przyjaźnie zaprosiła mnie Mona.

– Będę na pewno – obiecałam. – Tylko bardzo proszę, Mono, nie zapomnij mnie poinformować, kiedy będziesz znała już datę wykładu.

– Oczywiście, dam ci znać.

– Doskonale, bardzo dziękuję.

– Nie ma za co, Isabelle.

– W takim razie do zobaczenia.

– Do zobaczenia.

Dobrze się złożyło, że faktycznie szykowano prelekcję, bo Salim czasami potrafił być bardzo dociekliwy. Jeżeli mu powiedziałam o wykładzie w towarzystwie, to na pewno będzie o tym przez długi czas pamiętał i o to pytał. Przez tyle lat życia w cieniu obsesyjnej zazdrości mojego męża nauczyłam się, że nie powinnam dawać mu nawet najmniejszego powodu do tego, żeby zwątpił w moje słowa, bo to mogło się dla mnie skończyć dramatycznie. Dzięki planowanemu wystąpieniu doktor Teresy moja fikcyjna rozmowa z Lindą wyglądała bardzo prawdopodobnie. A szczególnie teraz, kiedy nawiązałam kontakt z Kate, było to niezwykle ważne, bo nigdy nie wiadomo, kiedy Linda lub Steven będą czegoś ode mnie potrzebowali. Kiedy Salima nie opętywały demony mrocznej podejrzliwości, to przy rozpoczętej już akcji minimalnie więcej swobody niż teraz mogło się okazać bezcenne.

Po kilku tygodniach, w krótkich odstępach czasu, zadzwoniły do mnie Mona i Linda. Pierwsza odezwała się Mona.

– Cześć, Isabelle, tu Mona.

– Dzień dobry, Mono, miło cię słyszeć.

– Mam dobrą wiadomość, wykład doktor Teresy jest w najbliższy czwartek.

– Naprawdę?! To świetnie! O której godzinie?

– O szóstej. Przyjdziesz?

– Tak, będę na pewno.

– To wspaniale.

– Dziękuję za informację.

– Nie ma za co, do czwartku, Isabelle.

– Do czwartku.

Wkrótce potem miałam telefon od Lindy.

– Cześć, Isabelle.

– Cześć, Lindo.

– Możesz rozmawiać?

– Nie bardzo. – Słyszałam, że Salim kręcił się gdzieś w pobliżu.

– Salim jest w domu? – Domyśliła się Linda.

– Tak.

– To może przyjedź kiedyś do mnie? Mam ważne informacje... Wiesz, czego dotyczą...

– Jutro jest wykład w towarzystwie, to może tam się spotkamy?

– Jak tak wolisz... O której ten wykład?

– O szóstej.

– Dobrze, do zobaczenia w towarzystwie.

– Do zobaczenia. Dobranoc, Lindo.

– Dobranoc, Isabelle.

Ledwie Linda się rozłączyła do biblioteki zajrzał Salim.

– Z kim rozmawiałaś?

– Z Lindą.

– O czym?

– Umawiałyśmy się na jutro na wykład w towarzystwie. Pamiętasz? Kiedyś ci o tym wspomniałam.

– Tak, przypominam sobie.

– I właśnie jest jutro o szóstej, więc się na niego wybieram.

– To dobrze, Isabelle. – Salim się do mnie uśmiechnął. – To dobrze, że chcesz jak najwięcej dowiedzieć się o kulturze arabskiej i islamie.

– Tak, Salim, ja też się cieszę. Wykład ma doktor Teresa, a ona zawsze porusza interesujące tematy.

– A wiesz, o czym będzie mówiła jutro?

– To będzie coś z zakresu literatury arabskiej...

– A dokładniej?

– Pamiętam tylko tytuł dzieła, ale autora zapomniałam.

– Co to za tytuł?

– *Ogród rozkoszy*.

Oczy Salima zalśniły, a twarz się rozpromieniła.

– Szajcha An-Nafzawiego?

– Tak, teraz sobie przypominam, An-Nafzawiego.

– A wiesz, że w oryginale arabskim to dzieło ma inny tytuł.

– Tak? A jaki? – zaciekawiłam się.

– *Pachnący ogród, czyli przechadzka wyobraźni*. – Oczy Salima zapłonęły namiętnością i zobaczyłam w nich nasze gorące, pełne żarliwych uniesień noce.

– Salim...

– Idź na ten wykład, Isabelle – powiedział Salim zmysłowym głosem. – A potem przyjdź do mnie...

– Dobrze... – szepnęłam.

Salim uśmiechnął się czule, po czym zamknął drzwi biblioteki. Zapadłam się w swoim ulubionym fotelu i przymknęłam oczy. Linda oznajmiła, że ma dla mnie ważne informacje – myślałam. – Zapewne od Stevena. Co udało mu się ustalić? Jak bardzo przybliżył się do miejsca, gdzie może być przetrzymywana Polka? – zastanawiałam się. – Czy to oznacza, że pojawiła się nadzieja na jej znalezienie? – Jeszcze długo siedziałam w fotelu, rozmyślając, jakie rewelacje Linda odkryje przede mną następnego dnia.

W czwartek nie mogłam się doczekać, kiedy pojadę do towarzystwa i spotkam się z Lindą. Godziny od rana wlokły mi się niemiłosiernie i ciągle spoglądałam na zegarek, mając nadzieję, że jest już bliżej szóstej. Trudno mi się było skupić na czymkolwiek, więc starałam się zabić czas, spacerując w ogrodzie i podziwiając wyjątkowo zadbane kwiaty, krzewy i drzewa. Skołatane nerwy koiłam przy monotonnie szemrzącej fontannie. Kiedy wreszcie zobaczyłam godzinę piątą na zegarku, szybko pobiegłam do garderoby, żeby się ubrać i pojechać na wykład.

W towarzystwie panowała niezwykle radosna atmosfera, zgromadzone kobiety kółkiem obstąpiły doktor Teresę i głośno o czymś rozprawiały. Pierwsza dostrzegła mnie Mona.

– Isabelle! Świetnie, że jesteś, chodź, wykład zaraz się zaczyna. – Mona wzięła mnie za rękę i zaprowadziła do kręgu kobiet.

– Dzień dobry, Isabelle – powitała mnie doktor Teresa. – Widzę, że będę dziś miała szerokie grono słuchaczek.

– Twoje wykłady, doktor Tereso, zawsze są pasjonujące, więc z przyjemnością wysłucham tego dzisiejszego – powiedziałam z entuzjazmem.

– Dziękuję ci, Isabelle, dlatego nie marnujmy już czasu... Zajmijcie miejsca, kochane, i za pięć minut zaczynamy.

Kobiety szukały wolnych krzesełek, a ze mną przywitały się Fariza i Nabila, które usiadły następnie po moich obu stronach. Rozglądałam się za Lindą, ale nigdzie jej nie było.

– I co z tą Polką? – Aż podskoczyłam na krześle, kiedy Nabila zadała mi to pytanie. Skąd ona wie o akcji Stevena? – Wyjaśniło się coś w sprawie jej śmierci? – dopytywała Nabila.

Śmierci, jakiej śmierci?!!! To ta Polka nie żyje?!!! Musiałam mieć dziwną minę, bo Nabila zaraz dodała.

– Ta Polka w Egipcie... Ta, co wyskoczyła przez okno... Mówiłam ci o niej... Taka tragedia... Piękna, młoda... – Na twarzy Nabili pojawił się smutek. – Co u was teraz o tym mówią? Jest jakiś przełom w śledztwie?

– Nie, chyba nie... – Kiedy ostatnio sprawdzałam, nie było żadnych nowych wiadomości w sprawie tej tajemniczej śmierci.

– U nas w Egipcie też ucichło... – kontynuowała Nabila. – Na początku była wielka wrzawa, wszyscy o tym mówili, a teraz cisza... Mam nadzieję, że kiedyś się wyjaśni...

Doktor Teresa już weszła na niewielkie podwyższenie, więc prowadzone rozmowy umilkły. Słowa Nabili bardzo mnie poruszyły, bo znowu przywołały zadawane sobie przeze mnie wcześniej wiele razy pytanie, czy poszukiwana przez Stevena Polka jeszcze żyje. Rok to długo... Wiele się mogło przez ten czas zdarzyć... Gdzie jest Linda? Dlaczego jej jeszcze nie ma? – myślałam poddenerwowana.

– Dzisiaj, moje drogie, zajmiemy się najbardziej popularnym w świecie zachodnim arabskim dziełem erotycznym *Ogród rozkoszy*, które w arabskim oryginale ma tytuł *Pachnący ogród, czyli przechadzka wyobraźni*. – Doktor Teresa zaczęła swój wykład, a obecne kobiety z uwagą się jej przysłuchiwały.

To Salim dobrze powiedział – pomyślałam w odniesieniu do oryginalnego tytułu dzieła.

– Księgę tę porównuje się do podobnych dzieł powstałych w innych kulturach i traktujących o życiu erotycznym, takich jak hinduska *Kamasutra* lub rzymska *Sztuka miłości* Owidiusza – kontynuowała doktor Teresa. – Autorem tego dzieła jest szejk An-Nafzawi, który prawdopodobnie żył i działał na przełomie trzynastego i czternastego wieku w Tunisie za panowania dynastii Hafsydów[8]. Jako ciekawostkę podam, że Nafzawa to region położony na Saharze między Libią a Tunisem. – Doktor Teresa sięgnęła po szklankę i napiła się kilka łyków wody.

– Interesująco się zaczyna – szepnęła mi do ucha Fariza.

– Bardzo – przyznałam jej rację.

– Jak wiemy, islam nie tylko akceptuje erotykę, ale wręcz zachęca do wszelkich form miłości zmysłowej i osiąganiu rozkoszy seksualnej. – Prelegentka rozejrzała się po sali, a wśród zgromadzonych kobiet przebiegł szmer. – Dzieło szejka An-Nafzawiego właśnie o tym traktuje, mówiąc, że miłość cielesna i płynące z niej nieskończone rozkosze są darem Boga, który powinien przynosić kobiecie i mężczyźnie jak najwięcej przyjemności. A teraz myślę, że najlepiej oddajmy głos An-Nafzawiemu, który już we wstępie zatytułowanym *Ogólne uwagi na temat sztuki uprawiania miłości* dokładnie to wyjaśnia. Gotowe? – Doktor Teresa uśmiechnęła się do swoich słuchaczek. – To zaczynamy. Oto co pisze An-Nafzawi:

„Chwalmy Boga, który uczynił przyrodzone części ciała kobiety źródłem największej rozkoszy mężczyzny i przysposobił przyrodzone części ciała mężczyzny ku jak najwyższemu ukontentowaniu kobiety.

On to sprawił, iż owo niewieście przyrodzenie nie daje jej uczucia radości ani zadowolenia, dopóki nie zagłębi się weń

[8] Hafsydzi – dynastia berberyjska panująca w Tunisie i na ościennych terytoriach w latach 1236–1574.

instrument mężczyzny; i na odwrót – członek męski nie zazna spokoju ni spoczynku, dopóki nie wniknie w przyrodzenie kobiety.

Stąd bierze się potrzeba wspólnego działania"[9].

– Czy to jest dla was jasne? – zapytała przekornie doktor Teresa, a zgromadzone kobiety głośno się roześmiały.

– Biorąc pod uwagę, że to było pisane kilka wieków temu... – zauważyła Fariza. – Odważnie, odważnie...

Wykład mnie interesował, ale w tym momencie moje myśli bardziej zajmowała sprawa poszukiwanej przez nasz mały zespół Polki. Linda nadal nie dotarła, więc wysłałam jej esemes z zapytaniem, co się dzieje. Odpisała: „Coś nowego w sprawie, rozmawiam ze Stevenem, gdy tylko skończę, to dojadę".

Coś nowego, ale co? Steve jest na tropie Polki, czy nie jest, a może już ją znalazł, albo właśnie nie znalazł i nie ma na to szans, albo ona już nie żyje, nie, na pewno żyje... – dziesiątki myśli przebiegały mi po głowie.

– Szajch An-Nafzawi w swoim dziele cały rozdział poświęca detalom sztuki miłosnej, o czym dobitnie świadczy jego tytuł: *Rozmaite sposoby przy spółkowaniu stosowane*. – Doktor Teresa wzięła do ręki gruby plik kartek. – Ponieważ rozdział jest długi i zawiera opisy różnych pozycji seksualnych, sposobów całowania oraz inne szczegóły sztuki miłosnej, to pozwolę sobie dać go wam w całości... – Chodziła między krzesłami i każdej słuchaczce wręczała kopię rozdziału. – Przejrzyjcie to teraz, możecie oczywiście dzielić się między sobą spostrzeżeniami i uwagami, a później przeprowadzimy na ten temat wspólną dyskusję.

Fariza i Nabila, tak jak pozostałe uczestniczki spotkania, z zapałem zaczęły przerzucać kartki i czytać poszczególne fragmenty

[9] Szajch An-Nafzawi Ogród rozkoszy, Wydawnictwo Literackie MUZA SA, Warszawa 2006, s. 5.

trzynastowiecznego tekstu. Ja siedziałam jak na szpilkach i czekałam tylko na to, kiedy Linda pojawi się w drzwiach.

Po kilku minutach zwróciła się do mnie Fariza.

– Isabelle, nie interesuje cię to? – Spojrzała na leżący na moich kolanach plik kartek. – A z tego naprawdę można się wiele nauczyć... – Mrugnęła do mnie znacząco okiem. – Jedenaście różnych pozycji... – Fariza przekartkowała trzymany przez siebie tekst i znalazła odpowiednie fragmenty. Posłuchaj na przykład tego:

„Sposób czwarty: Niechaj twa miła legnie na wznak, a wówczas zarzuć jej nogi sobie na ramiona. W takim położeniu twój członek znajdzie się dokładnie naprzeciwko jej wulwy, która nie może dotykać ziemi. I wtedy właśnie wprowadź w nią członek”[10].

Fariza skończyła i patrzyła na mnie wyczekująco.

– I co na to powiesz? – spytała, a kiedy nic nie odpowiedziałam, przeszła do następnego fragmentu:

„Sposób szósty: Niech twa miła oprze się na kolanach i łokciach tak, jakby klęczała w modlitwie. W takim ułożeniu jej wulwa będzie dostępna z tyłu. Zaatakuj ją więc od tej strony i wprowadź w nią swój członek”[11].

Nabila z wypiekami na policzkach przysłuchiwała się temu, co czytała Fariza, zerkając przy tym na swoje kartki.

– A ja wolę tę pozycję – powiedziała z przejęciem, kiedy Fariza skończyła. – Posłuchajcie:

„Sposób jedenasty: Poproś, by ukochana ułożyła się na plecach na ziemi z poduszką pod pośladkami. Następnie wsuń się pomiędzy jej nogi i poleciwszy, by złączyła swe stopy podeszwami, wprowadź swój członek w jej wulwę”[12].

[10] Ibid., s. 60.
[11] Ibid., s. 60.
[12] Ibid., s. 61.

– Też fajna pozycja – przyznała Fariza.

– An-Nafzawi nie tylko opisuje różne pozycje miłosne, ale również rozmaite rodzaje poruszeń. – Nabila przeglądała kartki.

– Rodzaje poruszeń? – Nie zrozumiałam. – Co to znaczy?

– Zaraz ci powiem... Gdzieś tu było... O, tu... Posłuchaj, co szejk napisał: „Powinienem jeszcze wspomnieć o różnych rodzajach poruszeń stosowanych przy spółkowaniu i niektóre z nich opisać. Pierwszy sposób...”[13]. – I tu jest dość tradycyjnie, więc nie ma co czytać... – skomentowała Nabila. – Ale tu już się robi ciekawie... „Piąty rodzaj poruszeń: Siwak al-fardż (wykałaczka w wulwie). Mężczyzna wsuwa członek pomiędzy ścianki przyrodzenia kobiety, po czym porusza nim w górę i w dół, w prawo i w lewo. Jednakże tylko mąż o wyjątkowo żywotnym członku może wykonywać tego rodzaju poruszenia”[14].

– A to dobre! „Żywotny członek”! – Fariza się zaśmiała. – A jak tam wasi mężowie, mają żywotne członki?

Policzki Nabili jeszcze bardziej zapłonęły.

– An-Nafzawi pisze też o pocałunkach – powiedziała szybko. – „Uważa się powszechnie, że całowanie stanowi nieodłączną część aktu miłosnego”[15]. – I szejk przytacza bardzo ładny wiersz o pocałunku – dodała Nabila.

„Starczy jedno spojrzenie oczu omdlewających,
By niewidzialną nicią duszę z duszą połączyć.
A gorący pocałunek, który pełen jest czułości,
Wiadomości przekazuje od miecza do pochwy”[16].

[13] Ibid., s. 82.
[14] Ibid., s. 83.
[15] Ibid., s. 84
[16] Ibid., s. 84.

– Jeśli chodzi o wiersze, to ja wolę ten fragment – stwierdziła Fariza i zacytowała:

„Na Boga! Jakże nieskuteczne są wszelkie twoje próby,
By mnie zabawić uściskami i pocałunkiem czułym.
Ukoić takie męki może jedynie twój członek,
Gdy tryśnie nasieniem obfitym w przyrodzeniu moim”[17].

Ledwie Fariza skończyła czytać, kiedy zobaczyłam wchodzącą Lindę.

– Przepraszam was na chwilę. – Poderwałam się tak szybko, że kartki z moich kolan spadły na podłogę.

– I co?! Znalazł ją?! – zapytałam gorączkowo, podbiegając do Lindy.

– Tak, Isabelle, tak!!! – Linda prawie krzyczała. – Steve znalazł poszukiwaną przez ciebie Polkę. Ma na imię Dżulia.

[17] Ibid., s. 87.

Rozdział XII

Trudna decyzja

Czarny scenariusz Larysy zaczął się sprawdzać szybciej, niż przypuszczałyśmy.

– Zobacz, co ten kurwiszon wyprawia. – Oksana wskazała głową na szalejącą na parkiecie Marokankę, której wyuzdane ruchy ciała przyciągały rozpalonych mężczyzn. – Obetnę w nocy wszystkie jej kołtuny i już nie będzie gwiazdorzyć. Dziwa wstrętna! – Oksana dawała wyraz swojej frustracji i niepewności.

Sabrine pojawiła się w burdelu niedługo po tym, gdy z Ukrainkami i Filipinkami piłam wódkę w moim pokoju. Sandżaj na pewno miał zmysł do interesów i nie czekał, żeby ktoś inny, sprowadzając gorące i pożądane Marokanki, sprzątnął mu kasę sprzed nosa. Siedział teraz na swoim lekko zaciemnionym stałym miejscu, nieodłączna ostatnio szklaneczka whisky stała przed nim. Z wielkim zadowoleniem obserwował furorę, jaką robi jego nowy nabytek. Sabrine, jak każdego wieczoru, od kiedy do nas przybyła, wykonywała swój popisowy taniec, który oprócz tego, że był obłędnie erotyczny, to momentami wprost symulował stosunek seksualny. Kiedy Marokanka wchodziła na parkiet, oczy wszystkich mężczyzn zwrócone były tylko na nią, a my dla nich nie istniałyśmy.

– Moje dni tutaj są już policzone – grobowym głosem stwierdziła Oksana, pijąc już kolejnego w bardzo krótkim czasie podwójnego drinka.

Najgorsze było to, że nawet nie bardzo mogłam ją pocieszyć, bo takie same myśli spychały mnie każdej nocy na dno rozpaczy. Bezwzględne liczby dotyczące Nigeryjek, które podała nam Jenny, mówiły same za siebie. Jeżeli czarna prostytutka w Dubaju potrafiła na początku zarobić pięć tysięcy dolarów na tydzień, a po przybyciu konkurencji z Afryki trudno jej było wyciągnąć te pięć tysięcy dolarów w jeden miesiąc, to mechanizm ten dotyczył również prostytutek z Maroka. Sandżaj, jeśli chciał wykorzystać niszę rynkową, musiał to zrobić jak najszybciej. I właśnie to zrobił, bo właśnie następna Marokanka po zjawiskowej tancerce brzucha Latifie zapamiętale trzęsła biustem i kręciła tyłkiem, powodując, że lały się obficie strugi perlistego szampana, a nieprzebrany deszcz banknotów fruwał w powietrzu i spadał na podłogę, przywołując zadowolony uśmieszek na twarz Sandżaja.

Powiedzieć o Sabrine, że była seksowna, nie wystarczało. Ona cała była jednym wielkim seksem, rozognionym, dyszącym niepohamowanym pożądaniem, wywołującym ból lędźwi i pragnienie, aby ją posiąść jak najszybciej, jak najmocniej i jak najgłębiej. Na parkiet wchodziła ubrana w krótkie kolorowe spodenki, wcinające się w jej krocze przy każdym ruchu, i kusy top podkreślający jej jędrne, duże, zachęcające piersi, które miało się ochotę objąć pełną dłonią, a potem pieścić i ściskać bez końca, zaspokajając rozbuchane chucie. Między dolnym końcem topu a spodenkami z niskim stanem ukazywał się ponętny brzuch z diamentowym kolczykiem w pępku, którym Sabrine potrafiła wyczyniać cuda. Sabrine, tak samo jak Latifa, wspaniale kontrolowała swoje ciało, które nęciło, wabiło, kusiło. Posiadała wszystkie umiejętności tancerki brzucha, jednak wykorzystywała je, tańcząc do współczesnych przebojów, w tym także zachodnich, co robiło piorunujące wrażenie. Jej numerem popisowym był taniec do utworu Shaggiego *Hey Sexy Lady*. Kręciła ładną, kształtną pupą na lekko rozstawionych ugiętych nogach, zarzucając ją raz w prawo, raz w lewo, a potem do przodu i do tyłu, i znów do przodu i do tyłu, i jeszcze raz, pulsując zmysłowo i wypinając się w rytm muzyki, co sprawiało, że zachwyceni jej podniecającym ciałem goście nie mogli spuścić oka z jej roznamiętniających kształtów. Rozochoceni mężczyźni czasem dołączali do niej, wykonując razem z nią miarowe, frykcyjne ruchy, a czasem siedzieli, wodząc wzrokiem po jej rozgrzanym ciele i śpiewając na całe gardło co bardziej gorące fragmenty piosenki Shaggiego: „Seksowna i gorąca, kocham twój styl dziewczyno... Hej, seksowna laseczko, uwielbiam twoje ruchy, twoje pulsujące ciało wymyka się spod kontroli (Uh!)... Tylko ty umiesz sprawić, że będę krzyczał i błagał o więcej. Jej ciało niemal do mnie wrzeszczy, sprawia, że tracę zmysły, mój penis nie jest mały, stoi sztywno, i wyłapuję to spojrzenie mówiące, że jej ubrania wkrótce spadną".

– Po nas, Dżulio, mówię ci, że to już po nas. – Oksana co wieczór zapijała swoje smutki. – Sprzedadzą nas, na pewno nas sprzedadzą, i to szybciej, niż myślimy – zawodziła Ukrainka, pijąc już ostatnio bez umiaru.

– Nie kracz, nie kracz, bo wykraczesz – mówiłam, bo to ciągłe snucie czarnych wizji przez koleżankę potęgowało tylko moje przygnębienie.

– I ja będę pierwsza... – Oksana ze względu na oszpecającą bliznę na brzuchu uważała, że pierwsza pójdzie na odstrzał, jak to określała.

Kiedy Sabrine rozkręcała się na dobre, wyzywającymi ruchami całego ciała, prowokującymi spojrzeniami i zachęcającymi gestami rąk starała się zwabić któregoś z szejków, żeby z nią zatańczył. Zazwyczaj bez trudu w mig znajdowała chętnego i wtedy od razu przywierała do niego wypiętymi pośladkami, chwytała go za ręce i układała jego dłonie na dolnej części swojego brzucha czy wręcz na swoim łonie. Później kręciła pupą wraz z przyciśniętymi do niej biodrami mężczyzny, a już po chwili przerzucała swoje długie gęste włosy na jedną stronę i zginając się mocno do przodu, falowała miarowo w rytm muzyki. Tańczący z nią szejk chłonął wzrokiem przywartą do jego intymnych miejsc pulsującą pupę Sabrine i miarowo poruszał się razem z nią, co sprawiało wrażenie, że partnerzy uprawiają seks od tyłu.

– Przyszła ta szmata nie wiadomo skąd i… – W tonie Oksany złość mieszała się z żałością i bezsilnością.

Rzucając od czasu do czasu sprośne uwagi, szejkowie z uwagą śledzili lubieżne widowisko, po czym rozpaleni podniecającym popisem Marokanki kazali donosić sobie paczki z pieniędzmi, którymi ją szczodrze obsypywali. Każdy z nich pierwszy chciał iść z nią do jej pokoju i czasami zdarzało się, że jeżeli nie mogli się porozumieć, to urządzali sobie dla zabawy małą licytację, przebijając stawkę dokładnie tak, jak to zwykle robili przy kupowaniu wielbłądów. Tyle tylko, że wielbłądy były o wiele droższe.

Sabrine, w przeciwieństwie do większości pracujących w burdelu prostytutek, nie miała problemu z tym, żeby się puszczać za pieniądze. Nie wiadomo było, czy Marokanka już wcześniej parała się tą profesją w swoim kraju, czy po zwabieniu jej do Dubaju przez Karimę wyczuła, że może tu zarobić pieniądze, i chciała skorzystać z okazji. Jedno natomiast było pewne. Sabrine po prostu lubiła się kurwić. A mówiąc dokładniej, Sabrine lubiła się kurwić z szejkami.

– Zabiję sukę! – syknęła Oksana, widząc spadające na Marokankę banknoty.

– Wyluzuj Oksano! – Nie chciałam ciągle myśleć o tym, że mogę być sprzedana do podrzędnego burdelu, gdzie będę musiała przyjmować po kilkunastu czy więcej zapijaczonych i brudnych klientów. – Przeżyłyśmy Latifę, to przeżyjemy i Sabrine.

– Nie przeżyjemy – stwierdziła Oksana, wypijając całą szklaneczkę czystej wódki.

Niestety, i tym razme, jak wiele razy wcześniej, Oksana miała rację. Pewnego bardzo wczesnego poranka, kiedy ostatni klienci już się ulotnili i prostytutki szykowały się do snu, nagle w burdelu podniósł się przeraźliwy pisk i krzyk. Hałasy spowodowały, że wyjrzałam na korytarz i zobaczyłam Karimę, Sandżaja, mężczyznę z nożem i dwóch obcych mężczyzn wśród biegających i piszczących prostytutek. Panował bezbrzeżny chaos i zupełnie nie mogłam się zorientować, o co chodzi. Widziałam tylko przerażoną Larysę, Jenny i Samantę, które przekrzykując się, przekonywały do czegoś Karimę. Sandżaj z bezwzględnym wyrazem twarzy lustrował swój towar i trudno było wyczuć, czy już podjął decyzję, które kobiety zostaną sprzedane, czy dopiero teraz będzie je wybierał. A może zdecydują dwaj obcy mężczyźni, którzy, sądząc po tym, jak dokładnie i fachowo oglądali prostytutki od stóp do głów, byli najwyraźniej potencjalnymi kupcami.

Stałam w drzwiach, gdy nagle, niemal mnie przewracając, wpadła na mnie Oksana. Gdzieś chyba wcześniej się schowała czy zaczaiła, bo nie zauważyłam jej wśród biegających prostytutek. Teraz wepchnęła mnie siłą do pokoju, zatrzasnęła drzwi i zamknęła je na klucz.

– Oni przyszli po mnie! – Łkała cała roztrzęsiona.

– Oksano, nie panikuj, nie wiesz tego na pewno. – Próbowałam jej dodać otuchy.

– Wiem, wiem, że po mnie. – Oksana dostała jakichś niekontrolowanych drgawek i bałam się, że za chwilę stanie się jej coś poważnego.

Spojrzałam na nią z bliska i zobaczyłam wrak człowieka. Dopiero teraz, bez makijażu, z sinymi obwódkami wokół przerażonych i przekrwionych oczu, z zaczerwienionym nosem, obwisłymi policzkami, z ziemistą cerą oraz drżącymi rękoma, dawała świadectwo temu, co z człowiekiem mogą zrobić handlarze ludźmi. Jak bardzo zeszmacić. Upodlić. Poniżyć. Zniszczyć.

Czy ja wyglądałam tak samo? Złudny świat burdelu, spowity czerwonym przyćmionym światłem, przytępiony oparami alkoholu, ogłuszony hałaśliwą muzyką, omamiony szeleszczącym odgłosem spadających banknotów zakrywał codzienne hańbiące brudy tutejszego życia. Siedziałyśmy na stołkach i grała muzyka, piłyśmy i goście się śmiali, szłyśmy do pokojów i klienci wychodzili bardziej lub mniej zadowoleni. A my…

– Dżulio… Bo ja ci nie mówiłam… – Oksana zanosiła się od płaczu.

– Czego mi nie mówiłaś?

– Bo Karima… – Ciałem Oksany wciąż wstrząsały silne dreszcze.

– Co Karima?

– Ona mi mówiła, straszyła mnie…

– Ona wszystkich straszy…

– Ale ostatnio… Mówiła, że piję, że za dużo… I że Sandżaj… – Oksana płakała rozpaczliwie. – A przecież ja nie chciałam… Od początku nie chciałam… Karima mówiła, że brzuch, że szpetny… Ale kto to zrobił, Dżulio, powiedz mi, kto to zrobił?

Słowa Oksany raniły mnie, paliły, parzyły… Ja też nie chciałam… Od początku nie chciałam… A moje serce…

– Ja tu przyjechałam do pracy w butiku… Jako ekspedientka… Rozumiesz, Dżulio? – Oksana podniosła na mnie oczy pełne żałosnych łez. – Dżulio, czy to jest butik?

Burdel to nie butik i burdel to nie altana miłości. Tarek. Zapomniałam o nim. Chciałam zapomnieć. Oksana miała poharatany brzuch ze źle zrośniętymi bliznami. Ja miałam poharatane serce z otwartymi ranami.

– Ja nie chciałam… – Oksana schowała głowę w ramiona i łkała w bezsilnej rozpaczy.

A ja nie mogłam nic powiedzieć.

– Oni mnie dziś sprzedadzą! – Oksana podniosła głowę, a ja zobaczyłam upiora.

Ktoś szarpnął za klamkę, żeby otworzyć drzwi.

– Dżulia! Otwieraj natychmiast! – ryknął Sandżaj.

Stałam bez ruchu, nie wiedząc co zrobić.

– Dżulia! – Poznałam głos mężczyzny z nożem i przeszedł mnie dreszcz. – Otwórz w tej chwili drzwi! Wiem, że Oksana tam jest!

Spojrzałam na Oksanę. To był kłębek człowieka.

– Dżulia! – zagrzmiał Sandżaj. – Jeżeli w tym momencie nie otworzysz, to cię dziś sprzedamy razem z Oksaną!

Mały pokój, bez łazienki, robactwo, dwudziestu klientów na dobę…

– Przepraszam, Oksana – szepnęłam i poszłam otworzyć drzwi.

Zabrali ją. Jedyną bliską mi od prawie roku osobę w burdelu. Mogła mnie okradać i wyciągać ode mnie drogie prezenty, które dostałam od szejka Ibrahima. Ale ze mną rozmawiała i odkrywała przede mną burdelowe tajniki. Pomalowała do pierwszego klienta i siedziała przy mnie co noc na stołku przy barze. Umyła rany zrobione przez sadystę Ahmeda. I przynosiła mocną wódkę. Taka to była burdelowa przyjaźń.

Właśnie, wódka... Jak ja przetrwam bez wódki? Nie przetrwam...

Następnego wieczoru na sali panowały posępne nastroje, bo wszystkie się zastanawiałyśmy nad tym, która z nas będzie następna. Tylko Marokanek sprzedanie Oksany nie dotknęło w żadnym stopniu, bo wiadomo było, że miały niezagrożoną pozycję. Latifa pierwsza dała swój popis tańca brzucha, a później usiadła na kanapie obok szejka Ibrahima. Zauważyłam, że Latifa, od kiedy pojawiła się Sabrine, po swoim występie starała się go zabawiać, pewnie pilnując, żeby ten za bardzo nie zainteresował się jej główną rywalką. Prawdopodobnie obawiała się, że jeżeli szejk zrezygnuje z prawa do posiadania jej na wyłączność, to Sandżaj zmusi ją do obsługiwania innych klientów.

Ja siedziałam na swoim miejscu przy barze i wciąż nie mogłam uwierzyć, że już pewnie nigdy nie zobaczę Oksany. Pusty stołek obok mnie kojarzył mi się do tej pory tylko z tym, że Oksana akurat obsługuje klienta. A teraz nie miałam nawet na kogo czekać i z kim poplotkować.

I wódka... Była mocna i dzięki Oksanie zawsze dostępna. Od tej chwili jednak będę skazana na drinki w barze, na które stracę majątek. A jeżeli mnie sprzedadzą, tak jak Oksanę? To był bardzo ciężki wieczór.

Po kilku kwadransach niespodziewanie podszedł do mnie szejk Ibrahim i usiadł na pustym stołku Oksany.

– Napijesz się drinka, Dżulio? – zapytał, a w mojej głowie zabrzmiały słowa Oksany: „Zobaczysz szejk jeszcze do ciebie przyjdzie".

– Tak, chętnie – odpowiedziałam, bo przynajmniej nie musiałam za niego płacić.

Szejk zamówił u barmana dwa drinki i po chwili sączył powoli swojego bez słowa. Kątem oka zobaczyłam, jak Latifa rzuca wściekłe spojrzenia w moją stronę. Specjalnie jej na złość odwróciłam się w stronę szejka i słodko uśmiechnęłam.

– Chętnie napiję się jeszcze jednego drinka, Ibrahimie.

– Jeszcze raz to samo – rzucił szejk w stronę barmana.

Wypiliśmy i szejk powiedział, że pójdziemy do mojego pokoju. Kiedy wychodziliśmy z sali, myślałam, że Latifa zabije mnie spojrzeniem. W pokoju szejk od razu zażądał głębokiego seksu oralnego. Może nie uprawiał go z Latifą, a może nie była w tym odpowiednio dobra. Zrobiliśmy to tak jak wiele razy przedtem, tylko wówczas wierzyłam, że to jest moja przepustka na wyjazd z szejkiem do Europy, gdzie odzyskam wolność. To minęło... Szejk dość szybko zaspokoił swoje impulsywne żądze i wyszedł, rzucając mi niewielki napiwek. Ja znowu musiałam odkażać swoje gardło, swoje usta i duszę. Już nie moją.

***

Płynęły dni bez Oksany, dni trudne, coraz trudniejsze. Anisza zaczęła przemykać się do mnie coraz częściej.

– Anisza, to jest bardzo niebezpieczne. – Starałam się ją od tego odwieść, bo uważałam, że za bardzo ryzykuje. – Gdyby oni się dowiedzieli...

– Oni są źli... – powiedziała lekko zniekształconym głosem. – Trzeba od nich uciec...

Przytulałam ją do siebie, bo to były chwile, na które czekała, narażając się na straszne kary, gdyby ją tylko ktokolwiek zobaczył.

– Chcę do mamy – mówiła mi czasem, wierząc, że gdy to wypowie, to będę w stanie sprawić, żeby się spełniło. – Bardzo chcę do mamy.

Wspominała dom i drzewo przed domem, i młodszą siostrę, o którą się martwiła, bo nie chciała, żeby źli ludzie przyszli również po nią i ją zabrali. Nieraz opowiadała mi różne historie, które pomagały jej wyrwać się, chociażby w wyobraźni, z burdelowego piekła. Wszystkie zaczynały się od tych samych słów.

Kiedy wrócę do domu i powiem mamie…

Kiedy wrócę do domu i znajdę swoją lalkę…

Kiedy wrócę do domu i nakarmię kotka…

Kiedy wrócę do domu i spotkam się z przyjaciółką…

Kiedy wrócę do domu i pobawię się z siostrą…

Kiedy Anisza była ze mną, wierzyła, że wróci do domu. I znowu będzie miała i mamę, i lalkę, i kotka, i przyjaciółkę, i siostrę… Teraz, w arabskim burdelu, miała tylko mnie, zbolałą prostytutkę.

Zdarzały się noce, że Anisza bardzo cierpiała. Przychodziła do mnie, słaniając się na nogach.

– Boli mnie, bardzo mnie boli… – Zwijała się w kłębek i trzymała za brzuch.

– A co cię boli, brzuch? – pytałam, dając jej środki przeciwbólowe.

– Brzuch też.

– I co jeszcze?

– Tu. – Pokazywała rączką narządy rodne.

– I jeszcze coś?

– I tu. – Kładła rączkę na wciąż rosnące piersi.

– I jeszcze coś?

– Wszystko.

Płakałam, ale nie chciałam, żeby Anisza to widziała. Dość miała własnej męki.

Dzięki temu, że Aniszy udawało się do mnie prześlizgiwać, dziewczynka zaczęła myśleć, iż uda nam się również wydostać z burdelu.

– Kiedy stąd wyjdziemy… – powtarzała często i snuła piękne opowieści. Pójdziemy na przykład na plażę i wykąpiemy się w morzu. Bo kiedyś gdzieś usłyszała, że niedaleko jest morze.

– Ja wejdę pierwsza, a ty za mną... – Widziała to wyraźnie. – I ja cię ochlapię wodą... – W tym momencie troszeczkę się uśmiechała, ale tak minimalnie, że ledwie można było zauważyć. – A później ty mnie ochlapiesz, i tak będziemy się bawić...

Przytulałam ją, gładziłam po włosach i całowałam w główkę. Tylko tyle mogłam zrobić.

***

Burdel bez Oksany, a przede wszystkim bez jej mocnej wódki, stał się dla mnie najczarniejszą z najczarniejszych czeluści piekieł. Groteskowe, zniszczone twarze pokryte grubą warstwą szybko rozmazującego się makijażu, nieszczere uśmiechy, aby tylko złapać klienta, przymilanie się do kolejnych pijanych gości, przyzwolenie na szykany, poniżenie i przemoc. Z czeluści wyłoniły się i zaczęły osaczać mnie demony brudnego, szybkiego seksu za pieniądze. Kolejny numerek, kolejny klient, kolejne upodlenie. I tylko potajemne wizyty Aniszy i wsparcie, które jej dawałam, pozwalały mi zachować resztki utraconego człowieczeństwa.

Nie chciałam stołka barowego w burdelu nazywać moim, ale zmuszono mnie do tego, tak samo jak tysiące innych kobiet.

– Masz ładne włosy – powiedział klient, siadając na miejscu Oksany.

Słyszałam to wiele razy, więc słowa mężczyzny nie zrobiły na mnie większego wrażenia.

– Chcesz drinka? – zagadywał dalej.

Odwróciłam się w jego stronę i zobaczyłam przystojnego, świetnie zbudowanego mężczyznę w średnim wieku.

Co taki facet robi w burdelu? – przemknęło mi przez głowę, ale zaraz sobie odpowiedziałam, że w burdelu bywają przecież różni klienci.

– Chcesz drinka? – zapytał mężczyzna po raz drugi i zabójczo się uśmiechnął.

– Tak, chętnie – odpowiedziałam rutynowo.

– Co pijesz? – Mężczyzna uważnie mi się przyglądał.

– Barman wie.

– To proszę dla pani drinka Barman wie, a dla mnie wodę gazowaną z lodem – mężczyzna zwrócił się do barman i to zupełnie nie zabrzmiało jak burdelowe zamówienie.

Dziwny klient – pomyślałam i zaraz zaczęłam mieć obawy, czy to nie jest jakiś kolejny zboczeniec. Nawet normalnie z pozoru wyglądający facet mógł się okazać spełniającym swe perwersyjne zachcianki niebezpiecznym zwyrodnialcem.

Barman podał mi mojego zwyczajowego drinka, a mężczyźnie wodę z lodem.

– Twoje zdrowie! – Mężczyzna wzniósł toast swoją szklanką z wodą.

– Twoje zdrowie! – Stuknęłam się z nim, bo przecież „klient nasz pan". Nie takie dziwactwa musiałam znosić.

Zaczęłam popijać mojego drinka. Od kiedy zabrakło wódki od Oksany, to każdy postawiony przez klienta alkohol zrobił się podwójnie cenny.

– Skąd jesteś? – zapytał klient.

– Z Polski – odpowiedziałam i wyglądało na to, że moja odpowiedź go nie zaskoczyła. Ja się natomiast bardzo zdziwiłam, bo zazwyczaj wszyscy myśleli, że jestem Ukrainką albo Rosjanką.

Nie musiałam z kolei pytać, skąd on pochodzi, bo po akcencie domyśliłam się, że jest ze Stanów.

– Długo tu jesteś? – zainteresował się.

– Coś około roku…

Mężczyzna nadal mi się przyglądał, ale jego twarz nie zdradzała żadnych emocji. Zaczęłam się trochę bać, bo tacy potrafią być najbardziej okrutni.

– Następna kolejka? – spytał mężczyzna, kiedy zobaczył, że w mojej szklance świeci dno.

– Tak, poproszę. – Nie chciałam rezygnować z darmowych drinków.

– To jeszcze raz to samo – rzucił w stronę barmana.

Dostałam następnego drinka, którego powoli popijałam.

– Jak masz na imię? – Chciał wiedzieć mężczyzna.

– Dżulia.

– Ładnie – pochwalił.

– Dziękuję. A ty? Jak masz na imię?

– Steven.

– Miło cię poznać, Steve.

– Ciebie też, Dżulio.

Zapadło milczenie, a ja zupełnie nie wiedziałam, czego mogę się po Stevenie spodziewać. Był superprzystojny, wysportowany, bardzo pewny siebie i niezwykle opanowany. Nie pił alkoholu. Mimo wszystko znowu pojawiło się gdzieś w głębi mnie pytanie, co taki facet robi w burdelu. Bo taki niepewny typ może być właśnie najgorszy.

– Idziemy? – Steven zsunął się ze stołka, kiedy zobaczył, że skończyłam pić swój alkohol.

– Tak. – Nie miałam wyboru, był klientem, więc musiałam z nim iść.

Zeszłam ze stołka i udałam się w stronę schodów prowadzących na dół. Steven podążył za mną. W pokoju wyjęłam z szuflady prezerwatywę i mu ją podałam. Potem czekałam na to, czego Steven będzie ode mnie żądał. Spodziewałam się jakichś specjalnych zachcianek.

Amerykanin wziął ode mnie prezerwatywę, ale się przy tym tylko rozbrajająco uśmiechnął i odłożył ją na bok. Musiałam przyznać, że miał w sobie niezaprzeczalny męski urok. Później Steven zaczął się bardzo dziwnie zachowywać. Położył palec na ustach i zaczął sprawdzać bardzo dokładnie pokój. Szybkim, bystrym wzrokiem przebiegł ściany i sufit, sprawdził futryny we wszystkich drzwiach, zajrzał za zasłony, obejrzał dokładnie łóżko i przeszukał łazienkę. Potem usiadł na krześle i zapytał poważnie.

– Jak się tu znalazłaś, Dżulio?

Kompletnie zaskoczył mnie tym pytaniem. Zupełnie nie wiedziałam, co odpowiedzieć. Widziałam go po raz pierwszy i mu nie ufałam. Nie miałam pojęcia, skąd się tu wziął. I kto go tu przysłał. A może to jakieś sztuczki Sandżaja i mężczyzny z nożem? Albo jeszcze inaczej, może się rozeszło, że Sandżaj wyprzedaje kobiety i Steven, zanim zaczął z nim jakiekolwiek pertraktacje, chciał się sam przekonać, jaki towar ma Sandżaj na zbyciu i ile jest wart. Tarek i Fajsal też osobiście sprawdzali kobiety, zanim je zwabili w pułapkę. Miałam zupełny mętlik w głowie i nie mogłam wykrztusić z siebie ani jednego słowa.

– Dżulio, posłuchaj mnie, i postaraj się dobrze zrozumieć – Steven mówił zniżonym, wyważonym głosem. – Jestem tu, żeby ci pomóc.

Nie wiem dlaczego, ale mu zupełnie nie wierzyłam. Tarek, później szejk Ibrahim, sprzedanie Oksany zapoczątkowujące totalną wyprzedaż kobiet, sprowadzanie Marokanek, za dużo się dzieje, za dużo zmian, żeby tak od razu komuś obcemu zaufać. Nic nie mówiłam.

– Dżulio, rozumiem, że jesteś tym wszystkim zaskoczona, ale musisz mi uwierzyć. Im szybciej to zrobisz, tym lepiej dla ciebie.

Już kiedyś uwierzyłam. Tarkowi. Szejkowi Ibrahimowi. I co mi z tego zostało? Wielkie rozczarowanie i łzy. I nawet Oksanę mi zabrali.

– Rok temu byłaś na jachcie, pamiętasz? – zapytał Steven.

Pierwsze, co mi przyszło na myśl, to jacht, na którym płynęłam na wyspę rozpusty z Tarkiem, ale Steven myślał o zupełnie innym wydarzeniu.

– Pamiętasz ten jacht, na którym odbywała się seksualna orgia?

Aż mną wstrząsnęło. Pamiętałam, ale nie chciałam pamiętać. Pobili mnie. Skopali. A później szejk Ibrahim bawił się mną jak seksualną lalką. Steven obserwował mnie uważnie.

– Dżulio, ja wiem, że dużo przeszłaś. Wiem też, że trudno jest ci komukolwiek zaufać. Ale w tym momencie musisz to zrobić. Ja cię stąd wyciągnę, ale musisz mi uwierzyć – cierpliwie tłumaczył mi Steven.

Wyciągnąć mnie? Co on ma na myśli? A może to jest następny bandzior z międzynarodowego gangu handlującego ludźmi? Omota mnie i wyciągnie stąd tylko po to, żeby później dalej sprzedać. Może nie chce zapłacić kasy Sandżajowi. Takie rzeczy tu się już zdarzały, słyszałam o tym.

Masz przepiękne włosy. – Tak kiedyś powiedział Tarek, a później mnie bezdusznie wrzucił w to bagno.

Nie ufam mu, nikomu nie ufam, świat nie istnieje po to, aby komukolwiek ufać.

– Tam, na tym jachcie, prosiłaś pewną Polkę o pomoc, pamiętasz? To ona mnie przysłała, żebym cię stąd wyciągnął. – Steven na wszelkie sposoby próbował mi udowodnić, że mówi prawdę.

Jednak to ostatnie stwierdzenie Stevena tylko zwiększyło moje wątpliwości. To było rok temu i teraz nagle ta Polka sobie o mnie przypomniała? Dlaczego dopiero teraz? I dlaczego nic nie zrobiła przez ten cały rok? A to, że prosiłam Polkę o pomoc, nie jest przecież żadną tajemnicą, mnóstwo ludzi to widziało. A na jachcie, oprócz Sandżaja i mężczyzny z nożem, na pewno było też kilku innych członków gangów handlujących ludźmi. To jedna wielka mafia.

Steven od razu zorientował się po mojej minie, że nic nie wskórał.

– Jak uważasz, Dżulio. – Wstał. – Ale ja tu jeszcze wrócę. Wrócę po ciebie, żeby cię uratować – powiedział i coś szczególnego zaiskrzyło w jego oczach.

Amerykanin wyszedł, a ja zostałam z tysiącem pytań bez odpowiedzi. Z tego wszystkiego dobre było to, że nie musiałam się oddawać obcemu mężczyźnie. Chociaż tyle.

Odczekałam chwilę, zawsze miałyśmy kilka minut między klientami na umycie się i poprawienie makijażu, a potem wróciłam na salę. Na stołku Oksany siedziała Larysa.

– Niezłego faceta zgarnęłaś – oznajmiła, gdy tylko usiadłam na swoim miejscu. – I jaki jest w łóżku?

Nie wiem – odpowiedziałam w myślach, bo przecież nie mogłam głośno.

– Normalny, jak facet – stwierdziłam, kiwając do barmana, żeby dał mi drinka.

– Coś ściemniasz, Dżulio. – Larysa wychyliła do dna pół szklaneczki czystej wódki. – Taki facet nie jest „normalny jak facet", ja to czuję... A trochę się na tym znam... – Larysa głośno się roześmiała z własnego dowcipu.

– Facet jak facet... – powtórzyłam, bo już nie chciałam o nim rozmawiać.

– Może jeszcze wróci... – wyraziła nadzieję Larysa. – A wtedy może mnie wybierze i sama się przekonam, jaki jest... Bo tu rzadko się zdarza, żeby klient choć trochę cię kręcił... W zasadzie to nigdy... A ten facet coś w sobie ma... Mówił coś, czy wróci? – W głosie Larysy pojawiła się jakaś nieokreślona tęsknota.

– Nie wiem…

– Jak to nie wiesz…

– Laryso, a ty słuchasz, co klienci mówią?

– Takiego bym słuchała.

– A ja nie słuchałam.

– Ale powiedz, jak było? – nalegała Larysa.

– Jak zawsze, przyszedł, zrobił swoje i wyszedł – powiedziałam, mając nadzieję, że Larysa wreszcie skończy temat.

– A czy ty… – Larysa chciała dalej ciągnąć temat, ale jej przerwałam.

– Ciekawe, gdzie trafiła Oksana.

– Na pewno gdzieś gorzej… Dużo gorzej…

– Dlaczego tak myślisz?

– Bo Oksana była tu już od dość dawna. Kiedy przyszłam, to już pracowała dla Sandżaja, a Jenny i Samanta mówiły, że Oksana była w burdelu jeszcze przed nimi. A do Dubaju wciąż przybywa nowy piękny towar, więc…

– Myślisz, że nas też to czeka?

– Patrząc na to, co się dzieje… – Larysa spojrzała na Sabrine, która falowała w erotycznym tańcu z szejkiem.

– I co wtedy? – Strach ścisnął mi gardło.

– A on powiedział ci, jak ma na imię? – Larysę nurtował wciąż ten sam temat.

– Kto?

– No ten przystojniak.

– Steven.

– Steve… A skąd jest?

– Ze Stanów.

– Amerykanin. Tak myślałam.

– A ty, Laryso, co tak o niego wypytujesz? Zakochałaś się, czy co?

– A co, prostytutka nie może się zakochać? – spytała.

Czy prostytutka może się zakochać? – powtórzyłam w myślach pytanie.

Steve pojawił się znowu za trzy dni. Usiadł na stołku Oksany i od razu złożył zamówienie.

– Dla Dżuli drink Barman wie, a dla mnie woda mineralna z lodem.

Mimowolnie się uśmiechnęłam, na co Steve również obdarzył mnie swoim czarującym uśmiechem.

Barman podał mi szklankę z koktajlem, a Stevenowi z wodą. Piliśmy w milczeniu, a Steve tylko od czasu do czasu rzucał w moją stronę przenikliwe spojrzenie. Larysa, która zauważyła obecność Amerykanina, usiadła po jego drugiej stronie i próbowała go zagadywać.

– Hi, jak masz na imię.

– Steven.

– A ja Larysa. Od dawna jesteś w Dubaju?

– Od niedawna.

– A długo tu zostaniesz?

– Nie wiem jeszcze.

– A... – Larysa chciała jeszcze o coś zapytać, ale Steve nie dał jej dokończyć.

– Przepraszam, ale muszę już iść. – Wziął mnie za rękę i pociągnął w stronę schodów.

W pokoju znowu sprawdził wszystko szybko i sprawnie, więc przyszło mi do głowy, że to jest jego nawyk. Potem usiadł na krześle i przez chwilę nic nie mówił. Tym razem nie dałam mu prezerwatywy.

– Cholera! – zaklął po polsku, a ja spojrzałam na niego zdziwiona. – Cholera! – zaklął jeszcze raz.

– Znasz polski? – spytałam po polsku.

– Nie, nie znam. – Steven odpowiedział po angielsku. Pewnie się domyślił z kontekstu i intonacji, o co go zapytałam.

– To skąd znasz słowo „cholera”? – Chciałam wiedzieć.

– Ta Polka, wtedy na jachcie, tak zaklęła i po tym poznałaś, że jest twoją rodaczką.

Wytężyłam pamięć. Tak, chyba rzeczywiście tak było. Ona sama znalazła się w opałach i wyrywając się, zaklęła po polsku.

– Ktoś do niej podszedł od tyłu, podwinął jej sukienkę, ściągnął majtki i przyciągając do siebie, próbował kopulować. – Steven ze szczegółami opowiedział zajście, które miało miejsce na jachcie. – Wiem to bezpośrednio od niej. Mówię ci to, Dżulio, bo chciałbym, żebyś mi uwierzyła.

To, co powiedział Steven, rzeczywiście wymagało zastanowienia. Takie detale mogła chyba znać tylko ta Polka, nie mówiąc już o przekleństwie po polsku. Na jachcie, kiedy to się zdarzyło, trwała rozpasana orgia seksualna, podczas której ciała kłębiły się w różnych konfiguracjach i komuś postronnemu trudno było z całą pewnością powiedzieć, czy ktoś kopulował, czy tylko chciał, czy był przed stosunkiem, a może już po nim. Przekleństwa po polsku też raczej cudzoziemiec by nie odtworzył po tak długim czasie. Istniała szansa, że Steven mówił prawdę.

Znalazłam się w zupełnie nowej sytuacji. Musiałam przede wszystkim zdecydować, czy mogę do końca zaufać Stevenowi. Deklarował, że mnie stąd wyciągnie, ale ja nie bardzo sobie wyobrażałam, w jaki sposób może to zrobić. Byłam uwięziona w burdelu, nie mogłam nigdzie wychodzić, nie miałam paszportu ani pieniędzy. Uzbierane napiwki od szejka Ibrahima wydałam na wódkę, kiedy moje marzenie o podróży do Europy rozwiało się jak pustynna fatamorgana. Dla Sandżaja nadal byłam towarem, na którym mógł mniej czy więcej zarobić. Mężczyzna z nożem pilnował mnie dzień i noc. To jak mnie można było z tego wyciągnąć?

– Ja się wszystkim zajmę, Dżulio, ciebie zaś będę tylko prosił o ścisłą współpracę – powiedział Steven, jakby dokładnie czytał w moich myślach.

Steven zaczął mnie intrygować. Musiałam się zgodzić z Larysą, że miał w sobie to coś, nieodparty czar, i męskość, i jakąś niepokonaną siłę, która pozwalała wierzyć, że poradzi sobie w każdej sytuacji.

– Co chciałbyś, żebym zrobiła? – powiedziałam bardzo cicho, bo z przejęcia ścisnęło mi gardło.

– To będzie cała operacja, którą trzeba bardzo precyzyjnie przeprowadzić – tłumaczył mi spokojnie Steven. – Najważniejsza jest tu dyskrecja, ale to się rozumie samo przez się. Nie możesz nikomu o tym mówić, a oprócz tego musisz zwracać uwagę na swoje zachowanie, żeby nie zmieniło się nawet w najmniejszy sposób. Pamiętaj o tym, bo to bardzo ważne. Cokolwiek będzie się działo, twoje codzienne działania i reakcje muszą być takie same jak zwykle.

Sposób, w jaki Amerykanin zaczął mnie przygotowywać, wywołał u mnie nieodparte wrażenie, że przeprowadzał podobne operacje już wcześniej.

– Będę cię wprowadzał w poszczególne etapy na bieżąco, ale teraz muszę poznać kilka szczegółów dotyczących funkcjonowania burdelu. Postaraj się odpowiadać najpełniej jak potrafisz, bo chcę się dowiedzieć jak najwięcej, a nasz czas już niedługo się kończy.

– Dobrze, Steve, postaram się. – W tym momencie oddałam się całkowicie w ręce nieznajomego mężczyzny. Tak naprawdę i tak niewiele miałam do stracenia.

– Czy ty kiedykolwiek stąd wychodzisz, Dżulio? – zapytał Steven.

– Nie... – Przełknęłam ślinę. – Nigdy...

– Nigdy stąd nie wychodzisz? – upewnił się.

– Nie, nigdy.

W jego oczach coś się na moment zmieniło. Przemknął jakiś cień.

– Mimo wszystko jeszcze cię dopytam, bo to jest istotne... – Steve patrzył na mnie uważnie. – Kiedy wyszłaś z burdelu?

– Nigdy... Chociaż... – Nagle coś sobie przypomniałam.

– Chociaż?

– Wyszłam z burdelu, kiedy byłam na kolacji w restauracji.

– Z kim tam byłaś?

– Z szejkiem Ibrahimem.

– Dlaczego pozwolili ci z nim wyjść?

– On do mnie stale przychodził... Byłam kochanką szejka – odpowiedziałam.

– Czy ktoś z burdelu wam towarzyszył? Mam na myśli to, czy ktoś cię pilnował?

– W restauracji nie, ale wcześniej, kiedy robiłam w centrum handlowym zakupy, pilnował mnie mężczyzna z nożem.

– Wychodzisz do centrum handlowego na zakupy?

– Tylko raz byłam

– Dlaczego cię puścili?

– Szejk chciał, żebym kupiła sobie nowe ubrania.

– I to były jedyne okazje, kiedy wyszłaś z burdelu?

– Tak. – Mój głos był bardzo smutny.

Steven przyglądał mi się poważnie.

– Nasz czas się skończył – powiedział po chwili, wstając i udając się w stronę wyjścia.

Podeszłam do drzwi, aby je za nim zamknąć. Zatrzymał się na moment i wydawało mi się, że ma zamiar mnie objąć.

– Uważaj na siebie, Dżulio – powiedział jednak tylko i wyszedł z pokoju.

Poruszona do żywego zaczęłam chodzić po niewielkim pomieszczeniu, które od roku było świadkiem moich najstraszniejszych upokorzeń i cierpień. Steven dał mi nadzieję, że będę mogła je opuścić. Tylko czy ta cała akcja ma szansę powodzenia? I czy do czasu, kiedy Steven podejmie odpowiednie działania, Sandżaj mnie nie sprzeda?

Musiałam wrócić na salę, chociaż robiłam to z wyjątkową niechęcią. Steven nie był klientem i wraz z nim poczułam powiew normalnego świata. Rozmawiał ze mną, nie traktował mnie jak dziwkę... A ta Polka, która go przysłała. Kim ona jest? I dlaczego zdecydowała mi się pomóc? I dlaczego dopiero teraz?

Larysa przesiadła się na stołek Oksany i smętnie popijała wódkę.

– Steve... Dlaczego ja nie mam takich klientów? – skarżyła się. – Z takim to bym za darmo poszła do łóżka.

Steven mówił, żebym zachowywała się normalnie, więc usiadłam na swoim stołku i kiwnęłam na barmana, żeby dał mi mojego drinka.

– Znowu do ciebie przyszedł, Dżulio... – W głosie Larysy słychać było zazdrość. – Będziesz miała stałego klienta... I to jakiego!

Nie wyprowadzałam Larysy z błędu, bo chyba Stevenowi zależało na tym, żeby był traktowany jako mój stały klient.

– Ja jestem bardzo ciekawa, Dżulio, po co on do ciebie przychodzi? – Ukrainka cały czas drążyła temat.

– Laryso, upiłaś się czy co? A po co faceci przychodzą do burdelu? – Denerwowało mnie, że akurat Ukraince spodobał się Steven, bo z pewnością będzie go miała cały czas na oku. A przy jego planowanej akcji taka ciągła obserwacja nie była potrzebna.

– Ale taki facet! – Dziwiła się Larysa. – Przecież on może mieć każdą kobietę! Wystarczy, że kiwnie palcem!

– A może mu się nie chce nawet kiwać palcem! – odpowiedziałam zirytowana. – Przyjdzie, dostanie, co chce, i wróci do swoich spraw.

– No tak… – Larysa westchnęła. – Może mu się znudzisz i następnym razem mnie wybierze… – Larysa nie owijała w bawełnę.

– Może tak będzie… – Nie odbierałam jej nadziei.

Następnym razem Steven przybliżył mi plan wydostania mnie z burdelu.

– Dżulio, będę przychodził do ciebie regularnie i pewnego dnia zaproszę cię na kolację – tłumaczył mi. – Być może za pierwszym razem, a może nawet drugim i trzecim, wyślą z nami mężczyznę z nożem. Ale prawdopodobnie za którymś razem pozwolą ci iść tylko ze mną. I wtedy uciekniesz.

– Ale Steve… Ja sama… – Prawdę mówiąc, przeraziłam się. – Nie mam pieniędzy ani paszportu… Mogą mnie aresztować za nielegalny pobyt albo prostytucję…

– Nie, to nie tak. – Uśmiechnął się zniewalająco. – Miałem na myśli, że ty już nie wrócisz do burdelu, ale resztą ja się zajmę.

– A jak to zrobisz?

– Zostaw to mnie – powiedział Steve, a ja poczułam jakieś ciepło wkoło serca.

Wszystko przebiegało zgodnie z planem i kiedy przy kolejnej wizycie Steven powiedział Sandżajowi, że chce mnie zabrać na kolację, ten nie stawiał oporów.

– Wyślę z wami kogoś od nas. – Postawił warunek, mając na myśli mężczyznę z nożem.

– Oczywiście. – Steven zgodził się bez oporu.

Ostatnią noc przed planowaną kolacją w ogóle nie mogłam spać. Nad ranem przesmyknęła się do mnie Anisza. Nie chciała nic mówić, tylko cała się trzęsła. Z jej otwartych ran na plecach płynęła krew. Przez czas, kiedy była u mnie w pokoju, nie powiedziałyśmy ani słowa. Opatrywałam jej rany, dawałam proszki przeciwbólowe i tuliłam do siebie. Zanim wzeszło słońce, wróciła do siebie.

Steven przyszedł zgodnie z umową wieczorem, żeby zabrać mnie na kolację.

– Ładnie wyglądasz, Dżulio. – Przywitał mnie z uśmiechem.

– Dziękuję. – Zrobiło mi się bardzo miło.

Byliśmy już przy wyjściu, za nami podążał mężczyzna z nożem, kiedy burdelem wstrząsnęły przeraźliwe krzyki. To było jak wycie zwierzęcia albo wrzaski obłąkanego. Domyśliłam się, że to rozdzierający wrzask przywiezionej dzień temu Marokanki, którą Karima szykowała do pierwszego klienta. To była bardzo młoda dziewczyna, mogła mieć szesnaście albo siedemnaście lat. Rozpaczliwe krzyki nie ustawały i przy wyjściu pojawiła się Karima.

– Nie poradzę sobie z nią, musisz mi pomóc – zwróciła się do mężczyzny z nożem.

– A oni? – Mężczyzna z nożem wskazał na nas.

– Zapytaj Sandżaja, najwyżej nie pójdą – odpowiedziała Karima.

Mężczyzna z nożem zadzwonił do Sandżaja i krótko z nim rozmawiał.

– Możecie iść – powiedział, kiedy skończył. – Macie trzy godziny.

– Dobrze – zgodził się Steven.

Przez cały czas na twarzy Stevena nie drgnął ani jeden muskuł. Wyszliśmy jak gdyby nigdy nic i wsiedliśmy do samochodu. Steven cały czas zerkał we wszystkie lusterka. Jechaliśmy w milczeniu, a ja czułam narastające napięcie. W pewnym momencie Steven do kogoś zadzwonił, ale rozmawiał jakimiś dziwnymi skrótami, coś jakby kodem. Nic z tego nie zrozumiałam.

Podjechaliśmy pod restaurację, wysiedliśmy z samochodu i weszliśmy do środka. Steven zamówił tylko dwie kawy. O nic nie pytałam. Wypiliśmy i wyszliśmy na zewnątrz. Steven przywitał się z kierowcą stojącego przed restauracją samochodu terenowego.

– Dżulio, wszystko przygotowane, przerzucimy cię… – powiedział Steven, patrząc mi prosto w oczy.

– Ale jak?

– To już nasza w tym głowa. Wsiadaj szybko, każda minuta jest cenna.

Popatrzyłam na czekający na mnie terenowy samochód.

– Anisza… Ja jej tam nie zostawię, Steve. Ja muszę tam po nią wrócić.

Rozdział XIII

Wielka akcja

Wspaniała wiadomość Lindy o znalezieniu Polki, która rozpaczliwie błagała mnie o pomoc, sprawiła, że przepełniła mnie bezmierna radość.

– Naprawdę? Lindo! To fantastycznie! Nie wiem, jak ci dziękować! I oczywiście Steve ma moją dozgonną wdzięczność! Przekaż mu to ode mnie! – wołałam uszczęśliwiona. – Jak mu się udało do niej dotrzeć?

– Kate wzięła go na jakieś party, a to już wystarczyło.

– Miałaś całkowitą rację, Lindo, kiedy mówiłaś na początku, że Steven się zna na swojej robocie.

– Tak, jeśli chodzi o tę sprawę, to tylko on mógł sobie poradzić. Nie znam nikogo innego, kto byłby w stanie się tego podjąć.

– I dobrze, że się zgodził…

– Niewątpliwie miałyśmy trochę szczęścia… Bo nie tylko chodzi o jego zgodę, ale też jego czas. Jeżeli prowadziłby jakąś szczególną akcję, która wymagałaby jego całodobowego zaangażowania, to mimo dobrych chęci nie mógłby nam pomóc.

– To rzeczywiście dobrze się złożyło, że się zgodził i miał czas… I Kate… Potrwało to trochę, ale w końcu się ze mną skontaktowała.

– Tak, przedtem Steve szukał zupełnie po omacku…

– A dzięki Kate poszło szybko.

– Steve działał bardzo intensywnie, bo po poznaniu otoczenia Kate musiał wziąć pod uwagę kilka tropów. I z tego, co mi opowiadał, większość z nich prowadziła donikąd. Ile on burdeli odwiedził, zanim usiadł obok Dżulii! – Linda się zaśmiała.

Dżulia – powtórzyłam w myślach. Dżulia, która pewnie przeszła piekło…

– Ale jest pewien problem – powiedziała Linda, a jej twarz nagle spoważniała.

– Problem? – Nie rozumiałam.

Kątem oka zobaczyłam, że doktor Teresa chodzi wśród uczestniczek spotkania i mówi, że za chwilę zacznie się ogólna wymiana zdań na temat dzieła szejka An-Nafzawiego *Ogród rozkoszy*. Fariza i Nabila, nadal z wypiekami na twarzy, pochylając się nad kartkami, zawzięcie o czymś dyskutowały.

– Tak, i to duży. Steve uważa, że tylko ty możesz mu pomóc go rozwiązać.

– Ja? I o co w ogóle chodzi?

Doktor Teresa już weszła na mównicę i starała się uciszyć zgromadzone kobiety.

– Kochane, wiem, że temat jest niezwykle interesujący i na pewno macie dużo do powiedzenia. Dlatego proponuję, żebyśmy się teraz podzieliły swoimi wszystkimi uwagami i refleksjami, które nasunęły się po lekturze tekstu.

Linda spojrzała na salę, gdzie za chwilę miała się zacząć ogólna dyskusja.

– Według Stevena tę przeszkodę trzeba jak najszybciej usunąć, bo inaczej nie da rady ruszyć dalej. – Wyraz twarzy Lindy nie pozostawiał wątpliwości co do tego, że sprawa jest poważna.

– I dlatego proponuję, żebyśmy przeszły do biblioteki towarzystwa i tam spokojnie porozmawiały.

– Dobrze, zróbmy tak, jak mówisz – zgodziłam się z Lindą. – Na sali nie mamy warunków do rozmowy, a po wykładzie, kiedy kobiety zaczną opuszczać siedzibę towarzystwa, ja też to muszę zrobić, bo kierowca z ochroną czekają na zewnątrz.

– Przejdźmy zatem do biblioteki i tam ci wszystko wytłumaczę.

W siedzibie towarzystwa znajdowała się biblioteka pełna książek z zakresu historii islamu i zasad wiary oraz kultury arabsko-muzułmańskiej. Weszłyśmy do niej, starannie zamknąwszy za sobą drzwi. Usiadłyśmy na fotelach i Linda zaczęła mi wyjaśniać, na czym polega trudność.

– Ona mu nie wierzy.

– Dżulia? – zdziwiłam się.

– Tak, nie może zaufać Stevenowi.

– Ale przecież ona tak mnie prosiła, tak błagała... Steve nie powiedział jej, że jest ode mnie?

– Powiedział, ale ona nadal mu nie wierzy.

– Naprawdę?

– Tak. Steve uważa, że ona się strasznie na kimś zawiodła. I to musiała być dla niej bliska osoba. A poza tym... Jeżeli Dżulia jest co najmniej rok w tym koszmarze, to na pewno jest nam sobie trudno wyobrazić, co musiała przejść.

– Tak, zdaję sobie z tego sprawę i dlatego tak bardzo chciałam ją znaleźć. Tylko wydawało mi się, że jeśli ktoś przyjdzie, żeby ją wyrwać z burdelu, to ona od razu tę pomoc przyjmie. Przecież sama mnie o to prosiła.

– To nie jest takie proste, Isabelle. Ofiary handlu ludźmi poddawane są zastraszaniu, biciu, szantażom emocjonalnym... Wchodzą w świat, który funkcjonuje na zupełnie innych zasadach. A one są w nim tylko towarem, który stanowi czyjąś własność. To jest tak przerażające, że komuś, kto sam przez to nie przeszedł, nie sposób tak naprawdę pojąć skali okrucieństwa.

Przypomniałam sobie, jak członkowie gangu dopadli Dżulię na jachcie, a potem bestialsko ją bili i kopali. A przedtem ona tak przeraźliwie krzyczała „Ja nie chcę tego robić!". To było życie w niewoli. W strasznej seksualnej niewoli.

– To co mogę jeszcze zrobić, żeby jej pomóc? – spytałam i przypomniałam sobie słowa Stevena, który uważał, że samo znalezienie Polki nie zamknie sprawy. Okazało się właśnie, że miał całkowitą rację.

– Steven chce z tobą jak najszybciej porozmawiać – powiedziała Linda.

– W tym momencie to jest zupełnie niemożliwe. Lindo, sama wiesz, gdy Salim jest w kraju...

– Steve uważa, że jedynie wtedy Dżulia uwierzy, iż on przychodzi od ciebie, jeśli powie jej coś, co tylko ty możesz wiedzieć.

– Nie ma szans na to, żebym się mogła z nim spotkać – powiedziałam ze smutkiem. – Nawet nie mogę powiedzieć, że jadę do ciebie, bo Salim wie, że dzisiaj widziałyśmy się w towarzystwie. Jeżeli chciałabym cię odwiedzić w ciągu najbliższych dni, to od razu stałby się podejrzliwy.

A gdyby się dowiedział, że tam był mężczyzna, to by mnie zabił – dodałam w myślach.

– Isabelle, musimy coś wymyślić. Musisz porozmawiać ze Stevenem jak najszybciej.

– To może zadzwoń do niego teraz – zaproponowałam. – Ja wiem, że Steven wolałby się skontaktować ze mną osobiście, ale jeżeli nie ma takiej możliwości, to może rozmowa telefoniczna wystarczy.

– Tak, oczywiście masz rację. Jeżeli to jest w tym momencie jedyne wyjście...

Linda spróbowała się połączyć ze Stevenem, ale nie odbierał.

– I co teraz? – zapytałam.

– Wyślę do niego wiadomość, żeby jak najszybciej do mnie zadzwonił – odpowiedziała. – Może zdąży, zanim stąd wyjdziemy.

– Mam nadzieję. – Chciałam ze wszystkich sił pomóc kobiecie, której ludzie zgotowali taki los, że przestała wierzyć w drugiego człowieka.

– To chodźmy teraz posłuchać doktor Teresy i innych, a kiedy Steven zadzwoni, to na chwilę tu wrócimy i sobie z nim spokojnie porozmawiasz.

– Dobrze.

Przeszłyśmy do sali, gdzie podekscytowane kobiety zażarcie dyskutowały. Przede wszystkim zwracały uwagę na to, że już w trzynastym wieku An-Nafzawi podkreślał, jak bardzo ważne jest to, żeby mężczyzna potrafił odpowiednio zająć się kobietą pod wszystkimi względami i doprowadzić ją na szczyty przyjemności seksualnej. Doktor Teresa przytaczała odpowiednie fragmenty dzieła, uważając, że te rady są również dobre dla mężczyzn w dzisiejszych czasach.

„Jedynie ten mężczyzna zasługuje na względy w oczach kobiet, który pragnie im dogodzić. Musi on pięknie wyglądać, przewyższać urodą wszystkich wokół, być kształtny i proporcjonalnie zbudowany, w rozmowie z kobietą zaś odznaczać się szczerością i prawdomównością. Musi ponadto być wspaniałomyślny i mężny, nigdy nie grzeszyć próżnością i umieć zabawiać rozmową. Zawsze wierny obietnicom, musi też dotrzymywać słowa, mówić prawdę i postępować zgodnie z tym, co głosi”[18].

Później Mona, która przed spotkaniem przeczytała całe dzieło, zacytowała akapit, który wyraźnie mówił o tym, że mężczyzna

[18] Ibid., s. 14.

powinien czynić starania, aby miłość kobiety nie wygasła, i dążyć do tego, żeby doświadczyła ona najpełniejszej rozkoszy zmysłowej.

„Wiedz, o Wezyrze[19] (i niech Bóg będzie dla ciebie łaskawy!), że rozdział ten, traktujący o wielkości męskiego członka, jest rozdziałem najważniejszym zarówno dla mężczyzny, jak i dla kobiety. Dla tego pierwszego z tej przyczyny, iż dzięki słusznych rozmiarów i pełnemu wigoru członkowi może on podsycać afekt i miłość ukochanej. Dla tej drugiej – ponieważ właśnie taki członek jest w stanie zaspokoić jej miłosne pożądanie i dzięki niemu doznaje ona najwyższej rozkoszy"[20].

Doktor Teresa zaś położyła nacisk na fakt docenienia przez szejka An-Nafzawiego gry wstępnej, tak zalecanej przez współczesnych seksuologów.

– Ponadto An-Nafzawi podkreśla, jak wspaniałym przeżyciem jest osiągnięcie równoczesnego orgazmu – dodała doktor Teresa. – Same posłuchajcie.

„Rób więc, co możesz, by wywołać jednoczesne wytryśnięcie fluidów u obojga uczestników gry – w tym właśnie tkwi sekret miłości.

Pewien uczony, który zajmował się tą sprawą, tak oto opisał tajemnice materii owej dotyczące:

O, wy, mężczyźni, wszyscy razem i każdy z osobna, który zabiegasz o miłość i uczucia kobiety, a który pragniesz by w jej sercu zrodził się afekt trwalszej natury, poprzedzaj pieszczotami akt zespolenia, przygotowując swą ukochaną na nadchodzącą rozkosz, i nie zaniedbuj niczego, co może was oboje doprowadzić do pomyślnego zakończenia. Przyglądaj się jej z najwyższą uwagą i całkowicie skupiony, nie dopuść do tego, by cokolwiek

19 Dzieło szajcha An-Nafzawiego adresowane jest do anonimowego wezyra, który najprawdopodobniej był jego sponsorem.

20 Ibid., s. 170.

innego mąciło twoje myśli. Nie pozwól, aby najpomyślniejszy na zespolenie czas przeszedł mimochodem. Chwila ta następuje, gdy wilgotnieją na wpół otwarte oczy twej miłej. A wówczas przystąp do dzieła, lecz pamiętaj, nie czyń tego, dopóki twoje pieszczoty i pocałunki nie dadzą wiadomego skutku.

A gdy wprowadzisz już ukochaną w stan najwyższego podniecenia, to – o ludzie! – wraź w nią swój członek i jeśli zastosujesz odpowiednie poruszenia, dostąpi ona rozkoszy, która całkowicie zaspokoi jej żądze"[21].

– Dzieło szejka An-Nafzawiego – lektura obowiązkowa dla każdego mężczyzny! – Mona się zaśmiała, a wiele kobiet z entuzjazmem jej przytaknęło.

Na koniec doktor Teresa rozdała skopiowane rozdziały ósmy i dziewiąty i poprosiła kobiety, żeby się z nimi zapoznały. W tych fragmentach autor podawał rozmaite nazwy przyrodzenia niewieściego i męskiego, jak sam objaśnił w tytułach. Uczestniczki spotkania oddały się samodzielnej lekturze. Co chwilę z różnych stron sali rozlegały się ich przytłumione śmiechy.

Gołąb, dzwoneczek, wybawca, gasidło namiętności, spryciarz, zuchwalec, odkrywca, podniecacz, dźgacz, pływak, jednooki, dziwnogłowy – szeptały rozbawione kobiety. W pewnym momencie Nabila tak się zaczęła śmiać, że z jej oczu popłynęły łzy.

– Co cię tak bawi, Nabilo? – zapytałam.

– To, że An-Nafzawi nie dość, że świetnie znał się na sztuce miłosnej, to jeszcze miał niesamowite poczucie humoru.

– Dlaczego? – Jak na szpilkach czekałam na telefon Stevena i nawet nie zajrzałam do tekstu.

– Bo pisze całe intymne historie. Posłuchaj o gasidle namiętności.

[21] Ibid., s. 55.

„Muszfi al-ghalil (gasidło namiętności). Nazwę tę nadaje się członkowi, który jest okazały, silny i niespiesznie dochodzi do wytrysku nasienia. Taki członek zdolny jest najpełniej zaspokoić miłosne pożądanie kobiety, jako że podnieciwszy ją uprzednio do najwyższego stopnia, potrafi uciszyć jej pożądanie z lepszym skutkiem niż jakikolwiek inny, gasząc jednocześnie żar swego pana. Gdy pragnie on odwiedzić wulwę i przybywszy do jej wrót, stwierdza, że są zamknięte, lamentuje, błaga, składa obietnice: »O, ukochanie moje, pozwól mi wejść, nie zabawię długo«. A kiedy już uzyska zgodę, łamie dane słowo i pozostaje w wulwie dłużej, nie chcąc jej opuścić, dopóki nie ugasi swego żaru wytryskiem nasienia. Działa tam żwawo, wsuwając się i wysuwając, to podnosząc się, to znów opuszczając i ocierając się raz z prawej, raz z lewej strony. Wulwa protestuje: »A co z twoim słowem, oszuście? – mówi. – Obiecałeś, że zabawisz tu tylko chwilkę!«. A na to ów członek odpowiada: »Być może masz rację, jednakże się nie wycofam, dopóki nie spotkam się z twoją macicą. Ale zaraz po tym, jak ją znajdę, przyrzekam od razu odejść«. Słysząc to, wulwa lituje się nad nim i wysuwa do przodu swą macicę, która, jakby na powitanie, chwyta w uścisk i całuje jego główkę. A wówczas członek, ochłonąwszy z namiętności, istotnie się wycofuje"[22].

– To rzeczywiście cała historia – stwierdziła ze śmiechem Linda, która również przysłuchiwała się tekstowi czytanemu przez Nabilę.

– A co was tak bawi? – zapytała Fariza, podchodząc do nas.

– Te historie An-Nafzawiego, których głównymi bohaterami są... – Nabila znowu zachichotała.

– Tak, masz rację, szejk potrafi barwnie opowiadać. Oto, co pisze o wulwie zwanej usłużna:

[22] I bid., s. 104.

„Mudi (usłużna). Nazwa ta jest odpowiednia dla przyrodzenia kobiety, która od dłuższego już czasu odczuwa pragnienie spółkowania. Po długotrwałej przerwie w spotkaniach z członkiem rada jest jego wielokrotnym odwiedzinom i podaje mu chętnie macicę, wysunąwszy ją ku przodowi tak, by była łatwiej dostępna, a jest to, poza wszystkim, największy dar, jaki wulwa niewieścia może ofiarować członkowi. Jakiekolwiek miejsca w jej wnętrzu zechce on wybadać, wulwa taka zachęci go, by skorzystał z zaproszenia, łaskawie spełniając jego życzenia, i nie znalazłbyś w niej takiego zakątka, do którego nie pomogłaby mu się dostać”[23].

– Czyli czasem warto poczekać… – zauważyła Nabila.

– Z tego tak wynika – potwierdziła Fariza.

Nagle zadzwonił telefon Lindy.

– Przepraszam na chwilę – powiedziałyśmy z Lindą prawie jednocześnie i szybko poszłyśmy do biblioteki. Tam się jednak okazało, że to dzwoni szef Lindy, a nie Steven. Linda musiała z nim dłużej porozmawiać, a ja już nie miałam ochoty wracać na salę, gdzie odbywał się wykład. Zastanawiałam się, jak mogę przekazać Stevenowi potrzebne mu informacje. Po kwadransie Linda się rozłączyła.

– Wybacz, że tak długo, ale kończymy projekt… – tłumaczyła się.

– Nie ma żadnego problemu…

– A ty pewnie myślisz o Stevenie?

– Tak, bo on się zgodził w to zaangażować i tyle wysiłku włożył, żeby znaleźć Dżulię, a ona mu nie ufa… – martwiłam się.

– Wiesz co, jeszcze raz do niego zadzwonię… – Linda wystukała numer, ale i tym razem bez rezultatu.

– To co zrobimy?

– Nie mam pojęcia.

[23] Ibid., s. 117.

Siedziałyśmy przez chwilę w milczeniu, bo każda z nas próbowała znaleźć jakieś rozwiązanie. Zza drzwi słychać było rozmowy żegnających się kobiet, z czego wynikało, że spotkanie już się kończyło.

– Przykro mi, Lindo, ale ja też muszę się zbierać. – Westchnęłam głęboko. – Salim rozlicza mnie z każdej minuty, więc jeśli ochrona mu powie, że wyszłam dużo później niż pozostałe kobiety, to znowu zacznie być nieufny. – Wstałam z fotela.

– Tak, rozumiem. – Linda też się podniosła. – Trudno, próbowałyśmy…

Byłyśmy już przy drzwiach biblioteki, kiedy znowu zadzwonił jej telefon. Tym razem to był Steven.

– Stevenie, świetnie, że dzwonisz, bo właśnie obok mnie stoi Isabelle, więc mogę jej dać telefon.

Linda przez chwilę słuchała.

– Tak, wiem, że w takich sprawach zawsze wolisz kontakt osobisty, a nie rozmowę przez telefon, ale w najbliższym czasie spotkanie nie wchodzi w grę.

Steven coś powiedział i Linda podała mi słuchawkę.

– Cześć, Isabelle.

– Cześć, Stevenie. Bardzo się cieszę, że udało ci się ją znaleźć. I jeszcze raz bardzo dziękuję, że się w to zaangażowałeś.

– Najważniejsze, że udało mi się do niej dotrzeć, Isabelle. Ale jest problem… Mówiła ci Linda?

– Tak. Jak mogę ci teraz pomóc?

– Musimy znaleźć coś takiego w tej sytuacji, w której się spotkałyście, co wiesz tylko ty, wtedy przekonamy Dżulię, że mówię prawdę.

– Nie wiem, Steve, nic mi w tym momencie nie przychodzi do głowy. To wszystko działo się tak szybko… To były dosłownie sekundy.

– Przypomnij sobie dokładnie, jak to było.

– Tak jak już mówiłam wcześniej, podbiegła do mnie zdesperowana i błagała o pomoc.

W słuchawce na moment zapadła cisza, jakby Steven nad czymś się zastanawiał.

– A w jakim języku ona do ciebie mówiła?

– Po polsku. Dlatego wiedziałam, że jest Polką.

– A skąd Dżulia wiedziała, że ty jesteś Polką? W takim internacjonalistycznym towarzystwie narodowość nie zawsze jest od razu oczywista, jest wiele kobiet o podobnym typie urody.

– Tak, masz rację, Steve. Ona… O ile sobie przypominam, to Dżulia zapytała mnie, czy jestem Polką.

– Ale mówisz, że to działo się bardzo szybko i ona nagle cię dopadła. To co się takiego zdarzyło, że wysnuła przypuszczenie, że jesteś jej rodaczką?

– Cholera! – powiedziałam po polsku.

– Słucham? – Steve nie zrozumiał.

– Zaklęłam – przeszłam znowu na angielski.

– Czyli to, co powiedziałaś wcześniej, to było polskie przekleństwo.

– Tak.

– Możesz to jeszcze raz powtórzyć?

– Cholera.

– Dziękuję, zapamiętam. Cholera – powtórzył Steven. – Dobrze mówię?

– Bardzo dobrze – pochwaliłam go.

– I powiedz mi jeszcze, Isabelle, dlaczego zaklęłaś? Czy coś cię do tego sprowokowało?

– Tak…

– A co dokładnie?

Opowiedziałam Stevenowi o obrzydliwym incydencie, który zdarzył się na jachcie.

– Dziękuję, Isabelle, myślę, że to wystarczy. Bardzo mi pomogłaś.

– Mam nadzieję, że to ją przekona.

– Sądzę, że tak. Isabelle, proszę, daj mi jeszcze na chwilę Lindę.

– Dobrze, Steve. Powodzenia z Dżulią i informuj nas na bieżąco.

– Oczywiście. To do widzenia.

– Do widzenia. – Oddałam Lindzie słuchawkę.

Koleżanka chwilę porozmawiała, po czym się rozłączyła.

– Dobrze, że się nam udało załatwić sprawę, zanim wyszłyśmy. – Cieszyła się Linda. – Steven uważa, że to, co mu powiedziałaś, powinno przekonać Dżulię.

– Tak, mi też tak mówił. Ale chodźmy już szybko, Lindo, bo chyba wszyscy już wyszli. Nie chcę, żeby ochrona powiedziała Salimowi, że siedziałam tu zbyt długo.

– Dobrze, musimy się tylko pożegnać z doktor Teresą – przypomniała Linda.

– To się pospieszmy.

Wróciłyśmy na salę, gdzie doktor Teresa jeszcze prowadziła ożywioną dyskusję z dwiema innymi uczestniczkami spotkania, powiedziałyśmy im do widzenia, po czym udałyśmy się w stronę wyjścia z siedziby towarzystwa.

– Proszę, Lindo, gdy tylko Steven zadzwoni i powie ci, co się dzieje w sprawie Dżulii, to od razu mnie informuj.

– Na pewno tak zrobię, Isabelle. Dobranoc.

– Dobranoc, Lindo.

Wyszłam na zewnątrz, wsiadłam do samochodu i pojechałam do swojego pałacu. Obawiałam się, że Salim może mi wyrzucać, że za późno wróciłam, ale go nie zastałam. Czasem tak się zdarzało, że znienacka wychodził, bo nagle wezwały go jakieś pilne obowiązki związane z pracą lub z funkcjonowaniem jego wielkiej rodziny. Wzięłam kąpiel i położyłam się do łóżka, ale długo nie mogłam zasnąć. Z jednej strony bardzo się cieszyłam, że Steven znalazł Dżulię, z drugiej strony fakt, że nie przyjęła od razu jego pomocy, przeraził mnie. Świadczyło to bowiem o potwornej gehennie, którą przeszła przez ostatni rok. Tyle dni, tyle nocy, tyle godzin, tyle minut, a każda wyjąca z rozpaczy.

Dla mnie najbardziej wstrząsające były zwierzenia samych ofiar handlu ludźmi, które w przerażający sposób opisywały ten nieludzki proceder.

„Kiedy ludzie mówią mi, że kobiety wybierają to życie, to nie mogę się powstrzymać od śmiechu. Czy oni wiedzą, ile kobiet próbowało uciekać, ale gdy zostały złapane, to bito je tak mocno, że całe ich ciała były w czarnych sińcach? Dla mężczyzn, którzy nas kupują, jesteśmy jak mięso. Dla wszystkich innych w społeczeństwie po prostu nie istniejemy" – zwierzała się jedna z ofiar gangu handlującego ludźmi na stronie internetowej organizacji Equality now walczącej o prawa kobiet i dzieci.

„Nie istniejemy" – powtórzyłam w myślach. – Wciąż za mało się o tym mówi, wciąż za mało… – echo dudniło w mojej głowie, kiedy zapadałam w niespokojny sen.

***

Następne dni i tygodnie upłynęły mi na nieustannym oczekiwaniu na informacje o Dżulii. Linda kontaktowała się ze mną od razu, gdy miała jakieś nowe wiadomości od Stevena. Początkowo się wydawało, że wszystko idzie w dobrym kierunku. Dżulia zaufała Stevenowi, który dzięki temu mógł krok po kroku realizować swoje zadanie. Dowiadywałam się, że regularnie odwiedza Dżulię w burdelu, przygotowując w ten sposób grunt pod swoje następne działania. Z ostatnich słów Lindy wynikało, że kiedy tylko nadarzy się odpowiednia okazja, to Steven wydostanie kobietę z rąk handlarzy ludźmi. Z niecierpliwością czekałam na ten moment. I wtedy wszystko się posypało.

Linda zadzwoniła do mnie pewnego późnego wieczoru bardzo zdenerwowana.

– Salim jest w kraju, czy wyjechał? – zapytała, nawet się ze mną nie witając, co już samo przez się wskazywało, że dzieje się coś poważnego.

– Wyjechał. A co się stało?

– A możesz do mnie jutro przyjechać? – Linda mi nie odpowiedziała.

– Tak, myślę, że tak. – Od mojego wyjścia na wykład nie ruszałam się sama z domu, więc wizyta u długo nie widzianej koleżanki powinna wyglądać całkiem normalnie.

– Jutro o siódmej?

– Tak.

– To bardzo dobrze. Do zobaczenia jutro.

– Do zobaczenia.

Zaniepokoiłam się, bo Linda normalnie nie była taka zdawkowa. Zachodziłam w głowę, co się mogło stać. Może członkowie gangu przejrzeli Stevena i cała akcja spaliła na panewce? Albo Dżulia, nie wytrzymując napięcia, zrobiła jakiś fałszywy krok i teraz jest w jeszcze większych kłopotach? Rozważałam różne warianty, ale to, czego się dowiedziałam od Lindy, przebiło wszystkie najgorsze rozważane przeze mnie koncepcje.

Kiedy następnego dnia punktualnie o siódmej zjawiłam się u koleżanki, Steven już tam siedział. Grobowe miny obydwojga nie wróżyły nic dobrego.

– Dzień dobry, Isabelle, dobrze, że mogłaś przyjechać – przywitał mnie Steven.

– Dzień dobry, Steve. Co się stało?

– Witaj, Isabelle, usiądź, zaraz ci powiemy – Linda odpowiedziała za niego.

– Dzień dobry, Lindo! – Zdenerwowana usiadłam na kanapie.

– Mamy zupełnie nową sytuację – zaczął Steve.

– Jak to nową sytuację? – Nie rozumiałam.

– W burdelu więziona jest jeszcze hinduska dziewczynka, Anisza – wyjaśniał dalej Steven. – I Dżulia powiedziała, że bez niej nigdzie nie pojedzie.

– To tam są też dzieci? – Przetrzymywanie dziewczynek jako seksualnych niewolnic było dla mnie jednym z najbardziej haniebnych procederów.

– Z tego, co Dżulia mówiła, to one są gdzieś pochowane. – Na twarzy Stevena rzadko można było zobaczyć jakieś emocje, ale teraz nie mógł ukryć głębokiego wyrazu odrazy. – Dla specjalnych klientów.

– To jak się Dżulia o niej dowiedziała?

– Ta mała przylgnęła do niej i Dżulia po kryjomu zaczęła się nią opiekować. Trochę jej matkować…

– Ale czemu mówisz, że to jest nowa sytuacja? Dżulia nie powiedziała ci o tym wcześniej?

– Właśnie nie…

– Dlaczego?

– Bo to wszystko tak nagle się stało… – tłumaczył Steve. – Wczoraj mieliśmy dopiero pierwszy raz wyjść na kolację, i w dodatku w towarzystwie kogoś z gangu. To, że mężczyzna z nożem…

– Mężczyzna z nożem?

– Tak go nazywa Dżulia.

Do jakiego świata trafiła ta kobieta! – pomyślałam w duchu.

– To, że mężczyzna z nożem z nami nie poszedł, to był zupełny przypadek – kontynuował Steven. – Ale ja mam już wszystko przygotowane od dawna, jeśli chodzi o wywiezienie Dżulii, więc skoro trafiła się okazja, od razu chciałem przystąpić do dalszego planu akcji. A Dżulia odmówiła ze względu na Aniszę.

Anisza… – powtórzyłam w myślach imię dziecka. – Rozumiałam Dżulię… Trudno było widzieć mękę dziewczynki, a później zostawić ją w rękach zwyrodniałych oprawców.

– Już mieliśmy podstawiony samochód… Dżulia jednak nie wsiadła… Ponieważ zostało nam jeszcze trochę czasu, to wróciliśmy do restauracji i Dżulia mi o wszystkim opowiedziała. A później znowu musiałem zawieźć ją tam… do burdelu.

Wydawało mi się, że kiedy Steven mówił o Dżulii, to w jego głosie słychać było ledwie uchwytną cieplejszą nutkę.

– I teraz trzeba od nowa wszystko przemyśleć… – Steven przerwał na moment. – To oczywiście nie będzie łatwe – stwierdził po krótkim zastanowieniu. – Z dziećmi jest dużo trudniej, nigdy nie możemy do końca przewidzieć ich reakcji.

– Jeżeli Anisza związana jest z Dżulią, to może ona ją jakoś przygotuje – zasugerowałam.

– Takie rozwiązanie w ogóle nie wchodzi w grę – zaoponował Steven.

– Pewnie to jest za duża tajemnica, żeby dziecko mogło ją udźwignąć. – Do rozmowy włączyła się Linda.

– Tak, a szczególnie w takich warunkach… Oni ją tam biją, głodzą… Anisza ma krwawiące rany po jakimś niewyżytym zboczeńcu… – Nawet dotychczas zachowującemu zimną krew Stevenowi słowa z trudem przechodziły przez gardło.

My z Lindą tylko spojrzałyśmy po sobie, ledwo powstrzymując łzy.

– Nie ulega wątpliwości, że Aniszę należy stamtąd wyciągnąć – powiedziałam zdecydowanie.

– Tylko nasuwa się pytanie jak… – Linda też się przejęła losem dziewczynki.

Zapadło milczenie. Każdy na swój sposób przeżywał tragedię dziecka wciągniętego w okropną machinę handlu ludźmi.

– Czy wiadomo, jak ona dostała się do burdelu? – zapytałam.

– Porwali ją… – odpowiedział Steven. – Porwali ją w Indiach i przeszmuglowali do Dubaju.

Linda nagle zerwała się z krzesła.

– Zrobię kawę. – Wyszła szybko do kuchni, ukradkiem ocierając łzy.

– A Dżulia… – Zwróciłam się do Stevena. – Jaka ona jest? – Tyle o niej przez ostatni czas myślałam, że chciałam ją poznać bliżej.

– Poraniona… – odparł cicho Steven. – Bardzo poraniona…

Zobaczyłam szczególny wyraz jego oczu i nie pytałam już o nic więcej. Po kilku minutach wróciła Linda z kawą i postawiła przed nami parujące filiżanki.

– I co teraz? – spytała i z nadzieją spojrzała na Stevena, wierząc, że on coś wymyśli.

Odezwał się dopiero po dłuższej chwili.

– Jedyne, co mi teraz przychodzi do głowy, to wykupienie jej.

– Wykupienie? To pewnie będzie bardzo skomplikowana operacja – wyraziłam swoje zdanie.

– Tak, masz całkowitą rację, Isabelle – potwierdził Steve.

– Bo kto by mógł to zrobić? – zapytała Linda.

– I to jest dobre pytanie – powiedział Steve. – Te gangi… Oni się znają… Każdy doskonale wie, kto jest na rynku… Trudno podesłać kogoś zupełnie nowego, bo mogą się obawiać pułapki policji…

– To jakie widzisz rozwiązanie? – drążyła Linda.

– Myślę, że jedynym wyjściem będzie próba jej odkupienia na indywidualne zamówienie.

– To znaczy? – spytałam.

– Na zamówienie jakiegoś pedofila poszukującego akurat takiej dziewczynki…

– Dlaczego my się musimy babrać w tym… – Nie dokończyłam.

– Jeżeli chcemy uratować dziecko…

– Wiem, Steve, wiem, przepraszam, ja nie w tym sensie…

– Rozumiem, Isabelle, to są te ciemne strony…

– A myślisz, że jest jakaś szansa powodzenia? – dopytywała Linda.

– Szansa zawsze jest, ale łatwo na pewno nie będzie.

– A jakie są trudności? – Linda wyraźnie bardzo się przejęła losem małej Aniszy.

– Całe mnóstwo, Lindo, całe mnóstwo… – Steven głośno westchnął.

– Na przykład?

– Na pewno trzeba kogoś jeszcze w to wtajemniczyć, bo ja się zajmuję Dżulią… Ten ktoś musi zażądać tej konkretnej dziewczynki… Jeżeli oni wyczują, że komuś na niej szczególnie zależy, to na pewno wywindują cenę. I oczywiście jest kwestia uzbierania tej kwoty. – Steven wymieniał wszystkie potencjalne komplikacje.

– O jakiej kwocie mówimy? – Linda była konkretna.

– Ona jest mała, więc…

– Ile ma lat? – zapytała Linda, ale miała taki wyraz twarzy, jakby nie chciała usłyszeć odpowiedzi.

– Nie wiadomo dokładnie… Przywieźli ją do burdelu, gdzie żyje w podziemiu w małym pokoju bez okien… Przyprowadzają do niej klientów… Dżulia mówiła, że łatwo jest stracić rachubę czasu.

– A ile może mieć lat? – powtórzyła pytanie Linda.

– Dżulia twierdzi, że może dziesięć, jedenaście… może dwanaście… – dodał szybko Steven, widząc pobladłą twarz Lindy.

– A jak ją porwali?

– Gdy szła do szkoły.

– Takich przypadków w Indiach jest mnóstwo… – Włączyłam się do rozmowy. – Porywają nawet dziewięciolatki… czasem je gwałcą… a później sprzedają… Nastolatka może być w Indiach sprzedana za tysiąc dolarów…

– A w krajach Zatoki pewnie za dużo, dużo więcej… – skończyła za mnie Linda. – To ile, myślisz, będą chcieli za Aniszę? – Linda ponownie zwróciła się do Stevena.

– Dżulia twierdzi, że dziewczynka jest bardzo ładna… To na pewno też podbije cenę… – Steve chwilę się zastanowił. – Tak naprawdę w tym momencie trudno mi podać kwotę, nawet przybliżoną. Wygląda na to, że Sandżaj, który tym wszystkim rządzi, ma niezłą głowę do interesów, więc na pewno, o ile w ogóle zgodzi się na sprzedaż, bo takie dziecko niewątpliwie przynosi mu niezły zysk, będzie chciał wyciągnąć z tej transakcji, ile się da.

– No tak, przecież on w ogóle może się nie zgodzić na sprzedaż… – O tym wcześniej nie pomyślałam.

– Wszystko trzeba brać pod uwagę. – Steven był bardzo wyważony. – Każdą możliwość…

– Powiedziałeś, że Sandżaj ma zmysł do interesów. Czemu tak sądzisz? – zapytała Linda.

– Teraz właśnie wymienia kobiety w burdelu…

– Sprzedaje te, które ma, i kupuje nowe? – Upewniłam się.

– Tak, i on ściąga Marokanki, które są poszukiwane i drogie.

– Czyli to twardy zawodnik – Linda wyraziła swoją opinię. – Nie będzie łatwo z nim negocjować.

– Na pewno nie…

– Jeżeli on sprzedaje kobiety, to może też sprzedać Dżulię! – Przestraszyłam się.

– Też jest taka możliwość. – Przez twarz Stevena przemknął cień.

– To rzeczywiście sytuacja się skomplikowała... – przyznałam.

– Tak, od początku o tym mówię... – potwierdził Steven. – Jest jeszcze kwestia skoordynowania tych akcji...

– To znaczy? – Chciałam wiedzieć.

– Dżulia nie może zniknąć, zanim nie będziemy mieli dziewczynki.

– Czemu?

– Bo jeżeli Dżulia ucieknie, to oni już będą wiedzieli, że coś dziwnego dzieje się wokół burdelu, i mogą gdzieś się nagle przenieść albo schować, żeby przeczekać ewentualne zamieszanie.

– I wtedy nigdy nie znajdziemy dziewczynki – Linda wyraziła obawę nas trojga.

Steven już się nie odezwał, ale ja zdałam sobie w pełni sprawę z powagi sytuacji. Dżulia miała szansę wyrwania się ze swojego piekła, ale nie zrobiła tego ze względu na cierpiące dziecko, które miało w niej jedyną pociechę. Trudno ją było za to winić.

– To co proponujesz, Steven? – Linda zapytała z poważną miną.

– Muszę się zorientować, kto może nam pomóc w wykupieniu Aniszy – odpowiedział Steve. – A wy pomyślcie, skąd zdobędziemy na to pieniądze.

– Ja się oczywiście dołożę... – zadeklarowała Linda. – Tylko problem jest w tym, że niedawno kupiłam dom w Stanach, nawet zapożyczyłam się w banku, więc nie mam dużo wolnej gotówki.

– Ja też coś dorzucę, ale... – Steven nie dokończył zdania.

– Ale... – Linda spojrzała na niego pytająco.

– Dżulia...

– Co Dżulia? – Nie zrozumiałam.

– Taka akcja kosztuje... – powiedział Steve nieco zmienionym głosem. – Dużo kosztuje...

– I kto za to płaci? – zapytała Linda, chociaż już pewnie znała odpowiedź.

– Najważniejsze jest to, żeby ją stamtąd wyciągnąć – stwierdził tylko Steven.

– Ja... Ja zobaczę, co się da zrobić. – Tak naprawdę to nie miałam już bezpośredniego dostępu do gotówki, bo Salim podczas jednego ze swoich wybuchów zazdrości zablokował mi korzystanie z konta. Musiałam przyznać, że mąż mi niczego nie żałował i kupował wszystko, o co go poprosiłam, ale jego chora podejrzliwość nie pozwalała na to, żebym mogła swobodnie dysponować pieniędzmi.

– Dobrze, to mniej więcej wiemy, na czym stoimy – podsumowała Linda.

– Tak... – Na twarzy Stevena pojawił się wyraz głębokiego skupienia.

Po wypiciu kawy i pożegnaniu się z Lindą i ze Stevenem wróciłam do domu. Historia Aniszy bardzo mnie przygnębiła. Oczywiście wiedziałam, że takie rzeczy się dzieją, ale gdy Steven wspomniał o krwawiących ranach...

Zastanawiałam się, skąd mogę wziąć pieniądze na wykupienie Aniszy. Pomyślałam o biżuterii, bez żalu sprzedałabym jedną ze swoich bransoletek lub jeden z drogocennych naszyjników, ale znajdowały się w sejfie, do którego klucz miał tylko Salim, w związku z czym ta droga zdobycia pieniędzy na uratowanie dziewczynki też odpadała.

Pozostawała jeszcze najważniejsza kwestia. Czy w ogóle Sandżaj zdecyduje się ją sprzedać. Bo jeśli czerpie olbrzymie profity z tytułu tego, że przychodzą do niej zboczeńcy...

Zaczęłam przeglądać materiały dotyczące handlu ludźmi w Dubaju. Na jednym z krążących filmów dwie pakistańskie nastolatki składały dłonie jak do modlitwy, przyciskając je mocno do siebie i trzymając na wysokości klatki piersiowej. Dziewczęta ubrane były w czarne abaje, miały zakryte głowy i twarze w taki sposób, że było widać tylko duże, czarne, mocno zaczerwienione oczy. Dłonie miały odkryte, jakby tymi bezbronnymi dłońmi, złożonymi w modlitewnym geście, chciały ubłagać uwagę i litość świata. Siedziały na łóżkach w nędznym małym pokoiku i błagały o pomoc. Podpis głosił, że sprzedane pakistańskie dziewczęta zwracają się o pomoc do oficjalnych instytucji w Pakistanie i w Zjednoczonych Emiratach Arabskich. Nie znałam ich języka, ale rozpaczliwy ton, ocieranie od czasu do czasu łez i te odkryte dłonie, błagające, świadczące, proszące, mówiły same za siebie. Prosiły na zmianę załamującymi się głosami, od czasu do czasu przerywając i płacząc. Czy ktoś je usłyszy?

Inny dokument przedstawiał wydanie pakistańskich lokalnych wiadomości. W reportażu nastolatka odpowiadała na pytania dziennikarzy. Również była cała zakryta i widać było tylko jej oczy. Oczy przeraźliwie zastraszone, oczy, które widziały piekło, oczy, które, mówiąc, spuszczała na dół. Podpis na pasku informował, że szesnastolatka została sprzedana szejkowi w Dubaju.

Następna nastolatka wyznała: „Byłam dziewicą i nie wiedziałam, co to jest seks. Powiedziano mi, że handlarze ludźmi dostali duże pieniądze za moje dziewictwo, które sprzedali staremu mężczyźnie. On był agresywny i cały czas mnie bił".

Kolejna szesnastolatka, Pakistanka przehandlowana przez swoich rodziców, z płaczem opowiada swoją historię:

„Mój ojciec wziął za moje dziewictwo pieniądze, bo nie chciał, żeby nasza rodzina była cały czas biedna. On i moja matka zmusili mnie, żebym pracowała jako prostytutka. Kiedy odmawiałam kupczenia moim ciałem, ojciec był bardzo zły. Wziął mnie do Dubaju, bo powiedział, że jeśli będę pracować jako prostytutka, to szybko zostaniemy bardzo bogaci. Na początku prosił moją matkę, aby mnie przekonała, ale ja stanowczo odmawiałam. Ojciec wtedy zrobił się dla mnie bardzo niemiły i niegrzeczny. W końcu uległam, bo byłam pod wielką presją psychologiczną. Ojciec sprzedał moje dziewictwo za szesnaście tysięcy dirhamów"[24].

Szokujące wrażenie zrobił na mnie film nakręcony w ogromnym namiocie wyłożonym czerwonym dywanem w kwiatowe wzory. Widać na nim kilkanaście kobiet, jedna przy drugiej, które w pozycji na czworakach kręcą mocno wypiętymi pośladkami w stronę kucającego przy nich i obsypującego ich pieniędzmi szejka. Samo ustawienie i pozycja kobiet skojarzyła mi się ze stojącymi w rządku zwierzętami. Z uśmiechniętą twarzą szejk zabawia się, obserwując trzęsące się pośladki kobiet, i co chwila rzuca na nie banknoty. Kobiety w różnokolorowych sukienkach nie mają twarzy, są tylko wystawionymi pupami drgającymi w takt muzyki dla rozrywki szejka. To ofiary handlu ludźmi ze wszystkich stron świata. Podpis głosi, że są tu kobiety z Chin, Ukrainy, Rosji, Uzbekistanu, Kirgistanu, Armenii, Etiopii, Nigerii, Somalii, Indii, Pakistanu, Afganistanu, Filipin, Iraku i Maroka. Szejk, tak jak w dawnych haremach, ma w czym wybierać.

Na czarnej liście krajów, w których kwitnie handel ludźmi, obok Zjednoczonych Emiratów Arabskich, znajdują się również Arabia Saudyjska, Bahrajn oraz Kuwejt.

Tysiące kobiet i dziewczynek. Znowu pomyślałam o Dżulii. Gdyby chciała, już by była teraz wolna. Ona wybrała powrót do koszmaru tylko dlatego, że nie chciała zostawić tam samego poniewieranego dziecka. Nie wiem, czy byłabym zdolna do takiej decyzji. Miałam nadzieję, że Stevenowi uda się wszystko tak zorganizować, że obydwie odzyskają wolność. I te pieniądze!

24 Szesnaście tysięcy dirhamów to równowartość około szesnastu tysięcy złotych.

Ile oni mogą chcieć za taką dziewczynkę? To wszystko nie pozwalało mi zasnąć i czułam, że ta cała sytuacja mnie przerasta. Wzięłam silne proszki na migrenę i mimo późnej pory zadzwoniłam do Lindy.

– Lindo, przepraszam, że tak późno, ale nie mogę spać.

– Nie szkodzi, Isabelle, ja też się biję z myślami.

– Zastanawiasz się, skąd wziąć pieniądze na wykupienie Aniszy?

– Tak, obawiam się, że to może być duża suma…

– Też mi się tak wydaje… I skąd my ją weźmiemy?

– Nie wiem, nie wiem… – Głos Lindy był smutny.

Poczułam nieprzyjemny ścisk w gardle.

– Isabelle, jesteś tam?

– Jestem. To się robi coraz trudniejsze… – Pomyślałam, że najgorsza jest niemoc.

– Wiem, Isabelle, wiem…

– Lindo, przepraszam, że tak późno zadzwoniłam, wezmę proszki na sen i spróbuję zasnąć. Dziś i tak już nic nie wymyślimy.

– Tak, zostawmy to dzisiaj, a jutro może przyjdzie nam do głowy jakiś nowy pomysł.

– Dobranoc, Lindo.

– Dobranoc, Isabelle.

Wzięłam proszki nasenne, zamknęłam oczy i zobaczyłam złożone do modlitwy błagające dłonie dwóch sprzedanych Pakistanek.

***

Kiedy wróciliśmy po kolacji ze Stevenem do burdelu i szliśmy korytarzem, to z jednego z pokojów wydobywały się przeraźliwe płaczliwe jęki. Domyśliłam się, że to lament i łkanie nastoletniej Marokanki. Przypomniałam sobie brzuch Oksany i aż się wzdrygnęłam. Należało tylko mieć nadzieję, że Sandżaj nie pozwolił okaleczyć tak cennego towaru, jakim była szesnastoletnia Marokanka.

Weszliśmy ze Stevenem do mojego pokoju. Ta kolacja była dla mnie zupełnie wyjątkowa. Pierwszy raz od długiego czasu nie czułam się jak prostytutka. I chociaż raz też o tym zapomniałam, na kolacji z szejkiem Ibrahimem, to ze Stevenem sytuacja była zupełnie inna. Wiedziałam, że gdy wrócimy do pokoju, a musieliśmy wrócić, bo w oczach Sandżaja i Karimy Steven był moim stałym klientem, to będziemy tylko rozmawiali. I to było miłe. Bardzo miłe.

Podczas kolacji opowiedziałam Stevenowi o Aniszy, małej dziewczynce porwanej z Indii. Steven słuchał uważnie i nawet rozumiał moją decyzję powrotu do burdelu, żałował tylko, że nie powiedziałam mu tego wcześniej.

– Dżulio, gdybym wiedział o Aniszy, zupełnie inaczej bym to wszystko od początku zorganizował. A teraz jesteśmy w punkcie wyjścia.

– Steve, ja sama byłam zagubiona. To znaczy pocieszałam Aniszę, obiecywałam jej, że ją stąd wezmę, ale też wiedziałam, jaka jest brutalna rzeczywistość… – Nie mogłam powstrzymać lecących mi po policzkach łez. Byliśmy w restauracji, więc szybko je otarłam. Zauważyłam jakiś cień czułości w oczach Stevena. – Jeżeli ja sama nie mogłam się stąd wydostać, to jakie miałam realne szanse, żeby ją stąd wyrwać?

– Gdybyś mi powiedziała, to mógłbym… – Steven spojrzał mi prosto w oczy.

– Nie wiedziałam, Steve… A Anisza prześlizgnęła się do mnie ostatniej nocy i była cała poraniona… Krwawiła…

– Krwawiła?

– Przychodzi tu do nas taki zbok…

Steve skierował swój wzrok na ledwie widoczne blizny na moich nadgarstkach. Amerykanin był bardzo spostrzegawczy i pewnie zauważył je już wcześniej.

– Zabiłbym skurwysyna – powiedział z zaciętą twarzą.

– I kiedy powiedziałeś, żebym wsiadła do samochodu, to przed oczami stanęły mi te rany Aniszy… To był impuls…

Później opowiedziałam mu więcej o Aniszy, a Steven bardzo uważnie mnie słuchał. To była bardzo przyjemna kolacja.

A kiedy później znaleźliśmy się już w moim pokoju, nagle wybuchnęłam niepohamowanym płaczem. Płakałam nad Aniszą, nad sobą, nad Oksaną i nad wszystkimi ofiarami handlu ludźmi. Wpadłam w jakąś niepohamowaną histerię, płakałam, ale opanowała mnie niesamowita złość na tych wszystkich członków gangów handlujących ludźmi, którzy nas sprzedają, wyprzedają, jak towar, jak, kurwa, zwykły towar i nie drgnie im ani powieka, ani serce, ani, kurwa, nic im nie drgnie. I chciałam ich bić, zabić, i nie wiem czemu, z tej rozpaczy, z tej bezsilności rzuciłam się z pięściami na Stevena i zaczęłam go okładać za Tarka, za szejka Ibrahima, za zboczeńca Ahmeda i za tych wszystkich popaprańców, którzy traktują kobiety i dzieci jak żywy towar. Steven znosił w spokoju wszystkie moje ciosy, próbując mnie objąć i uspokoić, a ja nadal go okładałam i płakałam, aby w końcu wpaść, szlochając w jego ramiona. Przytulił mnie do siebie z czułością, której nie zaznałam od tak dawna, a później delikatnie zaczął całować moje włosy, czułam jego przyspieszony oddech, skierowałam ku niemu swe usta, całował mnie, a potem razem, oboje padliśmy na łóżko. Łapczywie, zachłannie całowałam się, całowałam się, jak dawno nie, a on mnie pieścił i tulił, i chciał, i pragnął, mnie chciał, a nie kurwę. Jego pieszczoty i pocałunki sprawiły, że znowu byłam kobietą, więc się poddałam, oddałam, a on mnie pieścił bez końca.

– Dżulio, zabiorę cię stąd. I Aniszę też – powiedział, kiedy wychodził.

A ja nie poszłam na salę, niech mnie zbiją, zabiją, nigdzie nie pójdę. Karima zajęta nastoletnią Marokanką dała mi spokój.

– On coś do ciebie czuje – stwierdziła Larysa, kiedy Steve przyszedł następnym razem i po zwyczajowej wizycie w moim pokoju opuścił burdel.

– Ty, Larysa, mniej wódki pij, bo ci zupełnie odbija – wypaliłam. – Klient coś czuje?!

– Ja tam swoje wiem. – Larysa pozostała przy swoim zdaniu. – Widzę, jak on na ciebie patrzy.

– Patrzy, patrzy... – przedrzeźniałam ją. – Każdy tu jakoś patrzy.

Steven przychodził regularnie, ale o żadnych uczuciach, o których mówiła Larysa, nie rozmawialiśmy. Kochaliśmy się i zajmowaliśmy się omawianiem tego, jak wyrwać z burdelu Aniszę, bo Sandżaj nadal wysprzedawał swój towar i ciągle wisiał nad nami strach, że w każdym momencie może przyjść moja kolej.

– Niedługo tu przyjdzie do Aniszy ten niby-pedofil. – Steven wtajemniczał mnie w swój plan. – I zacznie ją co jakiś czas odwiedzać. Tylko mamy jeden problem.

– Jaki problem?

– On jej oczywiście nie będzie dotykał.

– To chyba dobrze.

– Dla Aniszy dobrze, ale ona nie może nikomu o tym powiedzieć.

– To znaczy o czym?

– O tym, że on nic z nią nie robi. Chodzi mi o to, że on później będzie próbował ją kupić tylko dla siebie, więc nie może wyjść na jaw, że jej nawet nie dotyka. A ja nie wiem, czy ta wasza

Karima na przykład nie rozmawia z dziewczynkami o tym, co mężczyźni z nimi robią.

– Nie wiem, tego nie wiem – zastanowiłam się. – Ale nie sądzę… Po co miałaby to robić?

– Chociażby po to, żeby Sandżaj wiedział, jakie stawki ustalać.

– No tak, to jest powód.

– Dlatego, kiedy Anisza przyjdzie do ciebie następnym razem, to podpytaj ją o to albo…

– Albo co?

– Albo powiedz jej, czy nie wiem, może daj do zrozumienia, żeby o tym nikomu nie mówiła.

– Dobrze, spróbuję.

– Na pewno sobie poradzisz, najważniejsze, że ona ci ufa.

– Dobrze, zrobię tak, jak mówisz.

– To ja ci powiem, kiedy on przyjdzie.

– Tak, koniecznie mi powiedz, bo ja o tym, co się dzieje w jej pokoju, w ogóle z nią nie rozmawiam. Chcę, żeby o tym zapomniała, będąc u mnie.

– Rozumiem, Dżulio.

Po dwóch dniach Steven oznajmił mi, że podstawiony niby-pedofil zaczął odwiedzać Aniszę. Kiedy dziewczynka przesmyknęła się do mnie następnym razem, próbowałam skierować rozmowę na jego temat.

– Przyszedł może do ciebie ostatnio ktoś nowy? – zapytałam.

– Tak – odpowiedziała Anisza lekko zniekształconym głosem.

– I jaki on jest?

– Nie mogę powiedzieć.

– Dlaczego nie możesz powiedzieć?

– Bo Karima by mnie zbiła.

– Dlaczego by cię zbiła?

– Nie mogę powiedzieć.

– Aniszo… – Przytuliłam dziewczynkę do siebie. – To będzie nasz sekret – wyszeptałam. – I nikomu o tym nie powiemy. – Pocałowałam ją w czoło.

Anisza przysunęła się do mojego ucha i cichutko powiedziała.

– Ten nowy przychodzi i tylko siedzi, ale nie mów Karimie, bo ona zawsze krzyczy na mnie i chce, żebym ja robiła im dużo rzeczy. Karima mówi, że jeśli oni nie będą zadowoleni, to nie da mi jeść. Ja nie wiem, czy on jest zadowolony, kiedy tak siedzi.

– Może jest – szepnęłam. – Ale Karimie nie wolno o tym mówić.

– Wiem – przytaknęła dziewczynka. – Bo ona może nie dać mi jeść.

Przytuliłam ją do siebie z całych sił z pragnieniem, żeby ten jej koszmar wreszcie się skończył.

– Ale ja nie wiem… – zaczęła nagle Anisza.

– Czego nie wiesz?

– Bo gdy Karima zapyta, co on ze mną robi, to co ja jej powiem? Ja nie wiem, co mam powiedzieć. – Martwiła się.

– Powiedz jej, że robi to, co inni.

– Dobrze, tak jej powiem.

Steven zabrał mnie jeszcze dwa razy na kolację, a Sandżaj pozwolił mi iść bez żadnej obstawy. Może puścił mnie bez mężczyzny z nożem za moimi plecami, bo wróciłam z pierwszej kolacji ze Stevenem, a może dlatego, że wszyscy byli zajęci wymianą kobiet w burdelu. Następna na sprzedaż poszła Jenny, co z kolei bardzo przeżyła Samanta. Kiedy nowi właściciele przyszli po Jenny, obie Filipinki darły się wniebogłosy, aż mężczyzna z nożem musiał je uciszać. Wkrótce w burdelu pojawiła się nowa Marokanka. Biznes Sandżaja rozkwitał.

– Steven, kiedy Anisza zostanie wykupiona?

Wiedziałam już, że pierwsza musi odejść Anisza. Dopiero później Steven zabierze mnie na kolację po to, żebym już nigdy tutaj nie wróciła.

– Wkrótce, Dżulio, wkrótce zaczną się negocjacje – zapewnił mnie Steven.

***

– Lindo, są jakieś nowe wiadomości? – Z niecierpliwością czekałam na rozpoczęcie akcji Stevena. Salim wyjechał i wolałabym, żeby wszystko odbyło się pod jego nieobecność, bo wtedy miałabym większą swobodę działania, jeżeli byłabym do czegoś potrzebna.

– Nic nowego, poza tym, co już wiemy, czyli że operacja niedługo się rozpocznie.

– A już zaczęli rozmawiać w sprawie wykupienia Aniszy?

– Chyba ten niby-pedofil bada grunt, żeby zobaczyć, jaka będzie pierwsza reakcja Sandżaja na jego ofertę.

– Jeśli tylko będziesz coś wiedziała, to daj znać, bardzo proszę.

– Oczywiście, Isabelle, tak jak zawsze.

– Dziękuję, Lindo, to do usłyszenia.

– Do usłyszenia.

Przez następnych kilka dni nic się nie działo i obawiałam się, że Sandżaj nie chce nawet słyszeć o sprzedaży dziewczynki. W końcu Linda zadzwoniła.

– Cześć, Isabelle.

– Cześć, Lindo. Jakieś nowe wieści?

– Tak.

– Dobre czy złe?

– I takie, i takie.

– Jak to rozumieć?

– A mogłabyś dziś wieczorem do mnie przyjechać? – poprosiła Linda. – Najlepiej będzie, gdy to omówimy we trójkę.

– Tak, mogę. – Salima ciągle nie było w kraju.

– O siódmej?

– Dobrze, będę u ciebie o siódmej.

– Świetnie, do zobaczenia.

– Do zobaczenia.

Lindę i Stevena zastałam w nie najlepszych humorach.

– Witaj, Isabelle, siadaj, proszę. – Linda gestem wskazała kanapę.

– Cześć, Lindo! Cześć, Steve! – przywitałam się.

– Cześć, Isabelle! – Steve kiwnął do mnie głową.

– Jakie wieści dobre, jakie złe? – zapytałam bez zbędnych wstępów.

– Sandżaj jest skłonny sprzedać Aniszę – powiedział Steven.

– To świetnie! – wykrzyknęłam.

– Tak, to dobra wiadomość, ale nie do końca... – stwierdziła Linda.

– Dlaczego?

– Bardzo zawyżył cenę – oznajmił Steven.

– Ile chce?

– Dwadzieścia tysięcy dolarów.

– To duża suma – stwierdziłam.

– Za duża. – Steven się zirytował. – Dlatego mówię, że zawyżył cenę. Orientowałem się i cena takich dziewczynek tutaj, i to świeżych, które dopiero przyjechały ze swoich krajów, to kilkanaście tysięcy dolarów, zazwyczaj poniżej piętnastu.

– To co on sobie myśli! – krzyknęłam.

– Myśli, że ten kontrahent, dla niego ten pedofil, kupuje Aniszę dla siebie. A tacy, jeżeli im zależy i mają pieniądze, to zapłacą każdą cenę – wyjaśnił Steven.

– To co teraz?

– Linda może dać osiem tysięcy dolarów, ja siedem, czyli mamy razem piętnaście tysięcy.

– Brakuje pięciu. – Zastanawiałam się, skąd mogę wziąć pięć tysięcy dolarów, ale nic mi nie przychodziło do głowy.

– Tak, brakuje pięciu – powtórzył Steven.

Przez chwilę siedzieliśmy w milczeniu, kiedy zadzwonił telefon Stevena. Amerykanin odebrał, wysłuchał swojego rozmówcy, po czym zapytał:

– To ostateczna cena?

Druga strona coś odpowiedziała, na co Steven rzucił: „Rozumiem, dziękuję", i się rozłączył.

– Osiemnaście tysięcy. To ostateczna cena Sandżaja. Więcej nie zejdzie, dzwonił nasz podstawiony człowiek po ostatecznych negocjacjach.

– Czyli teraz brakuje trzech tysięcy. – Cały czas intensywnie myślałam, skąd mogę wziąć brakującą kwotę i nagle mnie olśniło. – Żona szejka! – wykrzyknęłam.

– Co? – Linda nie zrozumiała.

– Tantiemy z książki *Jestem żoną szejka*! Lindo, proszę cię, możesz to sprawdzić jak najszybciej? – Linda miała moje pełnomocnictwo do kontaktów z wydawnictwem. – Może tantiemy pokryją brakującą kwotę.

– Oczywiście, Isabelle, jutro to sprawdzę. – Na twarzy Lindy pojawił się uśmiech. – Czyli jest szansa na wykupienie Aniszy!

– To świetnie! – Steven też się rozchmurzył. – Jeżeli udałoby się zgromadzić całą kwotę, to szybko wykupimy Aniszę, a później uwolnimy Dżulię. – Na twarzy Stevena pojawił się szeroki uśmiech.

Okazało się, że tantiemy z książki wystarczyły, aby zebrała się cała potrzebna kwota. Książka, której napisanie opłaciłam ogromnym strachem, bólem, a nawet pobiciem, w której opisałam moje najintymniejsze, czasami bardzo trudne przeżycia, teraz miała się przyczynić do uwolnienia jednej z ofiar gangu handlującego ludźmi.

***

Po kilku dniach podjechałyśmy z Lindą, aby od współpracującego z nami mężczyzny odebrać piękną, małą i zbolałą dziewczynkę. Była trochę zdezorientowana, trochę niepewna, ale gdy powiedziałam jej, że jest już wolna i wróci do swojej mamy, to wczepiła się we mnie uszczęśliwiona i, łkając, powtarzała:

– Dziękuję, dziękuję, dziękuję.

Mała porwana dziewczynka, która przeszła piekło, została uwolniona dzięki wspaniałej akcji Stevena, pomocy Lindy oraz moim czytelniczkom i czytelnikom.

Spis treści

POLECAMY

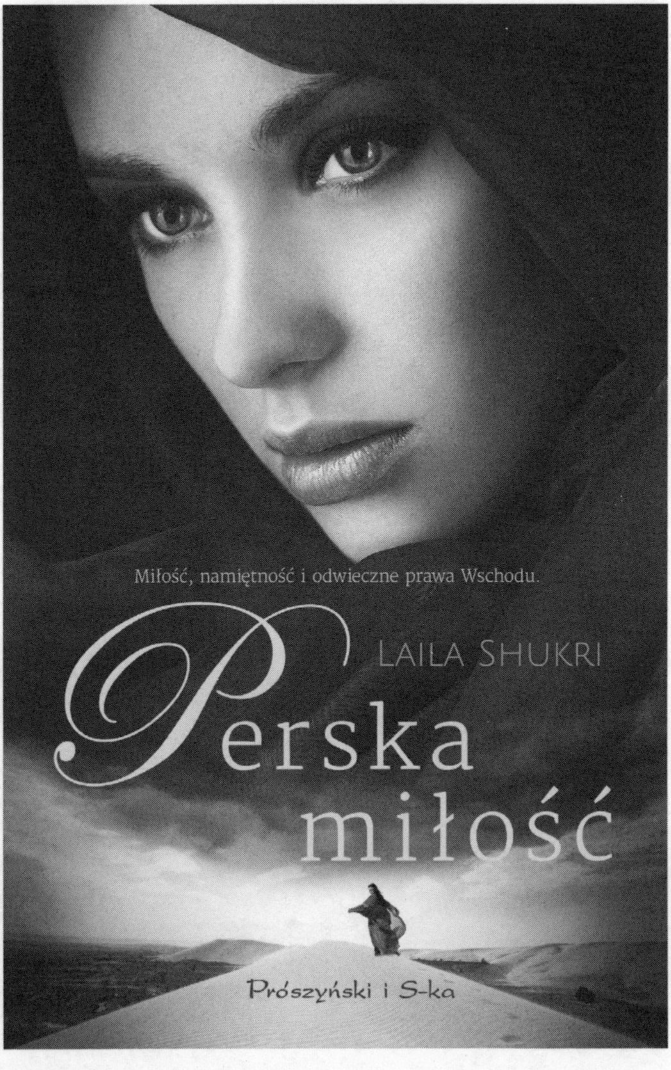
Miłość, namiętność i odwieczne prawa Wschodu.
Laila Shukri
Perska miłość
Prószyński i S-ka

POLECAMY

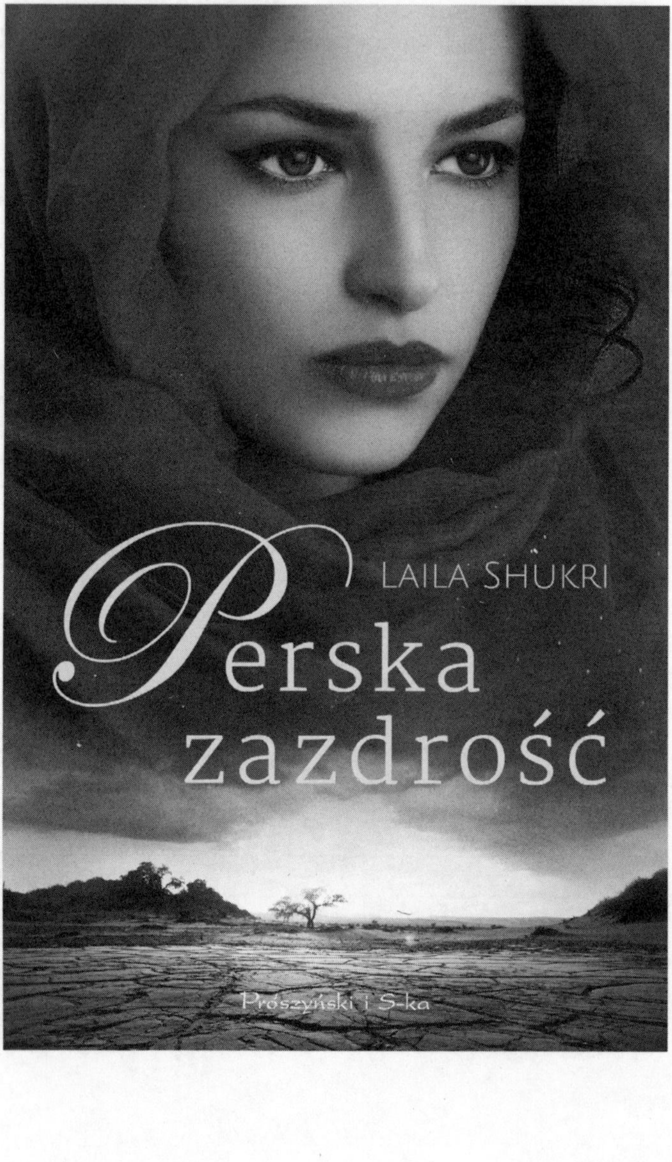

POLECAMY

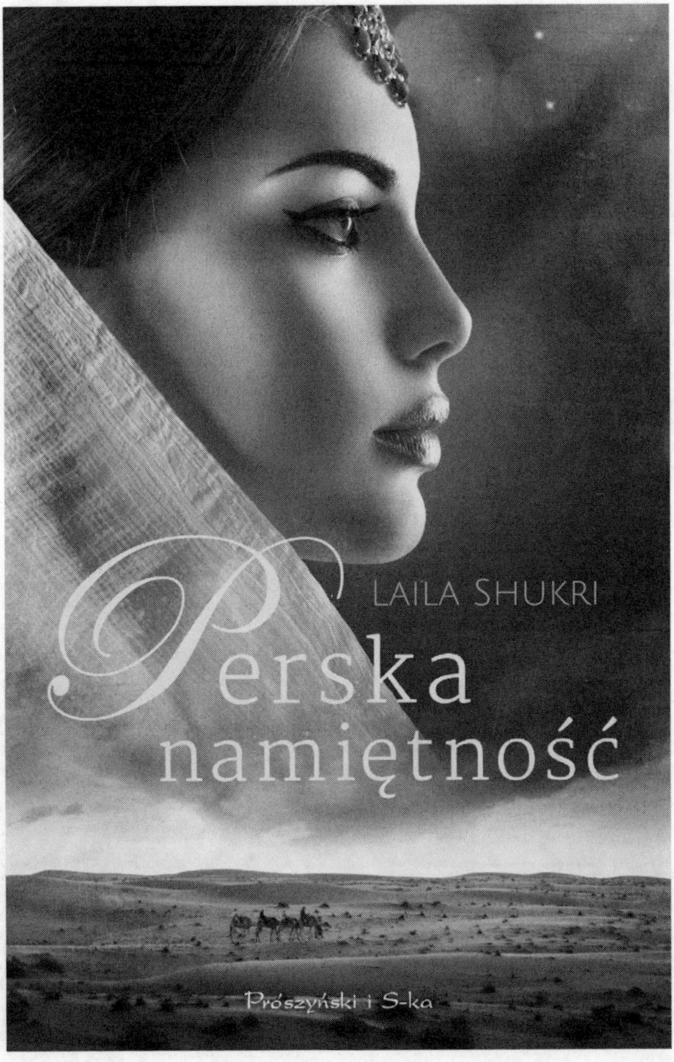

POLECAMY

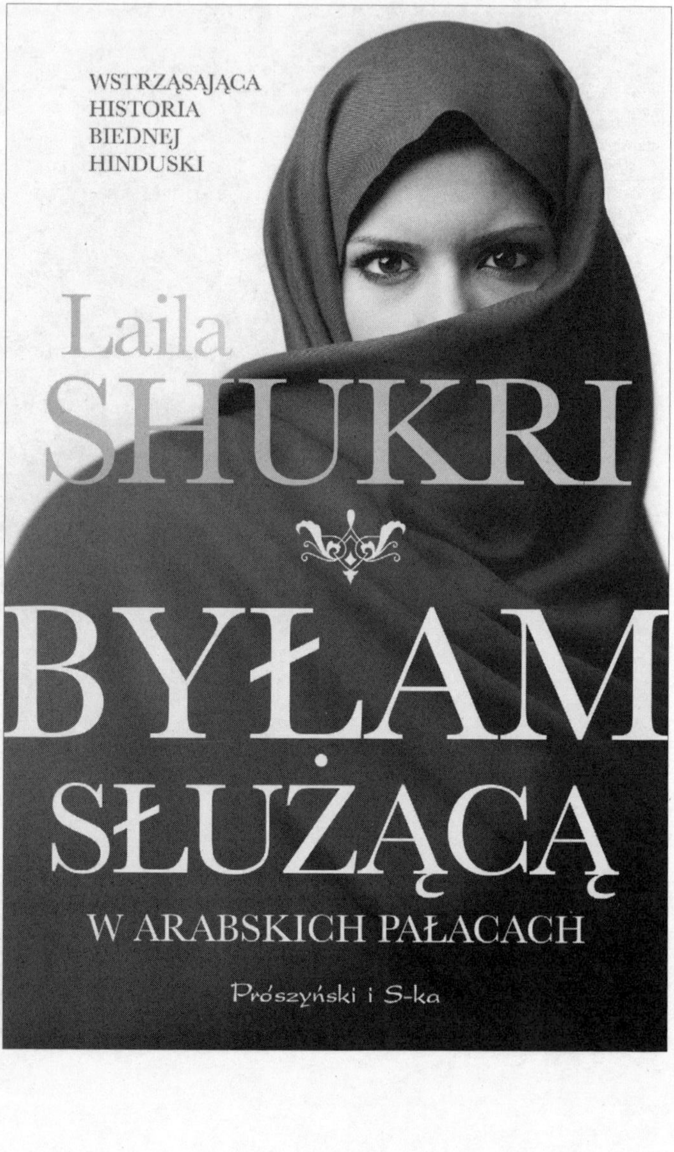
WSTRZĄSAJĄCA
HISTORIA
BIEDNEJ
HINDUSKI
Laila
SHUKRI
BYŁAM
SŁUŻĄCĄ
W ARABSKICH PAŁACACH
Prószyński i S-ka

POLECAMY

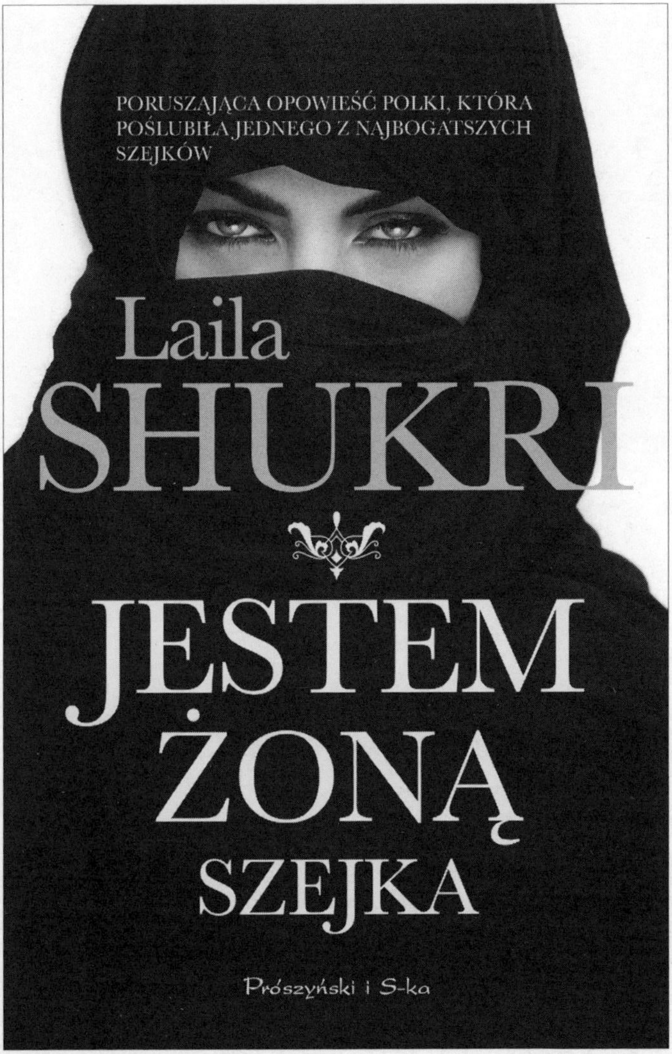
PORUSZAJĄCA OPOWIEŚĆ POLKI, KTÓRA POŚLUBIŁA JEDNEGO Z NAJBOGATSZYCH SZEJKÓW
Laila
SHUKRI
JESTEM
ŻONĄ
SZEJKA
Prószyński i S-ka